초등 과학 사전

개념 연결 초등 과학 사전

김원섭 · 김현정 · 서강선 · 윤미숙 · 정해련 글   김석 그림

책머리에

생각의 힘을 키우는 도구

초등학생에게 과학은 어떤 의미일까요? 아마 대부분에게 과학은 '재미있긴 한데 어려운', '시험이 어려운', '실험은 재밌는데 용어가 어려운' 과목 정도로 기억될지 모릅니다. 하지만 우리는 조금 다르게 생각합니다. 과학은 단순히 지식을 전달하는 과목이 아니라, 세상을 이해하는 방식이며, 세상을 바라보는 태도입니다. 나아가 과학은 '생각하는 힘'을 키우는 도구입니다. 『개념연결 초등 과학 사전』은 제목에 '사전'이라는 단어가 있지만, 단순히 용어를 풀이하는 전통적인 의미의 '사전(辭典)'이 아닙니다. 우리가 지향한 것은 용어를 설명하는 '사전'이 아니라 '큐레이션'입니다. 사전의 형식을 따르되, 초등학생에게 꼭 필요한 개념을 선별하고, 체계적으로 정리하고, 개념 사이의 연결고리를 섬세하게 엮은 '개념연결' 사전입니다. 이런 점에서 이 책은 사건과 사물의 흐름을 다룬 '事典'(생활 사전)이자, 생각의 흐름을 따라가는 '思典'(생각 사전)이기도 합니다.

과학의 본질은 '연결'

우리가 '개념의 연결성'을 강조하는 이유는 과학의 본질이 바로 '연결'에 있기 때문입니다. 과학은 물리, 화학, 생명과학, 지구과학으로 나뉜 과목처럼 보이지만, 그 경계는 생각보다 훨씬 유연합니다. 생명과학을 이해하려면 물리 개념이 필요하고, 지구를 이해하려면 화학적 사고가 동반되어야 합니다. 예를 들어, 지구 온난화라는 하나의 현상을 설명하기 위해서는 기체의 성질(화학), 대기 운동(물리), 생태계 변화(생명과학), 그리고 지구 시스템(지구과학)의 통합적 이해가 필요합니다. 이처럼 개념이 어떻게 연결되고 확장되는지를 구조적으로 보여 주는 것이 이 책의 가장 중요한 가치입니다. 이런 흐름을 따라가다 보면 아이들은 '과학은 외우는 것이 아니라, 이해하는 것'이라는 감각을 자연스럽게 익히게 됩니다. 단순 암기를 넘어선, 진정한 과학적 사고의 출발점입니다.

과학 학습의 새로운 패러다임

AI 시대, 미래 사회를 살아가는 우리 아이들에게 가장 중요한 능력은 무엇일까요? 정보 수집? 기술 사용? 아닙니다. 바로 '과학적 사고력'입니다. 눈앞에 보이는 현상의 원인을 스스로 생각해 보고, 가설을 세우고, 실험을 통해 확인하는 사고방식은 과학을 넘어서 모든 학문의 바탕이 되며, 복잡한 사회 문제를 해결하는 데도 꼭 필요한 능력입니다. 이 책은 초등 과학 교과서에서 다루는 핵심 개념을 하나도 빼지 않고 모두 담았습니다. 더 나아가 중학교 수준의 기초 과학 개념까지 폭넓게 확장하여, 중학교에 가기 전에 꼭 알아야 할 과학의 기본을 완성할 수 있도록 구성했습니다.

- **체계적인 내용 구성** 초등 과학 교과서의 핵심 개념을 모두 담고, 더 나아가 중학교 기초 과학 개념까지 폭넓게 확장했습니다. 특히 최신 '2022 개정 교육과정'이 강조하는 탐구 능력, 문제 해결력, 자료 해석력, 과학적 의사소통 능력 '사고력 중심'의 학습이 가능하도록 내용을 구성했습니다.

- **전문가 연구 및 집필** 『개념연결 초등과학사전』의 모든 내용은 현직 초등과 중·고등 교사, 교육 연구자, 과학 전문 작가가 참여해 함께 연구하고 집필했습니다. 물리, 화학, 생명과학, 지구과학 분야별 전문가가 참여했으며, 어려운 과학 개념을 어떻게 하면 초등학생의 눈높이에 맞게 전달할 수 있을지를 끊임없이 고민했습니다. "초등학생이라면 어떤 방식으로 과학 개념을 이해할 수 있을까?", "이 개념은 다른 개념과 어떻게 연결되어 있을까?", "어떻게 해야 과학이 재미있고, 실제 생활과 맞닿아 있다고 느끼게 할 수 있을까?" 이런 고민을 바탕으로 연구와 토론을 거쳐 집필한 결과물입니다.

- **직관적이고 친절한 설명** 초등 독자의 이해를 돕기 위해 직관적이고 친절한 일러스트, 비유와 예시 중심의 설명, 생활 속 사례를 풍부하게 활용했습니다. 과학이 일상과 떨어

져 있는 어려운 학문이 아니라, 언제 어디서나 발견할 수 있는 '우리 삶과 맞닿은 언어'라는 점을 느끼도록 구성했습니다.

- **개념의 연결성** 이 책은 단지 과학 정보를 나열하지 않습니다. 개념들이 어떻게 생겨났고, 다른 개념과 연결되어 있으며, 실생활에서 어떤 의미를 가지는지를 함께 다룹니다. 초등학교 교과서의 핵심 개념은 물론, 중학교 수준의 과학 개념까지 폭넓게 담고 있습니다. '지금 배우는 이 개념이 왜 중요한가?', '앞으로 어떤 개념과 이어질까?'에 대한 단서를 함께 제공하기 때문에, 초등 과학 전반의 흐름을 이해하고 중·고등학교 과학까지 도전할 자신감을 심어줄 것입니다.

교실과 가정의 든든한 안내서

학년이 올라갈수록 과학은 복잡해집니다. 초등학교 때 단단한 개념의 뼈대를 세우지 않으면, 중학교에 들어가서 과학이 갑자기 어려워지게 됩니다. 이 책은 수업 전 예습, 수업 중 이해 보완, 수업 후 복습까지 모든 학습 단계에서 훌륭한 도구가 되어줄 것입니다. 수업 전에 읽으면, 앞으로 어떤 개념을 배우게 될지 미리 알고 수업에 자신감을 가질 수 있습니다. 수업 중에 함께 보면, 헷갈리는 개념을 다시 짚어보거나, 개념 사이의 관계를 더 깊이 있게 이해할 수 있습니다. 수업 후에 복습할 때는 단원별 정리를 넘어, 전체 개념 흐름을 재구성하면서 장기 기억으로 전환할 수 있습니다. 또한 학생뿐 아니라 학부모님과 선생님들께도 유용한 책입니다. 아이들에게 과학 개념을 설명하거나 질문에 답할 때, 이 책은 든든한 안내자가 되어줄 것입니다.

연결, 이해, 탐구

이 책은 과학자를 꿈꾸는 학생만을 위한 책이 아닙니다. 장래 희망과 상관없이 과학은 모든 학생에게 꼭 필요한 언어입니다. 기후 위기, 인공지능, 에너지 문제, 생명의 윤리까지, 우리는 과학적 사고 없이는 풀 수 없는 시대를 살고 있습니다. 아이들이 이 복잡한 세상을 이해하고, 스스로 힘으로 문제를 해결하며, 자기 생각을 만들어 갈 수 있도록 돕는 작은 씨앗이 되고자 합니다.

"과학은 단절이 아니라 연결입니다."
"과학은 암기가 아니라 이해입니다."
"과학은 정답이 아니라 탐구입니다."

『개념연결 초등과학사전』은 '지식'을 주는 책을 넘어, '생각하는 방법'을 키워 주는 책입니다. 하나의 개념을 이해하면, 그것은 곧 다른 개념으로의 다리가 되고, 새로운 실문으로의 문이 됩니다. 우리는 아이들이 이 책을 통해, 개념을 따라가다 보면 자연스럽게 사고가 자라고, 질문이 생기고, 세상이 조금 더 흥미롭게 보이는 경험을 하길 바랍니다.

2025년 8월
저자 일동

초등 과학 사전 차례

책머리에 • 4
사용 설명서 • 14
들어가며 – 몬떠행성의 위기 • 17

과학 3-1	줄다리기에 힘의 원리가 들어 있다고요? • 28
과학 3-1	왜 무거운 물체를 움직이는 게 더 힘든가요? • 31
과학 3-1	코끼리와 시소를 타려면 원숭이 몇 마리가 필요할까요? • 34
과학 3-1	왜 개수가 아니라 무게로 가격을 매겨요? • 37
과학 3-1	지레를 이용하면 지구도 들 수 있다고요? • 40
과학 3-2	내가 듣는 내 목소리와 녹음한 목소리가 다르다고요? • 43
과학 3-2	확성기를 쓰면 왜 목소리가 커지나요? • 46
과학 3-2	같은 도인데 왜 위치에 따라 높낮이가 달라요? • 49
과학 3-2	글로켄슈필은 어떻게 여러 음을 만들어 낼까요? • 52
과학 3-2	물속에서도 소리를 들을 수 있다고요? • 55
과학 3-2	윗집 소음이 안 들리게 할 수 있는 방법은 없나요? • 58
과학 4-1	동전은 금속인데 왜 자석에 붙지 않나요? • 61
과학 4-1	자석을 깨뜨리면 자기력도 사라질까요? • 64
과학 4-1	자석을 공중에 띄울 수 있다고요? • 67
과학 4-1	나침반으로 북극곰을 찾을 수 있다고요? • 70
과학 4-1	자석이 춤추면 나침반 바늘도 춤춘다고요? • 73
과학 5-1	달이 스스로 빛을 내지 않는다고요? • 76
과학 5-1	지구에서 레이저를 쏘면 달까지 간다고요? • 79
과학 5-1	왜 거울 속 모습은 좌우가 바뀌어 보여요? • 82
과학 5-1	물이 마술처럼 빛을 꺾어 버린다고요? • 85
과학 5-1	세상을 다르게 보여 주는 유리가 있다고요? • 88

과학 5-2	최초의 온도계에는 영하가 없었다고요? • 91
과학 5-2	100℃ 물과 0℃ 물을 섞으면 몇 ℃가 될까요? • 94
과학 5-2	끓는 국에 숟가락을 넣으면 왜 같이 뜨거워질까요? • 97
과학 5-2	보온병 안에 은이 들어 있다고요? • 100
과학 6-1	사람도 아니고 공이 운동을 한다고요? • 103
과학 6-1	KTX와 치타 중에 누가 더 빠를까요? • 106
과학 6-1	안전띠가 자동차보다 먼저 발명되었다고요? • 109
과학 6-2	전구에 불이 켜려면 꼭 필요한 것이 있다고요? • 112
과학 6-2	세상의 모든 물질을 둘로 나눌 수 있다고요? • 115
과학 6-2	건전지를 여러 개 연결하면 빛이 더 밝아지나요? • 118
과학 6-2	자석을 전등처럼 껐다 켰다 할 수 있다고요? • 121
과학 6-2	전자석으로 음악을 들을 수 있다고요? • 124
과학 6-2	전기를 잘못 쓰면 위험하다고요? • 127
과학과 사회 · 과학 5-2	거대한 바람개비로 전기를 만들 수 있다고요? • 130

히므로의 울끈불끈 과학 이야기

공기와 물이 누르는 힘 • 133

전기를 붙잡은 과학자, 벤저민 프랭클린 • 134

물리학자들의 실험실 • 135

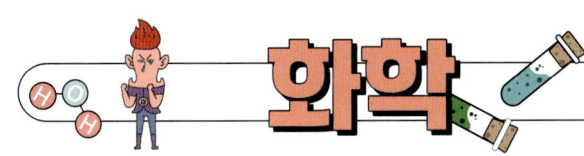

과학 3-2	딱딱하면 물체이고, 호물호물하면 물질인가요? • 138
과학 3-2	물질에 따라 물체의 성질이 달라진다고요? • 141
과학 3-2	두 가지 물질을 섞으면 어떻게 되나요? • 144
과학 3-2	유리는 고체인가요, 액체인가요? • 147
과학 3-2	연필심으로 다이아몬드를 만들 수 있다고요? • 150
과학 4-1	물은 왜 0℃에서 얼고 100℃에서 끓나요? • 153
과학 4-1	물을 가만히 놔뒀는데 왜 점점 줄어드나요? • 156
과학 4-1	물은 투명한데, 김은 왜 하얗게 보이나요? • 159

| 과학 4-1 | 물은 얼었을 때 부피가 커진다고요? • 162
| 과학 4-1 | 소금쟁이도 물에 빠질 수 있다고요? • 165
| 과학 4-2 | 공기에도 무게가 있다고요? • 168
| 과학 4-2 | 과자 봉지는 왜 비행기 안에서 더 빵빵해지나요? • 171
| 과학 4-2 | 열기구는 어떻게 하늘 높이 떠 있을까요? • 174
| 과학 4-2 | 과자 봉지 안에 왜 질소를 넣어요? • 177
| 과학 4-2 | 공기가 없으면 청소를 못 한다고요? • 180
| 과학 5-1 | 집에서도 젤리를 만들 수 있다고요? • 183
| 과학 5-1 | 물에 설탕을 녹이면 질량이 어떻게 변하나요? • 186
| 과학 5-1 | 탕후루 설탕 코팅에 비밀이 숨어 있다고요? • 189
| 과학 5-1 | 튜브 없이도 몸이 뜨는 호수가 있다고요? • 192
| 과학 5-1 | 눈에 보이지 않는 기체를 물에 녹일 수 있다고요? • 195
| 과학 5-2 | 우리가 산소보다 질소를 더 많이 마시고 있다고요? • 198
| 과학 5-2 | 바닷물을 마시면 목이 더 마르게 된다고요? • 201
| 과학 5-2 | 왜 사이다는 투명하고 코코아는 불투명해요? • 204
| 과학 5-2 | 섞여 있는 재활용 쓰레기는 어떻게 분류하나요? • 207
| 과학 5-2 | 바닷물을 천 일 동안 말리면 천일염이 되나요? • 210
| 과학 6-1 | 산성은 모두 시고 염기성은 모두 쓴가요? • 213
| 과학 6-1 | 우유는 산성인가요, 염기성인가요? • 216
| 과학 6-1 | 남들이 볼 수 없는 편지를 쓰는 방법이 있다고요? • 219
| 과학 6-1 | 치약은 왜 염기성인가요? • 222
| 과학 6-1 | 김을 키울 때 염산을 사용했다고요? • 225
| 과학 6-2 | 세 가지 조건이 갖춰져야 불이 난다고요? • 228
| 과학 6-2 | 불에 타면 왜 모두 까맣게 될까요? • 231
| 과학과 사회 | 과학 5-2 | 물건이 썩지 않는 게 왜 문제예요? • 234
| 과학과 사회 | 과학 5-2 | 플라스틱도 종류가 많다고요? • 237
| 과학과 사회 | 과학 5-2 | 재활용은 많이 들어봤는데 새활용은 뭐예요? • 240

부리나의 부글부글 과학 이야기

여성 최초로 노벨상을 받은 과학자, 마리 퀴리 • 243

분자로 만드는 새로운 맛, 분자 요리 • 244

슬라임과 탱탱볼의 원리 • 245

생명과학

과학 3-1	꽃게거미는 게예요, 거미예요? • 248
과학 3-1	고래가 아주 먼 옛날 육지에서 살았다고요? • 251
과학 3-1	낙타의 속눈썹은 왜 이렇게 길까요? • 254
과학 3-1	상어 비늘로 수영복을 만든다고요? • 257
과학 3-1	이렇게 맛있는 딸기가 과일이 아니라고요? • 260
과학 3-1	뿌리가 땅에 안 닿는 식물은 어떻게 살까요? • 263
과학 3-1	선인장 줄기 속에 물이 가득하다고요? • 266
과학 3-1	찍찍이 테이프처럼 달라붙는 씨앗이 있다고요? • 269
과학 3-1	동물의 암컷과 수컷은 어떻게 다른가요? • 272
과학 3-1	배추흰나비는 번데기를 거쳐야 어른이 된다고요? • 275
과학 3-1	사자는 알을 낳나요, 새끼를 낳나요? • 278
과학 3-1	이 조그만 수박씨가 어떻게 수박이 될까요? • 281
과학 3-1	열매를 만들고 죽는 식물이 있다고요? • 284
과학 4-1	고약한 방귀 냄새의 범인이 세균이라고요? • 287
과학 4-1	짚신벌레는 동물이 아니라고요? • 290
과학 4-1	버섯은 식물이 아니라고요? • 293
과학 4-1	세균으로 음식을 만들 수 있다고요? • 296
과학 4-2	꿀벌이 사라지면 인류도 멸종한다고요? • 299
과학 4-2	모기를 모두 없애도 문제라고요? • 302
과학 4-2	수원청개구리가 멸종 위기에 처했다고요? • 305
과학 5-1	손가락은 어떻게 움직이는 걸까요? • 308
과학 5-1	딸기를 많이 먹으면 빨간색 똥을 누나요? • 311
과학 5-1	숨을 쉬는 진짜 이유가 있다고요? • 314
과학 5-1	피가 쉬지 않고 몸속을 돌아다닌다고요? • 317
과학 5-1	물을 많이 마시면 오줌 색이 연해진다고요? • 320
과학 5-1	우리는 어떻게 보고, 듣고, 맛보고, 느끼나요? • 323
과학 5-1	운동하면 왜 근육이 커지나요? • 326
과학 6-1	고구마는 열매가 아니라 뿌리라고요? • 329

| 과학 6-1 | 고구마는 뿌리인데 감자는 줄기라고요? • 332
| 과학 6-1 | 나무가 어떻게 물을 꼭대기까지 끌어올리나요? • 335
| 과학 6-1 | 식물이 가짜 꽃을 만들어 낸다고요? • 338
| 과학 6-1 | 식물이 택배를 보낸다고요? • 341
| 과학과 사회 | 과학 3-2 | 감염병은 어떻게 전 세계로 퍼지나요? • 344
| 과학과 사회 | 과학 3-2 | 몸속에 바이러스를 넣는 주사가 있다고요? • 347
| 과학과 사회 | 과학 3-2 | 세균을 키우는 직업이 있다고요? • 350

푸리아의 푸릉푸릉 과학 이야기
생물들이 보내는 비밀 신호 • 353
생존을 위한 괴상한 전략들 • 354
따라해 보자! 생물 관찰 놀이 • 355

지구과학

| 과학 3-2 | 서해 바닷물보다 동해 바닷물이 더 짜다고요? • 358
| 과학 3-2 | 우리나라에 세계가 인정한 갯벌이 있다고요? • 361
| 과학 3-2 | 바람이 안 불면 파도도 안 친다고요? • 364
| 과학 3-2 | 바닷속에 거대한 산맥이 있다고요? • 367
| 과학 3-2 | 우리나라 갯벌에 2m가 넘는 지렁이가 산다고요? • 370
| 과학 3-2 | 바닷물도 강물처럼 흐른다고요? • 373
| 과학 4-1 | 강이 스스로 모양을 바꾼다고요? • 376
| 과학 4-1 | 백두산이 화산 활동으로 위험하다고요? • 379
| 과학 4-1 | 제주도의 검은 돌을 화산이 만들었다고요? • 382
| 과학 4-1 | 지진을 이기는 건물을 만든다고요? • 385
| 과학 4-2 | 달 표면의 토끼 모양이 사실 바다라고요? • 388
| 과학 4-2 | 명왕성은 태양계 행성에서 왜 빠졌나요? • 391
| 과학 4-2 | 달 위에 그림자가 생긴다고요? • 394
| 과학 4-2 | 북두칠성이 별자리가 아니라고요? • 397

| 과학 4-2 | 지구가 멸망하기 전에 우주를 개발해야 한다고요? • 400
| 과학 4-2 | 왜 태양계에는 지구에만 바다가 있나요? • 403
| 과학 5-1 | 돌이 태어나는 방법이 여러 가지라고요? • 406
| 과학 5-1 | 케이크처럼 생긴 돌이 있다고요? • 409
| 과학 5-1 | 공룡과 사람이 한 번도 만난 적 없다고요? • 412
| 과학 5-1 | 내 발자국도 언젠가 화석이 될 수 있다고요? • 415
| 과학 5-2 | 날씨 예보는 있는데 왜 기후 예보는 없어요? • 418
| 과학 5-2 | 안개와 구름이 사실 같다고요? • 421
| 과학 5-2 | 저기압은 기분 나쁘다는 뜻 아니에요? • 424
| 과학 5-2 | 우물 덕분에 날씨를 예측하게 되었다고요? • 427
| 과학 5-2 | 지구가 온실로 뒤덮여 있다고요? • 430
| 과학 6-1 | 도시에서 별 보는 게 하늘의 별 따기라고요? • 433
| 과학 6-1 | 지구의 운동 때문에 1년과 한 달이 정해졌다고요? • 436
| 과학 6-1 | 계절마다 밤하늘에 다른 도형이 보인다고요? • 439
| 과학 6-2 | 조선 시대에도 시계가 있었다고요? • 442
| 과학 6-2 | 지구가 기울어져서 계절이 생긴다고요? • 445
| 과학 6-2 | 크리스마스에 여름인 나라가 있다고요? • 448
| 과학 6-2 | 기후 변화 때문에 날씨가 변하고 있다고요? • 451
| 과학과 사회 | 과학 4-2 | 인간 때문에 기후 변화가 생겼다고요? • 454
| 과학과 사회 | 과학 4-2 | 기후 변화가 아니라 기후 위기라고요? • 457
| 과학과 사회 | 과학 4-2 | 기후 운동은 어른들만 할 수 있나요? • 460

찌리리의 반짝반짝 과학 이야기

별에서 온 작은 조각 • 463
바닷속에 잠든 공룡 화석 • 464
우주에서 떨어지는 돌, 운석 • 465

 찾아보기 • 466

초등 과학 사전 사용 설명서

교과 연계
학습 내용과 관련이 있는 교과과정을 수록했어요.

주제 단어
학습할 내용을 한눈에 파악할 수 있는 주제 단어예요.

대표 질문
초등학생이 과학을 공부할 때 가장 궁금해하는 질문 140개를 모았어요. 과학은 우리가 생활하는 세상을 탐구하는 학문이에요. 물은 가만히 놔두면 왜 사라질까요? 비누로 손을 씻으면 무슨 일이 일어날까요? 평범해 보이는 일상에도 여기저기 과학의 원리가 숨어 있어요. 대표 질문을 통해 일상 속에서 호기심을 일깨우고, 과학적 상상력을 키워 봐요.

과학 3-1 동물의 생활 / 동물 생활 방식

낙타의 속눈썹은 왜 이렇게 길까요?

- 으~ 낙타 너는 어떻게 모래바람 속에서도 눈을 뜰 수 있는 거야?
- 두리둥~
- 내 속눈썹이 좀 남다르잖아!
- 휘이잉~

생명과학 연구원 푸리아의 관찰일지

◆ 4월 5일 ◆날씨: 바람 많음 ◆관찰 장소: 사하라 사막

지구인이 살기 힘든 곳에서도 꿋꿋이 잘 사는 지구의 생명체들이 있다. 엄청 춥고, 엄청 덥고, 엄청 건조한 환경에서도 생명체가 살아가는 걸 보면 놀랍다. 사막은 비가 거의 내리지 않아서 물이 부족하고, 낮과 밤의 온도 변화도 심하고, 바람이 불면 모래가 심하게 날리는데도 사막여우나 낙타 같은 동물들이 살아간다. 먹을 게 하나도 없는 하늘에는 새들이 훨훨 날아다닌다. 지구인들이 살기 힘든 장소에서 동물들은 어떻게 살아가는 걸까? 밤이 되면 살기 좋은 곳에 있는 진짜 집으로 돌아가는 건가?

연구원 관찰일지
지구에는 왜 이렇게 신기한 일이 많을까? 외계인 연구원이 지구의 온갖 과학 현상을 관찰한 내용을 담은 관찰일지예요. 바닷속부터 초원, 사막까지 종횡무진 다니며 궁금증을 해결하려 애쓰는 연구원들의 관찰일지를 읽다 보면, 어느새 일상 속에 어떤 과학 원리가 숨어 있는지 외계인 친구들과 함께 고민하는 스스로를 발견할 수 있을 거예요.

그것이 알고 싶다

본격적으로 주제 단어에 대해 파헤쳐 보는 '그것이 알고 싶다'예요. 딱딱한 과학 원리를 질문과 답변을 통해 편안하게 풀어 나가요. 교과서에서 배우는 내용은 물론, 주제를 이해하는 데 도움이 되는 풍부한 읽을거리를 담았어요.

낙타는 사막에서 어떻게 살아가나요?

척박한 사막에서도 많은 생물이 환경에 적응해 살고 있어요. 뱀, 전갈, 도마뱀, 낙타, 사막여우 등 사막에서 사는 대표적인 동물들을 관찰해 보면 모두 사막에서 잘 살 수 있는 특징을 가졌어요. 건조한 환경에서 수분을 빼앗기지 않는 몸 구조로 되어 있거나, 뜨거운 모래 위를 잘 다닐 수 있는 행동 등 자신만의 생존 비법이 있지요. 전갈의 껍데기가 단단한 이유도 사막의 모래바람을 견디기 위해서랍니다.

단단한 껍데기를 가진 전갈

사막에 사는 낙타는 물을 안 마셔도 오래 버틸 수 있고, 혹의 지방을 분해해 필요한 에너지를 공급받기 때문에 먹이가 없어도 며칠간 생활할 수 있어요. 발바닥이 넓어 모래에 잘 빠지지 않고, 다리가 길어 몸이 모래의 뜨거운 열기를 피할 수 있어요. 떠... 입을 한 번에 닫을 수 있고, 콧구멍을 마음대로 여닫... 래바람이 콧속으로 들어가는 것을 막아요. 긴 속... 모래바람과 태양으로부터 눈을 보호해 줘요.

새는 왜 이빨이 없을까요?

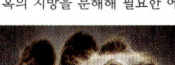

땅과 바다 말고... 로 하늘이에요. ... 볼까요? 먼저 날... 가 비교적 가벼워... 워진 벌집 모양을... 양은 공기의 저항... 깃털의 모양과 배열로 인해 비행하기 좋은 날개가

항공기 날개를 만들었답니다.

새는 특히 머리의 무게를 줄이기 위해 이빨이 없도록 진화했어요. 과학자들은 새의 이빨이 없어진 이유가 날기 위해서뿐만 아니라 생존에 유리해서라고 말해요. 이빨이 만들어지는 시간을 단축하면 알에서 빨리 성장하고 부화할 수 있는데, 그러면 둥지에서 적에게 노출되는 시간을 줄일 수 있기 때문이에요.

이빨이 없도록 진화한 새

방광 오줌을 저장하고 배설하는 기관

핵심 과학 용어 사전

'그것이 알고 싶다'와 '개념 연결 박스'에서 나온 알쏭달쏭 헷갈리는 핵심 과학 용어들을 모았어요. '찾아보기'에서 핵심 과학 용어를 모아 볼 수 있어요.

사막여우와 북극여우

사막여우와 북극여우는 둘 다 여우이지만 사는 곳에 따라 생김새가 다르다. 사막여우는 몸과 비교해 아주 큰 귀를 가졌다. 큰 귀는 표면적이 넓어 열을 잘 내보낼 수 있다. 사막의 더위를 견디기 위함이다. 또 귓속에는 털이 빽빽이 나 있어서 모래바람이 불어도 모래가 귓속에 잘 들어가지 않는다. 한편 북극여우는 지방층이 많아 추위를 잘 견디고, 몸과 비교해 귀가 작아 열을 적게 방출한다. 북극여우의 털 색은 하얀색인데, 눈이 많이 내리는 북극에서 눈에 잘 띄지 않기 위해 색이 변한 것이다. 눈이 녹는 여름에는 털 색이 어두운색으로 변한다.

귀가 큰 사막여우

귀가 작은 북극여우

개념 연결 박스

함께 읽어 보면 좋은 읽을거리예요. '그것이 알고 싶다'에서 다룬 과학 원리를 더 깊이 파헤치는 고난도 개념, 사고를 낯설게 확장해 볼 수 있는 사례 등을 담았어요. 느슨하게 연결된 각 영역의 개념을 다시 살펴보고, 통합적 사고력을 길러 줍니다.

과학 이야기

교과서 밖 과학을 찾아 나서는 코너예요. 최근 새롭게 밝혀진 흥미진진 과학 이야기와 위대한 과학자들 이야기 등, 책 밖에서 생생하게 살아 숨 쉬는 과학과 직접 만나 봐요. 과학에 대한 재미와 호기심을 발견하는 시간이 될 거예요.

푸리아의 푸릇푸릇 과학 이야기

생물들이 보내는 비밀 신호

우리는 누군가와 이야기할 때 말을 하거나 글을 쓰지요. 그런데 말을 하거나 글을 쓸 수 없는 많은 생물도 소리, 냄새, 색, 빛처럼 우리에게는 익숙하지 않은 방식으로 대화를 나눈답니다.

스컹크는 자신을 위협하는 동물이 나타나면 먼저 꼬리를 치켜들고 등을 둥글게 하는 경고 자세를 취해요. 이때 도망치지 않으면, 엉덩이 근처에 있는 분비샘에서 최대 2~3m 거리까지 정확하게 고약한 냄새가 나는 액체를 쏴요. 냄새를 이용해 "건드리지 마!"라고 강력한 경고를 보내는 거예요.

냄새로 경고하는 스컹크

개미는 '페로몬'이라는 냄새 물질을 분비해 아주 복잡한 정보까지 주고받아요. 먹이를 찾으면 돌아오는 길 바닥에 길 안내 페로몬을 뿌리는데, 다른 개미들은 그 냄새를 따라 먹이까지 찾아갈 수 있어요. 위험한 상황에서는 경고 페로몬을 뿌려서 주변 개미들에게 도망치거나 싸울 준비를 하라고 알려요. 또 여왕개미는 여왕 페로몬으로 일개미들이 번식하지 못하도록 조절해요.

페로몬으로 정보를 주고받는 개미

반짝반짝 빛나는 곤충, 반딧불이의 배에는 발광 기관이 있는데, 여기에서 '루시페린'이라는 물질이 산소와 만나 빛을 내요. 여름밤이 되면 수컷 반딧불이는 하늘을 날며 깜빡이는 패턴으로 빛을 보내요. 암컷은 땅이나 풀 위에서 기다리다가, 마음에 드는 수컷이 나타나면 그 빛에 맞춰 반짝이며 응답해요. 반딧불이는 여러 종이 있는데, 종마다 빛을 깜빡이는 속도나 간격이 다르기 때문에 같은 종끼리만 소통할 수 있어요.

빛으로 이야기하는 반딧불이

이처럼 생물들은 나름의 방식으로 서로를 이해하고 대화해요. 언뜻 조용해 보이지만, 자연은 비밀스러운 이야기들로 가득한 끝없는 수다의 세상이에요.

찾아보기

우리 책에서 다룬 모든 내용의 핵심 키워드를 모았어요. 관심 있는 키워드가 있을 때 관련 페이지를 찾아 이동할 수 있어요. 공부를 하다가, 책을 읽다가, 인터넷을 보다가 궁금한 과학 용어가 나타나면 찾아보기를 펼쳐 보세요.

초등 과학 사전 찾아보기

ㄱ

가볍다 32
가청 주파수 51
간조 363
감각 325
감각 기관 324
감염병 345
강산 227
갓춘꽃 339
갯벌 362
갯지렁이 372
겉씨식물 343
겹눈 259
계면 활성제 166
계통수 250
고기압 425
고막 48
고분자 236
고체 148
골디락스 존 405
공기 170
공유 결합 178
공전 435
광원 77
광학 현미경 292
광합성 286, 337
구름 422
규모 386
균류 294
균일 혼합물 205
그레고리력 438
극야 450
근육 309
기계적 소화 313
기공 337

기관 328
기관계 328
기권 172
기는줄기 333
기류 426
기압 172, 425
기체 148
기체의 용해 196
기체의 용해도 197
기후 267, 419
기후 변화 452
기후 변화 협약 459
기후 위기 459
꽃가루받이 301
꽃받침 339
꽃잎 339
꿀는점 154
꿀음 158

ㄴ

나침반 71
난생 280
날씨 268, 419
남중 443
노이즈 캔슬링 60
농도 193

ㄷ

단열 101
단열재 102
달 389
달의 바다 390
달의 위상 396
대류 98

들어가며

올떠행성의 위기

20만 년 전 신호기가 작동하다

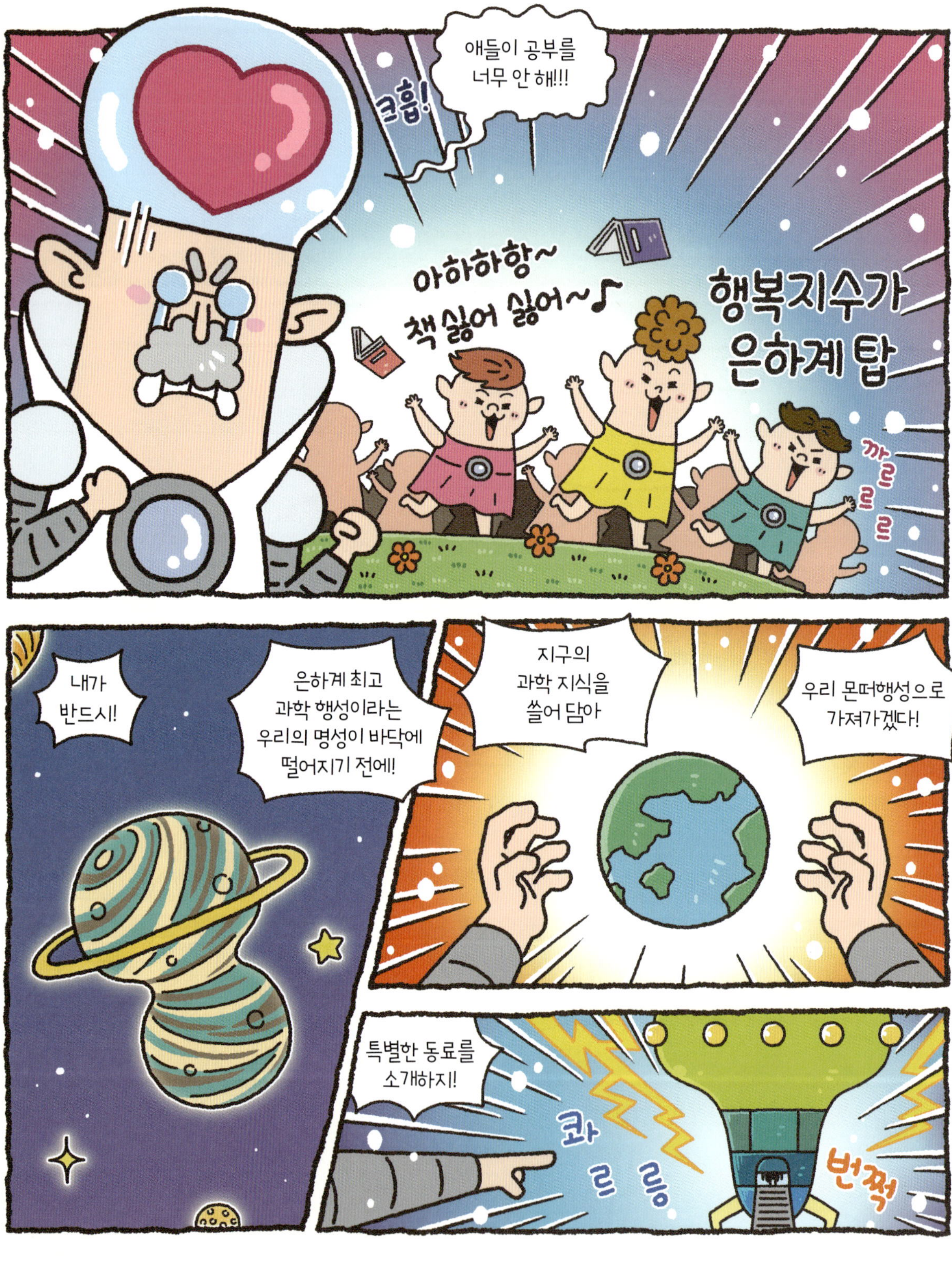

애들이 공부를 너무 안 해!!!

아하하항~ 책 싫어 싫어~♪

행복지수가 은하계 탑

까르르

내가 반드시! 은하계 최고 과학 행성이라는 우리의 명성이 바닥에 떨어지기 전에!

지구의 과학 지식을 쓸어 담아 우리 몬떠행성으로 가져가겠다!

특별한 동료를 소개하지!

콰르릉 번쩍

물리

우리의 일상은 온통 힘과 운동 현상으로 가득해요.
힘을 주면 물체가 움직여요. 전기 스위치를 누르면 불이 켜져요.
어떤 물체는 다른 물체보다 움직이기 힘들고, 어떤 물체는 전기가 흐르면 자석이 돼요.
왜 따뜻한 손으로 차가운 음료를 만지면 손은 시원해지고, 음료는 미지근해질까요?
왜 물이 담긴 컵에 젓가락을 담그면 구부러져 보일까요?
북을 쳐서 나는 소리도, 기타 줄을 튕겨서 나는 소리도 모두
사실은 떨림이라는 사실을 알고 있나요?
지금부터 보고, 듣고, 만질 수 있는 모든 것에 담긴
흥미로운 물리의 세계를 함께 탐험해 봐요!

이런 걸 배워요

3 - 4학년
힘 · 무게 · 수평 · 용수철저울 · 지레
소리 · 큰 소리, 작은 소리
높은 소리, 낮은 소리 · 악기의 소리
소리의 전달 · 소음 · 자기력
자석의 극 · 자석과 자석 사이의 힘
나침반 · 자석과 나침반

5 - 6학년
빛 · 빛의 직진 · 빛의 반사 · 빛의 굴절
거울과 렌즈 · 온도 · 열 · 열의 이동 방법
단열 · 운동 · 속력 · 교통안전 · 전기 회로
도체와 부도체 · 전지의 연결 · 전자석
전자석의 성질 · 안전한 전기 사용
재생 에너지

중학교에 가면

힘, 등속 운동, 자유 낙하 운동, 일과 에너지, 중력에 의한 위치 에너지,
운동 에너지, 전압, 전류, 옴의 법칙, 전기 에너지, 자기력, 자기장,
열평형, 전도, 대류, 복사, 비열, 반사와 굴절, 거울과 렌즈,
파동의 발생과 전달, 파동의 요소와 소리의 특성

| 과학 3-1 | 힘과 우리 생활 | | 힘 |

줄다리기에 힘의 원리가 들어 있다고요?

물리 연구원 히므로의 관찰일지

◆ 4월 7일 ◆날씨: 맑음 ◆관찰 장소: 운동장

지구인들은 놀면서 물리 실험을 한다. 바로 줄다리기라는 놀이다. 두 팀으로 나뉜 사람들이 서로 마주 보고, 신호가 떨어지면 죽을힘을 다해 줄을 당긴다. 끌려오는 팀이 지는 거다. 지구인들은 이 실험으로 힘을 직접 느낀다. 여러 사람이 같이 줄을 당길수록, 무게가 많이 나가는 사람이 많을수록 힘이 세진다. 반대로 줄이 미끄럽거나, 바닥이 미끄러우면 힘이 약해진다. 줄다리기 하나로 도대체 몇 가지 힘의 원리를 이해한 거지? 지구인들은 모두 과학자인 게 분명해!

책을 들어 올리고, 고무줄을 당기는 것도 힘이라고요?

책을 바닥에 놓고 밀면 가만히 있던 책이 우리 몸과 반대 방향으로 떨어져요. 반대로 책을 당기면 우리 몸과 가까워져요. 이렇게 물체가 이동하도록 밀고, 당기고, 들어 올리는 행동을 **힘을 준다** 또는 **힘을 가한다**라고 표현해요.

힘을 줘서 책을 들어 올린 모습

물체의 운동 상태나 모양을 변화시키는 원인을 **힘**이라고 해요. 찰흙을 손바닥으로 누르면 찌그러지면서 모양이 바뀌어요. 고무줄을 양손으로 잡고 잡아당기면 늘어나며 모양이 바뀌어요. 물체를 손으로 누르고 잡아당길 때 힘을 줘 모양이 바뀌는 거예요. 힘은 두 물체 사이의 상호 작용이에요. 책을 밀고 당기는 것은 나와 책 사이의 상호 작용이에요. 고무줄을 당

고무줄의 모양을 변화시키는 힘

기는 것도 나와 고무줄 사이의 상호 작용이지요. 공을 들고 있다가 가만히 놓았을 때 공이 아래로 떨어지는 건 지구와 공 사이의 상호 작용이에요.

공은 왜 항상 아래로만 떨어지나요?

공을 들고 있다가 가만히 놓으면 공이 아래로 떨어져요. 공이 떨어지는 이유는 지구가 공을 잡아당기고 있어서예요. 정확히는 지구의 중심 방향으로 물체가 끌려가는 거예요. 이처럼 지구가 물체를 끌어들이는 힘을 **중력**이라고 해요. 중력 때문에 공이 가만히 있다가 떨어지면서 운동을 하는 것이지요. 지구는 공뿐만 아니라 사람도 잡아당겨요. 우리가 제자리에서 뛰어올라도 다시 땅으로 내려오

중력에 의해 떨어지는 공

는 이유가 이 때문이에요.

달이 지구 주위를 도는 것도 중력 때문이랍니다. 지구가 달을 끌어당기기 때문에 달이 지구 주위를 돌고 있는 거예요. 한편 지구도 달의 중력에 영향을 받아요. 지구가 달을 끌어당기는 것처럼 달도 지구를 끌어당기고 있거든요. 밀물과 썰물이 생기는 이유가 이것이랍니다. 또 지구는 태양 주위를 돌고 있는데, 이것도 태양의 중력이 지구를 끌어당기고 있기 때문이에요.

핵심과학용어사전

힘 물체의 운동 상태나 모양을 변화시키는 원인. 힘의 단위로 뉴턴(N)을 쓴다.
중력 질량이 있는 모든 물체 사이에 서로 끌어당기는 힘. 지구가 물체를 잡아당기는 힘도 중력이라고 한다.

중력을 발견한 과학자, 뉴턴

아이작 뉴턴

영국의 과학자 아이작 뉴턴은 중력을 가장 먼저 발견한 사람으로 유명하다. 어느 날 집 정원의 사과나무 아래에서 졸고 있던 뉴턴의 머리 위로 사과 하나가 툭 떨어졌다. 뉴턴은 사과가 왜 위나 옆이 아니라 아래로만 떨어지는지 궁금해했고, 연구를 거듭한 끝에 물체를 끌어당기는 힘인 중력을 발견했다. 중력은 만유인력이라고도 부른다. '우주상의 모든 물체가 서로 끌어당기는 힘'이라는 뜻이다.

뉴턴의 발견에 도움을 준 사과나무는 이제 영국뿐만 아니라 전 세계에 심어져 있다. 뉴턴의 사과나무 가지를 잘라 붙여 만든 자손들이 퍼져 있기 때문이다. 우리나라에는 1980년에 처음으로 한국표준과학연구원에서 들여왔는데, 이 나무는 뉴턴의 사과나무 3대손이다. 지금은 4대손이 되어 국립중앙과학관, 국립과천과학관, 국립세종수목원 등 여러 곳에 뿌리를 내리고 있다.

과학 3-1 | 힘과 우리 생활 | 무게

왜 무거운 물체를 움직이는 게 더 힘든가요?

물리 연구원 히므로의 관찰일지

◆ 4월 15일 ◆ 날씨: 맑음 ◆ 관찰 장소: 대형 마트 앞

수레에 나만 탔을 때는 박사님이 쉽게 수레를 끌었는데, 쌤들이 모두 수레에 타니 바퀴가 꼼짝도 하지 않았다. 결국 내가 내려서 대신 끌었다. 나는 잘 모르겠지만, 무거운 물체를 드는 데는 가벼운 물체를 드는 것보다 힘이 더 든다고 한다. 지구는 언제나 물체를 지구 중심으로 잡아당기는데, 지구인들은 그 힘을 중력이라고 부른다. 이 중력에 무게의 비밀이 있는 것 같다. 물체의 무게가 늘어나면 그만큼의 중력을 이겨 내고 움직여야 하니까 힘이 더 들어가는 것이다! 그나저나 박사님은 운동을 좀 하셔야겠는걸?

똑같은 거리만큼 움직였는데 왜 힘이 더 들까요?

텅 빈 책상과 책이 가득 쌓인 책상에 각각 힘을 줘서 같은 거리만큼 밀어 움직여 보세요. 책이 가득 쌓인 책상을 밀 때 더 힘이 들 거예요. <mark>무거운 물체를 움직일 때는 가벼운 물체를 움직일 때보다 더 큰 힘이 필요해요.</mark> 반대로 텅 빈 책상과 책이 가득 쌓인 책상을 각각 같은 힘으로 밀면 텅 빈 책상이 책이 가득 쌓인 책상보다 더 많이 이동할 거예요.

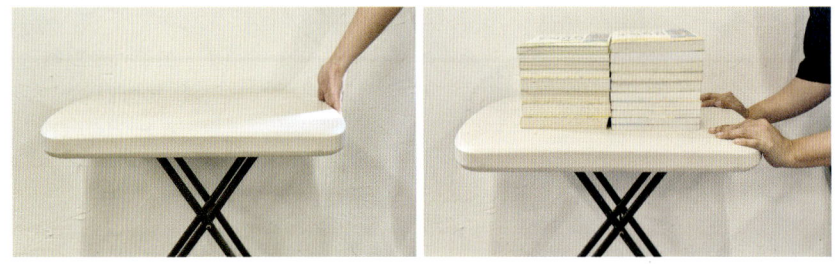

무거운 물체를 움직일 때 더 큰 힘이 필요하다

힘은 두 물체 사이에서 상호 작용하기 때문에 물체를 움직이게 하기 위한 힘의 크기는 혼자 결정할 수 없어요. 그래서 무게가 서로 다른 물체를 똑같은 힘으로 밀었을 때 각각의 물체가 똑같이 움직이지 않는 거예요. 우리가 물체를 밀고 당기는 것은 우리와 물체가 상호 작용하는 과정이에요. 우리가 밀려고 하는 물체가 가벼운지, 무거운지에 따라 우리가 줘야 하는 힘의 크기가 달라진답니다.

몸무게는 어떻게 생기는 걸까요?

친구와 둘이서 줄다리기를 할 때, 친구의 몸무게가 가볍다면 상대적으로 작은 힘을 줘도 이길 수 있어요. 반대로 친구의 몸무게가 무겁다면 훨씬 큰 힘을 줘야 이길 수 있어요. 기준이 되는 대상보다 무게가 적게 나갈 때 **가볍다**라고 하고, 무게가 많이 나갈 때 **무겁다**라

무게가 많이 나갈수록 힘이 커지는 줄다리기

고 해요. 그렇다면 무게는 어떻게 생기는 걸까요?

물체를 들고 있으면 가볍다, 또는 무겁다고 느낄 거예요. 사실 지구가 물체를 잡아당기고 있는데, 우리가 그 물체를 지구가 잡아당기는 힘의 반대 방향으로 들고 있어서 무게를 느끼는 거예요. 우리는 지구가 물체를 당기는 힘인 중력이 클수록 물체를 무겁다고 느껴요. 여기서 지구가 물체를 잡아당기는 힘의 크기를 **무게**라고 부른답니다.

중력에 의해 생기는 무게

무게 지구가 물체를 잡아당기는 힘의 크기. 무게의 단위는 힘의 단위인 뉴턴(N) 또는 킬로그램중(kg중), 그램중(g중)을 사용한다.
태양계 행성 태양을 중심으로 돌고 있는 여덟 개 행성. 수성, 금성, 지구, 화성, 목성, 토성, 천왕성, 해왕성을 말한다.

중력에 따라 달라지는 몸무게

태양계에 있는 여러 행성은 각각 중력이 다르다. 우리의 몸무게는 지구의 중력을 기준으로 정해졌기 때문에 우리가 지구 안에 있을 때는 몸무게가 일정하지만, 지구가 아닌 곳에서는 달라질 수 있다. 지구의 중력 크기를 1이라고 한다면 화성은 0.38, 목성은 2.52라는 크기를 가진다. 화성은 지구보다 중력이 작고, 목성은 지구보다 중력이 크다는 뜻이다.

지구에서 몸무게가 40 kg중만큼 나간다면, 화성에서는 15.2 kg중, 목성에서는 100.8 kg중이 나간다. 행성이 가진 중력의 크기에 따라서 몸무게도 달라지는 것이다.

지구 중력을 1이라고 했을 때
화성, 목성의 중력 크기 비교

| 과학 3-1 | 힘과 우리 생활 | 수평 |

코끼리와 시소를 타려면 원숭이 몇 마리가 필요할까요?

물리 연구원 히므로의 관찰일지

◆ 4월 20일 ◆ 날씨: 구름 조금 ◆ 관찰 장소: 놀이터

'같다'라는 말은 '서로 다르지 않고 하나다'라는 뜻이다. 아임스타인 박사님과 지지리 쌤이 점심으로 같은 메뉴를 먹은 것처럼 말이다. 놀이터의 시소도 같음을 알 수 있는 기구이다. 무게가 다른 두 사람이 시소를 타면 무거운 사람 쪽으로 기울어지고, 무게가 같은 두 사람이 시소를 타면 수평을 이룬다. 코끼리와 원숭이가 시소를 타면 당연히 무거운 코끼리 쪽으로 기울어진다. 하지만 수평을 이룰 때까지 원숭이가 계속 올라탄다면? 원숭이 한 마리는 코끼리보다 가볍지만 수백 마리는 다르지!

시소는 왜 무거운 쪽으로 기울어져요?

시소를 가만히 보면, 판을 가운데에서 받쳐 주는 지점이 있어요. 그곳을 **받침점**이라고 해요. 가벼운 친구와 무거운 친구가 시소의 받침점에서 같은 거리만큼 떨어진 곳에 앉아 있는 모습을 상상해 볼까요? 시소는 무거운 친구 쪽으로 기울어질 거예요.

시소에서 판을 받치고 있는 지점인 받침점

시소가 기울어지는 이유는 힘과 관련이 있어요. '가볍다'와 '무겁다'는 무게가 나가는 정도를 뜻하고, 무게는 지구가 물체를 잡아당기는 힘의 크기예요. 지구가 가벼운 사람과 무거운 사람을 잡아당긴다고 할 때, 가벼운 사람을 잡아당기는 힘보다 무거운 사람을 잡아당기는 힘이 더 클 거예요. 시소 위에서도 마찬가지랍니다. 지구는 시소 위에 있는 두 친구를 모두 잡아당기고 있어요. 이때 ==가벼운 친구보다 무거운 친구를 더 큰 힘으로 잡아당기기 때문에, 시소가 무거운 친구 쪽으로 기울어지는 것이지요.==

무게가 같은 친구끼리 시소를 타면 어떻게 될까요?

무게가 같은 두 친구가 시소의 받침점에서 같은 거리만큼 떨어져 앉으면, 시소가 어느 한쪽으로 기울어지지 않고 평평한 상태를 이룰 거예요. 이 상태를 **수평**이라고 해요. 지구가 두 친구를 잡아당기는 힘의 크기가 같아서 시소가 기울지 않고 수평을 이루는 거예요. 시소가 수평을 이루면 두 친구의 무게가 거의 같다는 뜻이고, 한쪽으로 기울어지면 기울어진 자리에 있는 친구가 더 무겁다고 할 수 있어요.

한편 두 친구의 무게가 서로 달라도 시소를 수평으로 맞출 수 있어요. 가벼운 친구가 시소의 받침점에서 상대적으로 멀리 앉고, 무거운 친구는 가벼운 친구가 앉은 위치보다 받침점에서 가까운 곳에 앉으면 수평을 맞출 수 있지요. 이렇듯 놀이 속에서도 힘의 원리를 알 수 있어요.

어느 한쪽으로 기울어지지 않고 평평한 상태인 수평

무게가 달라도 수평을 맞출 수 있다

핵심과학용어사전

받침점 지레에서 막대의 한 점을 받치는 지점

수평 어느 한쪽으로 기울어지지 않고 평평한 상태

고대 이집트에서도 사용한 양팔 저울

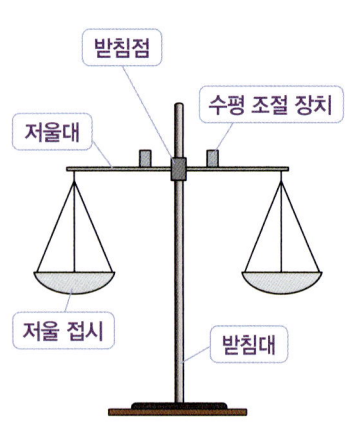
양팔 저울의 구조

양팔 저울은 수평과 기울어짐을 이용해 물체의 무게를 비교하는 장치이다. 먼저 수평 조절 장치로 수평을 맞추고, 양쪽의 저울 접시를 받침점으로부터 같은 거리에 맞춰 걸어 놓는다. 받침점에서 같은 거리에 놓지 않으면 두 물체의 무게가 같지 않아도 수평이 될 수 있어서 주의해야 한다. 이후 저울의 양쪽 접시에 물체를 올렸을 때 아래로 기울어진 쪽이 위로 올라간 쪽보다 무겁다고 할 수 있다.

사람들은 수천 년 전부터 무게를 측정하고 비교했다. 고대 이집트의 『사자의 서』에도 양팔 저울이 그려져 있다. 이집트인들은 죽은 사람의 영혼과 깃털의 무게를 저울에 재서 영혼이 깃털보다 가벼우면 다시 살아날 수 있다고 믿었다. 런던과학박물관에는 실제로 고대 이집트에서 사용했던 양팔 저울이 전시되어 있다.

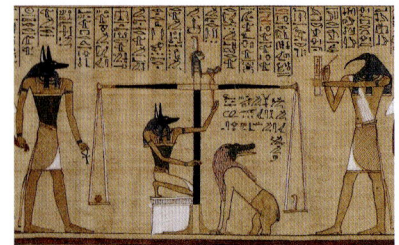
양팔 저울이 그려진 『사자의 서』

과학 3-1 | 힘과 우리 생활 | 용수철저울

왜 개수가 아니라 무게로 가격을 매겨요?

물리 연구원 히므로의 관찰일지

• 5월 3일 • 날씨: 햇빛 쨍쨍 • 관찰 장소: 목장

지구인들은 마트에서 물건을 살 때 무게를 꼭 본다. 소고기 500 g중, 사과 1 kg중과 같이 말이다. 그런데 같은 무게의 물건이라도 어떤 물건인지에 따라 가격이 다르다. 감자 1 kg중보다 삼겹살 1 kg중이 더 비쌌다! 단 하나 변하지 않는 것은 무게가 무거울수록 값이 더 나간다는 사실이다. 박사님은 요즘 매일 아침 우유를 마신다. 살을 찌워서 무게가 늘어나면 박사님의 몸값이 올라간다나 뭐라나…. 박사니까 공부를 해야 몸값이 올라가는 거 아냐?

물리 37

왜 마트에 저울이 있어요?

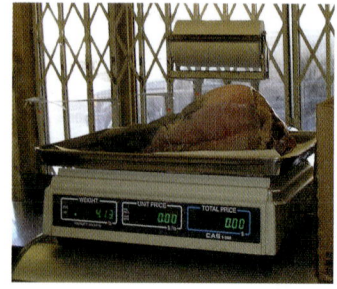

마트에서 쓰는 전자저울

마트에서는 과일이나 채소의 가격을 매길 때 무게를 재요. 한 개, 두 개 등 개수로 가격을 매길 수도 있지만, 그러면 크기가 다른 물건도 같은 가격이 되기 때문에 무게에 따라 가격을 매기는 거랍니다. 대부분 마트에서는 전자저울을 써요. 저울판 위에 물건을 올리면 무게가 숫자로 나타나는데, 무게가 무거울수록 저울이 눌려 숫자가 더 늘어나요.

그렇다면 저울은 어떤 원리로 무게를 측정하는 걸까요? 용수철저울을 생각하면 쉽게 이해할 수 있어요. 힘은 물체의 운동 상태나 모양을 변화시켜요. 용수철을 세워서 물체를 매달면 용수철이 늘어나면서 모양이 변해요. 물체의 무게가 일정하게 늘어날수록, 즉 용수철을 잡아당기는 힘의 크기가 일정하게 커질수록 용수철은 일정하게 아래쪽으로 더 늘어나요. 용수철의 이런 성질을 이용해서 무게를 측정하도록 만든 저울이 바로 **용수철저울**이에요. 용수철을 세워서 물체를 매달고, 물체의 무게 때문에 아래로 늘어난 용수철을 보며 무게를 가늠하는 방식이에요.

용수철의 원리를 이용한 주방용 저울

용수철저울로 어떻게 무게를 잴까요?

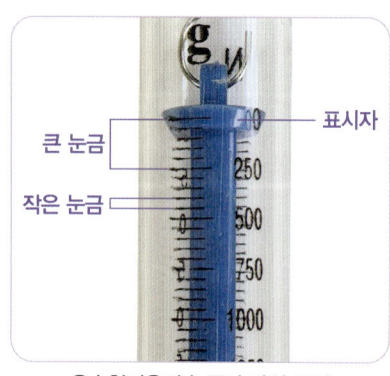

용수철저울의 눈금과 단위 표시

용수철저울을 사용할 때는 먼저 영점 조절 나사로 눈금이 표시된 곳의 표시자를 0에 맞춰야 해요. 그러지 않으면 물체의 무게를 정확히 측정할 수 없어요. 용수철저울을 이용해 물체 무게를 측정할 때는 표시자에서 표시하는 눈금에 있는 숫자와 단위를 함께 읽어야 해요. 무게는 'g중', 'kg중'을 사용해서 나타내고, '그램중', '킬로그램중'이라고 읽어요. 10그램중, 100그램중

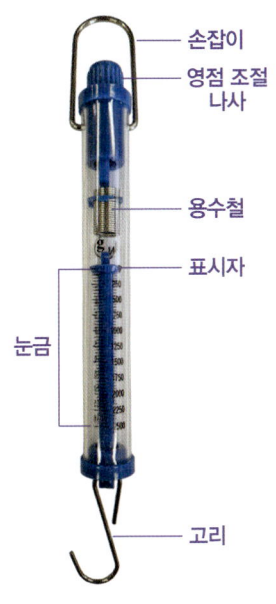

용수철저울의 각 부분
(손잡이, 영점 조절 나사, 용수철, 표시자, 눈금, 고리)

등으로 읽어서 무게를 표현할 수 있어요. 일상생활에서나 교과서에서 무게 단위를 'g', 'kg'으로 표현하는 것도 사실은 'g중', 'kg중'이라는 걸 잊지 말아야 해요.

핵심과학용어사전

용수철저울 물체의 무게가 일정하게 늘어날수록 용수철이 아래쪽으로 일정하게 더 늘어나는 성질을 이용해서 만든 저울

뉴턴이 쓴 위대한 책

무게는 지구가 물체를 잡아당기는 힘의 크기이다. 무게를 나타내는 단위는 곧 힘의 단위라고 할 수 있다. 'g중', 'kg중' 이외에 'N'이라고 쓰고 '뉴턴'이라고 읽는 힘의 단위도 있다. 힘과 관련한 세 가지 법칙을 정리한 영국의 과학자 아이작 뉴턴의 이름에서 따온 것이다.

뉴턴은 1687년 『자연 철학의 수학적 원리』라는 책을 발표했다. 책은 모두 세 권으로, 1권과 2권에서는 물체가 운동하는 원리를 설명한다. '관성의 법칙', '운동의 법칙', '작용-반작용의 법칙' 같은 고전 물리 법칙을 알 수 있다. 3권은 태양계 이야기이다. 뉴턴은 만유인력의 법칙을 적용해 지구가 태양을 타원 궤도로 돌고 있다는 사실을 밝혔다. 달이 어떻게 움직이는지, 계절이 어떻게 변하는지도 구체적으로 설명했다. 뉴턴이 책에 있는 법칙들을 정립한 1666년을 '기적의 해'라고 부르기도 한다.

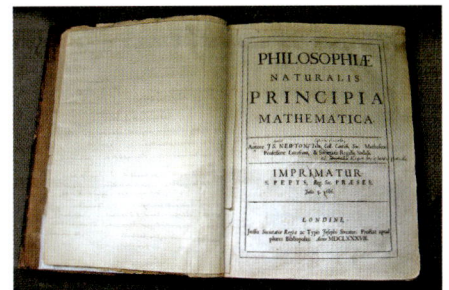

『자연 철학의 수학적 원리』

과학 3-1 | 힘과 우리 생활 | 지레

지레를 이용하면 지구도 들 수 있다고요?

다 내려! 지레가 안 들리잖아~!

물리 연구원 히므로의 관찰일지

◆ 5월 9일 ◆날씨: 흐림 ◆관찰 장소: 박사님의 비밀 연구실

책을 보다가 어떤 무거운 물건이라도 번쩍번쩍 들게 도와주는 지레라는 엄청난 도구가 있다는 사실을 알았다. 받침점의 위치를 들고자 하는 물체 가까이에 두고, 지레의 길이를 길게 하면 아무리 무거운 물체라도 들 수 있다고 한다. 그렇다면 모든 물체를 지레로 들어 올릴 수 있지 않을까? 어마어마하게 긴 길이의 지레를 구할 수만 있다면 지구를 들 수 있다고 호언장담한 고대 지구인도 있다. 흐흐. 내가 지구인보다 먼저 지구를 들고 말 거야!

가벼운 사람과 무거운 사람이 시소를 탈 수 있나요?

받침점, 힘점, 작용점의 위치

무거운 사람이 가벼운 사람보다 받침점 가까이 앉으면 시소가 평형을 이룰 수 있어요. 다르게 말하면, 가벼운 사람이 시소를 눌러서 무거운 사람을 들어 올리는 거예요. 이처럼 고정된 점(받침점)이 있는 상태에서 작은 힘으로 무거운 물체를 움직이게 하는 도구를 **지레**라고 해요. 시소에도 고정된 받침점이 있으니 지레라고 할 수 있어요.

시소가 평형을 이루었을 때 가벼운 사람이 받침점에서 더 먼 자리에 앉으면 가벼운 사람이 앉은 쪽으로 무게가 실리면서 시소가 기울어요. 그러면 시소의 누르는 힘으로 받침점 가까이 앉은 무거운 사람이 들릴 거예요. 이때 가벼운 사람의 몸무게로 시소를 누르는 힘을 주는 위치를 **힘점**이라고 불러요. 무거운 사람이 시소에 앉은 위치는 힘점에서 누르는 힘이 작용한 위치이기 때문에 **작용점**이라고 불러요.

무거운 물체를 더 작은 힘으로 들어 올리려면 받침점을 잘 이용해야 해요. 시소를 탈 때 가벼운 친구는 받침점에서 멀리, 무거운 친구는 받침점에서 가까이 앉아야 하지요. 이처럼 ==들어 올릴 물체를 받침점 가까이에 두고, 받침점과 먼 곳에서 힘을 주면 더 작은 힘으로 무거운 물체를 들 수 있답니다.==

계단 옆에는 왜 경사면이 있을까요?

길을 가다가 계단 옆에 경사면이 함께 있는 광경을 많이 보았을 거예요. 물체를 들고 계단을 오르려면 물체의 무게보다 더 큰 힘이 필요하기 때문에, 힘이 많이 들어요. 하지만 완만한 경사면(빗면)을 따라 물체를 밀면 물체의 무게보다 작은 힘으로도 높은 곳으로 물체를 옮길 수 있어요. 완만한 경사면을 이용하면 계단보다 더 긴 거리를 이동해야 하지만, 더 작은 힘을 쓸 수 있지요. 지레와 빗면에는 물체의 무게보다 작은 힘을 이용해서 물체를 움직이는 힘의 원리가 있어요. 이것을 **지레의 원리**라고 한답니다.

지레 고정된 점(받침점)이 있는 상태에서 작은 힘으로 무거운 물체를 움직일 수 있게 하는 장치
빗면 비스듬히 기운 면. 경사면이라고도 부른다.

지레의 원리로 배를 띄운 아르키메데스

고대 그리스의 수학자인 아르키메데스는 왕에게 "나에게 설 땅과 지구를 버틸 수 있는 충분히 긴 지렛대만 있으면, 지구도 들어 올릴 수 있다"라고 말한 것으로 유명하다. 작은 힘으로 아주 무거운 물체를 쉽게 움직일 수 있음을 비유한 말이었다. 왕은 아르키메데스를 시험하고자, 너무 크고 무거워서 바다에 띄울 수 없었던 배를 띄워 보라고 명령했다. 아르키메데스는 지레의 원리를 이용한 밧줄로 손쉽게 배를 바다에 띄웠다고 한다. '지구도 들 수 있다'라는 말이 빈말이 아니었던 것이다. 다만 아르키메데스의 말대로 지구를 들 수 있으려면, 그만큼 긴 지렛대와 받쳐 줄 받침점이 있어야 한다.

아르키메데스의 지레를 표현한 그림

| 과학 3-2 | 소리의 성질 | 소리 |

내가 듣는 내 목소리와 녹음한 목소리가 다르다고요?

 **물리 연구원 히므로의 관찰일지**

◆ 5월 15일 ◆날씨: 비   ◆관찰 장소: 노래방

스마트폰으로 녹음한 내 목소리와 내가 듣는 내 목소리가 다르다는 것을 알았다. 소리는 떨림이고 울림이다. 공기를 타고 어디든 갈 수 있다는 뜻이다. 다른 사람이 듣는 내 목소리는 공기를 통해 입 밖으로 퍼지는 소리다. 내가 듣는 내 목소리는 입 밖으로 나가는 소리와 입안에서 몸으로 울리는 소리가 섞여 들리는 소리다. 그래서 녹음된 목소리와 내 목소리가 다르게 들리나 보다. 그래도 변하지 않는 건 어떤 상황에서도 내 목소리가 매력적이라는 사실이려나? 음하하하!

소리는 어떻게 날까요?

소리가 나는 모든 것에는 떨림이 있어요. 손을 목에 가져다 대고, 입으로 소리를 낼 때와 내지 않을 때를 비교해 볼까요? 목에서 소리가 날 때는 손에 떨림이 느껴지지만, 소리가 나지 않을 때는 떨림이 느껴지지 않아요. 우리 생활 속에서도 비슷한 경우를 찾을 수 있지요. 트라이앵글을 친 뒤에 손을 대면, 트라이앵글이 떨리는 것을 느낄 수 있어요.

떨리면서 소리를 내는 트라이앵글

물체가 떨리면서 공기를 통해 진동이 전달되는 것을 소리라고 해요. 소리굽쇠를 소리굽쇠용 고무망치로 친 뒤 수면에 대 보면 소리굽쇠가 떨리면서 물이 튀는 것을 볼 수 있어요. 마치 소리를 눈으로 보는 것 같아요.

소리굽쇠를 수조에 넣은 모습

악기는 어떻게 소리를 낼까요?

소리가 나는 물체는 떨리면서 소리를 내요. 악기도 마찬가지예요. 북을 친 다음 소리가 날 때 가죽 부분에 손을 대면 가죽 막이 떨리는 것을 느낄 수 있어요. 바이올린을 켤 때 줄을 관찰하면, 소리가 나면서 줄이 떨리지요. 자연에서도 소리의 떨림을 찾을 수 있어요. 꿀벌과 모기가 날아다니면서 내는 소리는 날개를 빠르게 떨면서 내는 것이랍니다.

반대로 물체가 떨리지 않으면 소리가 나지 않아요. 떨리는 트라이앵글을 손으로 잡으면 떨림이 멈추면서 소리가 나지 않을 거예요. 심벌즈를 친 뒤 소리가 나지 않을 때까지 관찰하면, 시간이 지나면서 금속 면의 떨림이 멈추고 소리가 나지 않는 것을 볼 수 있어요. 소리가 나지 않는 소리굽쇠를 물에 가져다 대면 물이 전혀 튀지 않아요. 벌이나 모기가 내는 소리 역시 날개를 움직이지 않고 앉아 있을 때는 전혀 나지 않아요. 이처럼 소리가 나는 물체를 떨리지 않게 하면 물체에서 나는 소리를 멈출 수 있어요.

날개를 떨며 소리를 내는 꿀벌

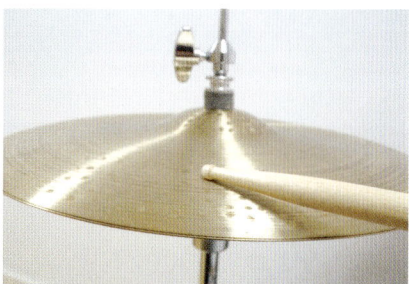
떨림이 멈춰 소리가 나지 않는 심벌즈

소리 물체의 떨림이 고체, 액체, 기체 상태의 여러 가지 물질을 통해 전달되는 것
소리굽쇠 두드리면 일정한 진동수를 가진 소리를 만들어 내는 실험 장치
스피커 전기 신호로 진동판을 진동시켜 음파를 일으키고 소리를 내는 장치

전기를 이용한 스피커를 발명한 과학자, 요한 필립 라이스

우리는 텔레비전의 소리를 듣거나 음악을 들을 때 스피커를 사용한다. 스피커도 물체의 떨림을 이용해 소리를 낸다. 음악을 틀면 스피커의 전기 신호가 아주 얇은 진동판을 떨리게 만들고, 그 떨림으로 소리가 난다. 스피커의 떨림 정도를 조절하면 소리의 크기나 높낮이도 바꿀 수 있다.

스피커를 처음으로 발명한 사람은 독일의 발명가 요한 필립 라이스이다. 1861년, 라이스는 100 m 정도 떨어진 곳까지 소리를 전달하는 전화기 모형을 만들었다. 멀리 떨어진 사람에게 소리를 전달하려면 소리를 내는 장치도 필요했기 때문에, 그는 전화기 모형을 만들면서 스피커도 함께 발명했다. 전기 신호로 스피커를 떨리게 해 멀리까지 소리를 전달한 것이다. 라이스가 전화기 모형을 만든 시기는 무려 그레이엄 벨이 전화기 특허를 획득하기 약 15년 전이었다.

라이스의 전화기 모형 사진

| 과학 3-2 | 소리의 성질 | 큰 소리, 작은 소리

확성기를 쓰면 왜 목소리가 커지나요?

 물리 연구원 히므로의 관찰일지

- 5월 19일 • 날씨: 맑음 • 관찰 장소: 집 앞 공터

지구에는 아주 다양한 소리가 있다. 쾅쾅거리면서 무섭고 시끄러운 소리를 내는 천둥이 있는가 하면, 귓가에서 거슬리게 앵앵거리는 모깃소리도 있다. 같은 소리인데 왜 어떤 소리는 크고 어떤 소리는 작을까? 어제는 천둥소리보다 더 큰 소리를 들었다. 확성기를 처음 써 본 박사님이 고래고래 떠드는 소리였다! 확성기의 안에는 소리의 떨림을 원래보다 더 크게 만들어주는 장치가 들어있다고 한다. 또 하나 배운 건 좋은데, 대체 누가 박사님께 확성기를 드린 거야? 박사님 때문에 한숨도 못 잤어!

 천둥소리와 모깃소리의 차이점은 뭘까요?

저 멀리 운동장을 걸어가는 친구를 부르려면 어떻게 해야 할까요? 친구가 여러분의 목소리를 들을 수 있게 있는 힘껏 이름을 불러야 할 거예요. 그때 친구를 부르는 소리처럼 커다란 소리를 '큰 소리'라고 해요. 자동차 경적 소리, 야구장의 응원 소리, 천둥소리 등은 모두 큰 소리예요.

큰 소리인 야구장의 응원 소리

반대로 주변의 다른 사람들 몰래 친구에게만 들리게 말하고 싶을 때는 어떻게 할까요? 친구 귀에 대고 속삭이듯 말할 거예요. 이렇게 소곤소곤 말하는 소리처럼 작게 들리는 소리를 '작은 소리'라고 해요. 도서관에서 다른 사람들에게 방해되지 않게 내는 소리, 모깃소리, 아기를 재우는 자장가 등은 모두 작은 소리예요. 이러한 소리의 크고 작은 정도를 **소리의 세기**라고 한답니다.

 어떻게 서로 다른 세기의 소리가 나나요?

소리는 물체의 떨림으로 생겨요. 물체가 어떻게 떨리느냐에 따라서 소리의 크기가 달라져요. **물체가 크게 떨릴수록 큰 소리가 나고, 작게 떨릴수록 작은 소리가 나요.**

북 위에 작은 공을 올려놓고, 북채로 북을 세게 칠 때와 약하게 칠 때 공의 움직임을 관찰해 볼까요? 북을 약하게 치면 작은 소리가 나고 공은 낮게 튀어 올라요. 북이 작게 떨린다는 의미예요. 북을 세게 치면 큰 소리가 나고 공이 높이 튀어 올라요. 북이 크게 떨린다

북을 약하게 쳤을 때 공의 움직임

북을 세게 쳤을 때 공의 움직임

물리 **47**

는 의미예요.

이때 주의할 점은 '작게 떨림'과 '적게 떨림'이 다르다는 거예요. '크게 떨림'과 '많이 떨림'도 달라요. 작게 떨림과 크게 떨림은 물체가 한 번 떨릴 때 떨리는 길이가 작은지 큰지를 말해요. 이 길이의 크기가 소리의 세기를 결정해요. 큰 소리는 물체가 큰 길이로 떨리는 경우이고, 작은 소리는 물체가 작은 길이로 떨리는 경우예요. 반면 적게 떨림과 많이 떨림은 물체가 같은 시간 동안 떨리는 횟수가 적은지 많은지를 말해요. 떨리는 횟수는 음의 높낮이를 결정한답니다.

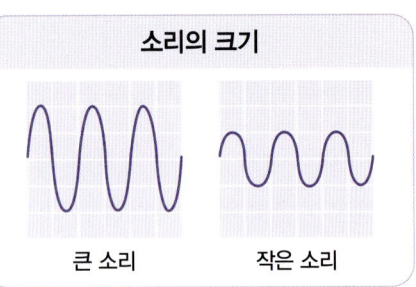

핵심 과학용어사전

소리의 세기 소리의 크고 작은 정도
고막 바깥귀와 가운데귀 사이에 있는 얇은 막으로, 진동으로 소리를 전달하는 기관

 뼈로 듣는 골전도 이어폰

사람의 귓속에는 떨림을 전달하는 아주 얇은 막인 '고막'이라는 기관이 있다. 귓바퀴로 모인 소리가 고막을 떨리게 만들면, 소리를 듣는 기관인 달팽이관을 거쳐 뇌로 신호가 전달되어 소리를 들을 수 있다.

그런데 고막이 아니라 뼈로 진동을 전달해 소리를 들을 수 있는 '골전도 이어폰'도 있다. 일반적인 이어폰은 얇은 진동판을 울려서 소리를 만든 다음 공기를 통해 귀에 있는 고막으로 전달한다. 하지만 골전도 이어폰은 귀에 있는 고막이 아니라 뼈를 통해서 소리를 달팽이관으로 전달한다. 고막을 거치지 않기 때문에 고막에 부담이 덜하다는 장점이 있고, 이어폰으로 귀를 막지 않아 바깥의 소리를 들을 수 있어 안전하다. 또 고막이 손상되어 청력이 약해진 사람도 소리를 들을 수 있게 도와준다.

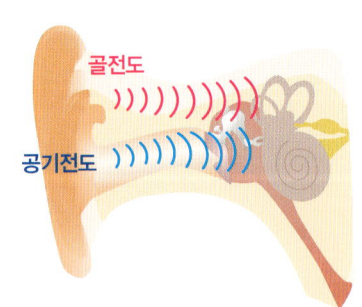

골전도 이어폰의 소리가 귀에 들리는 원리

| 과학 3-2 | 소리의 성질 | | 높은 소리, 낮은 소리 |

같은 도인데 왜 위치에 따라 높낮이가 달라요?

물리 연구원 히므로의 관찰일지

◆ 6월 3일 ◆날씨: 구름 많음 ◆관찰 장소: 음악실

지구의 동물들은 저마다 노래하는 소리가 다르다. 보통 덩치가 큰 녀석들이 작은 녀석들보다 낮은음으로 목소리를 낸다. 글로켄슈필에서 큰 '도' 음판이 낮은 소리를 내고, 작은 '도' 음판이 높은 소리를 내는 것처럼 말이다. 하지만 내 예상과 다르게 소리는 덩치에 따라 달라지는 게 아니었다. 지구에서 몸무게가 가장 많이 나가는 동물인 고래는 우리가 들을 수 없을 만큼 높은 진동수의 소리를 낸다고 한다. 안타깝다. 고래랑 대화하고 싶었는데!

악기는 어떻게 다른 음을 낼까요?

악기는 '도레미파솔라시도'같이 다양한 음높이를 가지고 있어요. 다양한 음을 낼 수 있는 악기 중에는 글로켄슈필이 있어요. 글로켄슈필에는 음판이 많이 달려 있는데, 각기 크기가 달라요. 채로 음판을 치면 각각 다른 소리가 나지요. 음높이가 모두 다른 거예요.

높은 소리를 내는 화재 비상벨

우리가 평소에 듣는 소리에도 다양한 음높이가 있어요. 이러한 소리의 높고 낮은 정도를 ==소리의 높낮이==라고 해요. 구급차의 경보음, 화재 비상벨 소리, 호루라기 소리는 높은 소리예요. 소의 울음소리, 뱃고동 소리, 성덕대왕신종에서 나는 소리는 낮은 소리예요.

낮은 소리를 내는 성덕대왕신종

높은 소리는 큰 소리가 아니라고요?

==떨림의 크기는 소리의 크기를 결정하고, 같은 시간 동안 떨리는 횟수는 소리의 높낮이를 결정해요.== 물체가 빠른 속도로 떨리면 '높은 소리'가 나고 느린 속도로 떨리면 '낮은 소리'가 나요.

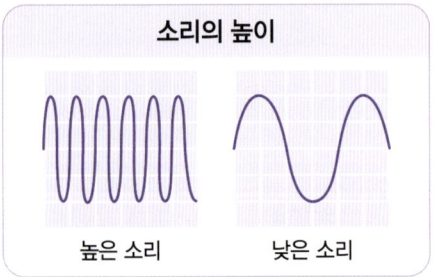

소리의 높이

높은 소리 / 낮은 소리

높은 소리는 물체가 같은 시간 동안 많이 떨리면 나는 소리예요. 낮은 소리는 물체가 같은 시간 동안 적게 떨리면 나지요. 낮은 소리가 같은 시간 동안 100번 정도로 느리게 떨린다면, 높은 소리는 그보다 훨씬 ==빠른 1,000번 정도==로 떨릴 거예요.

한편 ==소리의 높낮이는 소리의 크기와는 크게 상관이 없답니다.== 높은 소리라고 모두 큰 소리인 것은 아니에요. 높은 소리가 작은 소리일 수도 있어요. 낮은 소리도 마찬가지예요.

글로켄슈필의 '레' 음에 해당하는 음판을 세게 치면 크고 낮은 소리가 나요. 반대로 '시' 음에 해당하는 음판을 약하게 치면 작고 높은 소리가 나요. 낮은음도 큰 소리를 낼 수 있고, 높은음도 작은 소리를 낼 수 있답니다.

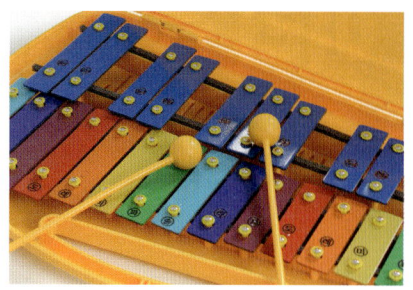

다양한 음높이를 가진 글로켄슈필

소리의 높낮이 소리의 높고 낮은 정도. 진동수에 따라서 소리의 높낮이가 달라진다.
가청 주파수 사람이 들을 수 있는 소리의 진동 정도

빛의 소리를 들을 수 있을까?

빛도 소리처럼 떨림을 갖는다. 미국 인디애나대학교의 연구원 워커 스미스는 빛을 소리처럼 들릴 수 있게 만드는 연구를 시작했다. 스미스는 산소, 수소 같은 원소들을 실험 대상으로 삼았다. 원소를 프리즘에 통과시키면 파장에 따라 빛이 나뉘어 보인다. 이것을 선 스펙트럼이라고 하는데, 스미스는 이렇게 구분된 빛을 소리로 바꿔 봤다.

사람은 1초당 20회에서 2만 회 사이의 떨림만 소리로 들을 수 있다. 이처럼 사람이 들을 수 있는 떨림의 정도를 '가청 주파수'라고 한다. 하지만 빛은 사람이 들을 수 있는 소리보다 훨씬 빠르게 진동한다. 진동수가 가볍게 1조를 넘는다. 스미스는 사람들이 빛을 소리로 들을 수 있도록 빛의 진동을 가청 주파수의 수준으로 바꿨다.

실험 결과는 대성공이었다. 선 스펙트럼을 소리로 바꾸자, 원소의 다양한 소리가 아름다운 화음처럼 들린 것이다. 스미스는 아연에서 들리는 소리가 마치 천사의 합창 같았다고 한다.

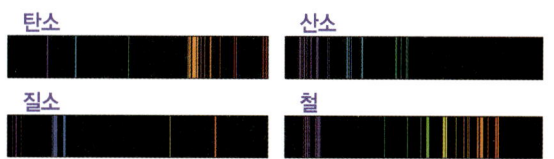

원소별로 나타난 선 스펙트럼의 모습

| 과학 3-2 | 소리의 성질 | | 악기의 소리 |

글로켄슈필은 어떻게 여러 음을 만들어 낼까요?

물리 연구원 히므로의 관찰일지

◆ 6월 7일 ◆날씨: 맑음 ◆관찰 장소: 연주회장

지구에는 모양은 비슷하지만 이름과 소리가 다른 악기가 많다. 음판을 막대로 두들겨 소리를 내는 악기로는 글로켄슈필과 실로폰 등이 있다. 내가 보기에는 다 똑같아 보이는데…. 글로켄슈필은 금속판을 두들겨서 다양한 소리를 내고, 실로폰은 나무판을 두들겨 다양한 소리를 낸다. 이 악기들의 공통점은 **다양한 높낮이의 음을 낼 수 있다는 사실**, 그리고 **'때려서 우는'** 악기라는 사실이다. 그나저나 박사님 연주는 언제 끝나는 거야? 불쌍한 글로켄슈필! 불쌍한 내 귀!

글로켄슈필의 음판은 왜 서로 길이가 다를까요?

글로켄슈필과 리코더는 하나의 악기에서 높이가 다른 음을 낼 수 있어요. 글로켄슈필의 긴 음판을 치면 낮은 소리가 나고, 짧은 음판을 치면 높은 소리가 나지요. 리코더도 손가락으로 모든 구멍을 막으면 낮은 소리가 나고, 위쪽의 구멍만 막으면 높은 소리가 나요.

다양한 소리를 내는 악기들은 각각 소리의 높낮이를 다르게 내는 방법이 있어요. 글로켄슈필은 음판의 길이에 따라 음높이가 달라요. 물체가 느리게 떨리면 낮은 소리가 나고, 빠르게 떨리면 높은 소리가 나지요. 음판이 길수록 한 번 떨리는 데 시간이 오래 걸리기 때문에 느리게 떨리면서 낮은 소리가 나요. 반면 음판이 짧을수록 한 번 떨리는 데 시간이 짧게 걸리기 때문에 빠르게 떨리면서 높은 소리가 나는 거예요. 그래서 글로켄슈필과 같은 악기들은 음판이 길수록 낮은 소리를 내고, 음판이 짧을수록 높은 소리를 낸답니다.

음판의 길이에 따라 소리가 다른 글로켄슈필

어떤 구멍을 막느냐에 따라 소리가 달라지는 리코더

악기의 크기가 크면 낮은음을 낸다고요?

악기의 음판 길이가 아닌, 악기 자체의 크기에 따라서 음높이가 달라지는 경우도 있어요. 줄을 켜면서 소리를 내는 바이올린, 비올라, 첼로, 콘트라베이스 같은 현악기가 그렇지요. 이 악기들은 모양은 비슷하지만 크기는 각기 달라요. 바이올린, 비올라, 첼로, 콘트라베이스의 순서로 크기가 더 커져요. 크기에 따라서 내는 소리도 달라요.

바이올린에서 비올라, 첼로, 콘트라베이스로 향할수록 음높이가 점차 낮아져요. 크기가 가장 큰 콘트라베이스는 줄이 한 번 떨리는 시간이 가장 길어요. 느리게 떨리면서 가장 낮은 소리를 내지요. 크기가 가장 작은 바이올린은 줄이 한 번 떨리는 시간이 가장 짧아요. 빠르게 떨리면서 가장 높은 소리를 낸답니다.

높은 소리를 내는 바이올린

낮은 소리를 내는 콘트라베이스

핵심과학용어사전

초음파 가청 주파수인 20~2만 헤르츠(Hz)보다 많이 떨려서 사람이 들을 수 없는 주파수의 높은 소리
초저음파 가청 주파수인 20~2만 헤르츠(Hz)보다 적게 떨려서 사람이 들을 수 없는 주파수의 낮은 소리

휘파람으로 돌고래와 대화할 수 있을까?

사람은 1초에 20회에서 2만 회 사이의 떨리는 정도만 소리로 들을 수 있다. 1초에 20회 이하, 2만 회 이상인 떨림은 듣지 못한다. '초음파'는 1초에 2만 회 이상 떨려 사람이 들을 수 없는 소리를 말한다. 돌고래나 박쥐가 내는 소리가 바로 초음파이다. 박쥐는 초음파로 소리를 내서 먹이를 잡거나 장애물의 위치를 알 수 있다. 반대로 1초에 20회 이하로 떨려 사람이 들을 수 없는 소리를 '초저음파'라고 한다. 코끼리나 흰긴수염고래는 1초에 10회 정도의 작은 떨림을 가진 소리로 대화한다.

돌고래는 머리의 튀어나온 부분인 '멜론'이라는 기관으로 초음파를 조절하고, 다른 돌고래들과 대화한다. 이 소리가 휘파람처럼 들려서 사람과도 대화할 수 있을 것처럼 보이지만 실제 휘파람으로 대화하는 것은 불가능하다. 아쿠아리움에서 조련사와 대화하는 것도 사실은 반복적인 훈련으로 알아채는 것이다.

멜론으로 대화하는 돌고래

과학 3-2 | 소리의 성질　　소리의 전달

물속에서도 소리를 들을 수 있다고요?

물리 연구원 히므로의 관찰일지

◆ 6월 10일　◆날씨: 흐림　　◆관찰 장소: 아쿠아리움

지구에서는 어디서든 소리가 난다. 도시에서는 사람들과 자동차 소리가 들리고 숲에서는 풀이 바람에 스치는 소리가 난다. 바다에서는 파도 소리, 물속에서는 바다 생물들이 내는 소리가 난다. 심지어 사막이나 극지방에서도 세찬 바람 소리가 들린다. 소리는 진동이니까 기체나 액체, 고체 등 전달될 수 있는 물체가 있으면 들린다. 하지만 소리가 들려도 말하지 않으면 소용이 없는 법. 그러니까 문어야, 박사님 말고 나랑 대화하자! 내가 문어의 말을 알아듣는 첫 번째 외계인이 되겠어!

물속에서 소리가 나는 이유는 뭘까요?

'아티스틱 스위밍(수중 발레)'은 물속에서 여러 선수가 음악에 맞춰 춤을 추는 스포츠예요. 선수들은 어떻게 물속에서 음악을 듣고 춤을 출까요? 놀랍게도 선수들은 수중에서 사용하는 스피커로 소리를 들어요. 소리는 물과 같은 액체에서도 전달되기 때문에, 선수들은 소리를 듣고 정확하게 움직일 수 있어요.

음악에 맞춰 춤을 추는 아티스틱 스위밍

고체인 실이 소리를 전달하는 실 전화기

소리는 액체는 물론, 고체 상태의 물질을 통해서도 전달돼요. 종이컵을 실로 연결한 실 전화기를 만들어 종이컵에 대고 말하면, 반대쪽 종이컵에서 소리를 들을 수 있어요. 철봉의 봉 한쪽 끝을 두드리면 반대쪽 끝에서도 소리를 들을 수 있지요. 모두 소리를 전달하는 물질이 있기 때문이에요.

우주에서는 왜 소리를 들을 수 없나요?

소리는 물과 같은 액체, 실과 같은 고체로도 전달돼요. 그러나 우리가 평소에 듣는 소리는 액체나 고체가 아니라 공기와 같은 기체를 통해서 전달돼요. 소리를 내는 물체가 떨리면 주변 공기도 떨리고, 그 공기가 우리 귀에 닿으면 소리를 들을 수 있어요. 바람이 없는 공간에서, 큰 소리가 나는 스피커 앞에 촛불을 두면 촛불이 흔들려요. 소리를 내는 물체가 공기를 떨리게 하고, 그 공기의 떨림이 전달되면서 촛불이 흔들리는 거예요.

이처럼 우리가 소리를 들으려면 반드시 떨림을 전

휴대 전화 스피커 앞에서 흔들리는 촛불

달하는 물질이 있어야 해요. 그렇다면 공기가 없어서 비어 있는 진공 상태인 우주에서는 어떨까요? 공기를 뺄 수 있는 통 안에 음악을 튼 휴대 전화를 넣고 공기를 빼면, 소리가 점점 작게 들려요. 진공 상태가 되어서 소리를 전달할 공기가 없어지면 휴대 전화에서 나는 소리를 들을 수 없어요. <mark>소리는 고체, 액체, 기체에서 전달되지만, 공기가 없는 우주에서는 전달되지 않는답니다.</mark>

공기가 없어 소리가 전달되지 않는 우주

핵심과학용어사전

음속 소리의 빠르기. 단위는 마하를 사용한다.

온도에 따라서 달라지는 소리의 속도

고체, 액체, 기체 모두 소리를 전달할 수 있지만 그 빠르기는 각각 다르다. 고체가 액체보다, 액체가 기체보다 빠르게 소리를 전달한다. 또 액체끼리, 고체끼리도 물질에 따라서 전달하는 속도가 다르다. 민물보다 바닷물이 더 빠르게 소리를 전달하고, 철보다 알루미늄이 더 빠르게 소리를 전달한다. 그러면 기체끼리는 소리를 전달하는 속도가 모두 같을까? 그렇지 않다. 소리의 속도는 기온에 따라 달라진다. 과학자들은 온도가 1℃ 올라갈 때마다 소리의 속도가 초속 0.6 m씩 빨라진다는 사실을 밝혀냈다.

소리의 속도는 '마하'라는 단위를 쓴다. 1마하는 온도가 15℃일 때를 기준으로 소리가 1초에 340 m 이동하는 것을 말한다. 번개를 본 뒤 천둥이 몇 초 뒤에 울렸는지를 계산하면 얼마나 멀리 떨어진 곳에서 번개가 쳤는지를 알 수 있다. 예를 들어 번개가 친 뒤 천둥이 10초 뒤에 울렸다면, 340 m/초 × 10초 = 3,400 m 떨어진 곳에서 번개가 친 것이다.

약 1마하의 속도로 이동하는 천둥소리

과학 3-2 　 소리의 성질 　 　 소음

윗집 소음이 안 들리게 할 수 있는 방법은 없나요?

물리 연구원 히므로의 관찰일지

* 6월 23일   * 날씨: 맑음   * 관찰 장소: 박사님의 아파트

지구인은 서로에게 관심이 아주 많은 종족임이 확실하다. 네모난 집을 수백 개 연결한 아파트에 함께 모여 사는 것만 봐도 그렇다. 그런데 참 신기한 현상을 발견할 수 있다. 연결된 집끼리는 당연히 서로의 소리가 들리기 마련이다. 뛰는 소리도, 떠드는 소리도 말이다. 하지만 지구인들은 그렇게 모여 살면서 소리가 들린다고 싸운다. 그럴 거면 모여서 살지 말고 다들 따로 살면 되는 거 아닌가? 혹시 지구인에게는 다른 지구인들의 소리를 듣는 취미가 있는 건가. 나는 박사님하고 멀리 떨어져서 살고 싶은데!

듣기 싫은 소음은 어떻게 발생할까요?

공사장 근처를 지나가면 커다란 기계가 움직이는 소리, 트럭 소리, 무언가를 두들기거나 부수는 소리 등 다양한 소리가 나요. 말소리도 제대로 들리지 않을 만큼 큰 소리이지요. 이렇게 사람의 기분을 나쁘게 하거나 청각에 영향을 줄 수 있는 시끄러운 소리를 **소음**이라고 불러요.

다양한 소리가 들리는 공사장

소음도 소리의 한 종류이므로 여러 가지 물질을 통해서 이동해요. 그런데 아파트처럼 기둥과 벽으로 여러 집이 연결된 곳에서는 우리 집에서 나는 소음이 다른 집으로 전달될 수 있어요. 벽과 기둥 등의 물질을 통해 전달되는 것이지요. 반대로 다른 집에서 의자를 끄는 소리, 세탁기 소리, 뛰어다니는 소리를 우리 집에서 들을 수도 있어요. 이런 소리는 이웃들에게 듣기 싫은 소음이 될 수 있어요. 특히 밤에 나는 소음은 이웃들을 불쾌하게 하고, 잠 못 들게 만들어요.

소음은 어떻게 줄일 수 있나요?

소음을 줄이는 방법에는 소리의 크기를 작게 하거나, 소리가 잘 전달되지 않도록 차단하는 방법이 있어요. 층간 소음을 예로 들어 살펴볼까요? 먼저 소리 크기를 작게 하는 방법에는 뛰지 않고 살살 걸어 다니기, 의자를 끌지 말고 들어서 옮기기, 스피커 소리 줄이기 등이 있어요. 전달되는 소리 자체를 작게 만드는 거예요. 소리가 잘 전달되지 않도록 하는 방법에는 바닥에 소음 방지 매트 깔기, 의자 다리에 소음 방지 덮개 씌우기, 노래 들을 때 스피커 대신 헤드폰 쓰기 등이 있어요. 이는 소리의 전달 경로를 차단하거나 전달이 어렵게 만드는 거예요. 같은 원리로 공사장에서는 소리를 잘 흡수하는 물질로 주변을 둘러싸 소리가 전달되는 것을 막기도 해요.

하지만 층간 소음을 줄이는 데 무엇보다 중요한 것은 밤에 세탁기를 돌리거나 큰 소리로 음악을 듣는 행동을 자제하는 등 되도록 주변 사람들을 배려해 소음을 줄이려는 자세랍니다.

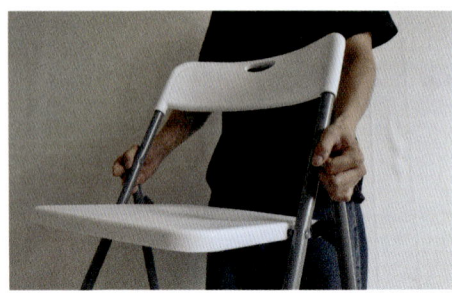
의자를 들어서 이동해 소음을 줄인 모습

의자 다리에 덮개를 씌워 소음을 줄인 모습

핵심과학용어사전

소음 사람이 듣기에 시끄럽고 듣기 싫은 소리
노이즈 캔슬링 소리 파동에 다른 소리 파동을 더해서 소음을 줄여 주는 기술

소음이 들리지 않는 이어폰의 원리

이어폰으로 음악을 들어도, 바깥에서 계속 들리는 소음 탓에 제대로 음악을 듣지 못하는 경우가 종종 있다. 그래서 최신 이어폰에는 바깥에서 들리는 소음을 줄여 주고, 이어폰에서 나오는 소리에 집중할 수 있도록 '노이즈 캔슬링' 기술이 들어가 있다.

소리는 기체 등이 진동하며 만들어지는 파동이다. 파동과 파동이 만나면 소리가 더 커지거나 줄어든다. 공사장 소리나 자동차 경적 같은 여러 소리는 다양한 주파수로 섞이고 높낮이도 일정하지 않아서, 사람들이 싫어하는 소음이 된다. 반대로 파동과 파동을 잘 섞으면 소리를 줄어들게 할 수 있다. 노이즈 캔슬링 이어폰에는 소리를 내는 스피커와 함께 마이크가 들어 있다. 그래서 이어폰 바깥에서 소음이 나면 마이크로 알아내서 파동을 분석하고 그 소음과 반대되는 파동을 만든다. 바깥의 파동과 만들어 낸 파동이 서로 부딪히면서 바깥에서 들리는 소음을 줄여 주는 것이다.

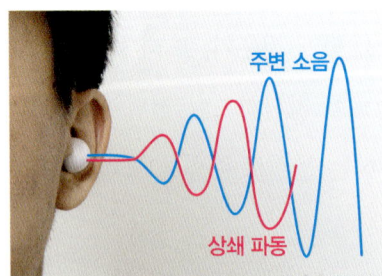

과학 4-1 자석의 이용   자기력

동전은 금속인데 왜 자석에 붙지 않나요?

 물리 연구원 히므로의 관찰일지

◆ 7월 2일 ◆날씨: 맑음   ◆관찰 장소: 낚시터

자기력은 철 성분을 끌어들이는 능력이다. 그리고 자석은 자기력을 발휘할 수 있도록 만들어진 물건이다. 모든 금속이 자석에 달라붙는 것 같지만 사실 그렇지 않다. 동전은 금속이지만 자석에 잘 안 붙는다. 주로 자석에 붙지 않는 구리로 만들어지기 때문이다. 거기에 니켈이나 아연 같은 재료가 같이 사용된다. 그래서 자석을 가져다 대도 동전은 꿈쩍하지 않는다. 그런데 예외가 있다! 영국, 뉴질랜드 같은 나라에서 사용하는 몇몇 동전은 자석에 붙기도 한다. 박사님이 이 사실도 모르고 동전 낚시를 하러 가신 건 아니겠지?

물리 61

 참치 통조림은 자석에 붙을까요?

우리 주변에서 흔히 보이는 자석은 막대 모양, 둥근 모양, 판 모양 등 생김새가 다양하지요. 다양한 모양을 가졌지만 기능은 모두 같아요. 뭔가 붙는다는 거예요.

우리가 즐겨 먹는 참치 통조림 캔의 재질은 철이에요. 철로 된 클립, 못 등은 자석에 잘 붙어요. 유리나 나무, 고무로 된 물건은 자석에 붙지 않지요. 이처럼 자석이 철을 끌어당기는 성질을 **자기**라고 해요. 자석에 붙는 물건은 대부분 단단하고, 반짝이는 은색을 띠고 있어요. 하지만 단단하고 은색을 띠는 물질이 전부 자석에 잘 붙는 건 아니에요. 음료수 캔을 생각해 볼까요? 알루미늄으로 만든 캔은 단단하고 은색이지만 자석에 붙지 않아요.

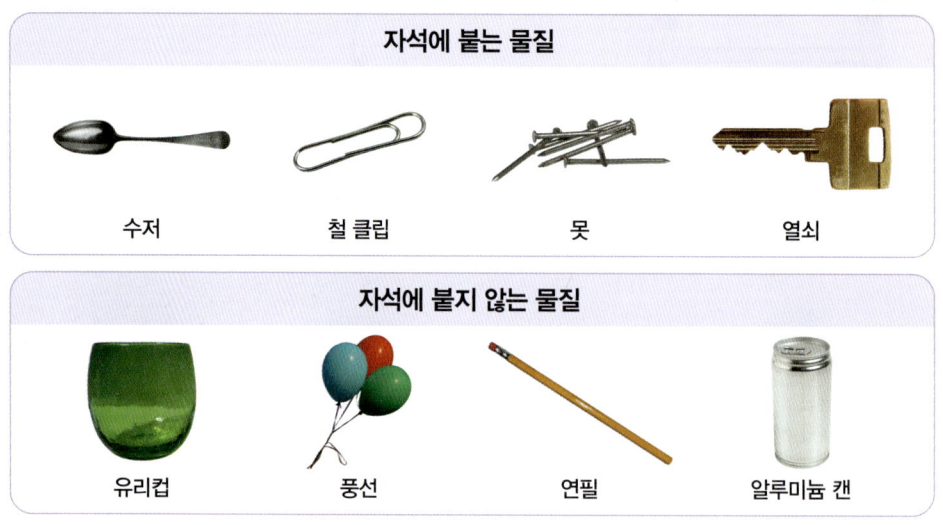

 동전은 왜 자석에 붙지 않을까요?

일정한 공간에서 자석이 자기 성질을 내는 힘을 **자기력**이라고 불러요. 한 물체에서도 자석이 잘 붙는 부분과 잘 붙지 않는 부분이 있어요. 가위를 예로 들어 볼까요? 가위의 금속 날 부분은 자석에 잘 붙고, 손잡이 부분은 자석에 붙지 않아요. 자석에 잘 붙는 금속 날에 자기력이 작용한 것이지요.

동전은 자석에 붙을까요? 우리나라 동전은 주로 구리, 니켈, 아연, 알루미늄으로 이루어져 있어요. 자석에 붙지 않는 금속인 구리 비율이 75%로 매우 높고, 자석에 붙는 성질이 있는 니켈은 25% 정도로 비율이 낮아서 자석에 붙지 않아요. 하지만 성분에 철이 포함되어 있는 뉴질랜드의 50센트, 캐나다의 1다임, 영국의 1페니 등 몇몇 동전은 자석에 붙는답니다.

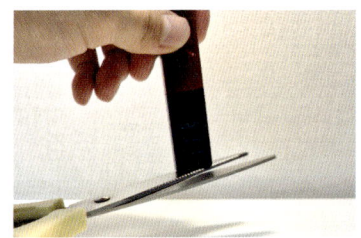
자석에 붙는 가위

자석에 붙지 않는 동전

자기 자석이 철을 끌어들이는 성질
자기력 일정한 공간에서 자석이 자기 성질을 내는 힘
자기장 자기력이 작용하는 공간

전기가 흐르는 자석, 전자석

자석 주변으로 철을 끌어당기는 힘을 '자기력'이라고 하고, 자기력이 작용하는 공간을 '자기장'이라고 한다. 자석에 붙는 물질인 철 클립은 자석 근처에만 있어도 잘 달라붙는다. 철 클립과 자석 사이에 종이나 비닐 같은 물체가 있어도 두 물체는 서로를 잘 끌어당긴다. 하지만 자석이 철 클립과 점점 멀어지면 자석이 철 클립을 끌어당기는 힘도 점점 약해진다. 자기장을 벗어나면서 자기력이 서서히 약해지는 것이다.

자기력은 인공적으로 만들어 낼 수 있다. 전선에 전기가 흐르면 주변에 자기장이 생기는 성질을 이용해 자석을 만들 수 있다. 전기가 흐르지 않으면 자기력이 없어지고, 전기가 흐르면 자기력이 생긴다. 이런 자석을 '전자석'이라고 한다. 전자석은 우리 생활에서 유용하게 쓰이고 있다. 모터가 그 예이다. 선풍기, 세탁기, 자동차 등 생활 속 거의 모든 전자 제품에는 전자석이 들어 있다. 만일 전자석이 없었다면 우리의 생활은 조금 더 불편했을 것이다.

선풍기 회전 모터의 전자석 코일

| 과학 4-1 | 자석의 이용 | | 자석의 극 |

자석을 깨뜨리면 자기력도 사라질까요?

물리 연구원 히므로의 관찰일지

◆ 7월 8일 ◆ 날씨: 소나기 ◆ 관찰 장소: 박사님의 비밀 연구실

지구에는 신기한 돌이 많다. 그중에서 자철석이라고 하는 돌이 가장 신기한 것 같다. 이 돌은 자기력을 가지고 있는 돌이다. 돌은 원래 자석에 안 붙지만, 이 돌은 자석에 붙는다. 그리고 이 돌은 철에도 붙는다. 지구가 만든 천연 자석인 셈이다. 처음 자철석을 발견한 사람은 돌끼리 달라붙는 것을 보고 얼마나 신기했을까? 자철석을 가공해 자석을 만들기도 한다고 하는데, 자석은 어떻게 만들지? 일단 자철석을 쪼개서 모양을 잡아 볼까. 쪼갠다고 자기력이 사라지거나 하지는 않겠지?

 같은 자석이라도 끌어당기는 힘이 다르다고요?

철 클립을 쌓아 둔 곳에 막대자석을 대면 클립이 자석에 달라붙어요. 하지만 클립이 막대자석의 모든 부분에 균일하게 붙지는 않아요. 자석의 위치에 따라 클립이 붙는 정도가 다르지요. 클립은 자석 양 끝부분에 특히 많이 붙어요. 말굽자석에서는 말굽 모양으로 구부러진 양쪽 끝부분에 클립이 많이 붙고, 동전 모양 자석에서는 양쪽 동그란 면에 클립이 많이 붙어요.

클립은 자석의 극에 잘 붙는다

자석에서 철로 된 물체를 끌어당기는 정도는 자석의 위치마다 다른데, 자석에서 철로 된 물체가 많이 붙는 부분을 **자석의 극**이라고 해요. 막대자석의 양 끝에 철 클립이 많이 붙는다는 것은, 다른 부분보다 양 끝의 극이 클립을 잡아당기는 정도가 강하다는 의미예요. 철 클립이 자석에 잘 붙는 부분은 두 군데이고, 양쪽 끝이지요. 자석의 극은 두 군데가 있고, 자석의 양쪽 끝에 있어요. 이 두 개의 극을 각각 **N극**, **S극**이라고 한답니다.

자석의 N극과 S극

 자석을 깨뜨리면 자기력이 사라질까요?

자석은 단단하지만 깨지기도 해요. 하지만 깨진 자석에도 자기력이 남아 있답니다. 자석의 크기가 작아져 자기력은 약해지지만 깨진 자석 각각 자기력을 가진 자석이 됩니다.

자석의 N극과 S극을 반으로 나눠 깨뜨릴 때 한쪽은 전부 N극이 되고 다른 한쪽은 전부 S극이 될까요? 그렇지 않아요. N극이 있던 부분에서 다시 N극과 S극이 생기고, S극이 있던 부분에서도 다시 N극과 S극이 생겨요. 하나의 자석을 깨뜨리면 각각 N극과 S극이 있는 두 개의 자석이 되는 거예요. 그렇게 깨뜨린 자석을 또 깨뜨리면, 다시 N극과 S극이 있는 두 개의 자석이 생기지요. 하나의 자석에는 항상 N극과 S극이 존재해요. 자석을 쪼갰는데 하나의 극만 있을 수는 없어요. 자석을 이루는 작은 입자 하나까지 모두 N극과 S극을 띠는 자석의 성질을 가지기 때문이에요.

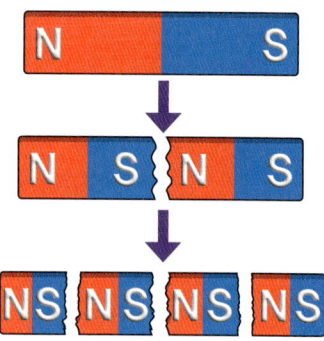

자석의 극 자석에서 철로 된 물체가 많이 붙는 부분
자기력선 자기력의 크기와 방향을 나타낸 선. 자기력선은 N극에서 나와 S극으로 들어간다.

자기장을 눈으로 볼 수 있다면?

간단한 실험으로 자기력이 작용하는 자기장이 어떤 모습인지 볼 수 있다. 종이 위에 올려놓은 자석 주변으로 철가루를 뿌리면 가루들이 이어져서 선처럼 보이게 된다. 특히 극성을 띠고 있는 자석 양 끝에는 철가루가 많이 모인다. 철가루가 많이 모이는 곳은 '자기장의 세기가 크다'라고 말할 수 있다.

그런데 자기장은 평면으로만 작용할까? 종이 위에서 실험했을 때는 자기력선이 평면으로 보였지만, 자기장이 무조건 평면으로만 나타

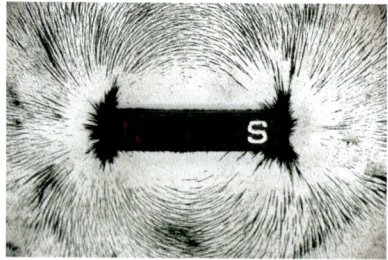

막대자석의 자기장 모양

나는 것은 아니다. 점성을 가진 액체 물질인 글리세린을 비닐에 담고 철가루를 가득 넣은 후 잘 섞는다. 그다음 철가루를 섞은 글리세린 비닐 가까이에 자석을 가져다 댄다. 그러면 종이에 올려 뒀던 철가루처럼 자기장이 나타난다. 글리세린 비닐의 철가루는 누워 있지 않고 떠 있기에 자기장을 입체적으로 확인할 수 있다.

과학 4-1 | 자석의 이용 | 자석과 자석 사이의 힘

자석을 공중에 띄울 수 있다고요?

물리 연구원 히므로의 관찰일지

- 7월 13일 • 날씨: 맑음 • 관찰 장소: 박사님의 비밀 연구실

지구에는 여러 가지 힘이 존재한다. 서로 다른 힘이라도 두 물체 사이에 작용한다는 점은 항상 같다. 무거운 물체는 힘이 세니까, 지구에서 힘이 가장 센 녀석은 지구다. 지구가 모두를 잡아당겨서 지구를 떠나지 못하는 거다. 그런데 더 신기한 녀석이 있다. 바로 자석이다. 자기력이라는 힘을 가진 녀석인데, 지구가 당기는 힘을 이기면서 공중에 뜰 수 있다. 자석의 힘을 매우 세게 만들면 우주로도 갈 수 있지 않을까? 흐흐, 자석을 이용해서 언젠가 내 우주선을 만들고 말 테다!

물리 67

자석 두 개를 마주 대면 어떻게 될까요?

자석과 철로 된 물체는 가까이 있으면 서로를 끌어당겨요. 그러면 자석과 자석을 가까이 대면 어떨까요? 자석끼리는 서로 밀고 당기는 힘이 있어요. 자석의 어떤 극을 서로 대느냐에 따라서 밀어내거나 당기는 것이지요.

막대자석 끝부분에는 자석의 양극인 N극과 S극이 표시되어 있어요. 막대자석 두 개를 N극이 마주 보도록 가까이 대면, 두 극은 가까워지지 않고 서로를 밀어내면서 주변을 빙글빙글 돌아요. S극끼리 마주 보도록 가까이 대도 마찬가지예요. 두 자석 사이에 서로를 미는 힘이 있는 것이지요. 두 자석의 같은 극이 가까울 때 서로를 밀어내는 힘을 **척력**이라고 불러요.

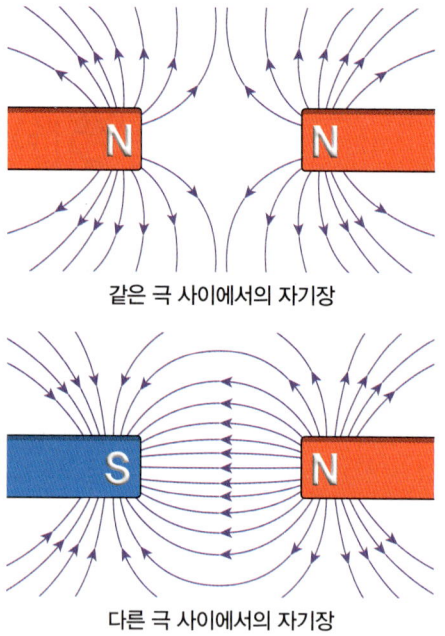

같은 극 사이에서의 자기장

다른 극 사이에서의 자기장

반대로 막대자석 두 개를 N극과 S극이 마주 보도록 가까이 대면, 근처에만 가도 서로를 끌어당기면서 붙어요. 두 자석 사이에 서로를 끌어당기는 힘이 있는 것이지요. 두 자석의 다른 극이 가까울 때 서로를 끌어당기는 힘을 **인력**이라고 불러요.

자석으로 공중부양이 가능하다고요?

자석의 밀어내는 성질을 이용하면 자석을 공중 부양시킬 수 있어요. 고리 모양 자석 두 개를 세로로 서 있는 막대에 끼워 볼까요? 두 자석이 마주 보는 극이 서로 다르다면 두 자석은 서로 붙어 있을 거예요. 하지만 두 자석이 마주 보는 극이 서로 같다면 자석이 서로를 밀어내면서 그 힘으로 위쪽에 있는 자석이 공중에 뜨게 될 거예요.

고리 모양 자석이 공중에 뜬 모습

이 성질을 이용해서 자석의 어느 쪽이 N극인지 S극인지를 찾을 수도 있어요. 막대자석 한 개를 극이 보이지 않게 종이로 감싸고, 여기에 다른 막대자석을 가져다 대면 종이로 감싼 막대자석이 끌려 오거나 밀려날 거예요. 두 자석이 붙으면 서로 다른 극이고, 밀려나면 서로 같은 극인 것을 알 수 있어요.

인력 서로 끌어당기는 힘. 자석과 자석의 다른 극끼리 가까이하면 발생한다.
척력 서로 밀어내는 힘. 자석과 자석이 같은 극끼리 가까이하면 발생한다.

눈으로 확인하는 자석의 인력과 척력

자기력은 자석이 다른 자석을 밀어내거나 끌어당기는 힘이기도 하다. 그렇다면 서로 다른 자석의 극과 극이 밀어내고 끌어당기는 힘을 어떻게 눈으로 확인할 수 있을까?

자석은 서로 같은 극끼리 밀어내고, 다른 극끼리 끌어당긴다. 두 자석을 마주 보게 대고 주변에 철가루를 뿌리면 자석의 밀고 당기는 힘을 쉽게 볼 수 있다. 자석이 서로 같은 극끼리 마주 보면, 밀어내는 힘이 일어나 철가루가 서로 밀어내듯 끊어져서 보인다. 반대로 서로 다른 극끼리 마주 보면, 끌어당기는 힘이 일어나 철가루가 선처럼 서로 연결된 모습이 보인다. 이렇게 자석 주변의 철가루 모양으로 자기력선을 관찰하면 자석 사이의 밀어내고 끌어당기는 힘의 작용을 눈으로 볼 수 있다.

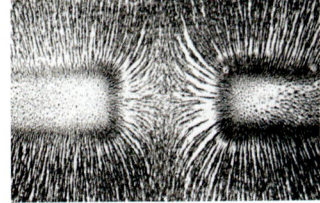

자석의 같은 극 사이에서 철가루의 모습

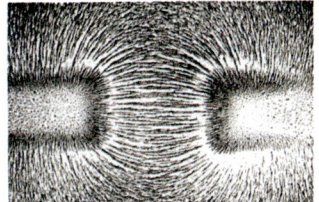

자석의 다른 극 사이에서 철가루의 모습

| 과학 4-1 | 자석의 이용 | | 나침반 |

나침반으로 북극곰을 찾을 수 있다고요?

물리 연구원 히므로의 관찰일지

◆ 12 월 6 일 ◆날씨: 눈 ◆관찰 장소: 북극해 근처

지구는 알고 보면 엄청나게 큰 자석이다. 지구인들은 이런 엄청나게 큰 자석을 똑똑하게 이용한다. 아주 작은 자석을 붙인 기구를 만들고, 지구의 자기장을 이용해 방향을 찾는다. 지구인들은 그 기구를 나침반이라고 부른다. 나침반은 항상 한 방향만을 가리킨다. 나침반을 이용하면 지구의 S극인 북극을 손쉽게 찾을 수 있다. 그런데 곰곰이 생각하면, 지구도 하나의 거대한 나침반 아닌가? 행성보다 커다란 외계인이 있다면 지구를 나침반으로 쓸 수 있을 것 같은데!

옛날에는 어떻게 방향을 찾았을까요?

방향을 정확하게 알려 주는 내비게이션이 없었던 옛날 사람들은 어떻게 방향을 찾았을까요? 간단한 실험으로 알 수 있어요. 물을 가득 담은 수조 위에 스타이로폼 조각을 띄우고, 그 위에 막대자석을 올려요. 그러면 막대자석은 늘 같은 방향을 가리킨답니다. 수조를 다른 방향으로 돌려도 자석은 항상 N극이 북쪽을, S극이 남쪽을 가리켜요.

자석의 성질로 북쪽과 남쪽을 찾는 모습

물 위에 뜬 막대자석이 방향을 일정하게 가리키는 이유는 ==지구가 하나의 커다란 자석과도 같기 때문이에요.== 자석의 N극과 S극은 각각 영어 단어에서 북쪽을 뜻하는 'North', 남쪽을 뜻하는 'South'의 첫 글자를 따온 거예요. 자석의 N극은 북쪽을, S극은 남쪽을 가리켜서 붙은 이름이지요. 지구의 북극은 자석의 N극을 당기는 S극의 성질을 가지고 있어요. 반대로 남극은 자석의 S극을 당기는 N극의 성질을 가졌어요. 그래서 물에 떠 있는 막대자석은 N극이 북쪽을 향하고, S극이 남쪽을 향한답니다.

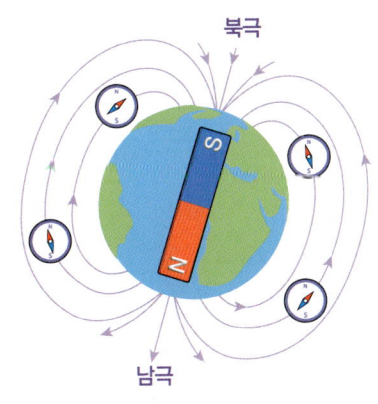

나침반은 어떻게 보나요?

나침반은 자석의 성질을 가진 바늘이 남쪽과 북쪽을 가리키는 특성을 이용해서 만든 도구예요. 나침반을 볼 줄 알면 어디서든 남쪽과 북쪽을 쉽게 찾을 수 있어요. 나침반으로 방향을 찾으려면, 먼저 나침반을 평평한 바닥에 두고 나침반 바늘이 움직이지 않을 때까지 기다려요. 나침반 바늘에서 빨갛게 표시된 부분이나 화살표가 가리키는 방향이 북쪽이에요. 다음으로 나침반을 돌려서, 바늘이 가리키는 곳과 나침반에서 '북' 혹은 'N'이라고 표시된 부분을 일치시켜요. 나침반이 가리키는 '북/N' 방향을 따라가면 북쪽으로 이동할 수 있어요. 그렇게 나침반의 N극을 계속 따라가다 보면 북극에 사는 북극곰을 만나게 될지도 몰라요.

북쪽을 가리키는 나침반의 바늘

나침반 자석의 성질을 가진 바늘이 남북을 가리키는 특성을 이용해 만든 도구. 나침반의 바늘에서 빨갛게 표시된 부분이나 화살표가 가리키는 방향이 북쪽이다.

나침반이 가리키는 북쪽의 정체

오래전 동양에서는 나침반을 '지남철'이라고 불렀다. '남쪽을 가리키는 검은 쇠'라는 뜻이다. 고대 중국에는 지남철을 이용한 내비게이션 자동차 '지남거'가 있었다. 수레 위에 지남철을 이용해 만든 인형을 둔 물건으로, 인형이 항상 남쪽을 가리키기에 방향을 알 수 있었다. 이처럼 사람들은 오래전부터 나침반으로 방향을 확인했다.

그런데 재미있는 것은, 나침반이 가리키는 북쪽이 진짜 지도상의 북극이 아니라는 사실이다. 지도에 있는 북극은 진북, 자석이 가리키는 북극은 자북이라고 한다. 진북은 북위 90도인 지구 자전축의 중심이며 변하지 않는다. 하지만 자북은 나침반이 가리키는 북쪽이고 고정된 중심이 아니라 성질이면서 현상이기에 시간이 지나면서 조금씩 바뀐다. 실제로 자북은 2000년 캐나다 북쪽 지역에 있었는데, 2021년에는 러시아와 가까이 있는 북극해에 위치해 있었다.

장대 위에 남쪽을 가리키는 인형을 둔 고대 중국의 수레 지남거

| 과학 4-1 | 자석의 이용 | | 자석과 나침반 |

자석이 춤추면 나침반 바늘도 춤춘다고요?

물리 연구원 히므로의 관찰일지

◆ 8월 1일 ◆날씨: 비   ◆관찰 장소: 거대한 나침반 위

자석은 같은 극끼리는 밀어내고 다른 극끼리는 잡아당긴다. 나침반도 자석이고, 지구도 일종의 거대한 자석이다. 그래서 나침반은 항상 북쪽과 남쪽을 가리킨다. 지구의 엄청난 자기력이 나침반을 밀어내고 잡아당기기 때문이다. 만약 지구보다 자기력이 더 센 자석이 있다면 지구도 나침반처럼 자석을 따라 움직일 것이다. 자석이 움직이면 지구도 춤추듯 움직이겠지? 생각을 실험해 보려 거대한 나침반을 만들었는데, 지구보다 더 센 거대한 자석은 어디서 찾을 수 있을까? 일단 북쪽으로 가 볼까?

막대자석을 나침반에 가져다 대면 어떻게 될까요?

나침반의 바늘은 자석의 성질을 가져요. 그래서 나침반 근처에 자석이 있으면 서로 끌어당기거나 밀어내지요. 막대자석의 N극을 나침반 근처에 가져다 대면 바늘의 S극이 자석의 N극으로 향해요. 반대로 막대자석의 S극을 나침반 근처에 가져다 대면 바늘의 N극이 자석의 S극을 향해 움직여요. 막대자석과 나침반 바늘 사이에는 인력이 작용하니까 자석의 S극을 이리저리 움직여도 바늘의 N극은 자석의 S극을 따라 움직일 거예요. 반대로 바늘의 S극도 자석의 N극을 따라 움직일 거예요.

자석의 N극을 나침반에 가져다 댔을 때 바늘의 변화　　자석의 S극을 나침반에 가져다 댔을 때 바늘의 변화

막대자석 주변에 나침반을 놓으면 어떻게 될까요?

가만히 둔 막대자석 주변에 나침반을 여러 개 놓으면 나침반 바늘이 움직여서 자석의 극을 가리켜요. 막대자석 N극 주변에 있는 나침반에서는 S극을 나타내는 바늘이 자석의 N극을 향해요. 자석의 N극이 바늘의 S극을 끌어당기기 때문이에요. 반대로 막대자석 S극 주변에 있는 나침반에서는 N극을 나타내는 바늘이 자석의 S극을 향해요. 자석의 S극이 바늘의 N극을 끌어당기기 때문이에요.

막대자석의 극을 가리키는 나침반 바늘

막대자석 주변에 있는 나침반에서 빨간 바늘이 가리키는 방향을 살펴보면, 마치 자석의 N극에서 출발해 주변을 빙 돌아 자석의 S극을 향해 들어가는 것처럼 보여요. 나침반 바늘

이 가리키는 것처럼, 자기력선의 방향은 N극에서 나와서 S극으로 들어가요.

자석의 방향을 바꾸어도 나침반 바늘의 S극은 자석의 N극을 향해요. 자석을 천천히 회전시키면, 자석의 극이 같은 극을 가진 나침반 바늘을 밀어내고 다른 극을 가진 나침반 바늘을 잡아당겨요. 나침반 바늘도 바늘과 반대되는 극을 향해 움직여요.

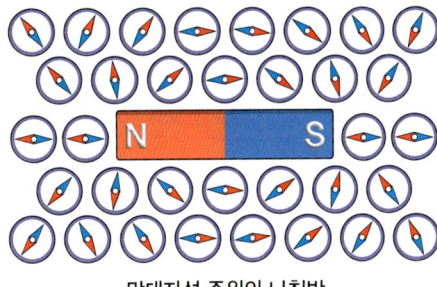

막대자석 주위의 나침반

2,000년 전에도 쓰인 나침반

기록에 의하면 약 2,000년 전 중국 한나라 시대에 나침반이 최초로 발명되었다고 한다. 이 나침반은 쟁반 모양의 받침대와 손잡이 부분이 남쪽을 가리키는 국자 모양의 '지남기'로 이루어져 있다. 이 나침반도 자석의 성질을 가지고 있다. 당시에는 나침반이 점을 치기 위한 목적으로 쓰였다고 한다.

중국에서는 11세기부터 나침반을 본격적으로 사용했다. 수레 위에 나침반을 이용해 남쪽을 가리키는 인형을 둔 지남거, 판 위에 바늘을 달아 오늘날과 비슷하게 만든 나침반 등이 쓰였다. 중국에서 사용하던 나침반은 이후 이슬람 상인들을 통해 서양으로 전파되었고, 유럽의 항해사들은 나침반으로 쉽게 방향을 찾을 수 있게 되었다.

한나라 시대의 나침반을 재현한 모형

과학 5-1 빛의 성질 | 빛

달이 스스로 빛을 내지 않는다고요?

물리 연구원 히므로의 관찰일지

◆ 8월 12일　◆날씨: 맑음　　◆관찰 장소: 해변 한복판

지구인들이 정말로 빛이 없으면 살 수 없는지 눈을 가리고 실험을 해 봤다. 빛을 가렸더니 아무것도 볼 수 없어서 확실히 움직이기 불편했다. 그래서 지구인들은 밤에도 낮처럼 활동할 수 있게 태양처럼 빛을 내는 물건을 만들었다. 지구인들은 특이하게도 빛을 내는 물건 이름에 모두 '등'을 붙인다. 백열등, 형광등, 가로등, 손전등…. 밤하늘에 빛나는 저 달은 '하늘등'이라고 부르면 되려나? 그런데 이상하다. 왜 지구에서 보이는 달은 저렇게 밝게 빛날까? 달도 태양처럼 스스로 빛을 내나?

빛이 없으면 아무것도 볼 수 없다고요?

덮개가 조금 열렸을 때 물체의 모습

덮개가 완전히 열렸을 때 물체의 모습

우리는 빛이 있어야 물체를 볼 수 있어요. 빛이 없다면 물체를 볼 수 없지요. 어둠 상자로 실험을 해 볼까요? 어둠 상자는 덮개로 빛의 양을 조절할 수 있는 장치예요. 상자에 물체를 넣고 구멍으로 물체를 관찰해 봐요. 상자 윗면의 구멍을 완전히 닫으면 빛이 전혀 들어오지 않고, 상자 안을 들여다봐도 아무것도 보이지 않아요. 상자의 덮개를 조금씩 열면 빛이 서서히 상자 안으로 들어와요. 물체의 모양이 조금씩 보이기 시작하지만, 자세한 모양이나 색깔은 알 수 없어요. 덮개를 완전히 열면, 물체의 자세한 모양과 색깔을 볼 수 있어요. 빛의 양에 따라서 물체를 볼 수 있는 정도가 달라진다는 사실을 확인할 수 있지요.

달은 빛을 내지 않는다고요?

우리는 낮에 햇빛으로 물체를 볼 수 있고, 어두울 때는 전등의 불빛으로 물체를 볼 수 있어요. 태양이나 전등, 촛불처럼 스스로 빛을 내는 물체를 광원이라고 해요. 우리가 물체를 보려면 광원에서 나오는 빛이 있어야 하고, 그 빛이 눈으로 들어와야 해요. 달은 밤에도 밝아서 스스로 빛나는 것처럼 보이지만, 사실 태양의 빛을 받아서 반사하는 거예요. 스스로 빛을 내지 않기 때문에 달은 광원이라고 부를 수 없어요.

광원을 보는 과정

지금 읽고 있는 이 책은 달처럼 스스로 빛을 내지 않지만, 우리는 책을 보고 읽을 수 있지요. 우리는 스스로 빛을 내지 않는 물체를 어떻게 볼 수 있을까요? 물체가

물리 77

반사한 광원의 빛이 우리 눈에 들어오면 물체의 모습을 볼 수 있어요. 광원에서 나온 빛이 책으로 향하면 빛이 책에서 반사돼요. 책에서 반사된 빛이 우리 눈에 들어오면 책을 볼 수 있어요.

광원이 아닌 물체를 보는 과정

핵심과학용어사전

광원 태양이나 전등, 신호등, 텔레비전, 촛불처럼 스스로 빛을 내는 물체

빛을 구분하는 막대 세포, 색깔을 구분하는 원뿔 세포

눈에는 빛을 인식하는 두 종류의 시세포가 있다. 하나는 밝고 어두운 정도를 인식하는 막대 모양의 '막대 세포'이다. 간상 세포라고도 부른다. 또 하나는 색깔을 인식하는 세포인 원뿔 모양의 '원뿔 세포'이다. 원추 세포라고도 부른다. 원뿔 세포는 세 종류로 구성되어 있으며 각각 빨간색, 초록색, 파란색을 인식한다.

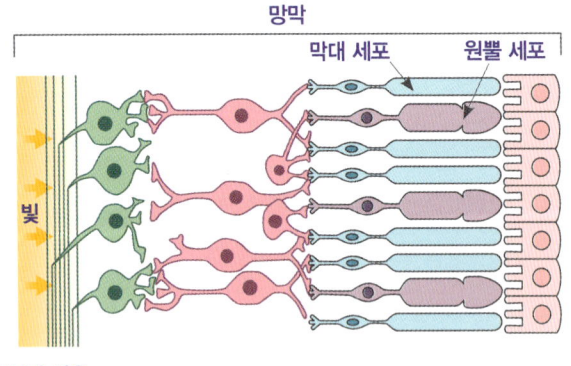

망막의 막대 세포와 원뿔 세포

시세포는 눈의 가장 안쪽을 둘러싼 부위인 망막에 있다. 막대 세포는 약 1억 2,000만 개, 원뿔 세포는 약 700만 개 정도가 있다. 이 중 색깔을 인식하는 원뿔 세포에 문제가 생기면, 특정한 색깔을 구분하지 못하는 경우가 생긴다. 원뿔 세포 전체에 문제가 생기면, 색깔을 전혀 구분하지 못하게 되기도 한다.

| 과학 5-1 | 빛의 성질 | | 빛의 직진 |

지구에서 레이저를 쏘면 달까지 간다고요?

 물리 연구원 히므로의 관찰일지

◆ 9월 4일 ◆날씨: 맑음　　◆관찰 장소: 뒷산 공터

빛은 가만히 있지 않고 움직인다. 불을 켜면 방이 모두 환하게 빛난다. 빛이 방 안 구석구석으로 이동했기 때문이다. 빛은 아무렇게나 퍼지지 않는다. 광원에서 출발해 한 방향으로 직진한다. 지구인들은 이 원리를 이용해 레이저를 쏘아 지구와 달 사이의 거리를 측정한다. 그림자가 생기는 이유도 빛이 직진하기 때문이다. 지구인들은 그림자가 있느냐 없느냐로 사람과 귀신을 구분한다고 한다. 귀신은 실체가 없어서 빛이 그대로 통과하기 때문이라나. 그런데 귀신이 진짜로 있는 거야? 다들 날 놀리려고 거짓말하는 거지?

물리 79

 전등 아래에서 사진을 찍으면 왜 어둡게 나올까요?

그림자의 모습

광원에서 출발한 빛이 물체를 만나면, 물체에 막혀서 물체의 뒤로 지나갈 수 없어요. 그러면 빛이 통과하지 못한 물체 뒤로 어두운 그림자가 생겨요. <mark>빛이 휘지 않고 곧게 나아가기 때문에 물체의 뒤로 그림자가 생긴 거예요.</mark> 태양이나 전등에서 출발한 빛이 곧게 나아가는 성질을 **빛의 직진**이라고 해요. 그림자는 빛이 물체로 향하다가 가로막혀 더 나아가지 못해서 생기는 어두운 부분을 말해요.

전등이 켜진 실내에서, 책 바로 위로 카메라를 들고 사진을 찍어 볼까요? 책에 그림자가 생겨서 어둡게 보일 거예요. 전등에서 출발한 빛이 책을 향해 가다가 카메라에 막히고, 책에 카메라의 그림자가 생긴 것이지요. 그림자가 생기려면 빛과 물체가 있어야 하고, 빛이 물체를 비추고 있어야 해요.

빛의 반대편에 나타나는 그림자

 그림자의 위치와 모양이 바뀐다고요?

그림자는 빛을 비추는 방향에 따라서 위치가 달라져요. 빛이 물체 왼쪽에서 오른쪽으로 향하면 그림자는 오른쪽에서 나타나고, 빛이 물체 오른쪽에서 왼쪽으로 향하면 그림자는 왼쪽에서 나타나요. 빛이 광원에서부터 곧게 나아가기 때문에, 그림자는 물체를 기준으로 빛의 반대편에 나타나지요.

물체의 모양이 변하면 그림자의 모양도 바뀌어요. 물체의 모양대로 그림자가 생기기 때문이에요. 하지만 물체의 그림자가 항상 물체의 모양과 똑같지는 않아요. 빛이 물체를 같은 방향으로 비춰도, 물체를 놓는 방법에 따라 그림자의 모양이 달라지기도 하지요.

같은 물체를 같은 방향에서 비췄는데 그림자의 크기가 달라지기도 해요. 광원과 그림자가 생기는 위치가 그대로여도, 물체가 광원과 가까우면 그림자가 커져요. 반대로 물체가 광원과 멀어지면 그림자의 크기는 작아지지요.

 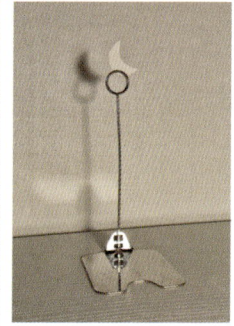

물체의 모양에 따라 달라지는 그림자

빛의 직진 태양이나 전등에서 출발한 빛이 직선으로 곧게 나아가는 성질

달에 있는 거울의 정체

방에 불을 켜면 방 전체가 밝아지듯, 태양 빛과 백열전구 같은 광원에서는 빛이 사방으로 퍼져 나간다. 손전등처럼 퍼져 나가는 빛의 일부를 막아서 한쪽을 향해 쏠 수도 있다. 그와 다르게 아주 좁은 면적으로 쏘는 빛도 있다. 바로 가장 유명하고 흔한 빛인 '레이저'이다.

레이저(LASER)는 '유도 방출에 의한 광선의 증폭'이라는 뜻의 영문 단어 앞자리를 모은 줄임말이다. 말 그대로 유도 방출된 빛을 증폭하는 장치이므로 빛을 아주 좁고 멀리 보낼 수 있다. 레이저는 수업에 사용하는 레이저 포인터, 무대 조명, 의료 기기까지 생활 곳곳에서 다양하게 사용되고 있다.

달까지의 거리를 측정할 때도 레이저를 사용한다. 1969년, 미국의 우주선 아폴로 11호의 우주 비행사들은 달까지의 거리를 측정하기 위해 달에 거울을 설치했다. 지구에 있는 천문대에서 달에 있는 거울을 향해 레이저를 쏘면, 되돌아오는 시간을 측정해서 달까지의 거리를 알 수 있다.

달까지의 거리를 측정하는 모습

과학 5-1 | 빛의 성질 | 빛의 반사

왜 거울 속 모습은 좌우가 바뀌어 보여요?

물리 연구원 히므로의 관찰일지

◆ 9월 11일 ◆날씨: 맑음 ◆관찰 장소: 커다란 거울 앞

빛은 가만히 있지 않고 계속 움직인다. 그런데 어떤 빛은 물체에 막혀서 그림자가 생기기도 한다. 그러면 그 물체에 닿은 빛은 어디로 향하는 걸까. 빛이 물체에 부딪히면 튕겨 나간다. 거울처럼 매끈한 표면에 빛이 닿으면, 그대로 빛이 나가던 방향과 반대 방향으로 튕겨 나간다. 이런 빛의 성질을 빛의 반사라고 한다. 지구인들은 상대방에게 들은 말을 반대로 돌려줄 때 '반사'라고 말한다. 나도 이 말을 좋아한다. 듣기 싫은 박사님의 잔소리도 빛처럼 반사할 수 있으니까!

거울로 본 모습은 실제 모습과 어떻게 다를까요?

우리는 얼굴이나 옷 입은 모습을 보기 위해서 거울을 봐요. 거울에 비친 모습은 실제와 달라요. 내가 오른손을 들면, 거울에 비친 나는 왼손을 들고 있어요. 왼쪽과 오른쪽이 바뀐 것처럼 보여요. 종이에 숫자를 적어 거울에 비춰 볼까요? 숫자로 '1234'를 적어 거울에 비추면, 거울에 비친 숫자는 맨 왼쪽이 4, 맨 오른쪽이 1로 보일 거예요.

거울에 비친 '1234'

거울에 비친 모습은 마치 좌우가 바뀐 것처럼 보여요. 구급차 앞쪽에는 숫자와 글자가 뒤집혀서 적혀 있어요. 구급차보다 앞에서 달리는 차를 운전하는 사람이 차에 설치된 거울로 구급차를 볼 때 '119 구급대'를 똑바로 볼 수 있게 적은 거예요. 구급차 앞쪽의 글자를 똑바로 적어 두면 구급차보다 앞에 달리는 차의 거울에는 글자가 뒤집혀서 보여 알아보기 어려울 거예요. 거울의 성질을 이용해 구급차를 쉽게 알아보고 빠르게 길을 비켜 주도록 한 것이지요.

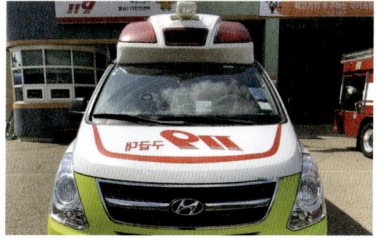

좌우가 바뀐 구급차 앞쪽의 글자

거울에 빛을 비추면 어떻게 될까요?

빛이 나아가다가 거울에 부딪히면 방향을 바꿔서 되돌아 나가요. 이러한 성질을 **빛의 반사**라고 해요. 빛의 반사는 거울에서만 일어나지 않아요. 유리, 물, 텔레비전 모니터 같은 다양한 곳에서 빛이 반사돼요. 잔잔한 호수 위에 있는 건물이 거울처럼 호수 표면에 비쳐 보이는 것이 이 때문이에요.

빛의 반사로 건물이 비쳐 보이는 호수

빛은 반사될 때 나아가는 방향이 달라져요. 빛이 거울에 정면으로 들어간다면 갔던 길

물리 83

그대로 튕겨 나가지만, 거울에 빛이 조금이라도 기울어져 들어간다면 향할 때와 반대 방향으로 튕겨 나가요. 거울을 기울이면 내가 아니라 옆 친구의 모습이 보이는 이유예요. 그래서 자동차에는 운전할 때 잘 보이지 않는 부분을 보기 위해 좌우로 거울을 달아요. 양 옆에 달린 거울을 보면 자동차의 뒷 부분에서 차가 다가오는 것을 알 수 있어요. 치과에서도 안쪽에 있는 어금니 등을 보기 위해 치과용 거울을 기울여서 사용하기도 해요.

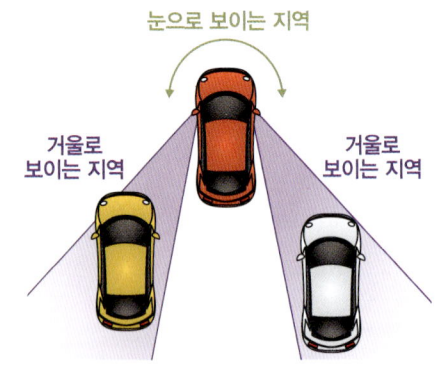

자동차의 사이드 미러

빛의 반사 빛이 나아가다가 거울을 만나면, 거울에서 빛이 진행하는 방향을 바꿔 되돌아 나가는 성질

빛의 반사로 발전한 인터넷

빛이 반사되는 성질은 생활 곳곳에서 사용된다. 하루에도 몇 번씩 보는 거울뿐만 아니라 우리가 매일같이 사용하는 인터넷처럼, 데이터를 전송하는 전기선인 케이블에서도 빛의 반사가 사용된다. 데이터를 전송하는 방법에는 전기 신호의 형태로 전송하는 방법과 빛으로 변환해 전송하는 방법이 있다. 전기 신호를 이동시킬 때는 구리 같은 금속을 넣어 만든 케이블을 사용하지만, 빛을 이동시킬 때는 금속 대신 광섬유를 이용해서 만든 광케이블을 사용한다. 이때 빛의 반사되는 성질이 중요한 역할을 한다. 광케이블은 '전반사 현상'을 이용해서 만들어졌다. 전반사란, 빛이 직진해서 물질을 만날 때 부딪히는 경계면에서 갈라져 흩어지지 않고 남김없이 모두 반사되는 현상이다. 이렇게 만들어진 광케이블은 데이터를 손실 없이 빠르게 전달할 수 있다. 속도와 정확성이 높아 지금도 우리 생활 속에서 유용하게 사용되고 있다.

광섬유

광케이블의 단면

과학 5-1 | 빛의 성질　　　　　　　　　　　빛의 굴절

물이 마술처럼 빛을 꺾어 버린다고요?

물리 연구원 히므로의 관찰일지

• 9월 27일　•날씨: 구름 많음　　•관찰 장소: 목욕탕

인간은 빛이 없으면 아무것도 볼 수 없다. '본다'는 건 빛이 물체에 닿았다가 다시 눈의 망막에 있는 시세포로 들어오고, 시신경을 통해 뇌로 정보가 전달되어 물체의 모양과 색깔을 구분하는 활동이기 때문이다. 저번에 목욕탕을 갔을 때, 박사님이 물속에 들어간 자기 다리가 휘어졌다고 놀라시던 기억이 난다. 박사님이 장난치신다고 생각했는데, 사실은 물이 빛을 꺾어버린다고 한다. 손에 잡히지도 않는 빛을 어떻게 꺾지? 목욕탕에 오래 있으면 우리도 꺾이는 거 아냐?

물리 **85**

빛이 물에 들어가면 어떻게 될까요?

빛이 나아가다가 물을 만나면, 모두 반사되는 게 아니라 물속으로 들어가기도 해요. 이때 빛이 어떤 방향으로 들어가느냐에 따라 빛의 진행 방향이 달라져요. 빛이 수면을 향해서 수직으로 이동하면, 빛이 진행하는 방향이 바뀌지 않고 그대로 물속으로 들어가요. 하지만 빛이 수면을 향해서 비스듬히 들어가면, 빛이 진행하는 방향이 바뀌어요.

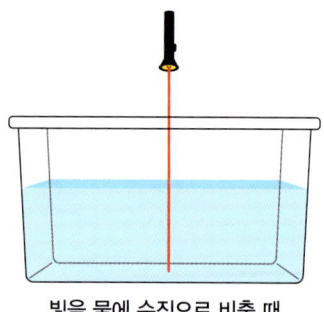

빛을 물에 수직으로 비출 때

==빛은 물질에 따라서 진행하는 속도가 달라요.== 물에서 빛이 진행하는 속도는 공기에서보다 조금 느려요. 그렇기에 빛이 공기 중에서 물속으로 진행할 때, 공기와 물이 만나는 경계에서 꺾여 나아가는 것이지요. 반대로 빛이 물속에서 공기 중으로 이동할 때도 진행 방향이 바뀌어요. 이처럼 공기 중에서 비스듬히 나아가던 빛이 유리나 물 같은 다른 물질로 들어갈 때, 진행 방향이 꺾여서 나아가는 현상을 **빛의 굴절**이라고 해요.

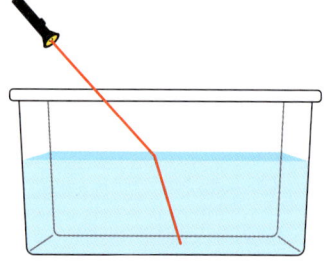

빛을 물에 비스듬히 비출 때

물속에 담긴 연필은 왜 꺾여서 보일까요?

물이 담긴 투명한 컵 속에 연필을 넣고 관찰하면 연필이 꺾여 보여요. 빨대나 젓가락을 담가도 마찬가지예요. 왜 그럴까요? 연필이나 빨대, 젓가락에서 반사된 빛이 우리 눈으로 되돌아오는 동안, 물과 공기의 경계에서 빛의 진행 방향이 꺾여 오기 때문이에요.

연필에서 출발한 빛은 물과 공기의 경계에서 꺾여 오지만, 우리 눈은 빛이 직진해서 왔다고 착각해요. 그래서 연필의 위치가 실제와 다르다고 생각하는 것이랍니다. 냇가에서 물고기를 관찰할 때 물고기가 실제보다 더 위에 있

살짝 꺾여서 보이는 물속에 담긴 연필

는 것처럼 보이는 것도 빛의 굴절 때문이에요. 또 목욕탕이나 수영장에서 내 다리를 내려다보면 다리가 짧아 보이는 것도 빛의 굴절 때문이랍니다.

> **핵심과학용어사전**
> **빛의 굴절** 비스듬히 나아가던 빛이 공기와 물, 공기와 유리 같은 서로 다른 물질의 경계에서 진행 방향이 꺾여 나아가는 현상
> **빛의 분산** 빛이 색에 따라 다르게 굴절되면 나뉘어 나타나는 현상

빛을 모으는 돋보기, 빛을 나누는 프리즘

햇빛이 비치는 맑은 날에 돋보기를 가지고 놀면, 돋보기의 위치에 따라 햇빛이 한 지점으로 모여 그 부분이 검게 그을리거나 타는 현상을 볼 수 있다. 돋보기는 유리의 가운데 부분을 가장자리보다 볼록하게 만든 볼록 렌즈로 이루어져 있다. 빛을 볼록 렌즈 가장자리에 비추면, 빛이 볼록 렌즈에 비스듬히 들어가면서 진행 방향이 꺾인다. 볼록 렌즈로 들어간 빛은 한 점에 모인다. 볼록 렌즈를 지나 한 점에 모인 빛은 에너지가 모이기 때문에 온도가 높게 올라간다.

빛을 한 점에 모으는 돋보기

빛을 분산시키는 프리즘

프리즘은 유리나 플라스틱 등으로 만든 투명한 삼각기둥 모양의 기구이다. 이 기구에 빛을 통과시키면 빛이 무지개처럼 여러 가지 색으로 나뉘어 나타난다. 햇빛이나 전등의 불빛 등은 여러 가지 색깔의 빛이 섞여 있는데, 색깔마다 굴절하는 정도가 다르다. 그렇기에 프리즘을 통과한 빛이 다양한 색으로 나타나는 것이다. 이처럼 빛이 색에 따라 다르게 굴절되면서 나뉘어 나타나는 현상을 '빛의 분산'이라고 한다.

| 과학 5-1 | 빛의 성질 | | 거울과 렌즈 |

세상을 다르게 보여 주는 유리가 있다고요?

 물리 연구원 히므로의 관찰일지

◆ 10월 3일 ◆날씨: 비 온 뒤 맑음 ◆관찰 장소: 숲속 느티나무 아래

간밤에 비가 왔는데, 나뭇잎에 빗방울이 아주 예쁘게 방울방울 달렸다. 그 물방울에서 엄청난 것을 발견했다. 물방울에 주변의 모습이 비쳐 보인 것이다! 볼록 튀어나온 물방울에 비친 다른 물체들은 실제보다 더 크게 보였다. 마치 돋보기처럼 말이다. 그러면 이 물방울을 떼서 돋보기 대신 쓸 수 있지 않을까? 위대한 발견! 이제 물방울로 돋보기를 만들어 팔면, 아임스타인 박사님보다 부자가 될 수 있을 거야! 부자가 되면 박사님이 가진 망원경보다 좋은 망원경을 사야지!

볼록 렌즈로 보면 물체가 어떻게 보일까요?

투명한 유리는 빛을 통과시켜요. 유리 바깥의 모습을 그대로 볼 수 있는 건 빛이 유리를 통과해서 우리 눈에 들어오기 때문이에요. 그런데 유리의 두께를 조금만 다르게 하면 이상한 일이 생겨요. 물체가 크게 보이거나, 작게 보이거나, 뒤집혀 보이기도 하지요. 이렇게 유리의 두께를 조절해 만든 도구를 **렌즈**라고 해요. 렌즈는 모양에 따라서 볼록 렌즈와 오목 렌즈로 나뉘어요.

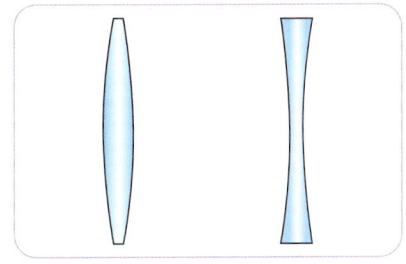
볼록렌즈(왼쪽)와 오목렌즈(오른쪽)

볼록 렌즈는 유리 가운데 부분이 볼록하게 튀어나오도록 만든 렌즈예요. 볼록 렌즈로 물체를 보면 물체가 실제보다 크게 보여요. 볼록 렌즈를 사용한 돋보기를 책에 가져다 대면 책의 글씨가 크게 보이지요. 그런데 볼록 렌즈로 꽤 먼 거리에 있는 물체를 보면, 위아래가 뒤집혀 보이기도 해요.

볼록 렌즈 속 뒤집힌 집의 모습

오목 렌즈는 유리 가운데 부분이 오목하게 파이도록 만든 렌즈예요. 오목 렌즈로 물체를 보면 물체가 실제보다 작게 보여요. 오목렌즈로 멀리 있는 물체를 보아도 뒤집혀 보이지는 않아요.

볼록 렌즈가 우리 생활 속에도 숨어 있다고요?

볼록 렌즈는 멀리 있는 물체나 아주 작아서 눈으로는 잘 볼 수 없는 물체를 볼 때 사용해요. 우리 생활 속에서도 유용하게 쓰이고 있지요. 우주 멀리에 있는 천체를 관찰할 때는 천체 망원경을 사용해요. 눈으로 볼 수 없는 아주 작은 세포나 균을 확대해서 볼 때는 현미경을 사용해요. 멀리 있는 동식물이나 풍경을 관찰할 때는 쌍안경을 사용해요. 글자가 작아 보기 힘든 사람들을 위한 돋보기 안경도 있어요. 용도는 각각 다르지만, 모두 볼록 렌즈를 사용한 도구랍니다.

천체 망원경　　　　　현미경　　　쌍안경

핵심과학용어사전

상(像, image) 물체에서 반사된 빛이 렌즈를 통과하고, 통과한 빛들이 모여 우리 눈에 뚜렷하게 보이는 물체의 모습. 실제 물체가 아니라 렌즈나 거울을 통해 보이는 물체의 모습을 뜻한다.

 ## 렌즈와 렌즈를 겹치면 일어나는 일

볼록 렌즈를 사용하면 작은 물체를 크게 볼 수 있다. 돋보기로 책에 있는 글자를 볼 때, 돋보기와 눈의 거리를 멀리하거나 가까이하면 글자의 크기가 바뀌거나 뒤집혀 보이기도 한다. 그런데 여기에 돋보기를 하나 더 대면 어떻게 보일까?

렌즈와 렌즈를 겹칠 때 렌즈의 종류나 겹치는 정도에 따라 물체가 아주 크게 보이거나 아주 작게 보이는 등 보이는 정도가 달라진다. 이런 원리로 만들어진 도구가 바로 카메라 렌즈이다. 카메라 렌즈에는 여러 종류가 있다. 멀리 있는 새를 찍을 수 있는 망원 렌즈, 아주 작은 곤충도 크게 확대해서 찍을 수 있는 접사 렌즈, 렌즈끼리의 거리를 조절하면서 상의 크기를 바꿀 수 있는 줌 렌즈 등이 있다. 카메라의 렌즈 안에는 크고 작은 여러 렌즈가 겹쳐 있다. 볼록 렌즈와 오목 렌즈를 섞어서 겹쳐 놓고, 렌즈를 통해 들어오는 물체의 모습을 조절해 다양한 사진을 찍을 수 있다.

여러 렌즈가 겹쳐 있는 카메라 단면도

과학 5-2 | 열과 우리 생활   온도

최초의 온도계에는 영하가 없었다고요?

물리 연구원 히므로의 관찰일지

◆ 8월 21일 ◆날씨: 매우 더움 ◆관찰 장소: 공원 한복판

온도계는 지구인들에게 꼭 필요한 물건이다. 온도에 따라 지구인들이 입는 옷과 먹는 음식이 달라지기 때문이다. 온도계는 1593년 지구인 과학자 갈릴레이가 처음으로 발명했다. 갈릴레이는 물속에 유리 공을 넣어서 온도에 따라 높낮이가 달라지는 현상을 이용해 온도계를 만들었다고 한다. 이후 파렌하이트라는 지구인이 화씨라는 온도 단위를 만들었다. 파렌하이트는 가장 낮은 온도를 0으로 정해서, 최초의 온도 체계에는 '영하'가 없었다고 한다. 그러면 그 시절에는 겨울도 없었나?

물리 91

춥고 더운 정도를 어떻게 알 수 있을까요?

우리의 생활은 온도에 따라 조금씩 달라져요. 일기 예보를 보며 온도를 확인하고, 옷을 얇게 입을지 두껍게 입을지를 정해요. '춥다'라는 느낌만으로는 얼마나 추운지를 모르기 때문에 온도를 정확하게 알면 일상생활에 여러 도움이 되지요.

온도는 물체의 차갑고 뜨거운 정도를 말해요. 그리고 온도를 측정하는 도구를 **온도계**라고 해요. 온도는 숫자에 섭씨온도(℃)를 붙여서 나타내요. '23.2℃'라고 쓰고, '섭씨 이십삼점 이 도'라고 읽는 식이에요. 온도는 우리 생활에 꼭 필요해요. 냉장고에는 안이나 밖에 온도를 표시하는 부분이 있는데, 냉장고 안의 음식을 일정한 온도로 유지해서 음식물을 상하지 않게 하기 위해서예요. 식물도 잘 자랄 수 있는 적절한 온도가 있어요. 아플 때는 체온을 측정해서 얼마나 아픈지를 가늠해요.

적외선 온도계로 체온을 재는 모습

용도에 따라 다른 온도계를 쓴다고요?

온도계는 용도에 따라 종류가 다양해요. 알코올 온도계, 적외선 온도계, 탐침 온도계, 열화상 온도계 등이 있어요. 그중 알코올 온도계는 액체, 기체의 온도를 측정할 때 주로 사용해요. 알코올 온도계로 온도를 측정할 때는 온도계의 액체샘 부분이 물체에 닿아 있어야 해요. 액체샘은 알코올 온도계 가장 아래에 있는 빨간 부분이에요. 액체샘에서 올라간 액체가 더 이상 움직이지 않을 때, 액체 끝부분에 눈높이를 맞춰 눈금을 읽어요. 이때 액체샘 부분을 손으로 만지면 안 돼요. 온도 측정에 영향을 줄 수 있고, 유리가 쉽게 깨질 수 있기 때문이에요.

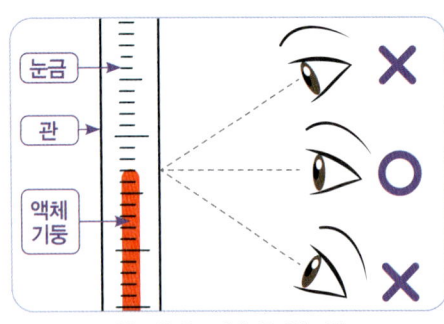

알코올 온도계 눈금 읽는 법

적외선 온도계로는 더 간단하게 온도를 측정할 수 있어요. 측정하려는 물체를 향해 적외선 온도계를 두고 측정 단추를 눌러요. 그리고 온도 표시 창에 나타난 온도를 읽으면 된답니다.

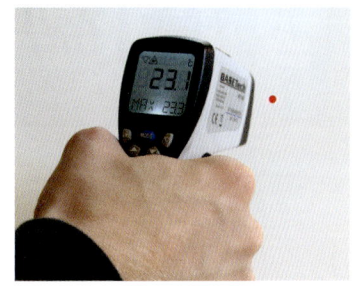

적외선 온도계

온도 물체의 차갑고 뜨거운 정도

온도계 온도를 측정하는 도구

섭씨온도와 화씨온도

같은 물체에서도 사람들이 느끼는 온도는 다르다. 따뜻한 물에 손을 넣었다가 미지근한 물에 손을 넣었을 때 느끼는 물의 온도, 차가운 물에 손을 넣었다가 미지근한 물에 손을 넣었을 때 느끼는 물의 온도가 각각 다르다. 그래서 사람들은 변하지 않는 정확한 값으로 온도의 크기를 결정하는 체계를 만들기 위해 노력했다. 그 결과 물의 어는점을 0도, 끓는점을 100도로 정하고 그 사이를 100등분으로 나눈 섭씨온도(℃)가 탄생했다.

온도를 나타내는 기준은 섭씨온도 외에도 화씨온도(℉)와 절대온도(K)가 있다. 화씨온도는 물의 어는점을 32도, 물의 끓는점을 212도로 하고, 그 사이를 180등분으로 나눠 나타낸 것이다. 절대온도는 과학자들이 계산할 때 사용하기 위해 정한 온도 기준이다.

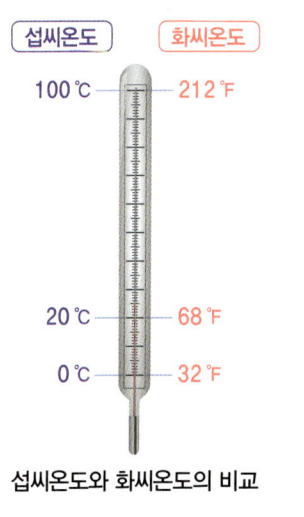

섭씨온도와 화씨온도의 비교

| 과학 5-2 | 열과 우리 생활 | 열 |

100 ℃ 물과 0 ℃ 물을 섞으면 몇 ℃가 될까요?

물리 연구원 히므로의 관찰일지

• 7월 20일 • 날씨: 맑음 • 관찰 장소: 세차장

뜨거운 햇볕이 내리쬐는 더운 여름날, 시원한 물로 세차를 하면 자동차가 한결 시원해진다. 햇볕의 에너지가 자동차 몸체를 뜨겁게 달궈 온도를 높여 놨는데, 차가운 물이 달궈진 자동차의 온도를 다시 낮췄기 때문이다. 서로 다른 온도를 가진 두 물체가 만나면, 각 물체의 온도가 변한다는 것을 알았다. 그런데 온도가 얼마나 변하는 거지? 펄펄 끓는 100 ℃ 물과 차가운 0 ℃ 물을 똑같이 섞으면 50 ℃의 물이 되려나?

온도가 다른 두 물체가 만나면 어떻게 될까요?

방금 삶아서 뜨거운 달걀을 식힐 때, 우리는 차가운 물에 달걀을 담가요. 뜨거운 삶은 달걀과 차가운 물, 온도가 다른 두 물체가 만나는 것이지요. 삶은 달걀을 찬물에 넣으면 찬물이 얼마 지나지 않아 미지근해져요. 뜨거웠던 삶은 달걀도 미지근해져서 손으로 잡을 수 있어요.

온도가 높은 삶은 달걀과 차가운 물이 만나 온도가 변한다

이렇게 온도가 다른 두 물체가 만나면, 뜨거운 물체의 온도는 내려가고 차가운 물체의 온도는 올라가요. 실험을 통해 자세히 알아볼까요? 컵과 그릇을 준비한 뒤 컵에는 더운물, 그릇에는 찬물을 담아요. 컵과 그릇에 각각 온도계를 넣어 온도를 측정해요. 그다음 찬물을 담은 그릇에 더운물을 담은 컵을 담가요. 일정한 간격을 두고 온도를 측정하면, 컵과 그릇에 담긴 물의 온도가 변하는 것을 관찰할 수 있어요. 더운물의 온도는 점점 내려가고, 찬물의 온도는 점점 올라가요. 시간이 지나면 두 물의 온도는 같아진답니다.

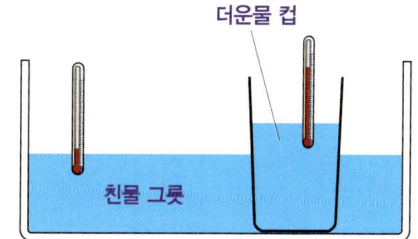

온도(℃) \ 시간(분)	처음	1	2	3	4	5	6	7	8
더운물 컵	57.4	41.0	34.2	30.5	29.0	28.2	27.5	27.0	27.0
찬물 그릇	14.6	18.5	22.3	24.1	25.2	26.0	26.5	27.0	27.0

온도가 다른 두 물체가 만났을 때 시간에 따른 온도 변화

열이 이동하는 에너지라고요?

서로 다른 온도를 가진 두 물체가 만나면, 각 물체의 온도가 변해요. 두 물체의 온도는 결국 같아지지요. 두 물체의 온도가 같아지는 이유는, 열이 온도가 높은 물체에서 온도가 낮은 물체로 이동하기 때문이에요. 온도가 다른 두 물체가 만날 때 온도가 높은 물체에서

낮은 물체로 이동하는 에너지를 **열**이라고 해요. 열은 온도가 다른 두 물체 사이에서 이동하기 때문에, 온도가 같아지면 이동하지 않아요.

물체와 공기 사이에서도 열의 이동이 일어나요. 따뜻한 차를 공기 중에 두면, 온도가 높은 차에서 온도가 낮은 공기로 열이 이동해요. 나중에는 차와 공기의 온도가 같아질 거예요. 생선 가게에서는 생선을 신선하게 유지하기 위해 생선 아래에 얼음을 깔아요. 생선의 열이 얼음으로 이동해 생선이 상하는 것을 막지요.

온도가 높은 차에서 온도가 낮은 공기로 열이 이동한다

온도가 높은 생선에서 온도가 낮은 얼음으로 열이 이동한다

핵심과학용어사전

열의 이동 온도가 다른 두 물체가 만날 때 온도가 높은 물체에서 온도가 낮은 물체로 열이 이동하는 것
열평형 상태 온도가 높은 물체에서 온도가 낮은 물체로 열이 이동해 두 물체의 온도가 더 변하지 않고 같아진 상태

물을 섞으며 알아보는 열평형 상태

온도가 높은 물체에서 온도가 낮은 물체로 열이 이동해 두 물체의 온도가 더 변하지 않고, 같아진 상태를 '열평형 상태'라고 한다. 100 ℃ 물과 0 ℃ 물을 섞었을 때, 두 물의 양이 같다면 시간이 충분히 지났을 때 50 ℃가 될 수 있다. 그렇다면 100 ℃ 물이 0 ℃ 물보다 양이 많아도 시간이 충분히 지났을 때 두 물의 온도가 50 ℃일까? 100 ℃ 물이 0 ℃ 물보다 많으면, 두 물을 섞었을 때 50 ℃보다는 높은 온도에서 열평형 상태가 될 것이다. 반대로 0 ℃ 물이 100 ℃ 물보다 더 많으면, 50 ℃보다 낮은 온도에서 열평형 상태가 될 것이다. 이처럼 열평형 상태의 온도는 각 물질의 양에 영향을 받는다.

두 물체의 처음 온도도 열평형 상태에 영향을 준다. 50 ℃ 물과 0 ℃ 물을 섞으면 시간이 충분히 지났을 때 물의 온도는 50 ℃와 0 ℃ 사이일 것이다. 50 ℃보다 높은 온도가 될 수는 없다. 두 물의 처음 온도와 양에 따라 열평형 상태의 온도는 다르다.

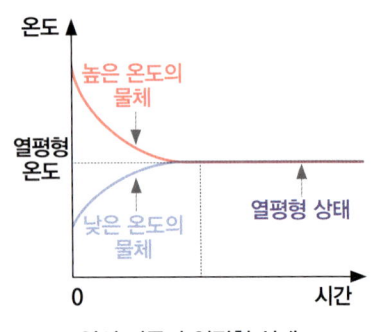
열의 이동과 열평형 상태

과학 5-2 | 열과 우리 생활   열의 이동 방법

끓는 국에 숟가락을 넣으면 왜 같이 뜨거워질까요?

물리 연구원 히므로의 관찰일지

◆ 10 월 21 일 ◆ 날씨: 흐림   ◆ 관찰 장소: 박사님의 비밀 연구실

냄비에 맛있는 국을 끓여 봤다. 불을 켜고 시간이 지나자 처음에 아주 차갑던 냄비가 점점 뜨겁게 달궈졌다. 한 숟가락 떠서 맛을 보고 숟가락을 냄비에 그냥 넣어 뒀는데, 나중에 숟가락을 꺼내려다 손에 불이 나는 줄 알았다! 숟가락이 냄비만큼 뜨거워져 있었다. 고체로 된 냄비에 열을 가하면, 열이 전달되어 냄비에 고르게 퍼진다. 그리고 그 열이 숟가락으로 이동한 것이다. 지구인들은 이걸 열의 전도라고 부른다. 새로운 지식을 배운 건 좋은데, 덴 손이 너무 아프다! 국에 넣어도 안 뜨거운 숟가락은 어디 없나?

열은 고체에서 어떻게 이동할까요?

열이 이동하는 방법은 물체의 상태에 따라 달라요. 냄비에 라면이나 국 등을 끓일 때 우리는 냄비를 가스레인지 위에 올려 둬요. 냄비 바닥부터 열이 전달되고, 시간이 지나면서 옆부분으로 열이 점차 퍼져 나가지요. 마지막에는 냄비의 모든 부분이 뜨거워져요. 이렇게 냄비 온도가 점차 변하는 이유는, 온도가 높은 냄비 바닥에서 온도가 낮은 냄비 옆부분으로 열이 이동하기 때문이에요. 냄비와 같은 고체에서 열은 온도가 높은 곳에서 낮은 곳으로 고체 물질을 따라 이동해요. 이렇게 열이 이동하는 방법을 **전도**라고 해요. 열이 고체 물체 속을 이동하면서 퍼져 나가는 것이지요.

냄비에 국을 끓일 때 열의 이동

열은 액체에서 어떻게 이동할까요?

냄비에 물을 받아서 끓이면 냄비 바닥부터 열이 전달되어 물이 끓어요. 이때 아래쪽에 있던 물의 온도가 높아지고, 온도가 높아진 물은 위로 올라가요. 상대적으로 온도가 낮은 위쪽 물은 아래로 내려오지요. 열이 전달됨에 따라 물이 위아래로 계속 이동해요. 온도가 높아진 물이 이동하면서 열도

물을 끓일 때 물과 열의 이동

같이 이동해, 물이 전체적으로 고르게 따뜻해지는 것이지요. 공기도 마찬가지예요. 온도가 높아진 공기는 위로 올라가고 온도가 낮은 공기는 아래로 내려오며 열과 같이 이동해요. 이처럼 액체와 기체에서 온도가 높아진 물질이 직접 이동하면서 열이 이동하는 방법을 **대류**라고 해요.

반면, 물질을 통하지 않고 열이 직접 이동하기도 해요. 햇빛이 비치는 곳이나 난로 가까

이에 있으면 따뜻해져요. 이것은 태양이나 난로를 통해 열이 직접 이동하는 방법이에요. 다른 물질이 열을 이동시켜 주는 것이 아니라 열이 직접 이동하는 방법을 **복사**라고 해요. 태양열은 우주 공간에서 다른 물질 없이도 직접 이동한답니다.

열이 스스로 이동하는 복사

열의 전도 고체에서 열이 온도가 높은 곳에서 낮은 곳으로 고체 물질을 따라 이동하는 방법
열의 대류 액체와 기체에서 온도가 높아진 물질이 직접 이동하면서 열이 이동하는 방법
열의 복사 물질의 도움 없이 열이 직접 이동하는 방법
열전도율 어떤 물질의 열을 전달하는 빠르기

쇠로 만든 국자가 빨리 뜨거워지는 이유

뜨거운 냄비에 국자를 넣으면 국자가 점차 뜨거워진다. 그런데 국자를 이루는 물질에 따라서 열이 전달되는 정도가 달라진다. 금속 국자가 플라스틱 국자나 나무 국자보다 열을 빠르게 전달한다. 그래서 사람들은 손을 데지 않으려 국자 손잡이를 열이 잘 전달되지 않는 나무나 플라스틱으로 만든다. 또 구리가 철보다 열을 더 빨리 전달하는 것처럼, 금속의 종류에 따라서도 열이 전달되는 빠르기가 다르다.

어떤 물질이 열을 전달하는 빠르기를 '열전도율'이라고 한다. 추운 겨울날, 나무 의자보다 철봉에 손을 댈 때 훨씬 더 차갑게 느껴진다. 철봉이 나무보다 열전도율이 높아 온도가 높은 손에서 온도가 낮은 철봉으로 열이 훨씬 빨리 이동하기 때문이다. 냄비, 프라이팬, 다리미에서 열을 잘 전달해야 하는 부분은 열전도율이 높은 금속으로 만든다. 반대로 열을 잘 전달하지 않아야 하는 손잡이 부분은 금속보다 열전도율이 낮은 물질인 플라스틱 등으로 만든다.

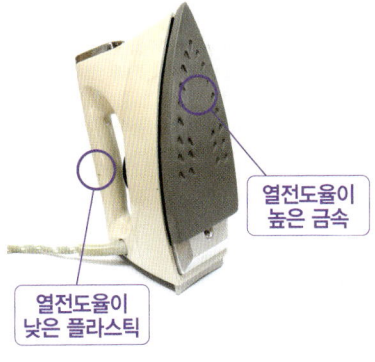

열전도율의 차이를 이용한 다리미의 구조

과학 5-2 | 열과 우리 생활 | 단열

보온병 안에 은이 들어 있다고요?

물리 연구원 히므로의 관찰일지

◆ 10월 24일 ◆날씨: 맑음 ◆관찰 장소: 박사님의 비밀 연구실

지구인들은 낮의 길이가 짧고, 밤의 길이가 긴 시기를 겨울이라고 부른다. 지구로 도달하는 햇빛이 적어지기 때문에 겨울에는 차가운 공기가 가득하다. 그래서 지구인들은 따뜻한 물로 추운 몸을 녹이기 위해 열을 가둬 두는 보온병이라는 걸 발명했다. 따뜻한 물을 보온병에 넣으면 따뜻함이 오래간다. 보온병 안에는 은을 넣어서 열이 빠져나가는 걸 막는다던데, 그러면 보온병이 엄청 비싸지 않을까? 박사님이 절대 욕조를 만든 뒤에 계속 라면만 드시는 것도 이해가 가는걸.

열을 막아야 따뜻해진다고요?

추운 겨울날 방을 따뜻하게 만들려면 난방을 해야 해요. 난로를 켜서 공기를 덥히거나, 보일러를 켜서 방바닥을 따뜻하게 하지요. 그런데 난방을 하면서 창문을 계속 열어 놓으면 어떻게 될까요? 금방 추워질 거예요. 더운 여름날 에어컨을 켜고 창문을 열어도 마찬가지로 방이 금방 더워질 거예요. 냉방과 난방으로 시원하고 따뜻한 상태를 유지하려면 열이 빠져나가지 않게 창문이나 문을 꼼꼼히 닫아야 해요. 이렇게 열이 이동하지 않도록 막는 것을 **단열**이라고 해요.

생활 속에도 단열을 이용한 물건들이 많이 있어요. 오랫동안 따뜻한 음료를 마실 수 있게 도와주는 보온병은 열이 빠져나가지 않도록 만들어졌어요. 시원한 음식이나 음료를 오랫동안 즐길 수 있게 만들어진 아이스박스는 안의 찬 공기가 빠져나가지 못하게 막아요. 또 바깥의 더운 공기도 들어오지 못하게 막아 주지요. 그렇다면 보온병에 시원한 음료를 넣으면 어떨까요? 보온병은 단열의 원리를 이용했기 때문에 시원한 음료를 넣어도 오랫동안 시원하게 유지되도록 도와준답니다. 열이 밖으로 빠져나가지 못하게 할 수 있으니 반대로 바깥의 열이 안으로 들어오지 못하게 할 수 있는 거예요. 마찬가지로 아이스박스에 따뜻한 음료를 넣어도 오랫동안 따뜻하게 마실 수 있답니다.

단열을 이용한 생활 속 물건들

열이 빠져나가지 못하게 하는 방법이 있다고요?

건물을 지을 때는 벽에 다양한 단열재를 사용해서 열이 이동하는 것을 막아야 해요. 만약 단열이 제대로 안 되어 있다면, 추운 겨울에 아무리 보일러를 켜도 건물 안이 차가울 거예요. 열을 가둬 두지 못해서 열이 모두 건물 바깥으로 빠져나가기 때문이에요. 그래서 건물을 지을 때는 벽 사이에 단열재를 넣어요. 열이 전달되기 어려운 물질을 사용해서 열을 건물 안에 가둬 두는 것이지요.

더운 여름에 에어컨을 틀 때도 마찬가지랍니다. 에어컨을 틀었는데도 단열이 되지 않으면 방이 계속 더워지겠지요? 에어컨은 온도를 낮추기 위해 계속 작동하고, 결국 불필요하게 더 많은 전기가 사용될 거예요. 단열은 에너지 낭비를 줄여 주고, 냉난방 비용도 아낄 수 있게 해 주는 효과적인 과학 원리인 셈이에요.

단열재로 쓰이는 스타이로폼과 알루미늄 포일

단열 열이 이동하지 않도록 막는 것

단열재 보온을 하거나 열을 차단하기 위한 재료. 주로 열이 잘 이동하지 못하는 소재를 사용한다. 코르크, 스타이로폼, 알루미늄 호일 등이 있다.

보온병에 은이 들어 있다고?

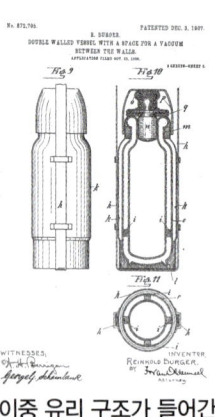

이중 유리 구조가 들어간 최초의 보온병 특허 도면

최초의 보온병은 유리컵 바깥 부분을 은으로 칠한 다음, 다른 유리컵을 겹쳐서 만들었다. 열전도가 잘 안 되는 유리를 이중으로 겹치면 열의 이동을 늦출 수 있다. 유리 사이의 은은 바깥으로 빠져나가는 열을 반사해 병 안에 가둔다. 빛이 거울에 반사되듯, 컵 안의 열이 밖으로 나가지 못하게 하는 원리이다. 이때 겹쳐진 유리컵 사이는 진공 상태인데, 공기가 없기에 열의 이동을 효과적으로 늦출 수 있다. 이런 구조는 열의 전도와 대류로 열이 이동하는 것을 효과적으로 막을 수 있다.

단열 기술이 발달한 오늘날에는 유리가 아닌 스테인리스 같은 금속을 사용해도 충분히 단열이 가능한 보온병을 만들 수 있다. 무겁고 깨지기 쉬운 유리 대신, 스테인리스를 사용하면 가볍고 오래 쓸 수 있다는 장점이 있다.

과학 6-1 | 물체의 운동 | 운동

사람도 아니고 공이 운동을 한다고요?

물리 연구원 히므로의 관찰일지

◆ 10월 30일 ◆ 날씨: 흐림 ◆ 관찰 장소: 축구장 골대 앞

물리학에서 '운동'이란 '시간이 지남에 따라서 위치가 변하는 현상'을 말한다. 아임스타인 박사님이 골대를 향해 공을 차면, 공은 눈 깜짝할 사이에 골대를 향해 날아갈 것이다. 공이 운동한 셈이다. 박사님은 실습을 해 보자며 나에게 골키퍼를 시키셨다. 이상한 점은, 박사님이 공을 차는 방향을 예측할 수가 없다는 것이다. 왼쪽이다 싶으면 오른쪽으로 차고, 오른쪽이다 싶으면 왼쪽으로 공을 찬다. 그런데 왜 공이 다 내 몸으로만 날아오는 거지? 갑자기 박사님이 시간이 지남에 따라서 위치가 변하는 달리기 운동으로 도망가고 있다. 거기 서!

물리 103

 축구공도 운동을 한다고요?

축구 경기를 할 때의 축구공을 관찰해 볼까요? 선수들이 축구공을 발로 차면, 축구공의 위치가 시간이 지남에 따라 변해요. 왼쪽에서 오른쪽으로, 위에서 아래로 계속 이동하지요. 이처럼 시간에 따라 물체의 위치가 변하는 것을 **운동**이라고 해요. 축구공이 운동을 한 셈이에요.

물체에는 시간이 지나도 위치가 변하지 않는 것이 있고, 시간이 지남에 따라 위치가 변하는 것도 있어요. 시간에 따라 위치가 많이 변하거나 적게 변하는 것도 있지요. 같은 시간이 흐를 때 위치가 많이 변하면 '빠르다'라고 불러요. 반면 같은 시간이 흐를 때 위치가 조금 변하면 '느리다'라고 부르지요. 이것을 **빠르기**라고 해요.

시간에 따라 위치가 변하는 축구공

 운동을 어떻게 표시할 수 있을까요?

운동은 시간이 지남에 따라 빠르기가 일정한 운동과 빠르기가 변하는 운동으로 구분할 수 있어요. 시간에 따라 위치가 일정하게 변하면 빠르기도 일정해요. 마트의 무빙워크나 회전목마는 일정한 빠르기로 움직이지요. 반면 빠르기가 변하는 운동을 하는 물체도 있어요. 바이킹과 롤러코스터는 내리막에서 빨라지고 오르막에서 느려지며 빠르기가 변하는 운동을 해요.

운동을 표현하기 위해서는 시간과 위치 변화를 함께 나타내야 해요. 이 중 시간 변화는 짧은 시간과 긴 시간으로 나타내요. 짧은 시간은 보통 1초, 긴 시간은 보통 1시간 동안의 위치 변화를 나타내요.

위치 변화는 처음 위치와 나중 위치, 두 위치 사이의 떨어진 길이로 나타내요. 물체가 한쪽 방향으로 움직였을 때 이것을 '물체가 이동한 거리'라고 해요. 이동 거리는 센티미터(cm), 미터(m), 킬로미터(km) 등으로 나타내요.

빠르기가 일정한 운동인 마트의 무빙워크   빠르기가 변하는 운동인 놀이동산의 롤러코스터

운동 시간에 따라 위치가 변하는 물리 현상

페널티 킥의 비밀

운동은 빠르기에 따라 나누기도 하지만, 운동 방향에 따라 나누기도 한다. 운동 방향이 바뀌고 빠르기가 일정한 운동에는 대관람차가 있다. 원을 그리며 운동하는 방향은 바뀌지만, 빠르기는 일정하다. 운동 방향과 빠르기 둘 다 바뀌는 운동에는 농구공이 있다. 골대를 향해 농구공을 던지면, 농구공이 위로 올라가며 느려지다 운동 방향이 바뀌며 아래를 향해 빨라진다.

운동선수에게 물체의 운동 방향을 파악하는 것은 중요하다. 축구의 페널티 킥을 생각해 보자. 골키퍼는 골대 가운데에 서 있다가, 선수가 공을 차는 방향을 예측하고 몸을 움직여 공을 막아야 한다. 골키퍼는 선수가 공을 차기 전까지 좌우로 이동만 가능하고, 공이 움직이기 전까지는 골라인에 있어야 한다. 공이 11 m의 짧은 거리를 이동하는 데는 0.4초밖에 걸리지 않는다. 반면 골키퍼가 공의 움직임을 파악해서 몸을 움직이는 데는 평균 0.6초가 걸린다. 공이 움직인 뒤에 몸을 움직여 공을 막는 것은 물리학적으로 거의 불가능한 일인 셈이다.

페널티 킥을 막는 골키퍼의 모습

물리 105

과학 6-1 | 물체의 운동 | 속력

KTX와 치타 중에 누가 더 빠를까요?

물리 연구원 히므로의 관찰일지

◆ 11월 4일   ◆날씨: 맑음   ◆관찰 장소: 사바나 초원

텔레비전 프로그램에서 기차와 사람이 달리기 시합하는 모습을 봤다. 처음에는 사람이 빠른가 싶더니, 시간이 지날수록 기차가 사람보다 더 빨리 이동했다. 기차는 사람처럼 지치지 않고 계속 달릴 수 있으니 빠를 수밖에 없다. 그렇다면 세상에서 가장 빠른 동물인 치타는 기차와 대결할 수 있지 않을까? 실험을 위해 치타의 속력을 측정하려고 했는데, 치타가 자꾸 나를 쫓아온다! 내가 치타보다 빠르게 도망치면, 치타 대신 내가 기차와 대결해야 하는 거 아냐?

물체의 빠르기는 어떻게 비교할 수 있을까요?

올림픽의 육상 경기 중 달리기는 손에 땀을 쥐게 하는 대표 종목이에요. 정해진 출발 지점에서 정해진 도착 지점까지 같은 거리를 달려서 누가 더 일찍 도착하느냐를 겨루지요. 100 m 달리기를 통해 물체의 빠르기를 비교할 수 있어요. 선수들은 10초 정도의 시간 동안 100 m를 질주해요. 누가 가장 빠르게 결승점을 지났는지에 따라 순위를 결정해요. 같은 거리를 이동하는 데 걸린 시간으로 빠르기를 비교한 거예요.

다르게 생각하면, 같은 시간 동안 간 거리로 빠르기를 비교할 수도 있어요. 1등 선수가 100 m 지점에 도착한 기록이 10초였다면, 다른 선수들은 10초 동안 100 m보다 짧은 거리를 이동한 거예요. 결국 같은 시간 동안 가장 먼 거리를 이동하면 가장 빠르다고 할 수 있어요.

선수들의 빠르기를 비교하는 달리기 경기

물체의 빠르기는 어떻게 나타내나요?

달리기 시합은 결과를 바로 눈으로 확인할 수 있으니 빠르기를 비교하기 쉬워요. 하지만 KTX와 치타에게 실제로 달리기 시합을 시킬 수는 없는 것처럼, 빠르기를 실제 상황에서 비교하기 어려운 경우도 있어요. 이럴 때 1초, 1분, 1시간 같은 일정한 시간 동안 이동한 거리를 나타내고 비교하면 쉽게 빠르기를 비교할 수 있어요.

최고 속력을 꾸준히 유지하는 KTX

300~500 m 달리는 동안만 최고 속력을 유지할 수 있는 치타

물리 107

'속력'이란 물체가 이동한 거리를 걸린 시간으로 나누어 구한 것을 말해요.

사람이 2시간 동안 8 km를 이동할 때, 속력은

$$(속력) = \frac{(이동한\ 거리)}{(걸린\ 시간)} = \frac{8\,km}{2시간} = \frac{4\,km}{1시간} = 4\,km/시$$

로 계산하고, '사 킬로미터 매 시'라고 읽어요. 1시간 동안 4 km를 이동한다는 의미예요. 또 '시속 4 km'라고 표현하기도 해요.

그렇다면 KTX와 치타 중 무엇이 더 빠를까요? KTX의 최고 속력은 1시간에 약 300 km 이고, 치타의 최고 속력은 1시간에 약 120 km예요. 치타가 1시간 동안 계속 달린다고 해도 KTX가 훨씬 빠르답니다.

속력 물체가 이동한 거리를 걸린 시간으로 나눈 것 (속력)= $\frac{(이동한\ 거리)}{(걸린\ 시간)}$

속력을 표시하는 단위

운동을 표현할 때는 시간과 위치 변화를 함께 나타낸다. 우리는 분수를 $\frac{1}{2}$로 쓰기도 하고, 1/2로 쓰기도 한다. 마찬가지로 $\frac{4\,km}{시}$를 4 km/시라고 쓸 수 있다. 둘 다 '사 킬로미터 매 시'라고 읽을 수 있는데, 이때, '매'는 '마다', '각각'이라는 뜻의 한자 '每(마다 매)'를 사용한다. 그러니까 '4 km/시'를 '사 킬로미터 매 시'로 읽는 것은 '각각의 시간마다 4 km를 이동한다'라는 말이 된다.

물체가 이동하는 데 걸린 시간은 1초, 1분, 1시간 등으로 비교한다. 1초, 1분, 1시간에 해당하는 영어 단어는 각각 second, minute, hour이다. 이 단어에서 앞 글자를 따서 '초' 대신에 's', '분' 대신에 'min', '시간' 대신에 'h'를 사용한다. 또 '/'는 '마다'라는 뜻으로 '매'라고 읽는데, 같은 뜻의 영어 단어로 'per'가 있다. 그래서 '4 km/시'를 '4 km/h'라고 쓰고, '사 킬로미터 퍼 아우어'라고 읽기도 한다.

30 km/h는 1시간에 30 km를 이동한다는 뜻이다

과학 6-1 | 물체의 운동   교통안전

안전띠가 자동차보다 먼저 발명되었다고요?

 물리 연구원 히므로의 관찰일지

◆ 11월 17일 ◆ 날씨: 흐림   ◆ 관찰 장소: 도로 위

자동차는 복잡하고 다양한 운동을 하는 기계다. 1시간에 100 km를 넘게 이동할 수 있어 굉장히 빠르다. 더군다나 속도를 갑자기 빠르게, 갑자기 느리게 할 수도 있다. 자동차의 속도를 갑자기 줄이면, 자동차에 탄 우리 몸은 계속 운동하려는 관성의 법칙에 따라 튀어 나가려고 한다. 차는 멈췄는데 우리만 튀어 나가면 큰 사고가 난다. 자동차의 안전띠는 이러한 사고를 막기 위해 있는 거다. 그런데 안전띠가 자동차보다 먼저 발명되었다는 이야기를 들었다. 자동차가 아니면 어디에 쓴 거지?

물리 **109**

자동차는 왜 빨리 달릴수록 위험할까요?

자동차의 속력이 빠를수록 보행자나 다른 물체와 충돌할 때 피해를 크게 입을 수 있어요. 자동차 속력이 시속 50km일 때는 시속 60km일 때에 비해 충격의 정도가 약 20% 줄고, 보행자 사고 건수도 줄어들어요. 안전을 위해서는 자동차의 속력을 낮춰서 운전해야 해요. 자동차 속력이 빨라지면, 운전자가 볼 수 있는 범위가 좁아져 지나가는 사람을 미처 보지 못할 수도 있어요.

비가 올 때는 자동차의 속력을 더 줄여야 해요. 비가 온 도로에서 시속 50km로 달리는 자동차가 완전히 멈출 때까지 필요한 거리가 마른 도로에서 필요한 거리보다 두 배 이상이기 때문이에요. 비가 온 도로에서는 자동차가 평소보다 약 두 배 더 많이 이동한 후에야 멈춘다는 뜻이에요. 그래서 빗길처럼 젖은 도로에서는 안전을 위해 평소보다 20% 이상 속력을 줄여야 해요. 또 앞차와의 거리도 더 늘려서 운전해야 안전하답니다.

자동차를 탈 때 왜 안전띠를 매야 할까요?

교통 안전장치는 자동차와 도로에서 볼 수 있어요. 자동차에 설치되어 있는 대표적인 안전장치로는 에어백과 안전띠가 있어요. 에어백은 큰 충격이 있을 때 피해를 줄여 주고, 안전띠는 크고 작은 사고에서 우리 몸을 지켜 주지요. 승용차뿐만 아니라 고속버스와 택시에서도 안전띠를 매는 것은 의무이니 반드시 착용해야 해요.

이렇게 중요한 안전띠는 사실 자동차가 아니라 비행기에서 처음 사용되었어요. 1885년, 미국의 에드워드 클레그혼이 안전띠 특허를 냈어요. 당시 비행기

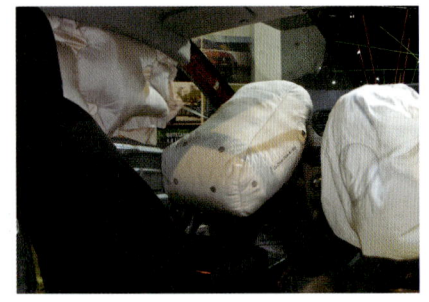

충격을 줄여 주는 에어백

조종석에는 유리 뚜껑이 없었는데, 안전띠는 비행기 방향을 바꾸거나 회전할 때 조종사가 떨어지지 않도록 잡아 주는 역할을 했어요. 이후 자동차가 탄생하고 대중화되면서, 자동차가 빠르게 회전하거나 울퉁불퉁한 길을 지날 때 운전자가 튕겨 나가는 일이 없도록 안전띠를 사용하게 되었답니다.

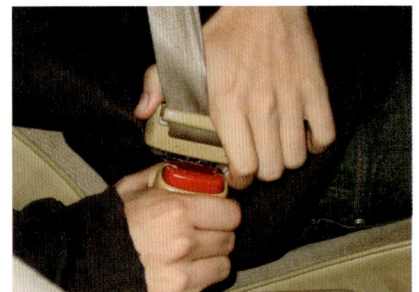

몸을 지켜 주는 안전띠

핵심과학용어사전

시속 속력을 나타내는 단위로 1시간 동안 이동한 거리를 뜻한다. 단위는 km/h를 사용한다.
안전띠 자동차·비행기 따위에서, 사고 시 충격으로부터 보호하기 위하여 사람을 좌석에 고정하는 띠

도로에 설치된 안전장치

도로에도 속력과 관련한 다양한 안전장치가 있다. 크게 속도를 제한하는 법과 안전을 위한 장치로 나뉜다. 먼저 시내 도로에서는 자동차 속도 제한을 시속 50 km로 정해 뒀다. 또 어린이들을 자동차로부터 보호하기 위해, 어린이보호구역에서는 자동차 속도를 시속 30 km로 제한했다. 2024년에는 어린이보호구역 중 폭이 좁아서 차가 다니는 길과 사람이 다니는 길이 구분되지 않는 도로의 속도 제한을 시속 20 km로 낮췄다.

안전을 위한 장치로는 사람들이 속도 제한을 잘 확인할 수 있도록 설치한 '어린이보호구역 표지판'이 있다. 도로에는 자동차의 속력을 줄이기 위해 과속방지턱을 설치했다. 보행자가 도로를 안전하게 건널 수 있도록 설치한 횡단보도는 자동차로부터 보행자를 보호한다. 이러한 안전장치를 통해 사고를 예방할 수 있고, 사고가 나도 그 피해를 줄일 수 있다.

어린이보호구역
속도 제한 표지판

| 과학 6-2 | 전기의 이용 | 전기 회로 |

전구에 불을 켜려면 꼭 필요한 것이 있다고요?

 물리 연구원 히므로의 관찰일지

◆ 11월 25일 ◆날씨: 맑음 ◆관찰 장소: 박사님의 비밀 연구실

지구인들은 전기로 빛을 만드는 엄청난 일을 해냈다. 전기가 흐르는 전기 회로와 전구만 있으면 된다. 전기 회로에는 작고 귀여운 원기둥 안에 전기를 가둔 건전지, 호스처럼 생긴 전선이 필요하다. 건전지에 전선을 연결하면 전기가 흐르고, 전선에 전구를 연결하면 불이 들어온다. 잘못 만들어진 전기 회로에는 불이 켜지지 않으니 조심해야 한다. 아임스타인 박사님이 만드신 전기회로도 전구를 잘못 연결해 불이 켜지지 않는다. 저 모양대로면 전구 대신 박사님 머리에 불이 켜지지 않을까?

 어떻게 해야 전구에 불이 들어올까요?

어두운 곳을 밝히기 위해 빛을 내는 손전등을 사용해요. 손전등의 전구에 불이 들어오게 하려면 먼저 건전지와 전구가 필요해요. 건전지에서 나온 전기가 전구를 통과해야 불이 켜지기 때문이에요. 여기에 전구와 건전지를 연결하는 전선이 있으면 쉽게 불을 켤 수 있지요. 이처럼 여러 가지 전기 부품을 연결해 전기가 흐르도록 한 장치를 **전기 회로**라고 해요.

전기 회로를 쉽고 안전하게 만들 수 있는 여러 부품이 있어요. 건전지를 전선과 연결하도록 건전지를 끼우는 전지 끼우개, 전구를 전선에 연결하기 쉽게 전구를 끼워 사용하는 전구 끼우개가 있어요. 전구 끼우개가 없어도 전선을 연결할 수 있지만, 전구의 꼭지와 꼭지쇠 부분에 각각 전선을 연결해야 해서 불편하고 위험해요.

전구의 구조

 건전지를 연결했는데 전구에 불이 안 들어오는 이유는 뭐예요?

전기 회로를 만들 때는 건전지, 전구, 전선을 서로 끊기지 않도록 연결해야 해요. 또 전기 회로를 연결할 때는 전지의 (+)극과 전지의 (−)극에 전구 끼우개의 양쪽이 각각 연결되어야 해요. 전구 안에서도 전선과 연결된 꼭지쇠부터 지지대, 필라멘트를 지나 꼭지까지 모두 연결되어야 해요. 모두 연결되지 않으면 불이 켜지지 않아요.

회로가 끊어진 경우

전구 끼우개의 한쪽으로만
전선을 연결한 경우

스위치는 전기를 흐르게 하거나 끊는 장치예요. 스위치 없이 전기 회로를 연결하면 전구에 계속 불이 켜져 있을 거예요. 원할 때 전구를 켜고 끄기 위해서는 회로에 스위치를 설치해야 해요. 스위치를 닫으면 회로가 연결되어 전구에 불이 켜지고, 스위치를 열면 회로가 끊겨 전구에 불이 켜지지 않아요.

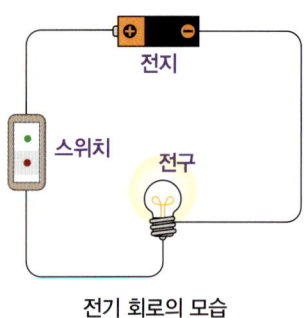

전기 회로의 모습

핵심과학용어사전

전기 회로 여러 가지 전기 부품을 연결해 전기가 흐르도록 한 회로

 **건전지에 적힌 'V'의 뜻**

건전지를 자세히 살펴보면 1.5볼트(V)라는 글씨를 찾을 수 있다. 1.5V는 건전지가 가지고 있는 전압을 뜻한다. 전압은 전기 회로에서 전류를 흐르게 하는 에너지이다. 전기는 물과 비슷하다. 물은 높이 차이가 없는 평평한 길에서 흐르지 않는다. 물을 흐르게 하기 위해서는 한쪽을 높게, 다른 한쪽을 낮게 해야 한다. 높이 차이가 클수록 물이 떨어지는 에너지가 더 커진다.

전기도 마찬가지이다. 건전지는 전기 회로에서 전기가 흐를 수 있도록 높이 차이를 유지해 주는 장치이다. 전기가 흐를 수 있게 유지되는 높이 차이를 전압이라고 생각해 보자. 전압의 크기가 클수록 높이 차이도 크고, 더 큰 에너지를 낼 수 있다. 건전지의 전압은 1.5V, 6V, 9V 등 다양하다. 전자 제품을 쓸 때는 각각의 전압에 맞춰 써야 한다. 전구를 예로 들면, 전구마다 적절한 전압을 유지해야 전구에 불이 들어온다. 전구가 필요로 하는 적절한 전압보다 더 큰 전압의 건전지를 쓴다면, 전구의 수명이 짧아지거나 과열될 위험이 있다. 전구가 필요로 하는 전압보다 더 작은 전압의 건전지를 쓴다면, 불이 들어오지 않거나 약하게 들어온다.

다양한 전압의 건전지

| 과학 6-2 | 전기의 이용 | | 도체와 부도체 |

세상의 모든 물질을 둘로 나눌 수 있다고요?

물리 연구원 히므로의 관찰일지

◆ 12월 2일 ◆날씨: 눈   ◆관찰 장소: 운동장

지구에는 정말 많은 물질이 있다. 금속만 해도 종류가 여러 가지고, 여러 물질이 합쳐진 물질도 많다. 이 물질들은 두 가지로 나눌 수 있다. 바로 전기가 통하는 물질과 안 통하는 물질이다. 어떤 물체는 전기가 잘 통한다. 아주 먼 거리도 순식간에 전기를 이동시킨다. 하지만 어떤 물체는 전기가 아예 안 통한다. 도대체 왜 그럴까? 전기도 물체를 가리나 보다. 그러면 우리 몸은 전기가 통할까, 안 통할까? 다른 쌤들에게 가서 실험해 봐야지!

물리 115

전선 안에는 무엇이 들어 있을까요?

우리 주변에 있는 물체는 전기가 통하는 물체와 전기가 통하지 않는 물체로 나눌 수 있어요. 한 물체 안에서도 나눌 수 있지요. 전구에서 유리는 전기가 잘 통하지 않아요. 반면 필라멘트, 지지대, 꼭지쇠, 꼭지는 전기가 잘 통하는 금속 물질이에요.

전기가 통하는 물질과 통하지 않는 물질이 섞인 전구

전기 회로에서 전기가 지나는 길은 모두 전기가 잘 통하는 물질로 만들어야 해요. 전기가 지나는 길인 전선 안에는 전기를 매우 잘 전달하는 구리선이 들어 있어요. 하지만 구리선이 바깥으로 드러나 있으면 감전 사고가 일어날 수 있어 위험해요. 그래서 전선의 바깥 부분을 전기가 잘 통하지 않는 물질로 씌워, 전기가 몸과 닿지 않게 만들었어요.

플라스틱과 같은 소재로 감싼 전선

전기가 통하는 물질에는 무엇이 있을까요?

전기가 잘 통하는 물질을 **도체**라고 해요. 반대로 전기가 잘 통하지 않는 물질을 **부도체**라고 해요. 못, 알루미늄, 구리나 은과 같은 금속은 전기가 잘 통하는 도체예요. 반면 플라스틱, 고무, 유리, 나무 등은 전기가 거의 통하지 않는 부도체예요. 전기 회로로 실험을 해 볼까요? 못과 같은 도체를 회로 사이에 연결하면 전구에 불이 켜질 거예요. 나무 막대와 같은 부도체를 회로 사이에 연결하면 전구에 불이 켜지지 않아요.

전기 회로 실험을 할 때는 손에 전기가 통하지 않도록 절연 장갑을 껴야 해요. **절연**은 전류가 잘 흐르지 않도록 하는 것을 말해요. 주로 부도체를 이용하지요. 절연 장갑은 고무 같은 부도체를 이용해서 만들어요.

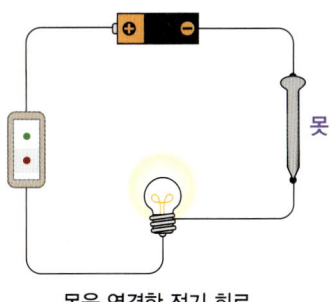

못을 연결한 전기 회로

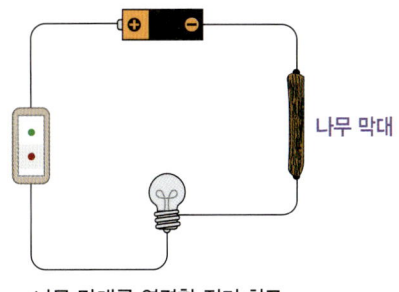

나무 막대를 연결한 전기 회로

핵심과학용어사전

도체 전기가 잘 통하는 물질
부도체 전기가 잘 통하지 않는 물질
반도체 열, 빛, 전압 등에 의해 도체와 부도체의 성질을 오가는 물질

 ## 열 받으면 전기가 통하는 물질, 반도체

물질 중에는 도체이면서 부도체인 물질도 존재한다. '규소'라고 부르는 물질은 20 ℃ 정도의 온도에서는 전기가 통하지 않는 부도체이지만 가열하면 전기가 통하는 도체가 된다. 규소의 이러한 성질을 이용하여 만들어진 '실리콘 웨이퍼'라는 판을 전기 회로에 연결하면 평소에는 부도체를 연결한 것처럼 전구에 빛이 나지 않지만 실리콘 웨이퍼를 가열하면 도체를 연결한 것처럼 전구에 빛이 난다.

반도체는 열이나 빛, 전압에 의해 어떨 때는 도체, 어떨 때는 부도체의 성질을 가지는 물질이다. 반도체는 전기가 통하는 정도를 필요에 따라 조절할 수 있다. 이 특성 때문에 반도체는 컴퓨터, 냉장고, 텔레비전, 카메라, 핸드폰, 자동차, 우주 왕복선, 태양 전지에 이르기까지 우리 생활에서 빼놓을 수 없을 정도로 다양하게 사용된다. 오늘날 반도체 기술은 반도체로 만든 부품이 더욱 작아지고 정교해지면서 계속 성장하고 있다.

규소로 만들어진 실리콘 웨이퍼

| 과학 6-2 | 전기의 이용 | | 전지의 연결 |

건전지를 여러 개 연결하면 빛이 더 밝아지나요?

물리 연구원 히므로의 관찰일지

◆ 12 월 16 일 ◆날씨: 흐림   ◆관찰 장소: 박사님의 비밀 연구실

건전지에는 전기 에너지가 보관되어 있다. 전기를 담아 뒀다가 필요할 때 꺼내 쓰면 된다. 건전지를 연결하는 방법에는 두 가지가 있는데, 건전지의 다른 극끼리 연결하는 방법과 같은 극끼리 연결하는 방법이다. 연결하는 방법에 따라 건전지를 오래 아껴 쓰거나 한꺼번에 많은 에너지를 쓸 수 있다. 연구실 리모컨은 어느 쪽일까? 리모컨을 사용할 때는 건전지를 두 개 넣는다. 으음, 어떤 방법으로 연결되었는지는 봐도 모르겠다. 박사님에게 물어보면 어떤 방법으로 연결되었는지 알 수 있을 거야!

건전지를 나란히 연결하면 어떻게 될까요?

우리 주변에서 건전지를 사용하는 전자 제품에는 리모컨, 손전등, 시계 등이 있어요. 어떤 제품은 건전지 한 개로 작동하고, 어떤 제품은 건전지 두 개로 작동하기도 해요. 전자 제품마다 필요한 건전지의 개수가 다른 이유는 뭘까요?

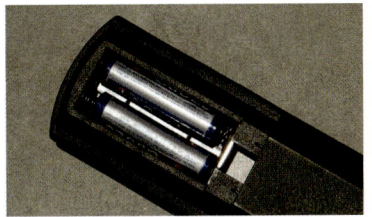

건전지 두 개로 작동하는 리모컨

전기 회로로 실험해 보면 알 수 있어요. 전구에 건전지를 연결하면 불이 들어와요. 그런데 건전지 두 개를 나란히 연결하면 한 개를 연결했을 때와 어떻게 달라질까요? 건전지 두 개를 나란히, 다른 극끼리 연결하면 건전지 한 개를 연결했을 때보다 전구의 불빛이 밝아져요. 이처럼 전지 여러 개를 서로 다른 극끼리 일렬로 연결하는 것을 **전지의 직렬연결**이라고 불러요.

직렬연결을 하면 전압도 달라져요. 1.5V 건전지 두 개를 직렬연결하면, 건전지의 전체 전압은 3V가 돼요. 건전지의 개수가 늘어날수록 전구 빛은 더 밝아진답니다.

전지 한 개를 연결한 전기 회로

전지 두 개를 직렬연결한 전기 회로

건전지를 같은 극끼리 연결하면 어떻게 될까요?

직렬연결이 아닌 방법으로도 건전지를 연결할 수 있어요. 건전지를 직접 맞대지 않고, 전선을 사용해서 같은 극끼리 연결할 수 있게 만드는 거예요. 이처럼 전지 여러 개를 서로 같은 극끼리 나란히 연결한 것을 **전지의 병렬연결**이라고 불러요. 병렬연결을 하면 전체 전

압은 달라지지 않아요. 1.5V 건전지 두 개를 병렬연결하면, 건전지의 전체 전압은 그대로 1.5V예요. 전압이 변하지 않아서 불빛도 더 밝아지지 않아요. 대신 직렬연결한 회로보다 더 오래 빛이 난답니다.

전지의 병렬연결

핵심과학용어사전

전지의 직렬연결 전지 여러 개를 서로 다른 극끼리 일렬로 연결하는 것
전지의 병렬연결 전지 여러 개를 서로 같은 극끼리 나란히 연결하는 것

직렬연결과 병렬연결의 차이

건전지는 전기 회로에서 전기가 흐를 수 있도록 높이 차이를 유지하는 장치이다. 직렬연결과 병렬연결의 차이는 미끄럼틀을 통해 알 수 있다. 건전지가 한 개 있으면, 미끄럼틀이 한 개 있는 것으로 비교할 수 있다. 건전지 두 개를 직렬연결하면 미끄럼틀 두 개가 일렬로 연결되어 두 배 높이만큼 올라간다. 높이가 두 배 높아지면 전기도 두 배만큼 잘 흐를 것이다. 직렬연결일 때 전압이 높아지는 이유이다. 건전지 두 개가 직렬연결되면 건전지 한 개보다 전기가 더 잘 흐르고, 빛의 밝기도 더 밝다.

건전지 두 개를 병렬연결한 것은 계단이 두 개로 늘어난 미끄럼틀로 비교할 수 있다. 높이에는 변함이 없지만, 미끄럼틀을 타러 올라가는 계단이 두 개가 되어 미끄럼틀이 한 개일 때보다 더 많이 탈 수 있다. 전기 회로에서 전기가 흐를 수 있도록 해 주는 높이는 건전지 한 개의 높이와 같으므로 빛의 밝기는 같지만 더 오래 빛난다. 정리하면, 건전지 두 개를 직렬연결했을 때는 전기가 흐르는 높이가 두 배 높아서 전구 빛의 밝기가 더 밝고, 건전지 두 개를 병렬연결했을 때는 빛의 밝기는 같지만 더 오래 빛난다.

과학 6-2 | 전기의 이용　　　　전자석

자석을 전등처럼 껐다 켰다 할 수 있다고요?

 물리 연구원 히므로의 관찰일지

◆ 12월 22일　◆날씨: 눈　　◆관찰 장소: 헬스장

자석은 자기장을 가지고 있고, 엄청난 힘으로 물체를 끌어당긴다. 그런데 커다란 물체를 잡아당기려면 자석도 아주 커야 한다. 철로 된 에펠탑을 자석으로 들어 올리려면 엄청난 크기의 센 자석을 사용해야 한다. 나는 이 방법을 운동할 때 사용하기로 했다. 자석으로 아령을 달라붙게 해 나에게 맞는 커다란 아령을 만들었다. 그런데 자석이 아령에서 떨어지지 않는다. 열심히 힘을 줘도 떨어지지 않는데 어떡하지? 내가 원할 때만 자석처럼 변하는 자석은 어디 없나?

물리 **121**

커다란 철 덩어리를 어떻게 한꺼번에 나를 수 있을까요?

커다란 철 덩어리들을 한꺼번에 옮기려면 어떻게 해야 할까요? 아주 큰 자석을 쓰면 철 덩어리들을 쉽게 옮길 수 있을 것 같아요. 자석이 클수록 철 덩어리도 많이, 세게 달라붙을 거예요. 그런데 철 덩어리를 옮긴 뒤에는 어떻게 해야 할까요? 크고 힘이 센 자석에서 철 덩어리를 떼기는 어려울 거예요.

철 덩어리를 붙일 때는 자석의 성질이 있다가, 철 덩어리를 옮긴 다음에 자석의 성질이 없어지면 어떨까요? 자석의 성질이 사라지면 철 덩어리가 자석에서 알아서 떨어질 거예요. 사람들은 궁리 끝에 **전자석**이라는 자석을 만들었어요. 전자석은 전기가 통하면 자석의 성질이 나타나고, 전기가 통하지 않으면 자석의 성질이 나타나지 않는 자석을 말해요.

전자석을 이용해 철을 옮기는 모습

누구나 쉽게 전자석을 만들 수 있다고요?

전자석은 전기 회로로 간단하게 만들 수 있어요. 철로 된 못에 에나멜선을 한 방향으로 촘촘하게 감고, 에나멜선 양 끝부분을 사포로 문질러 겉 부분을 벗겨 내요. 그리고 건전지와 스위치로 전기 회로를 연결하면 완성이에요. 에나멜선은 도체인 구리선 겉에 부도체인 에나멜을 발라 높은 온도로 가열해 만든 전선이에요.

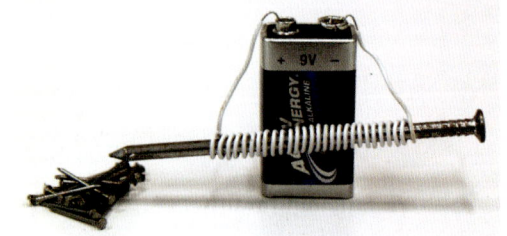

건전지와 에나멜선, 못으로 만든 전자석

스위치가 열렸을 때 에나멜선을 감은 못 끝부분을 클립 근처로 가져가면 클립이 붙지 않아요. 그런데 스위치를 닫았을 때 못 끝부분을 클립 근처로 가져가면 클립이 못에 붙어요. 전기가 통할 때는 클립이 붙고, 통하지 않을 때는 붙지 않는 거예요. 이처럼 전자석은 자석의 성질을 띠게 하고 싶을 때마다 전기가 흐르도록 하면 되어서 유용해요. 반면 영구 자석은 전자석과 다르게 항상 자석의 성질을 띤답니다.

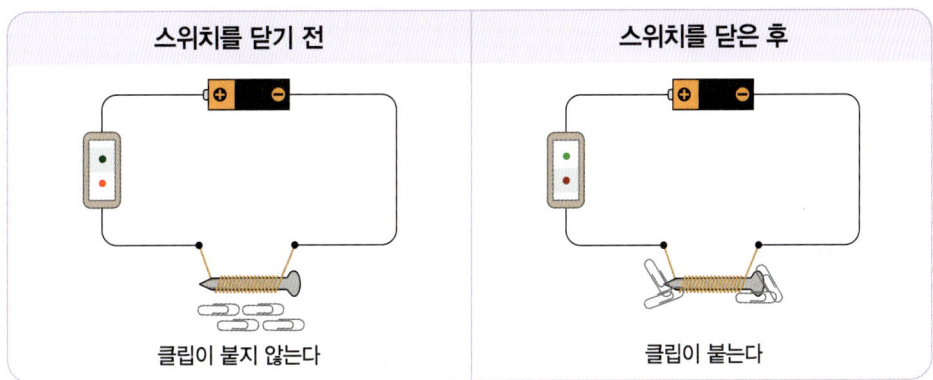

전자석 전기가 통하면 자석의 성질을 나타내고, 전기가 통하지 않으면 자석의 성질이 나타나지 않는 자석

전기와 자석의 상관관계

못으로 만든 전자석

철로 된 못이 아닌 나무나 플라스틱으로 전자석을 만들어도 자석의 성질은 나타나지만, 그 정도가 매우 약하다. 철못은 원래 자석이 아니지만 못에 감은 에나멜선에 전기가 흐르면 자석의 성질이 나타난다. 이처럼 자석이 아닌 물체가 자석의 성질을 가지는 것을 '자화'라고 한다. 철못은 나무와 플라스틱과 달리 전기가 잘 통한다. 그래서 철못에 에나멜선을 감아 전기를 흘리면 자석의 성질을 나타내는 정도가 커진다. 에나멜선도 자석의 성질을 띠고, 못도 자석의 성질을 띠기 때문이다.

철못에 에나멜선을 감아 만든 전자석은 못이 없을 때보다 자기장이 커진다. 자기장에는 세기와 방향이 있는데, 자석이 클립을 잡아당기는 힘이 세면 '자기장이 크다'라고 한다. 자기장의 방향은 나침반의 N극 바늘이 가리키는 방향을 의미한다. 영구 자석과 달리 전자석은 전지의 개수나 방향에 따라 자기장의 세기와 방향을 바꿀 수 있다.

과학 6-2 | 전기의 이용　　　　　전자석의 성질

전자석으로 음악을 들을 수 있다고요?

 물리 연구원 히므로의 관찰일지

◆ 1월 8일　◆날씨: 맑음　　◆관찰 장소: 박사님의 비밀 연구실

소리는 떨림이고 울림이다. 공기를 타고 어디든 갈 수 있다. 스피커에서 나오는 음악 소리도 떨림이다. 스피커에 있는 얇은 판이 떨리면서 소리가 만들어진다. 그런데 진동판을 떨리게 만드는 장치에 전자석이 쓰인다고 한다! 자석이었다, 아니었다 하면서 진동판을 밀고 잡아당긴다고 한다. 그러면 소리를 크게 틀고 싶을 때는 어떻게 하지? 진동판이 세게 떨려야 하니까 전자석도 힘이 세야 하지 않을까? 박사님에게 엄청 힘이 센 전자석을 만들어 달라고 해야겠어!

전자석의 힘을 세게 키우려면 어떻게 해야 할까요?

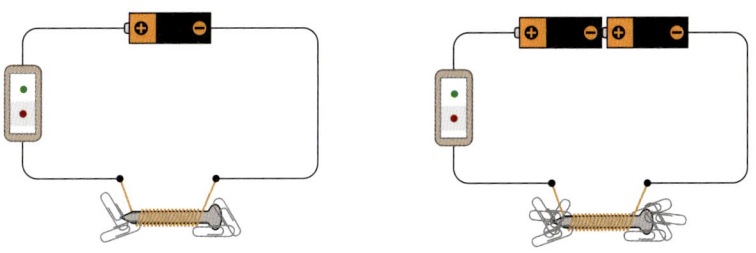

직렬연결한 전지의 개수가 늘수록 자석의 성질을 나타내는 정도가 커진다

철못에 에나멜선을 감아 전자석을 만들었는데, 전자석의 힘을 키우고 싶을 때는 어떻게 해야 할까요? 전자석에 전지를 한 개 연결했을 때와 전지 두 개를 직렬연결했을 때를 비교하면 방법을 찾을 수 있어요.

전지를 한 개 연결했을 때와 전지 두 개를 직렬로 연결했을 때 클립이 달라붙는 정도를 확인해 봐요. 전지 한 개를 연결했을 때보다 전지 두 개를 직렬로 연결했을 때 클립이 많이 붙어요. 전지 한 개를 연결한 전자석보다 전지 두 개를 직렬연결한 전자석이 전기가 더 많이 흐르면서, 자석의 성질을 나타내는 성도가 커진 거예요. 자기장이 커진 것이라고도 말할 수 있어요. 전지를 직렬로 연결한 개수가 늘어날수록 전자석의 힘도 점점 세진답니다.

전자석은 S극과 N극을 바꿀 수 있다고요?

전자석이 연결된 전기 회로에서 못의 양 끝부분에 나침반을 두고 스위치를 닫으면 나침반이 움직여요. 전자석의 N극과 S극을 알 수 있지요. 이번에는 전지를 거꾸로 끼워 볼까요? 전지를 거꾸로 끼우면, 나침반 바늘의 방향이 순식간에 바뀌어요. 볼트에 감은 에나멜선은 전기가 통하며 전자석이 되는데, 전지를 연결하는 방향에 따라서 전자석의 N극과 S극 방향이 달라지는 거예요.

영구 자석은 극성을 바꾸거나 자석의 세기를 바꾸지 못해요. 하지만 전자석은 전지의 연결 방향을 바꿔서 극을 바꿀 수 있어요. 또 직렬연결한 전지의 개수로 세기도 조절할 수 있답니다. 이러한 성질 덕분에 전자석은 우리 생활 곳곳에서 유용하게 사용되고 있어요.

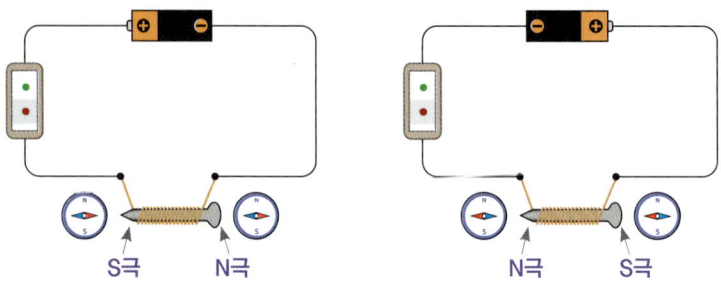

전지의 연결 방향을 바꾸면 전자석의 극을 바꿀 수 있다

 ## 스피커에 전자석이 필요한 이유

전자석은 일상생활에서 편리하게 사용되고 있다. 무거운 철 덩어리를 옮기는 '전자석 기중기'가 대표적이다. 전기를 통하게 한 전자석으로 철 덩어리를 붙여 옮기고, 전기를 통하지 않게 해 내려놓는 식이다. '자기부상열차'도 전자석을 이용한 물체이다. 전기를 통하게 하면 열차 아래쪽이 자석의 성질을 나타낸다. 자석의 힘으로 열차와 철로가 서로 밀어내며 열차가 철로 위에 떠서 이동하는 원리이다.

전자석을 사용하는 자기부상열차

스피커에도 전자석과 영구 자석이 있다. 스피커 속 코일에 전기가 통하면 전자석이 되고, 이 전기가 흐르는 방향이 바뀌면 전자석의 극도 바뀐다. 이때 전자석의 극과 영구 자석의 극 사이에 인력과 척력이 나타난다. 진동판이 전자석과 영구 자석에 의해 밀리고 잡아당겨지면서, 진동판이 위아래로 떨리며 소리가 난다. 전자석이 없으면 떨림이 생기지 않아 스피커로 음악을 들을 수 없다.

소형 스피커의 내부 단면

| 과학 6-2 | 전기의 이용 | | 안전한 전기 사용 |

전기를 잘못 쓰면 위험하다고요?

물리 연구원 히므로의 관찰일지

◆ 1월 12일 ◆ 날씨: 흐림   ◆ 관찰 장소: 댄스 연습실

지구인들은 전기를 똑똑하게 쓴다. 어두운 밤에 태양을 대신하기 위해 전기를 이용해 빛을 만들어 냈다. 또 태양의 빛을 전기로 바꿔 저장했다가, 밤에 빛을 내거나 열을 내는 데 쓴다. 그리고 전기를 적게 사용하는 제품을 써서 에너지를 효율적으로 이용한다! 그런데 이렇게 전기와 가깝게 생활하면 위험하지 않을까? 전기가 빠져나와서 불이 나거나 지구인에게 닿으면 엄청 위험할 것 같다. 특히 박사님처럼 전구를 몸에 두르고 다니면 더더욱 위험할 거야!

물리 **127**

에너지 등급은 왜 필요할까요?

우리는 한정된 자원으로 에너지를 쓰고 있어요. 자원을 아껴 에너지를 오래 쓰기 위해서는 효율적으로 에너지를 써야 해요. 그래서 전자 제품에는 에너지를 효율적으로 사용할 수 있게 '에너지 소비 효율 등급'을 정해 뒀어요. 에너지 소비 효율 등급은 1~5등급으로 표시되는데, 1등급에 가까울수록 좋은 제품이에요. 5등급 제품에 비해 에너지는 물론 전기 요금도 줄일 수 있어요.

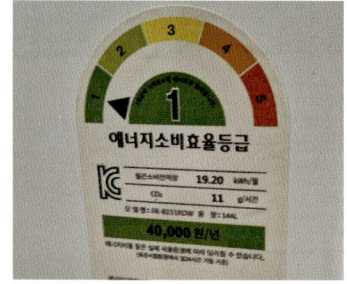

에너지 소비 효율 등급 라벨

전등은 전기 에너지를 빛에너지로 바꿔 사용하는 전기 기구이지만, 대부분의 에너지는 열에너지로 빠져나가요. 전등도 종류에 따라 효율이 다르답니다. 백열등은 전기 에너지의 5%만을 빛에너지로 쓰고, 형광등은 40~50%, 발광 다이오드(LED)는 약 90%를 빛에너지로 쓰고 있어요. 발광 다이오드 전등을 쓰면 에너지를 효율적으로 사용할 수 있겠지요?

에너지 효율이 좋은 LED 전구

어떻게 해야 전기를 안전하게 사용할 수 있을까요?

전기를 안전하게 사용하는 방법을 알고 있어야 감전 사고나 전기 화재 사고 등을 막을 수 있어요. 전기를 사용할 때 안전 수칙을 잘 지키면 사고의 위험을 줄이고 안전하게 전기를 쓸 수 있어요. 전기 안전 수칙에는 어떤 것이 있을까요?

화재가 발생한 콘센트

전기 안전 수칙

- 젖은 손으로 전자 제품을 만지면 감전 사고가 발생할 수 있어요. 반드시 물기를 닦고 전자 제품을 만져야 해요.
- 플러그를 뽑을 때 전선이 아니라 플러그를 잡고 뽑아야 해요.
- 콘센트 구멍에 젓가락 등을 넣지 않도록, 안전 마개를 씌워 사용해야 해요.
- 무거운 물건에 전선이 깔리지 않도록 조심해야 해요.
- 사용하지 않는 전기 기구는 전원을 끄거나 플러그를 뽑아 놓아야 해요.
- 전구는 헐겁게 끼우지 않고, 안전하게 제대로 끼워야 해요.
- 콘센트에 플러그가 헐겁게 끼워져 있으면 과열로 화재가 발생할 수 있어요. 꼭 확인하고 꽂아야 해요.

사용한 전기의 양을 확인하는 법

전력은 1초 동안 사용한 전기 에너지의 양이며, 전기 에너지가 일할 수 있는 능력을 의미한다. 단위로는 와트(W)를 사용한다. 노트북이 65 W, 냉장고가 280 W, 텔레비전이 690 W를 사용한다면, 텔레비전이 가장 많은 전기 에너지를 쓴다. 1초 동안 사용되는 전기 에너지의 양이 제일 많기 때문이다.

텔레비전을 1시간 동안 사용한다면 그 사용량을 690 와트시(Wh) 혹은 0.69 킬로와트시(kWh)로 표시한다. 전력량은 일정 시간 동안 사용한 전기 에너지의 총량을 의미하며, kWh를 단위로 사용한다. kWh는 Wh의 1,000배이다.

우리는 전기를 사용할 때마다 매달 전기 요금을 낸다. 전기 요금은 전력량으로 계산한다. 1시간에 1,000 W의 전력을 사용하는 에어컨을 3시간 사용하면, 전력량은 3,000 Wh 혹은 3 kWh로 표현한다. 이 에어컨을 하루 3시간씩 30일 동안 사용하면, 1개월 동안 소비한 에어컨의 전기 에너지는 3 kWh × 30일 = 90 kWh가 된다.

물리 129

| 과학 5-2 | 자원과 에너지 | | 재생 에너지 |

거대한 바람개비로 전기를 만들 수 있다고요?

 물리 연구원 히므로의 관찰일지

◆ 1월 23일 ◆날씨: 맑음 ◆관찰 장소: 자동차 주차장

제주도의 바닷가나 대관령 양떼 목장 언덕에는 거대한 선풍기가 있다. 누가 저렇게 큰 선풍기를 쓰나 싶었는데, 사실 선풍기가 아니라 바람을 이용해서 전기를 일으키는 풍력 발전기였다. 거대한 프로펠러에는 모터처럼 생긴 발전기가 연결되어 있어서, 프로펠러가 빠르게 돌아가면 전기가 많이 만들어진다. 그러면 태풍이 부는 여름날에는 전기가 엄청 많이 생산되는 거 아닌가? 호호, 태풍이 지나가는 길에 풍력 발전기를 만들면 전기를 마음껏 쓸 수 있겠다!

 에너지도 재활용할 수 있다고요?

에너지는 사용하는 자원에 따라 한 번 사용하면 다시 채울 수 없는 재생 불가능 에너지와 사용하면 다시 채울 수 있는 재생 에너지로 구분해요. 석탄, 석유, 천연가스는 쓰면 없어지는 재생 불가능 에너지 원료예요. 쓸 때마다 온실가스를 만들어 내 자연을 훼손하지요. 반면 재생 에너지는 자연에서 계속 얻을 수 있는 햇빛, 땅에서 올라오는 열(지열), 바람, 물 등이 재생 에너지 원료예요. 재생 에너지는 사라지지 않아 오래 쓸 수 있고, 온실가스 배출도 거의 없어 친환경적이에요.

광산에서 석탄을 채취하는 모습

태양의 빛을 이용한 태양광 발전

 재생 에너지의 종류는 얼마나 있을까요?

재생 에너지에는 총 8개 분야가 있어요. 어떤 것이 있는지 각각 살펴볼까요?

① **태양광 에너지**는 태양 빛이 가진 에너지를, ② **태양열 에너지**는 태양이 가진 열을 흡수해 전기 에너지로 사용해요. ③ **풍력 에너지**는 프로펠러를 돌려서 바람이 가진 에너지를 전기 에너지로 만들어요. ④ **수력 에너지**는 높은 곳에 있던 물이 아래로 떨어지며 속력이 빨라지는 원리를 이용해서 전기 에너지로 만들어요. ⑤ **지열 에너지**는 지표면 아래에 있는 열에너지를 이용해 냉방과 난방에 활용해요. ⑥ **바이오 에너지**는 콩, 옥수수, 나무 등 생물에서 얻는 에너지를 전기 에너지와 열에너지로 이용해요. ⑦ **해양 에너지**는 밀물과 썰물 차이, 파도, 바다의 흐름 등을 이용해 전기 에너지를 만들어요. ⑧ **폐기물 에너지**는 탈 수

있는 폐기물을 연료로 가공하거나 플라스틱, 타이어 같은 폐기물을 기름으로 만들어 에너지로 활용해요.

바람이 가진 에너지를 이용한 풍력 발전

높은 위치의 물을 이용한 수력 발전

> **핵심과학용어사전**
>
> **재생 에너지** 사라지지 않아 오랫동안 쓸 수 있고, 온실가스 배출이 거의 없는 친환경적 에너지. 태양광, 태양열, 풍력, 수력, 지열, 바이오, 해양, 폐기물의 8개 분야가 있다.

기업의 재생 에너지 캠페인, RE100

온실가스가 늘어나면서 지구 기온이 높아지고 자연재해가 늘어나고 있다. 기후 위기로 인한 자연재해를 줄이기 위해서는 온실가스를 내뿜는 석탄, 석유 같은 화석 연료의 사용을 줄여야 한다. 2메가와트(MW) 용량의 풍력 발전기 한 대는 약 700가구가 1년 동안 사용할 수 있는 전기를 만든다. 이는 여의도 면적의 75%에 소나무를 심는 것과 같은 온실가스 감축 효과를 가져온다.

한편 재생 에너지 사용을 위한 기업들의 노력도 있다. RE100(Renewable Electricity 100%) 캠페인은 기업에서 사용하는 전기 에너지를 100% 태양광, 풍력 등 친환경 재생 에너지로 사용하자는 캠페인이다. 2014년부터 시작된 이 캠페인은 2050년까지 재생 에너지 100% 사용을 목표로 재생 에너지 사용 비율을 점차 높이고 있다. 2024년까지 구글, 애플 등 278개 기업이 참여하고 있으며, 우리나라도 2023년까지 반도체, 자동차, 화장품 기업 등 총 36개 기업이 참여했다. RE100 목표를 달성하기 위해서는 기업이 재생 에너지를 이용해 전기를 만드는 비율이 높아야 하지만, 우리나라는 아직 많이 부족한 편이다. 재생 에너지를 이용해 전기 에너지를 만들기 위한 노력이 필요하다.

히므로의 울끈불끈 과학 이야기

공기와 물이 누르는 힘

우리는 알지 못하지만, 항상 우리를 누르고 있는 게 있어요. 바로 공기예요. 공기는 눈에 보이지 않고 가볍게 느껴지지만, 공기를 가득 채운 페트병을 저울 위에 올려놓으면 공기에도 무게가 있다는 것을 알 수 있어요. 공기는 언제나 우리 머리, 어깨, 발 모든 곳을 계속 누르고 있어요. 지구 전체를 둘러싸고 있는 공기층을 '대기'라고 부르고, 이 공기층이 누르는 힘을 '대기압'이라고 불러요. 대기압은 10m 높이의 물이 우리를 누르는 힘 정도로 매우 큰 힘이에요. 이 힘의 크기를 1기압이라고 한답니다.

그런데 우리는 왜 공기가 누르는 힘을 느끼지 못하는 걸까요? 우리는 태어날 때부터 공기가 누르는 힘에 적응되어 있기 때문이에요. 느낄 수는 없지만, 우리의 몸 안에 있는 액체와 기체는 공기가 누르는 힘과 같은 크기의 힘으로 균형 있게 공기를 밀어내고 있답니다. 사람이 공기가 누르는 힘을 받지 않는 진공 상태에 놓이게 되면, 갑자기 밖에서 눌러주는 힘이 약해지면서 몸속의 공기가 팽창해 폐 조직이 터질 수도 있어요. 또 숨 쉴 산소가 없어서 의식을 잃게 돼요. 공기압은 인간이 살아가는 데 반드시 필요한 조건이에요. 그래서 우주선 내부는 우주인들이 생활할 수 있도록 지구의 대기압과 비슷하게 기압을 맞춘답니다.

공기가 누르는 힘이 있는 것처럼 물도 누르는 힘이 있는데, 이를 '수압'이라고 불러요. 바다 깊숙이 들어갈수록 수압도 점점 커져요. 물속 10m 아래로 들어가면 받는 수압이 우리가 평소에 공기로부터 받는 힘만큼 커지는데, 이때 우리가 받는 힘의 총합은 대기압에 수압이 더해져 2기압에 달해요. 이보다 더 깊이 잠수하는 잠수함을 만들기 위해서는 특별한 설계가 필요해요. 외부는 물이 누르는 엄청난 힘을 버틸 수 있도록 튼튼한 금속으로 만들어야 하고, 내부는 바닷속 깊이 잠수해도 기압을 유지할 수 있도록 만들어야 하지요. 잠수함이 견딜 수 있는 한계를 넘어서면 잠수함이 안쪽으로 찌그러져 탑승한 사람이 다칠 수도 있기 때문에, 잠수함을 만드는 재질, 두께, 모양이 매우 중요해요.

수압을 견디는 구조로 만들어진 잠수함

전기를 붙잡은 과학자, 벤저민 프랭클린

벤저민 프랭클린

1740년대, 유럽과 아메리카 대륙에서는 전기가 에너지나 기술로 활용되기보다는 신기한 현상으로 취급되어 머리카락을 세우는 등 마술쇼에 주로 사용되고 있었어요. 말 그대로 오락과 호기심의 대상이었지요. 미국의 보스턴에서 태어난 과학자, 벤저민 프랭클린(1706~1790)은 전기를 과학적으로 탐구하고 싶어 했어요. 그는 다양한 실험을 통해 전기의 성질을 관찰하고, 실용적으로 활용할 수 있는 방법을 찾으려고 했어요. 어느 날 그는 전기가 움직이는 모양이나 소리가 번개의 움직임이나 소리와 비슷하다는 것을 발견했어요.

그 당시에는 번개로 건물이 무너지거나 화재가 발생하고, 사람들이 죽는 등 피해가 컸어요. 프랭클린은 번개가 전기와 같은 성질을 지녔다면 번개를 통제하거나 막을 수 있는 장치를 만들 수 있을 것이라고 생각했어요. 그래서 그는 먼저 번개가 전기와 같다는 것을 증명하기 위해 연줄 끝에 금속 열쇠를 매달아 준비하고, 번개가 치는 날 연을 하늘 높이 띄워 구름에 최대한 가깝게 올리는 실험을 했어요. 번개가 친 순간 연줄을 타고 열쇠까지 구름에 있던 전기가 내려왔고, 프랭클린이 손가락을 열쇠 가까이에 가져가자 '번쩍' 하고 불꽃이 튀었어요! 이는 프랭클린이 실험실에서 관찰한 전기의 특성과 같았지요.

프랭클린은 여러 번의 실험을 통해 끝이 뾰족하고 높은 곳에 있는 물건일수록 번개를 잘 맞는다는 사실을 발견했고, 이 원리를 이용해 높은 곳에서 번개를 흡수해 땅으로 흘려보내는 피뢰침을 발명했어요. 프랭클린의 실험은 번개가 전기와 같다는 사실을 밝혀낸 동시에 많은 사람의 목숨을 구했어요.

물리학자들의 실험실

영국의 과학자 아이작 뉴턴(1643~1727)은 빛의 성질과 색에 깊은 호기심을 느꼈어요. 뉴턴은 빛이 반사되고, 꺾여서 가는 경로를 확인하면서 "빛이 무엇으로 이루어져 있길래, 반사하고, 꺾여서 나가는 걸까?" "왜 물질마다 꺾이는 정도는 다를까?"와 같은 의문을 가졌지요. 어느 날, 뉴턴은 투명한 물질로 만들어진 삼각기둥 물체(프리즘)를 지나는 빛을 관찰하면서 빛이 꺾이는 정도를 관찰하고 있었어요. 그런데 창문을 어둡게 하고 작은 구멍으로 햇빛 한 줄기만 삼각 프리즘에 통과시켰더니 빛이 벽에 무지개처럼 펼쳐지는 것을 발견했지요. 뉴턴은 이 실험을 통해 흰색인 줄 알았던 빛이 여러 가지 색의 빛으로 이루어져 있다는 사실을 밝혀냈답니다.

프리즘을 통과한 하얀빛이 무지개색으로 갈라지는 모습

또 하나의 재미있는 실험을 살펴볼까요? 1820년, 과학자들은 물체에 전기가 흐를 때 자석의 성질이 나나난나는 사실을 발견했어요. 그 후 과학자들은 반대로 자석으로도 전기를 만들 수 있을지 밝히기 위해 많은 노력을 했지요. 호기심 많은 과학자 마이클 패러데이(1791~1867)는 강한 자석 옆에 전선을 놓아두면 전기가 흐를 것이라 생각하고 실험을 했지만, 아무리 강한 자석을 사용해도 전기는 흐르지 않았어요. 1831년, 마이클 패러데이가 실험을 하던 중 고리 모양으로 만든 도선 안에서 자석을 움직였더니 놀라운 일이 벌어졌어요. 전기가 발생한 거예요! 이 발견은 전기를 만들고, 전압을 변화시키는 기계의 원리가 되었어요. 결국 전기가 자석의 성질을 만들고, 자석을 이용해 전기를 만들 수 있다는 것을 밝혀낸 거예요. 패러데이는 정규 교육을 받지 않은 과학자였지만, 열정적인 호기심으로 놀라운 발견을 해냈어요.

과학자들은 호기심을 해결하기 위해 포기하지 않고 계속 도전해요. 포기하지 않는다면 여러분의 실험도 언젠가 과학의 중요한 발견으로 이어질 거예요.

화학

우리가 사는 세상은 모두 물질로 이루어져 있어요.
물질은 고체, 액체, 기체의 세 가지 상태로 존재해요.
물이 온도에 따라 얼음이 되거나 수증기가 되는 것처럼,
물질의 상태는 얼마든지 변화할 수 있어요.
우리는 여러 물질을 섞어서 새로운 물질을 만들기도 하고,
섞인 물질을 분리하기도 해요.
왜 생선구이에 레몬즙을 뿌릴까요?
왜 모든 물건은 불에 타면 새까맣게 변할까요?
왜 불을 끌 때는 산소를 차단해야 할까요?
지금부터 마술처럼 신기한 화학의 세계로 들어가 볼까요?

이런 걸 배워요

3 - 4학년
물질 • 물질의 성질 • 혼합물 • 물질의 상태
탄소 • 상태 변화 • 증발 • 응결
물의 부피 변화 • 표면 장력 • 공기
압력과 기체의 부피 • 온도와 기체의 부피
질소 • 기압 차이

5 - 6학년
용액 • 용해 • 용해도 • 용액의 농도
기체의 용해 • 혼합물 • 증류 • 균일 혼합물
재활용 • 소금 • 산과 염기 • 산성과 염기성
지시약 • 중화 반응 • 강산과 약산
연소의 조건 • 완전 연소 • 플라스틱
분리수거 • 새활용

중학교에 가면

물질의 상태와 입자 모형, 상태 변화와 열에너지,
기체의 압력과 부피 관계, 기체의 온도와 부피 관계, 용해도,
녹는점, 끓는점, 순물질과 혼합물, 화학 변화, 질량 보존 법칙,
원소, 원자, 분자, 이온, 화합물, 화학식, 주기율표

| 과학 3-2 | 물체와 물질 | | 물질 |

딱딱하면 물체이고, 흐물흐물하면 물질인가요?

화학 연구원 부리나의 관찰일지

◆ 2월 9일 ◆날씨: 맑음   ◆관찰 장소: 볼링장

지구인들은 손에 잡히는 것은 무엇이든지 물체라고 말하기로 약속했다. 그리고 그 물체를 이루는 재료를 물질이라고 부르기로 했다. 즉, 물질로 이루어진 게 물체라는 뜻이다. 나무 책상을 보면, 책상이 물체고 책상을 이루는 물질이 나무다. 그러면 기체는 물체일까, 물질일까? 사실 이건 틀린 질문이다. 기체, 액체, 고체는 물질의 상태를 말하기 때문이다. 박사님은 무슨 물질로 이루어진 물체일까? 금속 물질도 있고 유리 물질도 있는 것 같은데…. 에잇, 복잡한데 그냥 아임스타인 물질로 이루어졌다고 하면 안 되나?

우리가 보고 만지는 모든 게 물체라고요?

우리는 여러 물체와 함께 생활하고 있어요. 옷을 입고, 책가방을 메고, 학교에 가서 의자에 앉지요. 책상에 책을 올려 두고 연필로 문제를 풀어요. 이때 옷이나 책가방, 의자, 책상, 책과 같이 모양이 있고 공간을 차지하는 것을 **물체**라고 해요. 물체는 손으로 만질 수 있고, 구체적인 모양을 지녔

우리 주변의 물체

으며, 부피를 차지하는 것이에요. 물체의 모양은 제각기 달라요. 동그라미, 세모, 네모처럼 일정한 모양을 가진 것도 있지만 대부분 물체의 쓰임새에 맞는 다양한 모양을 가졌어요. 물체의 부피 또한 아주 작은 것부터 큰 것까지 다양하답니다.

물질은 물체와 무엇이 다를까요?

옷이나 책가방은 면과 나일론 같은 섬유로 만들어져요. 책은 종이로, 책상과 의자는 나무로 만들어지지요. 이때 섬유, 종이, 나무와 같이 물체를 이루는 재료를 **물질**이라고 해요. 물체를 이루고 있는 성분인 물질로 다양한 물체를 만들 수 있어요. 예를 들어, 유리라는 물질로 유리그릇, 유리컵, 유리구슬 등 다양한 물체를 만들어요. 고무라는 물질로 고무줄, 풍선, 타이어 등의 물체를 만들어요.

물질인 종이 물체인 책

물체와 물질을 알면 우리 주변의 물체가 어떤 물질로 만들어졌는지 알 수 있어요. 숟가락과 축구공을 떠올려 볼까요? 우리가 집에서 밥을 먹을 때 사용하는 숟가락은 금속, 나무, 플라스틱 등 다양한 물질로 만들어졌어요. 따라서 숟가락은 물체이고, 금속이나 나무, 플라스틱은 물질이에요. 축구공은 보통 가죽으로 만들어져요. 그러므로 축구공은 물체이고, 가죽은 물질이랍니다.

화학 **139**

우리 주변의 다른 물체들을 살펴보면서 어떤 물질로 만들어졌는지 확인해 볼까요?

물질에 따른 물체의 분류

 **핵심과학용어사전**

물질 물체를 이루는 재료. 물질이 모여 구체적인 모양을 가지면 물체가 된다.

물체 모양이 있고 부피를 차지하는 것. 물질이 모여 만들어진 형태이다.

순물질과 혼합물

우리는 물질로 이루어진 세상에 살고 있다. 물질이 모이면 물체가 되고, 우리는 그 물체를 사용해 편리하게 생활할 수 있다. 물체를 만들 때는 물체의 용도에 맞는 물질을 이용해야 하는데, 이 물질도 여러 갈래로 나눌 수 있다.

다른 물질이 섞이지 않고 한 종류의 물질로만 이루어져 고유한 특성을 일정하게 나타내는 물질을 '순물질'이라고 한다. 반면 두 가지 이상의 순물질이 그 물질의 성질을 그대로 유지하며 섞여 있는 물질을 '혼합물'이라고 한다. 설탕물의 재료인 설탕, 물은 모두 한 종류의 물질로만 이루어진 순물질이다. 물에 설탕을 넣고 잘 섞으면 설탕물이 만들어진다. 이때 설탕물은 각각 순물질인 물과 설탕이 섞인 혼합물이다. 설탕물은 물의 성질과 설탕의 달콤함을 모두 갖고 있다.

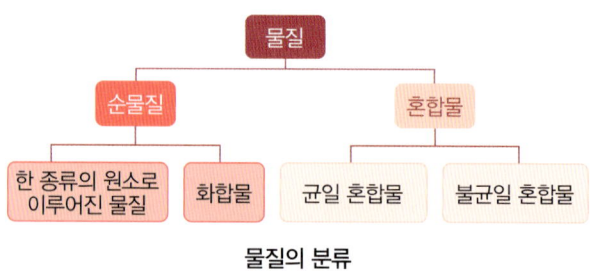

물질의 분류

과학 3-2 | 물체와 물질　　물질의 성질

물질에 따라 물체의 성질이 달라진다고요?

화학 연구원 부리나의 관찰일지

◆ 2월 16일　◆날씨: 구름 조금　◆관찰 장소: 주방

칼국수를 만들어 먹으려다 갑자기 나타난 박사님과 **물질과 물체** 실험을 하게 되었다. 밀가루, 달걀, 소금 등 여러 재료를 준비하고 반죽을 한다. 식물의 열매인 밀은 탄수화물, 섬유 등의 물질로 이루어진 물체이기도 하다. 밀가루와 달걀, 소금을 합쳐 뭉치면 반죽이 되는데, 반죽은 물체와 물체를 합친 새로운 물체다. 만약 나뭇잎이나 돌 같은 다른 물체를 넣고 반죽을 하면 맛이 없거나, 먹을 수 없는 다른 성질의 물체가 나오겠지? 아차, 실험만 하다가 정작 칼국수를 못 만들어 먹었잖아! 물체를 만드는 길은 멀고 험하구나!

화학 141

물질은 어떤 성질을 가지고 있을까요?

서로 다른 물질로 만들어진 숟가락

다양한 물체를 만드는 데 활용되는 플라스틱

물질은 종류에 따라 다른 성질을 가지고 있어요. 색깔이나 맛, 냄새, 촉감, 질감 등 물질마다 지닌 성질이 달라요. 서로 다른 물질로 만들어진 숟가락의 성질을 각각 살펴볼까요? 금속으로 만든 숟가락은 광택이 있고, 단단하고, 잘 깨지지 않으면서 비교적 무거워요. 나무로 만든 숟가락은 투명하지 않고, 물이 스며들고, 가벼우면서 고유의 향과 무늬가 있어요. 플라스틱으로 만든 숟가락은 무게가 비교적 가볍고, 열을 가하면 모양과 색깔이 바뀔 수 있어요.

이처럼 **물질의 성질**은 다른 물질과 구별되는, 각 물질이 가진 고유한 특징이에요. 물질의 성질을 잘 알면 용도에 맞게 물체를 만들 수 있지요. 가볍고 무늬가 아름다운 나무는 주로 가구를 만들 때 사용돼요. 모양과 색깔을 다양하게 바꿀 수 있는 플라스틱은 음료수 병, 일회용 그릇, 장난감 등으로 다양하게 활용돼요. 유리는 투명하고 단단해서 컵이나 그릇에 많이 사용된답니다.

물질에 따라 물체의 특징이 달라진다고요?

숟가락으로 살펴봤듯이 쓰임새가 같은 물체라도 어떤 물질로 만드느냐에 따라 물체의 특징이 달라져요. 같은 컵이라도 재료인 물질에 따라 성질이 다르지요. 다양한 물질로 만들어진 컵을 비교하면서 물질의 성질을 확인해 볼까요?

흙을 구워 만든 도자기 컵은 온도를 오랫동안 유지해서 음식을 오랫동안 따뜻하게 보관할 수 있어요. 금속 컵은 무겁고 단단한 성질을 가졌어요. 바닥에 떨어뜨려도 잘 깨지지 않아요. 반면 플라스틱 컵은 가볍고, 모양을 쉽게 변형할 수 있어요. 유리컵은 투명해서 컵 안에 무엇이 들어 있는지 알 수 있지만 깨지기 쉬워요. 종이컵은 가볍고 값이 싸서 나들이나 야외 행사 등에서 많이 이용해요. 이처럼 물체의 쓰임새에 가장 적당한 물질을 사용하여 물체를 만들어요.

만들어진 물질의 종류에 따른 컵의 특성

도자기 컵	금속 컵	플라스틱 컵	유리컵	종이컵
음료를 따뜻하게 보관할 수 있다	단단해서 잘 깨지지 않는다	가볍고 모양과 색깔이 다양하다	투명하고 깨지기 쉽다	가볍고 저렴하다

핵심과학용어사전

물질의 성질 색깔, 맛, 냄새, 촉감, 질감 등 물질마다 일정하며 다른 물질과 구별하는 기준이 되는 고유한 특성

우주선을 만드는 물질, 탄소 섬유 강화 플라스틱

탄소 섬유는 탄소 원자가 육각형 모양으로 반복되면서 가늘고 길게 배열돼 만들어진 실이다. 단단한 성질을 가진 탄소 섬유에 플라스틱을 더하면 '탄소 섬유 강화 플라스틱'이라는 매우 강하고 가벼운 물질이 만들어진다. 탄소 섬유 강화 플라스틱은 철과 비교해서 훨씬 가볍다. 쉽게 끊어지지 않으며, 열에도 무척 강해 드론 같은 기계 몸체부터 자동차와 비행기, 우주선까지 다양한 물체에 사용된다. 이처럼 사람들은 물질의 성질을 활용해서 더 나은 물질을 만들고, 그 물질로 만든 물체를 실생활에 사용하면서 기술을 발전시키고 있다. 물질의 성질을 알면 새로운 물질을 더 많이 만들어 낼 수 있어 생활과 기술에 도움이 된다.

탄소 섬유 강화 플라스틱으로 날개 뼈대를 만든 비행기

과학 3-2 | 물체와 물질 | 혼합물

두 가지 물질을 섞으면 어떻게 되나요?

화학 연구원 부리나의 관찰일지

◆ 2월 21일 ◆날씨: 맑음 ◆관찰 장소: 박사님의 비밀 연구실

오늘은 박사님과 혼합물 만들기 실험을 했다. 서로 다른 성질을 가진 물질을 섞으면 각 물질의 성질을 가진 물질이 되기도 하는데 이것이 바로 혼합물이다. 물질들이 골고루 잘 섞인 혼합물도 있고 잘 섞이지 않은 혼합물도 있다. 골고루 섞이든 안 섞이든 혼합물은 각 물질이 가지고 있는 성질을 그대로 지닌다. 달콤한 액체인 설탕물이 설탕과 물의 성질을 모두 갖고 있는 것처럼 말이다. 흠, 두 물질의 성질은 그대로이니 설탕물에서 설탕과 물을 나눌 수도 있을 것 같은데…. 그런데 박사님은 도대체 뭘 만들고 계신 거야. 이상한 냄새가 나는 저 액체는… 이미 혼합물이 아닌 것 같은데….

쌀밥과 콩밥 속 쌀이 같다고요?

밥을 지을 때 쌀과 콩을 섞어서 지으면 쌀과 콩에는 무슨 일이 일어날까요? 쌀과 콩을 섞어서 밥을 지어도 쌀은 쌀의 색깔과 맛, 영양분을 그대로 가지고 있어요. 콩도 콩의 색깔과 맛, 영양분을 그대로 가지고 있지요. 단지 섞여 있을 뿐, 콩밥은 쌀과 콩의 성질을 그대로 가지고 있는 혼합물이에요. 밥에 들어가는 곡물의 종류를 늘려도 마찬가지예요.

각 곡물의 성질을 그대로 가진 혼합물, 잡곡

그렇다면 미숫가루는 어떨까요? 여러 곡물을 말리고 볶아서 잘게 가루를 내 섞어 놓은 미숫가루는 새로운 물질처럼 보여요. 하지만 미숫가루 또한 각각의 미세한 곡물 알갱이가 섞인 혼합물이랍니다. 가루가 되었어도 각 곡물 가루의 성질을 그대로 지니고 있어요.

각 곡물 가루의 성질을 그대로 가진 혼합물, 미숫가루

설탕물에서 설탕을 분리할 수 있다고요?

두 가지 이상의 물질이 각각의 성질을 그대로 유지한 채 섞여 있는 물질을 **혼합물**이라고 해요. 설탕과 물을 섞으면 단맛을 내는 설탕의 성질과 액체인 물의 성질을 가진 혼합물인 설탕물이 돼요. 설탕 가루가 물에 녹아 사라져 새로운 물질이 된 것 같지만, 사실은 설탕 입자가 눈에 보이지 않을 정도의 아주 작은 입자로 쪼개져 물 입자와 섞인 거예요. 이때 설탕물에서 물만 증발시키면 어떻게 될까요? 설탕이 가루나 덩어리 상태로 다시 나타날 거예요. 물에 녹아 보이지 않던 설탕이 물이 증발하면서 다시 가루로 나타나는 것을 보면, 설탕이 녹아도 설탕의 성질이 변하지 않는다는 것을 알 수 있어요.

물에 녹아도 성질이 변하지 않는 설탕

화학 **145**

설탕이 물에 녹는 과정에서 설탕의 크기나 모양은 변하지만, 설탕과 물의 성질은 각각 변하지 않고 그대로예요. 이처럼 각 물질의 성질은 그대로 유지되고, 물질의 크기나 모양만 변화하는 현상을 **물리 변화**라고 해요. 혼합물은 각 물질이 화학적으로 변화하지 않고 단순히 섞여만 있는 것으로, 물질 각각의 성질은 변하지 않는답니다.

물이 얼어 얼음이 되는 물리 변화

핵심과학용어사전

물리 변화 각 물질의 성질이 그대로 유지되면서 물질의 크기나 모양만 변화하는 현상
화학 변화 각 물질이 화학 반응을 통해 물질의 원래 성질과 다른 새로운 성질의 물질로 변화하는 현상. 물질을 구성하는 입자들이 분해되거나 재결합해, 원래 성질과 다른 새로운 성질을 가진 물질로 변화한다.

새로운 물질을 만드는 화학 변화

달고나는 가열한 설탕에 베이킹 소다(탄산수소 나트륨)를 넣고 섞어 만든다. 두 물질을 잘 섞은 다음 식히면 연한 갈색의 물질인 달고나가 만들어진다. 달고나는 설탕과 베이킹 소다의 성질과 다른, 새로운 성질의 물질이다. 열에 의해 설탕과 베이킹 소다가 각각 새로운 물질이 되어 섞이면서 달고나가 된 것이다.

달고나를 만드는 모습

서로 다른 두 물질을 섞으면 새로운 물질이 만들어지기도 한다. 알긴산 나트륨을 녹인 물에 젖산 칼슘을 녹인 물을 넣으면, 앞의 두 수용액과 성질이 다른 투명한 막의 젤리 같은 물질이 만들어진다. 미끄러운 촉감을 가진 이 물질은 알긴산 나트륨이나 젖산 칼슘과는 성질이 다른 새로운 물질이다.

이처럼 화학 반응을 통해 물질의 원래 성질과 다른 새로운 성질의 물질이 만들어지는 것을 '화학 변화'라고 한다. 금속에 녹이 스는 것, 나무가 산

알긴산 나트륨과 젖산 칼슘이 만나 만들어진 새로운 물질

소와 결합해 불에 타고, 수분이 날아가 숯이 되는 것도 화학 변화의 예시라고 할 수 있다. 원래 물질 사이에 화학 반응이 일어나서 성질이 다른 새로운 물질이 생겼기 때문이다.

| 과학 3-2 | 물체와 물질 | 물질의 상태

유리는 고체인가요, 액체인가요?

말풍선: "유리가 액체라면 언젠가는 흘러나오겠지!"
말풍선: "그 실험, 오늘도 100% 실패한다고 장담할게요!"

화학 연구원 부리나의 관찰일지

◆ 2월 26일 ◆날씨: 맑음 ◆관찰 장소: 공터

세상의 모든 물질은 성질에 따라서 고체, 액체, 기체로 구분할 수 있다고 한다. 고체는 손에 잡히고 모양도 잘 변하지 않는다. 반면 액체는 손에도 잡히지 않고 모양도 자꾸 변한다. 기체는 고체나 액체와 달리 눈으로 볼 수 없고, 손으로도 잡을 수 없다. 박사님은 유리가 액체라고 말씀하시는데, 유리컵을 살펴보니 눈으로도 잘 보이고, 손에 잡히고, 모양도 안 변한다. 하여간 박사님도 엉뚱하시다니까! 유리가 액체면, 물처럼 흐르기라도 한단 말이야?

화학 147

물질을 상태에 따라 다르게 부른다고요?

물질의 상태는 일정한 모양이 있는지, 모양이나 부피가 변하는지 등에 따라 크게 고체와 액체, 기체로 나뉘어요. **고체**는 모양과 부피가 일정하게 유지되는 단단한 물질을 말해요. 담는 그릇이 바뀌어도 모양과 부피가 변하지 않고, 지우개나 연필처럼 단단해 손으로 잡을 수도 있어요. **액체**는 흐르는 성질이 있어 모양이 일정하지 않지만, 부피가 일정한 물질을 말해요. 담는 그릇에 따라 모양이 변하고, 우유나 물처럼 손으로 잡을 수 없지요. 그렇지만 물질의 부피는 변하지 않는답니다. **기체**는 모양과 부피가 일정하지 않고, 공간에 퍼져 나가면서 이동하는 성질을 가진 물질을 말해요. 우리 주변에 있는 공기는 바람이 불 때 그 존재를 느낄 수 있지만, 눈으로 볼 수 없고 손으로 잡을 수도 없어요.

고체인 의자   액체인 물   기체인 공기

유리는 당연히 고체 아닌가요?

유리는 투명하고, 눈으로 볼 수 있으며, 손으로 잡을 수 있어요. 단단하고 모양과 부피도 일정하니까 고체처럼 보이지요. 하지만 유리는 액체처럼 흘러내리는 성질도 가지고 있어요. 유리는 점성이 아주 높아 흘러내리는 속도가 매우 느린 물질이기 때문에 고체의 성질을 띠는 거예요. 유리를 가열하면 액체처럼 흐르게 되는데, 이 성질을 이용해

온도에 따라 성질이 변하는 유리

서 다양한 모양의 유리컵 등을 만들 수 있어요. 식은 유리는 다시 고체처럼 단단해져요.

과학자들 사이에서는 유리의 상태가 고체인지 액체인지 논란이 많았어요. 일반적으로

고체 물질의 분자 구조는 구성 입자들이 규칙적으로 정렬해 있어서 '결정질 고체'라고 불러요. 하지만 유리의 분자 구조는 구성 입자들이 액체처럼 불규칙하게 정렬해 있어요. 유리는 고체이지만 액체처럼 흘러내리는 성질을 가졌고, 입자 배열도 액체와 비슷해요. 그래서 유리를 일반적인 고체와 구조가 다른 '비결정질 고체'라고 부른답니다.

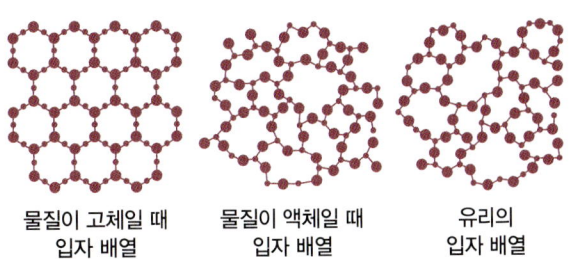

물질이 고체일 때 입자 배열 / 물질이 액체일 때 입자 배열 / 유리의 입자 배열

핵심과학용어사전

고체 단단하고 모양과 부피가 일정한 물질. 분자 배열이 매우 규칙적이며, 분자 간 거리가 매우 가깝고 분자 간 인력이 강하다.

액체 모양이 일정하지 않지만, 부피가 일정한 물질. 분자 배열이 어느 정도 불규칙하며, 분자 간 거리가 어느 정도 떨어져 있고 분자 간 인력이 고체보다 약하다.

기체 모양과 부피가 일정하지 않은 물질. 분자 배열이 매우 불규칙하며, 분자 간 거리가 아주 멀고 분자 간 인력이 매우 약하다.

물질의 상태에 따른 분자 배열

물질은 눈에 보이지 않을 정도로 아주 작은 알갱이인 '분자'로 이루어져 있다. 이 분자의 배열은 물질의 세 가지 상태에 따라 각기 다르다.

고체는 분자들의 사이가 가깝고, 분자 배열이 매우 규칙적이다. 분자 사이에 끌어당기는 힘이 강해 분자들이 자유롭게 이동할 수 없다. 따라서 고체는 모양과 부피가 변하지 않고, 눈으로 볼 수 있으며 손으로 잡을 수 있다. 액체는 분자들의 사이가 어느 정도 떨어져 있고, 분자 배열도 어느 정도 불규칙하다. 분자들이 끌어당기는 힘도 고체보다 약하다. 따라서 액체는 일정한 모양이 없고, 담는 그릇에 따라 모양이 변한다. 그러나 부피는 변하지 않고 일정하다. 기체는 분자들의 사이가 아주 멀고, 분자 배열이 매우 불규칙하다. 분자들이 끌어당기는 힘도 거의 없어 흩어지는 성질을 가진다. 따라서 기체는 눈에 보이지도 않고, 손으로 잡을 수도 없다. 부피도 일정하지 않고, 담는 그릇에 따라 모양이 달라지며 그릇을 가득 채운다.

고체 상태 / 액체 상태 / 기체 상태

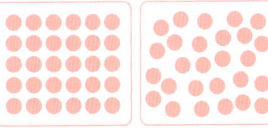

물질의 상태에 따른 분자 배열

| 과학 3-2 | 물체와 물질 | | 탄소 |

연필심으로 다이아몬드를 만들 수 있다고요?

화학 연구원 부리나의 관찰일지

◆ 3월 4일 ◆ 날씨: 맑음 ◆ 관찰 장소: 연필 가게

연필심으로 사용되는 흑연은 검은색이다. 손으로 연필심을 만지면 까맣게 묻어 나오고, 조금만 힘을 주면 툭 하고 부러진다. 반면 다이아몬드는 굉장히 단단하다. 반짝반짝 빛나면서 투명해 빛을 잘 투과하고, 워낙 귀해 값비싼 보석으로 이용된다. 그런데 흑연과 다이아몬드 둘 다 '탄소'라는 물질로 이루어진 것이라는 이야기를 들었다. 탄소에 어떤 변화를 줬기에 흑연도 되고, 다이아몬드도 되는 걸까? 다이아몬드를 구해서 분자 구조를 살펴보면 알 수 있을 것도 같은데. 일단 돈부터 벌어야겠다!

같은 성분인데 왜 성질이 다른가요?

흑연과 다이아몬드를 구성하는 성분인 탄소는 지구에서 흔한 **원소**예요. 우리 주변의 여러 물질을 구성하지요. 물질의 성질은 물질을 이루는 기본 입자인 **원자**가 결합하는 방식에 따라 달라져요. 흑연과 다이아몬드가 똑같은 탄소로 이루어졌지만 완전히 다른 성질을 갖는 것처럼 말이에요.

다이아몬드는 한 개의 탄소 원자가 이웃한 네 개의 탄소 원자와 결합한 구조예요. 이 구조는 입체적인 정사면체 모양을 하고 있지요. 이러한 모양이 반복적으로 연결되면서 강하게 결합하고 있어요. 그래서 다이아몬드는 단단한 성질을 가지고 있어요. 다이아몬드는 지구의 맨틀에서 약 1,000도 이상의 매우 높은 열과 3만 기압이 넘는 압력을 받아 오랜 세월 동안 만들어지는데, 지구상의 천연 물질 중 가장 단단해요. 그래서 공업용으로 많이 쓰인답니다. 또 특유의 반짝임이 아름다워 보석으로도 활용돼요.

단단한 성질을 가진 다이아몬드

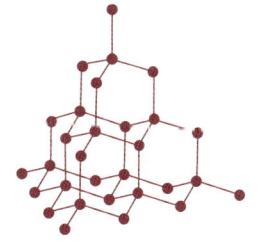
다이아몬드의 결합 구조

흑연은 어떤 구조를 하고 있을까요?

흑연은 하나의 탄소 원자가 이웃한 세 개의 탄소 원자와 결합한 구조예요. 이러한 결합이 반복되면서 육각형 구조의 배열이 이어지는 벌집 모양을 하고 있어요. 이 구조가 얇은 판처럼 층층이 쌓여 있는데, 위층과 아래층 사이의 결합력이 약해서 잘 부서지고 뭉개지기 때문에 흑연은 부드러운 성질을 가지고 있어요. 검은 흑연의 색과 잘 부서지는 성질은 필기구로 쓰기에 좋아 연필, 샤프심 등의 필기구에 사용되고 있어요.

한편, 흑연은 전기가 통하는 성질도 갖고 있어 건전지 등을 만드는 데 쓰여요. 전기가 통

화학 151

하지 않는 성질을 가진 다이아몬드와는 달라요. 이처럼 같은 성분으로 이루어진 물질이라도, 구성 입자들의 결합 방식과 배열 구조에 따라 전혀 다른 성질을 갖기도 해요. 각각의 물질은 성질에 따라 그에 맞는 쓰임새를 가지고 있답니다.

무른 성질을 가진 흑연

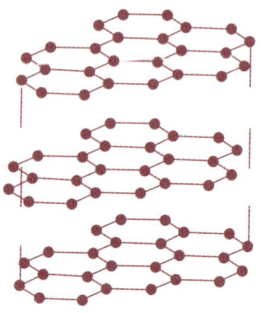
흑연의 결합 구조

핵심과학용어사전

원소 물질을 이루는 기본 성분. 원소는 더 이상 다른 성분으로 분해되지 않는다.
원자 물질을 이루는 기본적인 입자. 원자는 매우 작은 입자이며, 원자들이 결합하여 물질 덩어리를 이룬다.

탄소 동소체와 그래핀

동소체는 한 가지의 같은 원자로 이루어졌으나 결합 방식에 따라 성질이 다르게 나타나는 물질이다. 같은 성분으로 이루어졌으나 성질이 다른 물질이라는 뜻이다. 탄소의 동소체로는 다이아몬드, 흑연, 그래핀이 있다. 다이아몬드는 탄소 원자가 정사면체 구조로 결합한 물질, 흑연은 탄소 원자가 육각형 모양으로 결합한 얇은 판이 쌓여 만들어진 물질이다.

그래핀은 흑연을 이루는 얇은 판 중에서 한 개의 층으로만 이루어진 물질이다. 과학자 안드레 가임과 콘스탄틴 노보셀로프는 2004년, 세상에서 가장 얇은 물질을 만드는 실험을 하던 중 셀로판테이프를 사용해 그래핀을 얻을 수 있다는 사실을 발견했다. 흑연 덩어리에 셀로판테이프를 붙였다 떼며 흑연의 막 한 층을 분리한 것이다. 그래핀이 흑연과 다른 성질을 가지고 있음이 밝혀지고 다양한 분야에 사용되면서, 두 과학자는 2010년 그래핀을 최초로 발견한 공로로 노벨 물리상을 수상했다.

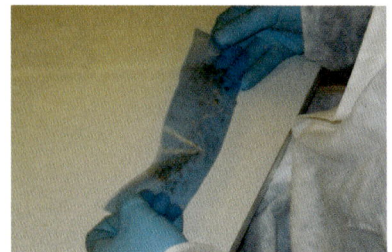
테이프로 흑연에서 그래핀을 분리한 모습

과학 4-1 | 물의 상태 변화 　　　　　상태 변화

물은 왜 0 ℃에서 얼고 100 ℃에서 끓나요?

화학 연구원 부리나의 관찰일지

◆ 1월 6일　◆날씨: 눈　　◆관찰 장소: 박사님의 야외 실험실

박사님이 새로 만드신 실험실에서 어제부터 나오시지 않는다. 투명하고 맑은 액체인 물로 만든 실험실이다. 물을 얼리면 딱딱한 고체인 얼음이 되고, 물을 끓이면 기체인 수증기가 된다. 박사님이 새로 만드신 실험실은 온도에 따른 물의 상태 변화를 이용한 완벽한 공간이다! 박사님은 물의 상태 세 가지를 모두 완벽하게 구현하는 것이 중요하다고 하셨다. 물은 0 ℃보다 온도가 낮아야 얼음이 되고, 100 ℃보다 높아야 수증기가 된다. 나도 어서 실험실에 들어가 직접 보고 싶다! 그런데 박사님은 왜 못 들어오게 하시는 거야?

 물, 얼음, 수증기는 어떤 상태일까요?

우리가 평소에 보는 물은 액체 상태예요. 하지만 물을 냉동실에 넣어 얼리면 고체 상태인 얼음이 되고, 물을 끓이면 기체 상태인 수증기가 돼요. 반대로 얼음에 열을 가하면 녹아서 액체 상태인 물이 되고, 수증기가 식으면 물이 돼요. 이처럼 물은 고체인 얼음, 액체인 물, 기체인 수증기 세 가지 상태로 존재해요. 물, 얼음, 수증기는 같은 물질이지만 다 다른 상태이지요.

물의 세 가지 상태

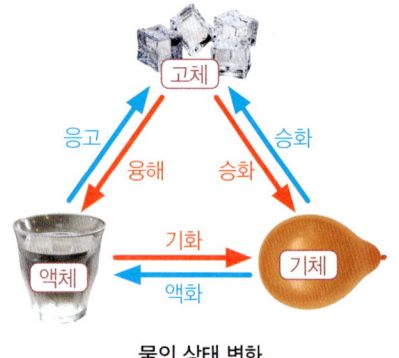

물의 상태 변화

물질이 한 가지 상태에서 다른 상태로 변화하는 것을 **상태 변화**라고 해요. 물은 온도와 압력에 따라 고체, 액체, 기체로 상태 변화가 일어날 수 있어요. 우리 일상생활에서 압력은 1기압으로 일정해요. 그래서 <mark>우리가 일상에서 볼 수 있는 물의 상태 변화는 대부분 온도에 의해 일어난답니다.</mark>

 어는점과 끓는점은 어떻게 정했을까요?

물질이 액체 상태에서 고체 상태로 상태 변화가 일어나는 것을 응고라고 해요. 그리고 응고가 일어나는 온도를 **어는점**이라고 해요. 반대로 물질이 액체 상태에서 기체 상태로 상태 변화가 일어나는 것을 기화라고 하고, 기화가 일어나는 온도를 **끓는점**이라고 해요. 우리는 물의 어는점이 0 ℃이고, 물의 끓는점이 100 ℃라는 것을 대부분 알고 있어요. 이는 과학자들이 물의 어는 온도를 0 ℃로, 끓는 온도를 100 ℃로 정하고 이를 온도의 기준으로 삼기로 약속했기 때문이에요. 한편 물질들은 각기 다른 어는점과 끓는점을 가지고 있어요. 예를 들어, 에탄올의 어는점은 약 −114 ℃이고 끓는점은 약 78 ℃랍니다. 어는점과 끓는점은 각각 물질마다 일정하고 고유한 값을 가지기 때문에 물질의 특성에 해당해요.

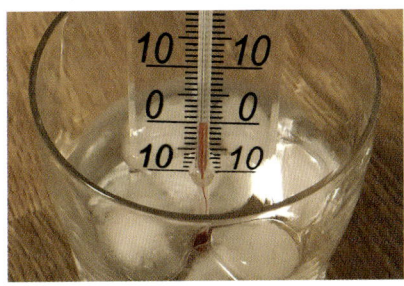
어는점인 0 °C에서 얼음이 되는 물

끓는점인 100 °C에서 수증기가 되는 물

물의 상태 변화 물은 온도와 압력에 따라 고체 상태인 얼음, 액체 상태인 물, 기체 상태인 수증기로 상태 변화가 일어난다.
어는점 액체 상태의 순수한 물질이 일정한 압력에서 고체 상태로 변화할 때의 온도
끓는점 액체 상태의 순수한 물질이 일정한 압력에서 기체 상태로 변화할 때의 온도

섭씨온도를 만든 과학자, 셀시우스

스웨덴의 물리학자 안데르스 셀시우스는 1742년에 물의 어는점과 끓는점을 고정된 점으로 정하고, 그 사이의 온도를 100개로 나눠 사용하는 온도 체계를 제안했다. 기압이 1기압으로 일정할 때, 불순물이 없는 순수한 물의 어는점과 끓는점이 일정하기에 물의 어는점을 0 °C, 끓는점을 100 °C로 정한 것이다. 셀시우스가 제안한 온도 체계는 오늘날 세계에서 가장 많이 쓰이는 온도 단위이자, 우리가 평소에 온도를 표시할 때 쓰는 단위인 섭씨온도(°C)이다.

섭씨온도는 물의 어는점과 끓는점을 기준으로 정해 다른 단위보다 정확도가 높았고, 오늘날 화씨온도를 제치고 실생활에서 가장 많이 쓰이는 단위가 되었다. 섭씨온도가 제안되기 전에는 독일의 과학자 파렌하이트가 만든 화씨온도가 주로 사용되었다. 오늘날 화씨온도는 미국을 비롯한 몇몇 나라에서만 쓰이는 단위가 되었다.

안데르스 셀시우스의 초상화

화학 **155**

과학 4-1 | 물의 상태 변화 | 증발

물을 가만히 놔뒀는데 왜 점점 줄어드나요?

화학 연구원 부리나의 관찰일지

◆ 7월 10일 ◆ 날씨: 맑음 ◆ 관찰 장소: 염전

햇볕이 쨍쨍한 날, 박사님과 염전에서 소금을 채취했다. 지구인은 햇볕에 바닷물을 증발시켜 소금을 얻는다. 지구의 면적은 약 5억 1,000만 km^2이고, 그중 바다는 약 3억 6,000만 km^2를 차지한다. 그러니 지구인들은 엄청난 양의 소금을 만들어 쓸 수 있는 것이다. 그런데 계속 바닷물을 말리다 보면, 지구의 70 %를 차지하는 바닷물이 언젠가는 전부 소금으로 변하지 않을까? 우주에서 보면 지구가 소금 행성으로 보일 것 같다. 새하얀 지구도 아름다울지도?

소금은 어떻게 만드나요?

우리나라 서해안에서는 네모난 밭처럼 생긴 염전을 많이 볼 수 있어요. 염전은 바닷물을 가둬 천연 소금(천일염)을 만드는 곳이에요. 바닷물이 햇볕을 받아 수분이 모두 날아가면, 염분만 남아 하얀 소금이 만들어지지요. 그럼 물은 어디로 사라졌을까요?

여름날 컵에 담은 물을 며칠 동안 놓아두면 물의 양이 줄어드는 것을 관찰할 수 있어요. 염전에 가둔 바닷물에서 물이 사라지고, 컵 안의 물이 줄어든 이유는 물이 증발했기 때문이에요. **증발**이란 액체의 표면에서 액체가 기체로 변하는 현상을 말해요. 염전의 바닷물 표면과 컵 안의 물 표면에서 액체 상태인 물이 기체 상태인 수증기로 상태가 변해 물이 줄어든 거예요. 수증기로 변화한 만큼 물의 양이 줄어든 것이지요. 기체 상태인 수증기는 우리 눈에 보이지 않아요. 수증기가 공기 중으로 흩어져 물이 사라진 것처럼 보이는 거예요.

염전에서 소금을 채취하는 모습

물 표면에서 일어나는 증발 현상

증발을 이용해서 음식을 만든다고요?

증발은 온도가 높을수록, 바람이 많이 불수록, 건조할수록, 액체의 표면적이 넓을수록 잘 일어나요. 우리는 이러한 증발을 이용해서 맛있는 음식을 만들기도 해요. 마른오징어나 곶감 같은 건조 과일 등은 오징어와 과일의 수분을 증발시켜서 만든 음식이에요. 주로 햇볕이 잘 들고 통풍이 잘되는 바깥에서 말리지요.

마당이나 베란다에 널어 놓은 빨래는 비 오는 날보다 햇볕이 강하고 바람이 부는 날에 더 잘 말라요. 머리를 감고 나서 젖은 머리카락도 그냥 말릴 때보다 드라이기의 따뜻한 바람으로 말릴 때 더 빨리 말라요.

화학 **157**

오징어의 수분을 증발시켜 만드는 마른오징어

감의 수분을 증발시켜 만드는 곶감

핵심과학용어사전

증발 액체의 표면에서 액체가 기체로 변화하는 기화 현상

끓음 액체의 표면뿐 아니라 액체 내부에서도 액체가 기체로 변화하는 기화 현상

증발과 끓음의 차이

증발과 끓음은 액체 상태에서 기체 상태로 변화하는 기화 현상에 해당한다. 액체의 표면만 기화하는 증발과 달리, 끓음은 액체 표면뿐만 아니라 액체 내부에서도 기화가 일어난다. 즉, 액체 전체에서 기화가 일어나는 것이 끓음이다. 액체가 끓을 때는 액체 내부에서도 계속 기체로 변하므로 기포가 발생하며 부글부글 끓는 모습이 나타난다. 따라서 액체가 끓을 때는 증발에 비해 액체의 양이 빠르게 줄어든다.

기포가 생기며 끓는 물

과학 4-1 　 물의 상태 변화 　 　 응결

물은 투명한데, 김은 왜 하얗게 보이나요?

화학 연구원 부리나의 관찰일지

◆ 3월 14일　◆ 날씨: 흐림　　◆ 관찰 장소: 목욕탕

물은 투명한 색깔인데 얼음이 되면 하얀색으로 보이기도 한다. 물에 열을 가하면 물에서 하얀 수증기가 피어오르고, 점차 투명하게 변하면서 눈에 보이지 않게 된다. 물은 왜 상태에 따라서 색깔이 다르게 보이지? 하얀 수증기를 '김'이라고도 부르는데, 박사님은 목욕탕에 갈 때마다 김이 너무 많아서 앞이 안 보인다고 하신다. 김이 물처럼 투명하다면 박사님의 고민도 해결될 텐데! 일단 김의 정체를 밝혀 봐야겠다. 가만, 김은 원래 밥을 싸 먹는 검고 바삭바삭한 음식 아닌가? 둘 사이에 관련이 있으려나?

왜 차가운 컵에 물방울이 생길까요?

추운 겨울날 바깥에서 실내로 들어왔을 때 안경이 뿌옇게 된 것을 본 적이 있을 거예요. 더운 여름날 컵에 차가운 물을 담아 놓으면 컵 바깥쪽 표면에 물방울이 맺혀요. 또 이른 아침이나 새벽에는 나뭇잎에 이슬이 맺혀 있지요. 이 세 가지 현상의 공통점은 무엇일까요? 바로 물방울이 생겼다는 거예요.

공기 중의 수증기가 차가워져 액체인 물로 변하는 현상을 **응결**이라고 해요. 차가운 물이 들어 있는 컵의 바깥쪽 표면에 생긴 물방울은 수증기가 컵 표면에서 응결해 생긴 물방울이에요. 공기 중의 수증기가 차가운 컵의 표면에 닿아 컵의 낮은 온도로 인해 물방울로 변한 거예요. 이슬은 수증기가 새벽 공기로 차가워진 땅이나 풀의 표면에 닿아 물방울이 맺힌 것이랍니다.

차가운 컵의 바깥쪽 표면에 응결한 물방울

기온이 낮은 새벽에 맺힌 이슬

하얀 김의 정체는 무엇일까요?

냄비나 주전자의 물을 가열하면 액체인 물이 끓으면서 하얀 김이 피어오르지요. 이 김의 정체는 무엇일까요? 액체 상태인 물이 기체 상태로 변한 수증기라고 생각할 수 있지만, 정확히 말하면 그렇지 않아요. 물이 끓을 때 생기는 수증기는 색깔도 냄새도 없어요. 또 수증기는 금방 공기 중으로 퍼져 나가서 우리 눈에 보이지 않아요. 그런데

수증기가 바깥 공기를 만나 응결한 김

김은 우리 눈에 보이고, 색깔도 하얗게 보여요.

　김의 정체는 수증기가 공기 중에서 식으며 액체 상태로 변해 생긴 작은 물 분자예요. 물이 끓으며 발생하는 뜨거운 수증기는 바깥 공기를 만나면서 순간적으로 온도가 낮아져요. 이때 수증기가 응결해 액체 상태인 아주 작은 물방울로 변한 것이 바로 김이랍니다.

핵심과학용어사전

응결 온도가 낮아질 때 기체인 수증기가 액체인 물방울로 상태 변화하는 현상
빛의 산란 빛이 대기를 통과해 들어오다가 먼지나 물방울과 같은 입자에 부딪혀 사방으로 퍼지는 현상

구름이 하얗게 보이는 이유

　물이 끓으면서 생기는 김이 하얗게 보이는 것은 하늘의 구름이 하얗게 보이는 것과 같은 원리이다. 김은 높은 온도의 수증기가 차가워지면서 순간적으로 응결한 작은 물방울이다. 구름도 증발한 수증기가 응결한 미세한 물방울들로 이루어져 있다. 그런데 이 구름에 포함된 미세한 물방울은 빛을 만날 때 물방울의 표면에서 빛을 산란시킨다. '빛의 산란'은 빛이 대기를 통과해 들어오다가 먼지나 물방울 등의 입자에 부딪히면 사방으로 퍼지는 현상이다. 빛이 구름에 포함된 물방울들을 지나가면 물방울들이 모든 빛의 파장을 산란시킨다. 이때 모든 색의 빛이 다 합쳐져 하얀색이 되고, 구름이 하얗게 보이는 것이다. 김도 마찬가지이다. 수증기가 응결한 물방울이 빛을 사방으로 산란시키면서 하얗게 보인다. 반면 공기 중의 입자도 빛을 산란시키는데, 햇빛이 대기 중의 공기 입자를 만나면 산란하는 빛의 파장이 짧아 파란색을 띤다. 즉, 물방울은 빛의 모든 파장을 산란시키므로 구름이 하얀색으로 보이고, 공기 입자는 빛의 파란색 파장을 산란시키므로 하늘이 파란색으로 보이는 것이다.

빛의 산란으로 하얗게 보이는 구름

과학 4-1 | 물의 상태 변화 | 물의 부피 변화

물은 얼었을 때 부피가 커진다고요?

화학 연구원 부리나의 관찰일지

◆ 4월 2일 ◆날씨: 구름 조금 ◆관찰 장소: 주방 냉장고 앞

시원한 얼음물을 마시려고 물이 가득 담긴 생수병을 냉동실에 넣었는데, 다음 날 꺼내 보니 생수병이 빵빵해졌다. 액체인 물질이 고체로 상태 변화를 하면 보통 부피가 줄어든다고 배웠는데… 물은 액체에서 고체로 변할 때 부피가 늘어나는 게 신기하다. 그럼 물이 모자랄 때 냉동실에 넣어 얼음으로 만들면 양도 늘어나는 건가? 우왓, 내가 방금 대단한 발견을 한 것 같은데! 당장 박사님에게 알리러 가야지!

물질의 부피는 어떻게 변할까요?

물질은 온도와 압력에 따라 세 가지 상태로 변화해요. 바로 고체, 액체, 기체 상태예요. 평소 우리 주변에 존재하는 물질에는 공기에 의해 나타나는 일정한 압력(대기압)이 작용해요. 우리가 생활하는 지표면은 보통 1기압의 압력을 가지고 있어서, 물질은 주로 온도에 따라 상태가 변하지요.

액체에서 고체 상태가 될 때
질량은 같고, 부피는 줄어드는 양초

일반적으로 물질은 고체 상태일 때 부피가 가장 작고, 액체 상태일 때는 부피가 조금 커지며, 기체 상태일 때 부피가 제일 커져요. 반대로 기체 상태에서 액체, 고체 상태가 될수록 부피가 작아지지요. 물질이 상태 변화할 때 부피가 변하는 이유는, 물질을 이루는 입자의 배열이 바뀌기 때문이에요. 대부분의 물질은 고체 상태에서 입자 사이의 간격이 좁고, 액체 상태에서 입자 사이의 간격이 넓어져요. 입자들이 자유롭게 움직이므로 액체의 부피가 고체보다 더 크지요.

고체가 될 때 부피가 커지는 물

고체 상태인 물과 양초의 비교

물은 다른 액체와 다르다고요?

물은 다른 물질과 달리 액체 상태인 물에서 고체 상태인 얼음으로 변할 때 부피가 커져요. 물이 얼면서 부피가 커지는 이유는 물을 이루는 입자인 분자의 배열 때문이에요. 물 분자는 액체 상태일 때 자유롭지만, 고체 상태가 되면 가운데가 비어 있는 규칙적인 육각형 모양으로 배열이 변해요. 물 분자들이 이루는 육각형 배열 가운데에 빈 공간이 생기므로 오히려 액체 상태인 물보다 부피가 커져요.

화학 163

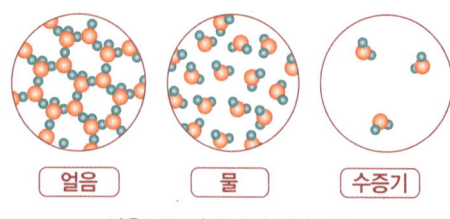

얼음, 물, 수증기의 입자 배열

반대로 얼음이 녹아 액체 상태인 물이 되면, 물이 고체 상태일 때 물 분자가 이루었던 규칙적인 육각형 배열이 좀 더 자유롭게 흐트러지면서 공간이 줄어들어요. 따라서 얼음에서 물이 될 때 물의 부피가 줄어드는 것이지요. 그렇다면 물을 얼음으로 얼렸다가 다시 녹였을 때 물의 부피는 어떻게 변할까요? 얼음이 되면서 부피가 늘었다가 다시 줄어드니, 물의 부피는 원래대로 되돌아올 거예요.

핵심과학용어사전

분자 배열 물질을 이루는 입자인 분자가 놓여있는 배열. 고체, 액체, 기체 등 물질의 상태가 변하면 물질을 이루고 있는 분자의 배열이 달라진다.

돌을 자르는 물의 힘

액체 상태인 물이 고체 상태인 얼음이 될 때 부피가 커지기 때문에 수도관 안에 남아서 고인 물은 영하의 추운 날씨에 금방 얼어 수도관을 터트린다. 물이 얼지 않도록 수도꼭지를 살짝 틀어서 물을 흐르게 하면 동파를 예방할 수 있다. 한편 추운 겨울날 바위에 스며든 물이 얼면서, 커다란 바위가 물의 부피 변화를 이기지 못하고 쪼개지기도 한다. 겨울철 등산할 때는 바위 조각이 떨어질 수도 있으므로 주의해야 한다.

물은 부피가 변화하지 않은 액체 상태로도 바위를 자를 수 있다. '워터 제트'는 물을 초고압으로 가늘게 분사하는 장치이다. 순간적으로 강하게 분사하는 물의 압력으로 물건을 칼날처럼 자를 수 있다. 물이 닿는 부분을 아주 가늘게 뚫어서 자르는 방식이다. 워터 제트는 물체를 정밀하게 자를 수 있어 여러 분야에서 두루 사용되고 있다.

겨울날 동파된 수도관

워터 제트로 물체를 자르는 모습

과학 4-1 　 물의 상태 변화　　　　　　　　　　　표면 장력

소금쟁이도 물에 빠질 수 있다고요?

화학 연구원 부리나의 관찰일지

• 6월 18일 • 날씨: 맑음　　• 관찰 장소: 간이 수영장

물과 기름은 웬만해서는 잘 섞이지 않는다. 육개장같이 고기를 넣은 국이나 찌개를 자세히 보면, 국물 위로 뜬 기름이 보인다. 식용유를 물과 섞을 때도 마찬가지다. 열심히 섞어도 시간이 지나면 식용유가 물 위로 뜬다. 또 기름이 묻은 손은 물로 씻어도 계속 미끌거린다. 그런데 기름이 묻은 손을 비누로 씻거나, 기름이 묻은 옷을 세제로 세탁하면 기름기가 없어진다. 비누와 세제가 물과 기름을 섞이게 하는 걸까? 이걸 연구하면 물 위를 둥둥 떠다니는 소금쟁이도, 아임스타인 박사님이 탄 소금쟁이 보트도 빠뜨릴 수 있을 것 같은데!

소금쟁이는 어떻게 물 위를 떠다닐까요?

웅덩이나 연못 위에서 수면을 유유히 돌아다니는 소금쟁이를 본 적이 있나요? 소금쟁이가 물에 뜬 모습을 잘 관찰하면 짧은 앞다리 두 개, 긴 뒷다리 네 개가 수면을 가볍게 누르고 있는 것을 볼 수 있어요. 소금쟁이는 몸이 가볍고 균형을 잘 잡으며, 다리에는 털이 많이 나 있어요. 이 털에서 나오는 기름 성분이 소금쟁이가 물에 빠지지 않고 뜰 수 있게 도와줘요. 소금쟁이가 다리로 물의 표면을 누르면 수면이 오목하게 패이면서 표면적이 늘어나는데, 그러면 물은 표면적을 줄이기 위해 소금쟁이의 다리를 수면으로 밀어 올려요. 이처럼 액체가 표면적을 줄이기 위한 힘을 **표면 장력**이라고 불러요. 소금쟁이가 수면을 누르는 힘과 물의 표면 장력이 균형을 이루어서 소금쟁이가 물 위를 떠다닐 수 있는 거랍니다.

물에 떠 있는 소금쟁이의 모습

소금쟁이는 비누로 발을 씻으면 물에 빠진다고요?

소금쟁이의 다리에 비누나 세제 같은 계면 활성제를 묻히면 소금쟁이가 물 아래로 가라앉는 모습을 볼 수 있어요. 소금쟁이의 다리 털에서 나오는 기름 성분과 물이 계면 활성제에 의해 섞이면, 그만큼 물의 경계면이 갖는 표면 장력이 작아져요. 그래서 소금쟁이가 물 아래로 가라앉는 것이지요.

계면 활성제는 서로 다른 성질의 물질이 만나는 표면이나 경계면에서 활성화되는 물질을 뜻해요. 계면 활성제는 물과 기름처럼 서로 섞이지 않는 물질의 경계면에서 두 물질을 섞어 주는 역할을 해요. 물과 기름은 원래 서로 다른 성질을 지녀 섞이

계면 활성제의 작용

지 않지만, 비누나 세제 같은 계면 활성제를 사용하면 두 물질이 섞이게 되지요. 이러한 성질을 이용해 물체에서 기름때를 떼어내 제거하는 원리랍니다.

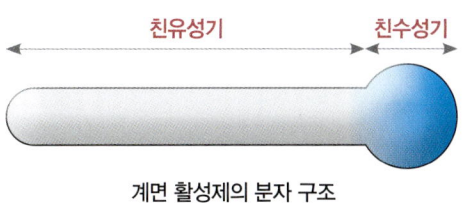

계면 활성제의 분자 구조

핵심과학용어사전

표면 장력 액체가 표면적을 줄이기 위해 작용하는 힘. 물은 표면 장력 때문에 구 모양의 작은 물방울 모양을 이룬다.
계면 활성제 서로 다른 성질의 물질이 만나는 표면이나 경계면에서 활성화되는 물질.

안경의 김 서림을 막아 주는 계면 활성제

안경을 쓰고 추운 곳에 있다가 따뜻한 실내로 들어갈 때나, 추운 날 안경을 쓴 채로 마스크를 착용하고 숨을 쉬면 안경에 뿌옇게 김이 서린다. 이는 실내의 따뜻한 공기나 날숨에 포함된 수증기가 차가운 안경 렌즈에 닿으면서 물방울로 응결한 것이다. 응결된 물방울이 렌즈에 달라붙지 않게 하면 김 서림을 방지할 수 있다. 계면 활성제인 비눗물이나 세제로 안경 렌즈를 닦거나, 부드러운 천으로 계면 활성제를 얇게 바르면 렌즈에 막이 형성되어 렌즈에 수증기가 응결되는 것을 막아주므로 김 서림 현상을 예방할 수 있다. 수영장에서 사용하는 물안경도 계면 활성제를 이용해 김 서림을 방지한다. 시중에 판매되는 김 서림 방지제에도 계면 활성제가 들어 있다. 그 외에도 치약이나 샴푸 등 우리 생활 속 여러 가지 제품에 계면 활성제를 사용하고 있다.

안경의 김 서림 현상

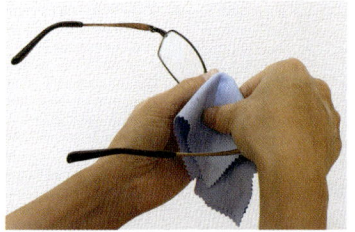

김 서림을 방지하는 계면 활성제

화학 167

과학 4-2 | 여러 가지 기체 | 공기

공기에도 무게가 있다고요?

화학 연구원 부리나의 관찰일지

◆ 5월 5일 ◆날씨: 맑음 ◆관찰 장소: 교실 복도

지구를 둘러싼 기체를 공기라고 부른다. 기체에는 질소, 산소, 이산화 탄소 같은 여러 성분이 들어 있다. 이 물질들이 우리 주변에 가득히 차 있다. 그렇지만 지구인들은 공기를 잘 느끼지 못한다. 공기는 우리 눈에 보이지 않고 매우 가볍기 때문이다. 그렇다고 무게가 없는 건 아니다. 지구의 초등학교 교실에 있는 공기의 무게는 약 200 kg이라고 한다. 이 정도 무게면 공기에 짓눌려야 하지만, 지구인들은 공기에 적응해서 그런지 잘 버틴다. 난 왠지 공기가 무겁게 느껴지던데…. 지구인이 아니라서 그런가?

공기를 눈으로 확인할 수 있을까요?

더운 여름날 시원하게 불어오는 바람은 뜨거워진 우리 몸을 식혀 줘요. 이 바람의 정체는 바로 이동하는 공기랍니다. 자전거 타이어나 축구공, 농구공의 바람이 빠졌을 때 펌프를 이용해 넣는 물질도 공기지요. 고무풍선에 입을 대고 숨을 불어 넣으면 풍선의 부피가 늘어나서 빵빵해지는 것을 눈으로 볼 수 있어요. 이처럼 물체의 부푼 모습을 보면 그 안에 공기가 존재한다는 사실을 알 수 있어요.

자전거 타이어 공기 주입기

하지만 우리는 평소에 공기의 존재를 인식하지 못하고 지낼 때가 많아요. 공기는 분명히 우리 주변에 존재해요. 그런데 눈에 보이지 않고 손으로 만질 수도 없지요. 그래서 공기가 무게가 없다고 생각하기도 해요.

부푼 풍선으로 알 수 있는 공기의 존재

공기는 무게가 얼마나 될까요?

기체는 대부분 우리 눈에 보이지 않고 손으로 만질 수도 없지만, 고체 상태나 액체 상태인 다른 물체와 마찬가지로 무게가 있어요. 우리 주위를 둘러싸고 있는 공기도 무게가 있어요. 그런데 우리는 공기의 무게를 느끼지 못해요. 그 무게가 매우 가볍고, 우리 몸이 공기의 무게에 이미 적응했기 때문이에요.

기압이 1기압일 때 0 ℃에서 공기의 밀도는 L당 1.29 g이에요. 이는 1 L 부피를 가진 공기의 질량이 1.29 g이라는 것을 말해요. 또 공기가 1기압일 때 26 ℃에서 공기의 밀도는 L당 1.18 g이에요. 온도가 올라가면 단위 부피당 공기의 질량이 가벼워지기에 질량이 줄어드는 것이에요. 따라서 실온에서 1 L 부피의 우유갑이나 페트병에 공기를 가득 채우면, 그 안에

화학 **169**

들어 있는 공기의 질량은 약 1.2 g이라고 볼 수 있어요. 공기는 우리가 눈치채지 못할 정도로 질량이 작아 무게를 느끼지 못하는 것이랍니다.

핵심과학용어사전

공기 지구를 둘러싼 기체 혼합물. 질소, 산소 등의 기체로 구성되어 있다.
질량 물질이 가지고 있는 고유한 양. 질량은 측정 장소에 상관없이 값이 일정하다. 그램(g), 킬로그램(kg)을 단위로 사용한다.
무게 질량이 있는 물체가 중력에 의해 받는 힘. 무게는 질량에 비례하며, 측정 장소에 따라 값이 변한다.
밀도 단위 부피당 질량을 나타내는 값. 부피가 일정할 때, 한 물체의 밀도가 클수록 그 물체의 질량은 크다.

공기가 누르는 힘, 기압

공기의 무게를 동전으로 비교해 보자. 10원짜리 동전 한 개의 질량은 1.22 g이다. 10원짜리 동전의 질량만큼 공기를 모으려면 비어 있는 1 L짜리 우유갑 안에 공기를 가득 넣으면 된다. 공기의 부피 1 L의 질량이 1.29 g이므로 10원짜리 동전 한 개의 질량과 거의 같다.

1 L짜리 우유갑 안의 공기의 무게 　　　 10원짜리 동전의 무게

공기의 부피가 커질수록 공기의 질량도 커진다. 가로, 세로, 높이가 1 m인 정육면체의 부피는 1 L 우유갑 부피의 1,000배와 같다. 1 L 공기의 질량이 1.2 g이므로, 1 m^3의 부피에 들어 있는 공기의 질량은 1.2 kg이 된다. 이 정도 무게라면 우리가 공기의 무게를 느낄 수 있을 것 같지만, 우리는 공기의 무게를 느끼지 못한다. 우리는 항상 공기가 누르는 힘인 기압에 영향을 받고 있고, 동시에 우리의 몸도 공기가 우리를 누르는 것과 같은 힘으로 바깥을 향해 공기를 밀어내고 있기 때문이다.

과학 4-2 | 여러 가지 기체   압력과 기체의 부피

과자 봉지는 왜 비행기 안에서 더 빵빵해지나요?

화학 연구원 부리나의 관찰일지

◆ 5월 27일 ◆날씨: 맑음   ◆관찰 장소: 비행기 객실 안

하늘 위에서도 과자가 맛있을지 비행기를 타고 실험을 해 봤다. 비행기가 하늘 높이 떠올라 기압이 낮아지자 원래도 공기가 가득 차 있던 과자 봉지가 더 빵빵해졌다. 봉지 두 개 중 하나를 뜯어 맛을 봤는데, 맛있었다! 이후 비행기가 무사히 땅으로 착륙한 뒤에 남은 과자 봉지를 확인해 보니, 과자 봉지의 크기가 원래대로 돌아와 있었다. 이 봉지 속 과자도 똑같이 맛있었다. 기압이 차이가 나도 과자는 언제 어디서나 똑같이 맛있나 보다! 그나저나 왜 비행기에서는 봉지가 더 빵빵해진 거지?

높이 올라갈수록 기압도 높아질까요?

지구는 공기로 둘러싸여 있어요. **기권**은 지구에서 공기가 존재하는 부분을 말하는데, 이곳에는 공기로 인해 압력이 작용해요. 이때 단위 면적($1m^2$)에 작용하는 공기의 무게에 의한 압력, 즉 공기가 무게로 누르는 힘을 대기압 또는 **기압**이라고 해요. 우리가 사는 지표면의 기압은 1기압이에요. 높이 올라갈수록 공기의 양이 줄어들기 때문에 기압이 낮아져요. 즉, 높은 산에 올라가거나 비행기를 탈 때면 지표면보다 기압이 낮아져요.

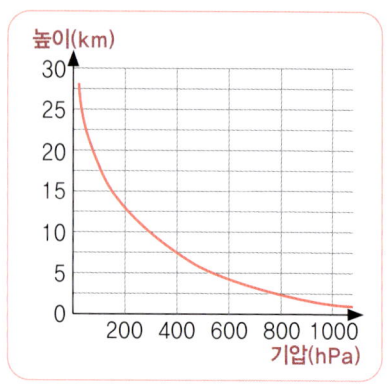

높이에 따른 기압의 변화

기체의 부피는 기압에 따라 변해요. 기압이 높아지면 기체의 부피가 줄어들고, 기압이 낮아지면 기체의 부피가 커져요. 같은 양의 기체에 추 한 개가 누르는 힘이 작용할 때와 추 두 개가 누르는 힘이 작용할 때 부피를 비교해 볼까요? 기체에 작용하는 힘이 두 배가 되면 기체의 부피가 절반으로 줄어요. 반대로 기체에 작용하는 힘이 절반으로 줄면 기체의 부피는 두 배가 돼요. 주사기 피스톤으로도 비슷하게 실험할 수 있어요. 손가락으로 주사기 입구를 막고 피스톤을 누르는 힘을 다르게 하면 기체의 압력을 확인할 수 있지요.

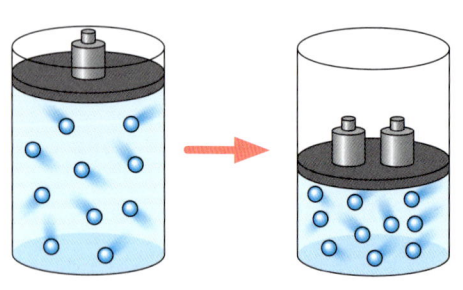

압력에 따른 기체의 부피 변화

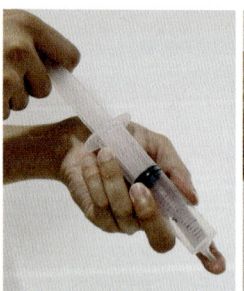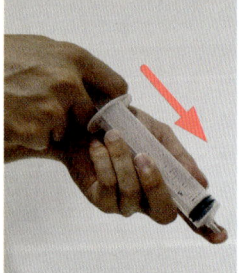

주사기 피스톤을 누를 때 기체의 부피 변화

과자 봉지는 왜 비행기 안에서 더 빵빵해지나요?

하늘 높이 나는 비행기 안에서 과자 봉지를 관찰하면, 봉지가 커다랗게 부풀어서 터질 것 같아요. 비행기가 나는 높이에서는 기압이 지표면보다 훨씬 낮아요. 과자 봉지에 작용하는 압력도 낮아져서 과자 속 기체의 부피가 더 늘어나지요. 이것이 과자 봉지가 비행기 안에서 터질 것처럼 부푸는 이유예요. 비행기가 다시 지표면으로 내려와 착륙하면, 다시 기압이 높아져서 과자 봉지 안에 작용하는 압력이 커져요. 과자 봉지의 부피도 다시 비행기를 타기 전으로 되돌아간답니다.

기압이 낮아져 부푼 과자 봉지

핵심과학용어사전

기압 지구상에서 단위 면적(1 m²)에 작용하는 공기의 무게에 의한 압력. 공기가 누르는 힘이다.

 ## 보일의 법칙

영국의 과학자 로버트 보일은 한쪽 끝이 막힌 3 m 길이의 J자 모양 유리관을 만들어서 '압력과 기체의 부피 관계'를 알아보는 실험을 했다. 유리관에 넣는 수은의 양을 조절하면서 공기의 부피 변화를 관찰한 것이다. 유리관에 수은을 많이 넣을수록 J자 관 끝부분에 들어 있는 공기의 압력이 커지고, 압력이 커질수록 공기의 부피가 더 작아졌다.

이 실험으로 보일은 기체에 작용하는 압력이 커지면 공기의 부피가 작아지고, 압력이 작아지면 공기의 부피가 커진다는 사실을 알아냈다. 1662년, 보일은 '기체의 압력과 부피는 반비례한다'라는 '보일의 법칙'을 발표했다. 보일의 법칙은 일정한 온도에서 기체의 압력이 일정하게 증가할수록, 기체의 부피는 일정하게 감소한다는 법칙이다. 즉, 압력이 2배, 3배로 증가하면 기체의 부피 또한 $\frac{1}{2}$배, $\frac{1}{3}$배로 줄어든다는 것이다.

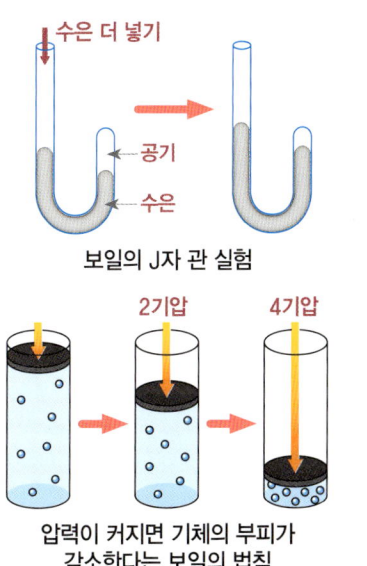

보일의 J자 관 실험

압력이 커지면 기체의 부피가 감소한다는 보일의 법칙

| 과학 4-2 | 여러 가지 기체 | | 온도와 기체의 부피 |

열기구는 어떻게 하늘 높이 떠 있을까요?

화학 연구원 부리나의 관찰일지

◆ 6월 5일 ◆날씨: 구름 조금 ◆관찰 장소: 열기구 위

태국의 '이펭' 축제는 세상에서 가장 아름다운 등불 축제다. 라이스페이퍼로 만든 등에 연료를 넣고 불을 붙이면 둥실거리며 하늘로 올라간다. 수천 개의 등불이 하늘을 뒤덮은 모습이 정말 아름답다. 그런데 이 등불이 열기구와 똑같은 원리로 움직인다는 사실을 알았다. 공기가 뜨거워지면 공기 분자들이 활발하게 움직이고, 부피가 늘어나 무게가 가벼워지는 원리다. 그렇다면 열기구는 공기가 뜨거워질수록 더 높이 올라갈까? 내가 직접 열을 내 봐야겠어!

열기구는 어떻게 처음 만들어졌을까요?

프랑스의 몽골피에 형제가 1783년 최초의 열기구를 발명했어요. 몽골피에 형제는 어느 날 불 위에서 말리던 주머니 모양 세탁물이 공중으로 떠오르는 모습을 보고 영감을 얻었어요. 형제는 먼저 주머니 모양 천의 입구에 불을 피워서 천이 솟아오르는 모습을 관찰했어요. 그다음 커다란 가죽을 풍선 모양으로 이어 붙인 뒤, 입구 아래에 불을 피워 뜨거운 열기가 가죽 풍선에 들어가도록 만든 열기구를 발명했어요.

열기구는 밑부분에 가열 장치를 달아서 안의 공기를 데워요. 거대한 풍선 모양 기구에 뜨거운 공기가 가득 차면 하늘을 날 수 있답니다.

1783년 몽골피에 형제가 발명한 열기구의 모습

기체의 부피 팽창을 이용해 날아오르는 열기구

열기구는 어떤 원리로 하늘을 날까요?

<mark>공기를 가열해 온도가 올라가면, 공기를 이루는 기체 분자들의 운동이 활발해지고 기체의 부피가 커져요.</mark> 열기구 속 기체의 부피가 커지면 공기의 밀도가 낮아지고, 열기구 속 공기는 주변 공기보다 상대적으로 가벼워져요. 그 결과 열기구가 하늘로 높이 떠오르는 거예요. 열기구의 크기가 클수록, 열기구 안 공기와 주변 공기의 온도 차이가 클수록, 열기구의 무게가 가벼울수록 열기구가 잘 떠오를 수 있어요.

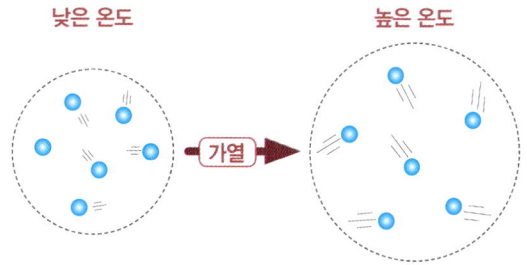
온도에 따른 기체의 부피 변화

온도에 따라 기체의 부피가 변화하는 현상은 찌그러진 탁구공을 이용해서도 확인할 수

화학 **175**

있어요. 찌그러진 탁구공을 그릇 위에 올린 다음, 공 위로 뜨거운 물을 부어요. 그러면 탁구공의 찌그러진 부분이 동그랗게 펴져요. 탁구공 속 기체의 부피가 증가하면서 찌그러진 부분을 밀어내는 것이에요.

찌그러진 탁구공 펴기

샤를의 법칙

1787년, 프랑스의 과학자 자크 샤를은 온도에 따라 기체의 부피가 변한다는 사실을 밝혀냈다. 샤를은 실험을 통해 일정한 압력에서 일정한 기체의 부피는 온도가 1℃ 높아질 때마다 0℃ 때 부피의 $\frac{1}{273}$만큼씩 높아진다는 것을 알아냈다. 즉, 기체의 압력이 일정할 때 기체의 온도가 올라갈수록 기체의 부피가 증가하고, 기체의 온도가 내려갈수록 기체의 부피가 감소한다. 이를 샤를의 법칙이라고 한다.

샤를의 법칙은 우리 생활에서 많이 사용된다. 찌그러진 탁구공을 펴는 것도, 열기구의 원리도 모두 샤를의 법칙을 이용한 것이다. 자동차 바퀴로 사용되는 타이어는 여름에는 넣는 공기의 양을 줄이고, 겨울에는 공기를 더 넣어야 한다. 여름에는 온도가 높아서 타이어 안의 공기 부피가 커지고, 겨울에는 온도가 낮아서 타이어 내부의 공기 부피가 줄어들기 때문이다. 장거리 운전을 하면 오랜 시간 마찰로 인해 타이어가 가열되고 내부의 공기가 팽창하면서 압력이 점점 증가하다가 터질 수도 있다. 따라서 장시간 운전 후에는 타이어의 공기압을 점검할 필요가 있다.

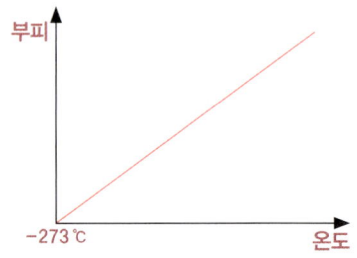

온도에 따른 기체의 부피 변화

압력에 의해 터진 타이어

과학 4-2 　여러 가지 기체　　　　　　　　질소

과자 봉지 안에 왜 질소를 넣어요?

화학 연구원 부리나의 관찰일지

◆ 6월 8일　◆날씨: 비　　　◆관찰 장소: 엘리베이터 안

빵빵한 과자 봉지를 뜯으면 바로 실망하게 된다. 과자가 가득 들어 있을 줄 알았는데 보이지 않는 기체만 가득하다. 과자 봉지 속에 담긴 기체는 질소다. 이쯤 되면 지구인들은 과자가 아니라 질소를 구매하는 게 아닐까? 박사님은 질소가 우리 주변의 공기 속에도 많이 있다고 하셨다. 엘리베이터에서도, 비행기에서도 우리 곁에 질소가 있는 셈이다. 그런데 참 이상하다. 방금 뜯은 과자는 바삭하고 맛있는데, 왜 뜯은 지 오래된 과자는 맛이 없지? 공기 중에도 질소가 가득하고 과자 봉지에도 질소가 가득하면 똑같은 조건 아닌가?

화학　177

왜 과자 봉지에 기체를 넣을까요?

과자 봉지 안에 기체를 넣는 이유는 과자가 부서지지 않도록 보호하기 위해서예요. 봉지 속 과자는 대부분 얇고 넓적하거나 가느다란 모양이라서 작은 충격에도 쉽게 부서져요. 과자가 부서져 조각나면 바삭한 과자를 씹어 먹는 즐거움이 줄어들지요. 그래서 과자를 판매할 때는 과자가 배송되고 보관되는 동안 부서지지 않고 모양이 유지되는 것이 중요해요. 과자 봉지 안에 기체를 가득 넣으면, 기체의 부피로 인해 과자 봉지 속 과자가 부서지지 않고 보호돼요. 그래서 과자 봉지 안에 기체를 충전해 포장하는 것이랍니다.

기체를 넣어 빵빵한 과자 봉지들

과자 봉지에 넣는 기체는 어떤 기체예요?

과자 봉지 안에는 질소 기체가 들어가요. 질소 기체는 색깔이 없고, 맛을 느낄 수 없으며, 냄새도 나지 않아요. 공기 중에 있는 질소 기체는 질소 원자 두 개가 삼중으로 공유 결합하고 있는 화학 구조를 가지고 있어요. **공유 결합**은 주로 비금속 원소끼리 결합하는 화학 결합 방식이에요. 결합하는 원자 사이에 전자쌍을 공유하며 형성되는데, 공유하는 전자쌍의 수에 따라 단일 결합, 이중 결합, 삼중 결합으로 나뉘어요. 결합의 수가 늘어날수록 결합 사이의 거리가 짧아지고, 결합의 세기가 커져요. 질소 기체는 전자쌍 세 쌍이 결합한 삼중 결합으로 이루어졌어요. 그래서 공기 중에서 잘 분해되지 않고, 다른 물질과 거의 반응하지 않아 안정적이에요.

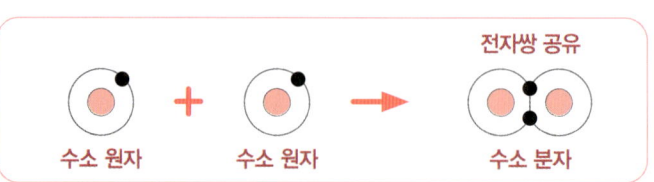

원자의 전자쌍을 공유하는 공유 결합

과자와 결합해서 과자의 맛과 색, 냄새를 변화시키는 산소와 달리, 질소는 과자와 반응하지 않아 충전재로 적당해요. 게다가 질소는 우리 주변에 가장 흔하게 존재하는 기체예요. 공기의 약 78%를 차지하므로 구하기 쉽고, 상대적으로 가격도 저렴해 경제적이랍니다.

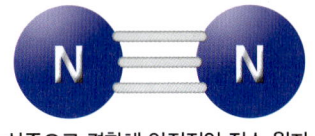

삼중으로 결합해 안정적인 질소 원자

핵심과학용어사전

질소 무색, 무미, 무취의 기체. 다른 물질과 화학 반응하지 않는 안정적인 기체이다.
공유 결합 주로 비금속 원소끼리 결합할 때 전자쌍을 공유하며 형성되는 화학 결합 방식

과자 봉지 안에 산소 기체를 넣지 않는 이유

과자 봉지를 뜯은 채로 오래 놓아둬서 과자가 눅눅해지거나 맛과 색이 변한 경험이 있을 것이다. 과자가 눅눅해진 것은 공기 중의 수증기 때문이지만, 과자의 맛과 색이 변한 이유는 공기 중에 들어 있는 산소 때문이다. 산소는 우리가 호흡하는 데 꼭 필요한 기체이다. 하지만 반응성이 매우 높아 다른 물질과 잘 결합하는 특징이 있다. 깎아 놓은 사과의 색이 갈색으로 변하거나 공기 중에 놓아둔 음식물이 상하는 것은 물질이 산소와 결합해 다른 물질로 변했기 때문이다.

과자는 기름에 튀겨서 만드는 경우가 많다. 기름에 튀긴 과자가 공기 중의 산소와 반응하면 과자의 맛과 색이 변하고 불쾌한 냄새가 나기도 한다. 기름이 공기 중의 산소 성분과 반응해서 부패하는 산패 반응이 일어나기 때문이다. 따라서 과자의 맛을 보존하고 신선하게 보관하기 위해 과자 봉지에 충전하는 기체로 산소 기체는 적합하지 않다.

사과가 산소와 결합해 생긴 갈변 현상

과학 4-2 | 여러 가지 기체 | 기압 차이

공기가 없으면 청소를 못 한다고요?

화학 연구원 부리나의 관찰일지

◆ 6월 14일 ◆날씨: 맑음 ◆관찰 장소: 박사님 집 거실

지구인들이 집을 청소할 때 쓰는 청소기의 원리를 알아보기 위해 진공청소기를 관찰해 봤다. 청소기를 작동시키면 바닥의 먼지가 청소기 안으로 쏙쏙 빨려 들어간다. 앞으로는 먼지를 빨아들이고, 뒤로는 빨아들인 공기를 내뿜는다. 진공청소기는 어떻게 작은 먼지까지 잘 빨아들일까? 청소기를 뜯어서 안을 살펴봤더니 모터와 프로펠러가 있었다. 프로펠러가 돌아가면서 바람이 나오는 장치인 것 같은데, 어떻게 먼지를 빨아들일 수 있는 거지? 청소기 속에는 모든 걸 빨아들이는 블랙홀이 있는지도 몰라!

진공청소기가 기압을 이용한 물건이라고요?

기압을 이용하는 진공청소기

진공청소기를 작동하면 먼지나 과자 부스러기, 머리카락 등을 손쉽게 빨아들여 청소가 편리해요. 그런데 공기가 없으면 진공청소기로 청소를 할 수 없답니다.

진공은 물질이 전혀 존재하지 않는 공간이에요. 우주 공간은 진공에 가깝지만, 아주 조금의 성간 물질이 존재해 완벽한 진공이 아니지요. 우리가 사는 지구에는 어떤 입자도 존재하지 않는 완벽한 진공 공간이 없어요. 우리가 보통 말하는 진공은 주변 공기보다 기압이 아주 낮음을 의미해요. 진공청소기의 진공도 공기의 양이 주위보다 아주 적은 상태를 말한답니다. 진공청소기는 기압 차이를 이용해 청소를 하는 기계예요.

진공청소기는 어떻게 작동할까요?

진공청소기는 크게 흡입구(호스), 필터, 모터로 구성되어 있어요. 흡입구는 청소기 바깥의 먼지가 공기와 함께 들어오는 통로예요. 필터는 먼지를 걸러 내는 장치예요. 모터는 전기 에너지를 이용해 청소기 내부의 공기를 외부로 내보내요. 흡입구로 들어온 공기가 필터를 통해 걸러지고, 다시 청소기 바깥으로 나가는 구조예요. 이때 진공청소기 내부는 외부보다 낮은 기압을 유지하게 돼요.

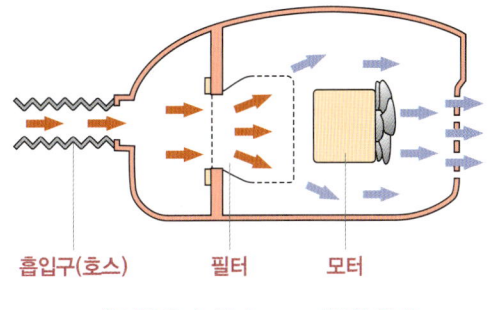

진공청소기의 내부 구조

기체는 기압이 높은 곳에서 낮은 곳으로 이동해요. 청소기를 작동시키면 청소기 내부 기압이 외부보다 낮아져, 청소기 외부의 공기와 먼지 등이 호스를 통해 청소기 내부로 빠르게 이동해요. 이후 필터가 먼지를 걸러 내면 먼지가 청소기 내부에 쌓이고, 모터가 회전하면서 청소기 내부로 빨려 들어온 공기를 다시 바깥으로 배출해요.

화학 **181**

즉, 공기가 기압이 높은 곳에서 낮은 곳으로 이동하는 과정에 주변의 먼지나 부스러기를 빨아들이는 게 진공청소기의 작동 원리예요. 그래서 공기가 없다면 진공청소기도 작동할 수 없는 거랍니다.

로봇 청소기도 기압의 차이를 이용해 먼지를 빨아들인다

진공 공간 내에 물질이 없는 상태. 보통 공기가 없는 상태를 진공이라고 부른다.

기압 차이를 이용한 생활 속 물건

우리 생활에서 기압 차이를 이용하는 대표적인 물건으로는 빨대와 흡착 고무가 있다. 빨대를 입으로 물고 공기를 빨아들이면, 빨대 안의 기압이 빨대 바깥보다 낮아지게 된다. 그러면 빨대 바깥의 공기가 음료수를 누르는 힘이 빨대 안의 기압보다 커지므로 음료수가 빨대 안으로 밀려 들어오게 되어 음료수를 마실 수 있다. 흡착 고무는 벽에 물건을 걸 때 사용하는 물건이다. 고무를 눌러서 안쪽의 공기를 내보내면 고무 안의 기압이 낮아지고, 고무 바깥의 기압이 상대적으로 높아져 고무를 밀게 된다. 그 힘으로 고무가 벽에 고정된다. 이때 벽 표면이 매끄럽지 않으면 공기가 들어갈 수 있는 틈이 생겨 고무 안과 밖의 기압 차이가 생기지 않으므로 고무가 벽에 달라붙을 수 없다.

기압 차이를 이용해 음료를 마실 수 있는 빨대

기압 차이를 이용해 붙는 흡착 고무

과학 5-1 　 용해와 용액　　　　　　　　　　용액

집에서도 젤리를 만들 수 있다고요?

화학 연구원 부리나의 관찰일지

◆ 7월 5일　◆날씨: 맑음　　　◆관찰 장소: 주방

내가 제일 좋아하는 간식은 바로 젤리다. 쫀득거리면서 맛과 모양이 다양해 먹는 재미가 있다. 지구인들도 젤리를 좋아한다. 얼마나 좋아하는지, 집에서 직접 젤리를 만들어 먹는 사람도 있다. 젤리를 만들 때는 먼저 물에 젤라틴 가루를 섞어서 용액을 만들어야 한다. 이 투명한 젤라틴 용액을 넣어야 젤리가 말랑말랑해진다. 왠지 이 용액에 말랑함의 비결이 있을 것 같아서 연구해 보려 했는데, 내가 젤리를 만들 때마다 박사님이 다 먹어 치우신다! 박사님, 젤리는 밥이 아니라 간식이에요!

화학　183

젤리에 돼지 껍질과 힘줄이 들어 있다고요?

젤리는 과일을 그대로 넣거나 과일즙을 내고, 설탕을 넣어 조린 뒤 식혀서 응고시킨 식품이에요. 과일을 오랫동안 먹기 위해 설탕을 넣어 저장한 것이 젤리의 유래이지요. 말랑거리면서 쫀득한 식감을 가진 젤리는 간식으로 많은 사랑을 받고 있어요. 그런데 이 젤리에 돼지 껍질과 힘줄이 들어간다는 사실을 알고 있었나요?

▲ 말랑하면서 쫀득한 식감을 가진 젤리

전통적인 방법으로 젤리를 응고시킬 때는 과일에서 나오는 펙틴 성분과 산, 당분이 필요해요. 하지만 펙틴, 산, 당분의 비율을 세심하게 조절해야 응고되어서 젤리를 만들기가 어렵답니다. 그래서

▲ 콜라겐을 건조하고 가공해 만든 젤라틴

요즘은 대부분 구하기 쉽고 응고가 잘 되는 한천, 곤약, 젤라틴을 사용해 젤리를 만들어요. 젤라틴은 소나 돼지의 껍질, 힘줄, 연골 등에 있는 콜라겐 성분을 건조해 가공한 물질이에요. 한천이나 곤약보다 식감이 부드럽고, 만들 때 온도의 영향을 덜 받아 많이 쓰이지요. 시중에서 파는 젤라틴 가루를 구매하면 집에서도 손쉽게 젤리를 만들 수 있어요.

젤라틴 용액은 어떻게 만들까요?

젤라틴 가루를 이용해 젤리를 만들 때는 먼저 젤라틴 가루를 물에 녹여야 해요. 젤라틴 가루가 물에 녹으면 눈에 보이지 않아요. 이처럼 서로 다른 두 물질이 골고루 섞이는 현상을 **용해**라고 해요. 젤라틴 가루와 물처럼 두 가지 이상의 물질이 골고루 섞여 있는 물질을 **용액**이라고

▲ 소금물 용액을 만드는 과정

해요. 젤라틴 용액에는 물과 젤라틴 가루가 들어가는데, 젤라틴 가루처럼 녹는 물질을 **용질**, 물처럼 녹이는 물질을 **용매**라고 해요.

용액은 두 가지 물질이 고르게 섞여 있어서 오랫동안 두어도 가라앉거나 뜨는 것이 없어요. 또 거름종이로 걸렀을 때 남는 물질도 없어요. 용질이 용매에 녹아 아주 작은 크기의 입자로 변하고, 용매 속에 골고루 섞여 있기 때문이지요. 우리 생활 속에서는 향수나 링거액 등 다양한 용액이 사용되고 있어요.

향료를 알코올에 용해하여 만든 용액인 향수

핵심과학용어사전

용해 어떤 물질이 다른 물질에 녹아 골고루 섞이는 현상
용액 녹는 물질이 녹이는 물질에 골고루 섞여 있는 물질. 소금물이 용액에 해당한다.
용질 용액을 만들 때 녹는 물질. 소금이 용질에 해당한다.
용매 용액을 만들 때 녹이는 물질. 물이 용매에 해당한다.

집에서 만드는 젤리 레시피

젤리를 만들기 위해서는 젤라틴 가루 20 g, 설탕 12 g, 물 400 mL, 각종 과일이 필요하다. 먼저 과일을 먹기 좋은 크기로 잘라 그릇에 담는다. 다음으로 물 400 mL에 젤라틴 가루 20 g을 넣고 완전히 녹을 때까지 고르게 잘 섞어 젤라틴 용액을 만든다. 젤라틴을 조금 더 넣으면 식감이 더 쫄깃한 젤리가 만들어진다.

이후 냄비에 젤라틴 용액을 넣고 약불로 끓인 뒤, 과일을 담아 둔 그릇에 붓는다. 그리고 냉장고에 넣어 식히면 젤리가 완성된다. 이때 젤리가 잘 응고되었는지 확인해야 한다. 젤리가 완전히 굳어야 맛과 식감이 좋다. 과일 대신 과일을 조린 즙이나 주스를 넣어도 되고, 다른 식재료를 넣어서 젤리를 만들 수도 있다.

과일을 이용해 만든 젤리

과학 5-1 | 용해와 용액 | 용해

물에 설탕을 녹이면 질량이 어떻게 변하나요?

화학 연구원 부리나의 관찰일지

◆ 7월 17일 ◆ 날씨: 맑음   ◆ 관찰 장소: 간이 수영장

물 1,000 L와 설탕 1,000 kg의 질량을 재면 얼마일까? 물 1,000 L는 1,000 kg이니까 1000 kg+1000 kg=2,000 kg이 되겠지? 그런데 설탕을 모두 물에 녹이면 질량이 어떻게 될까? 설탕이 눈에 보이지 않게 사라졌으니 질량도 줄어들 것 같은데. 수영장에 물과 설탕을 넣고 설탕물을 만들어 질량을 다시 한번 재 봐야겠다. 박사님은 분명히 달콤한 설탕물을 맛보려고 하실 테니, 정확한 질량을 잴 때까지 잘 지켜봐야겠어!

물속에 설탕을 넣으면 설탕은 왜 사라지나요?

설탕이 물에 녹는 것처럼, 어떤 물질이 다른 물질에 녹아 골고루 섞이는 현상을 **용해**라고 해요. 설탕물은 물에 설탕을 용해해서 만든 용액이에요. 설탕과 물이 섞인 설탕물은 설탕의 달콤한 성질을 갖고 있지만 설탕 알갱이는 보이지 않아요. 설탕이 어디로 사라졌을까요?

설탕을 물에 넣어 섞으면 설탕 가루가 우리 눈에 보이지 않을 정도의 아주 작은 설탕 입자로 쪼개져요. 그리고 아주 잘게 쪼개진 설탕 입자가 물에 녹아 용해되며 설탕물이 돼요. 즉, 설탕이 물에 녹으면 아주 작은 크기의 설탕 입자가 되고, 물 분자에 둘러싸여 균일하게 섞여요. 따라서 우리 눈에 보이지 않지만 설탕은 사라지지 않고 물 분자 사이에 작은 크기의 입자 상태로 섞여 있는 것이에요.

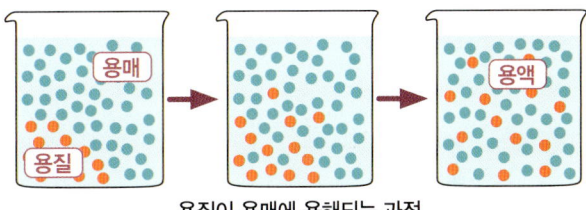

용질이 용매에 용해되는 과정

설탕이 물에 녹으면 질량도 줄어들까요?

설탕 100g과 물 100g을 섞으면 어떻게 될까요? 설탕과 물이 골고루 섞이면 설탕이 사라져 질량이 줄어들 것처럼 느껴져요. 하지만 설탕물의 질량은 설탕 100g과 물 100g이 합쳐진 200g이 돼요. 설탕이 사라진 것이 아니라, 설탕 입자가 눈에 보이지 않을 만큼 작은 크기의 입자로 쪼개져서 물 분자 사이에 섞여 들어갔기 때문이에요. 따라서 용해 전의 설탕과 물의 질량을 합한 값은 용해 후의 설탕물의 질량과 같아요. 하지만 설탕물의 부피는 설

설탕과 물의 질량의 합은
설탕물의 질량과 같다

설탕물의 부피는
설탕과 물의 부피를 합한 값보다 작다

화학 **187**

탕과 물의 부피를 합한 값보다 줄어든답니다. 이는 설탕과 물이 섞일 때 물 분자 사이의 빈 공간에 설탕 입자가 들어가기 때문이에요.

용질이 용매에 용해되더라도 용질이 사라지거나 줄어드는 것이 아니에요. 아주 작은 입자로 나눠져서 용매에 골고루 섞여 있는 용액이 되지요. 따라서 용해 현상이 나타날 때, 용질이 용매에 용해되기 전의 질량과 용해 후 용액에 녹아 있는 용질의 질량은 같아요.

핵심과학용어사전

용해될 때의 질량 변화 용해되기 전 용질과 용매의 질량의 합은 용해된 후 용액의 질량과 같다.
용해될 때의 부피 변화 용해되기 전 용질과 용매의 부피의 합은 용해된 후 용액의 부피보다 크다.

질량 보존의 법칙과 콜라에 녹아 있는 설탕의 양

프랑스의 과학자 앙투안 라부아지에는 '질량 보존의 법칙'을 발견했다. 물질의 모양이나 크기와 같은 형태는 변하지만, 화학 반응 전 반응 물질의 총질량과 화학 반응 후 생성된 물질의 총질량은 변하지 않는다는 법칙이다. 즉, 물질이 새로 생기거나 없어지지 않으면 물질의 질량을 합한 값은 변하지 않는다는 뜻이다.

우리가 평소 먹는 음료수 대부분은 물에 설탕이나 다른 성분이 용해된 용액이다. 그래서 음료수의 질량에는 물의 질량과 녹아 있는 설탕의 질량도 포함된다. 음료수 캔 뒷면에는 한 캔에 들어 있는 영양소의 양을 알려 주는 영양 정보가 표시되어 있다. 잘 살펴보면 음료수에 설탕이 얼마나 들어 있는지를 알 수 있다. 250 mL 콜라 한 캔에는 설탕 27 g이 녹아 있는데, 이것은 3 g짜리 각설탕 9개가 녹아 있는 양과 같다. 세계 보건기구(WHO)는 하루에 섭취하는 설탕의 양을 50 g 이하로 제한하고 있다. 따라서 음료수를 자주 마시는 것보다 물을 마시는 것이 건강에 좋다.

앙투안 라부아지에

과학 5-1 　용해와 용액　　　　　　　　　용해도

탕후루 설탕 코팅에 비밀이 숨어 있다고요?

화학 연구원 부리나의 관찰일지

◆ 7월 28일　◆날씨: 구름 많음　　◆관찰 장소: 탕후루 가게

탕후루는 새콤달콤한 과일의 겉면에 유리처럼 투명하고 반짝이는 설탕을 코팅한 중국의 전통 과자다. 달콤한 맛과 바삭한 식감이 좋아서 나도, 박사님도 즐겨 먹는 간식이다. 그런데 탕후루의 설탕 코팅은 왜 흘러내리지 않는 걸까? 그리고 어떻게 그렇게 바삭한 걸까? 집에서 탕후루를 만들어 봤는데 설탕물을 입히는 과정에서 매번 실패하고 말았다. 아무래도 설탕물 용액에 비밀이 있는 것 같다. 설탕의 양을 바꿔 보면서 탕후루를 만들고 있는데, 박사님이 내가 만든 탕후루를 자꾸 드신다! 탕후루는 간식이라니까요!

화학　189

탕후루 설탕 코팅은 왜 바삭할까요?

탕후루는 물기를 제거한 과일을 꼬치에 끼운 다음 설탕 시럽을 과일에 묻혀서 만들어요. 이 설탕 시럽에 바삭한 식감의 비밀이 숨어 있어요.

설탕은 설탕을 구성하는 입자들이 규칙적인 형태로 배열된 결정성 고체예요. 그런데 설탕을 가열하면 설탕을 구성하는 입자들이 마치 유리처럼 불규칙적으로 배열된 비결정성 고체가 돼요. 그래서 설탕 코팅이 유리처럼 투명하고 반짝거리면서, 바삭하게 부서지는 식감을 갖게 되지요. 단, 설탕물을 가열할 때 설탕물을 저으면 알갱이가 생기며 결정성 고체로 되돌아가니 주의해야 해요. 설탕 시럽을 만들 때 물엿을 조금 넣어 주면 물엿 속의 '덱스트린'이라는 성분이 설탕이 다시 결정화되는 것을 막아 준답니다.

과일에 설탕 시럽을 얇게 묻힌 탕후루의 모습

유리와 비슷한 입자 구조를 가진 설탕 시럽

탕후루 설탕 코팅 속 물과 설탕의 적절한 비율이 있나요?

설탕 시럽을 만들 때는 물과 설탕의 비율이 중요해요. 물이 많으면 시럽이 굳지 않고, 설탕이 많으면 용액이 탈 수 있어요. 물과 설탕의 적절한 비율은 1:2랍니다. 물 100g에 설탕 200g을 녹여 설탕물을 만들면 돼요. 이때 일정한 온도에서 용매 100g 속에 최대로 녹을 수 있는 용질의 질량을 그 물질의 **용해도**라고 해요. 가로축을 온도로, 세로축을 용해도로 정해 온도에 따른 용해도를 나타낸 그래프인 용해도 곡선을 보면 쉽게 알 수 있어요.

설탕의 용해도 곡선 그래프를 보면, 온도가 20℃일 때

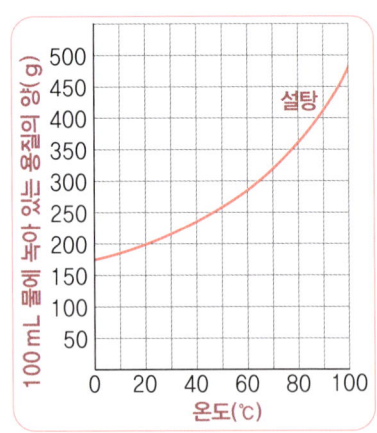

설탕의 용해도 곡선 그래프

설탕의 용해도는 208.9예요. 이는 온도가 20 ℃인 물 100 g에 최대로 녹을 수 있는 설탕의 양이 208.9 g이라는 뜻이에요. 이보다 설탕을 많이 넣으면 녹지 않는 설탕 알갱이가 생겨요. 따라서 탕후루를 만들 때는 물 100 g에 설탕 200 g을 넣는 것이 적절하답니다.

핵심과학용어사전

용해도 일정한 온도에서 용매 100 g 속에 최대로 녹을 수 있는 용질의 질량. 같은 물질이라도 온도에 따라 용해도가 다르다. 같은 온도라도 물질에 따라 용해도가 다르다.

용해도 곡선 온도에 따른 고체 용질의 용해도를 그래프로 나타낸 것. 용매 100 g에 최대로 녹을 수 있는 용질의 양을 알 수 있다. 용매의 온도를 그래프의 가로축으로, 용질의 용해도를 세로축으로 나타낸다.

포화 용액과 불포화 용액

용액에 녹아 있는 용질의 양에 따라 용액을 부르는 용어가 다르다. 용매 100 g에 용질이 용해도만큼 최대로 녹아 있는 용액을 '포화 용액'이라고 부른다. 용해도 곡선 위의 모든 점은 그 온도에서의 포화 용액을 뜻한다. 만약 온도가 20 ℃인 물 100 g에 설탕이 용해도만큼인 208.9 g 녹아 있다면, 이 용액은 포화 용액이다.

용질이 용해도보다 적게 녹아 있는 용액은 '불포화 용액'이다. 용해도 곡선의 아래쪽이 불포화 용액을 의미한다. 불포화 용액은 용해도에 이를 때까지 용질을 더 녹일 수 있다. 온도가 20 ℃인 물 100 g에 설탕이 150 g만큼 녹아 있다면, 58.9 g의 설탕을 더 녹일 수 있다는 뜻이다.

용질이 용해도보다 많이 녹아 있는 용액은 '과포화 용액'이라고 한다. 용해도 곡선의 위쪽이 과포화 용액을 의미한다. 과포화 용액에서는 녹아 있던 용질의 일부가 다시 고체 결정으로 변한다. 이러한 현상을 석출이라고 한다. 따라서 설탕을 용해도보다 더 많이 녹이면 다시 설탕 알갱이가 생긴다.

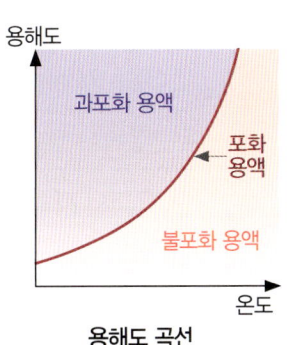

용해도 곡선

| 과학 5-1 | 용해와 용액 | 용액의 농도

튜브 없이도 몸이 뜨는 호수가 있다고요?

화학 연구원 부리나의 관찰일지

◆ 8월 8일 ◆날씨: 맑음 ◆관찰 장소: 사해

중동 지역의 이스라엘과 요르단 사이에는 소금 호수인 사해가 있다. 튜브나 구명조끼 없이 맨몸으로도 뜨기 때문에 물 위에 누워서 책을 볼 수 있다. 사해에서는 왜 맨몸으로도 잘 뜰까? 그 이유는 사해에 염분이 많기 때문이다. 사해에는 물이 빠져나가는 곳이 없기 때문에 요르단강에서 염분 섞인 물이 들어오기만 하고, 기온도 높아서 물이 들어오는 양만큼 계속 증발한다. 그래서 사해의 물에는 바닷물보다 염분이 무려 여섯 배 많다고 한다. 그러면 천일염도 바다보다 여섯 배 더 많이 만들 수 있으려나?

 사해가 '죽음의 바다'라고 불린다고요?

염도는 소금기의 정도를 말해요. 이스라엘과 요르단 사이에 있는 사해는 물의 염도가 매우 높아서 사람이 맨몸으로도 물 위에 뜰 수 있는 장소로 유명해요. 염도가 높아 사해에는 생물도 거의 살지 않아요. 그래서 '죽음의 바다'라는 뜻의 사해(死海)라고 불려요. 하지만 진짜 바다는 아니고 넓은 호수랍니다.

소금 결정을 관찰할 수 있는 사해 연안

염도가 높아 맨몸으로도 가라앉지 않는 사해

바닷물에는 염화 나트륨(소금)과 같은 염분이 많이 녹아 있어요. 이때 같은 양의 용매에 녹아 있는 용질의 많고 적은 정도를 '용액의 진하기'라고 불러요. 다른 말로는 농도라고 하지요. 용매의 양이 같을 때, 용해된 용질의 양이 많을수록 진한 용액이에요. 바닷물의 평균 염분 농도는 3.5%이고 사해의 평균 염도는 약 34%이니, 사해의 물이 일반 바닷물보다 농도가 훨씬 진하다고 말할 수 있어요.

일반 바닷물(왼쪽)과 사해의 물(오른쪽)에 각각 달걀을 띄운 모습

 용액의 농도를 어떻게 알 수 있을까요?

흑설탕을 녹인 용액은 녹아 있는 흑설탕의 양이 많을수록 용액의 색이 진해져요. 그래서 흑설탕 용액의 색으로 용액의 진하기를 비교할 수 있어요. 또 설탕물이나 소금물의 경우 맛을 봐서 진하기를 비교할 수도 있어요. 하지만 용액의 색이 투명하거나, 맛으로 용액의 진

화학 193

하기를 알기 어려울 때도 있어요. 이럴 때는 물체가 뜨고 가라앉는 정도를 통해 용액의 진하기를 알 수 있어요. 메추리알이나 방울토마토, 달걀과 같이 작은 물체를 용액에 띄워 보면, 용액의 진하기가 높을수록 용액에 들어 있는 물체가 높이 떠오른답니다.

간장을 만들 때도 이 방법을 활용해 농도를 확인해요. 간장은 소금물에 메주를 넣고 발효시켜서 만드는데, 소금물의 농도가 적당해야 발효 과정에서 상하지 않고 맛도 좋아져요. 옛날 사람들은 간장을 만들 때 소금물의 농도를 맞추기 위해 달걀을 띄웠어요. 소금물이 진할수록 달걀이 높이 떠오르는 원리를 이용하여 달걀이 떠오르는 높이를 보고 소금물의 농도를 조절했어요.

소금물의 농도가 중요한 간장

핵심과학용어사전

용액의 진하기(농도) 같은 양의 용매에 용해된 용질의 많고 적은 정도. 같은 양의 용매에 녹아 있는 용질의 양이 많을수록 농도가 진한 용액이다.

염도 물에 녹아 있는 염분의 농도

해수에 녹아 있는 물질의 총량, 염분

염분은 바닷물에 녹아 있는 소금기를 말한다. 과학적 정의로는 '1 kg 해수에 녹아 있는 염류의 총량을 g 수로 나타낸 것'이다. 여기서 염류는 바닷물 속 염화 나트륨을 포함한 다양한 성분을 말한다. 즉, 염분은 바닷물에 녹아 있는 물질의 총량이 어느 정도인지를 나타내는 용어이다.

바닷물의 평균 염분 농도는 3.5 %이다. 즉, 1 kg의 바닷물에는 35 g의 염분이 들어 있다는 말이다. 이중에 황산 나트륨, 황산 마그네슘 등 다른 염분을 제외한 염화 나트륨(소금)만의 평균 염도는 2.8 %이다.

염도는 우리 생활에서 유용하게 쓰인다. 생리 식염수는 우리 몸속 체액 농도인 0.9 %와 같은 농도로 만들어진 소금물이다. 병원에서 탈수 증상을 치료하거나, 코를 세척하는 등 다양하게 활용되고 있다.

주사, 상처 소독 등에 사용되는 생리 식염수

| 과학 5-1 | 용해와 용액 | | 기체의 용해 |

눈에 보이지 않는 기체를 물에 녹일 수 있다고요?

화학 연구원 부리나의 관찰일지

◆ 8월 24일 ◆날씨: 번개   ◆관찰 장소: 박사님 집 거실

설탕이나 소금 같은 고체 물질은 물에 잘 녹는다. 식초 같은 액체도 물과 섞일 수 있다. 하지만 기체는 눈에 보이지 않아서 물에 녹일 수 없다고 생각했다. 그런데 기체도 물에 녹는다는 사실을 알았다! 탄산음료인 콜라와 사이다는 이산화 탄소 기체가 용해된 용액이다. 콜라를 컵에 따르면 거품이 보글거리며 올라오는데, 이 거품의 정체가 바로 탄산음료 용액에 녹아 있던 이산화 탄소다. 내가 좋아하던 거품이 사실은 용해된 이산화 탄소라니! 당장 콜라를 한잔 마시며 다시 관찰해야겠어.

탄산음료는 어떻게 만들어지나요?

이산화 탄소(CO_2) 기체가 물(H_2O)에 녹으면 탄산(H_2CO_3)을 생성해요. 이산화 탄소를 물에 녹여 만든 음료수가 바로 탄산음료예요. 탄산수 제조기로 이산화 탄소를 물에 용해하면 집에서도 탄산수를 마실 수 있어요. 이처럼 기체가 액체에 녹는 현상을 **기체의 용해**라고 해요.

산소는 비교적 물에 잘 녹는 기체예요. 어항에는 보통 산소 발생기가 달려 있는데, 물에 산소를 용해해서 물고기가 숨을 쉴 수 있도록 도와줘요. 물고기는 물에 녹아 있는 산소로 숨을 쉬는데, 자연 환경과 달리 어항의 물은 산소가 부족하기 때문에 자주 물을 갈아 주고 산소 발생기도 설치하는 것이 좋아요. 이때 물에 녹아

기체의 용해를 이용하는 어항의 산소 발생기

있는 산소의 양을 **용존 산소량**이라고 해요. 용존 산소량이 많을수록 물고기가 살기 좋은 환경이 되고, 산소를 소모하는 박테리아 등의 오염 물질이 많아지면 용존 산소량이 적어져요. 그래서 용존 산소량은 수질을 확인하는 기준이 되기도 해요.

기체가 차가워야 물에 잘 녹는다고요?

기체는 고체와 다르게 온도가 낮을수록 물에 잘 녹아요. 온도가 높아지면 기체 분자의 움직임이 활발해져서 기체가 물에 녹지 않고 공기 중으로 날아가기 때문이에요. 그래서 더운 여름날이 되면 물고기들이 부족한 산소를 들이마시기 위해 물 위로 입을 내밀어 숨을 쉬는 모습을 자주 볼 수 있어요. 또 탄산음료를 더운 곳에 놓아두면 이산화 탄소가 공기 중으로 날아가 톡 쏘는 맛이 사라져요. 탄산음료는 차갑게 보관해야 이산화 탄소가 잘 녹아 있어요.

물 위로 입을 내민 물고기

또 기체는 압력이 높을수록 물에 잘 녹아요. 탄산 음료는 높은 압력으로 이산화 탄소를 물에 녹인 상태예요. 그 상태로 뚜껑을 닫아 밀봉하는데, 뚜껑을 열거나 컵에 따르면 압력이 낮아지면서 이산화 탄소가 공기 중으로 빠져나가요. 이처럼 기체의 용해도는 온도와 압력에 따라 크게 변한답니다.

뚜껑을 열어 압력이 낮아지면 공기 중으로 빠져나가는 이산화 탄소

핵심과학용어사전

탄산 이산화 탄소가 물에 녹아서 형성하는 물질
기체의 용해 기체가 물에 녹는 현상
기체의 용해도 고체나 액체와 마찬가지로, 물 100 g에 녹을 수 있는 용질의 최대 그램 수를 말한다.

탄소의 순환

생명체를 구성하는 중요한 원소인 탄소(C)는 대기 중에서 이산화 탄소(CO_2) 기체 형태로 존재한다. 이산화 탄소는 물에 잘 녹아서 빗물이나 바닷물, 강물 등에 탄산 형태로도 많이 존재한다. 식물은 광합성 과정에서 대기 중의 이산화 탄소를 흡수하여 포도당(양분)을 만들고, 동물은 식물이 만든 양분을 섭취해 에너지를 얻는다. 동식물의 호흡을 통해 양분이 분해되면서 이산화 탄소가 다시 대기 중으로 배출된다. 또 탄소 화합물로 이루어진 동식물의 사체가 열과 압력을 받으면 지하에서 석탄이나 석유가 되기도 하는데, 이러한 화석 연료를 태우면 그 과정에서 다시 이산화 탄소가 배출되어 대기나 바다에 녹아든다. 특히 바다는 대기 중 이산화 탄소의 약 30%를 흡수해 탄소 저장고라고 불리기도 한다. 이렇듯 탄소는 여러 형태로 모습을 바꾸며 지구 전체를 순환한다. 이를 '탄소 순환'이라고 부른다.

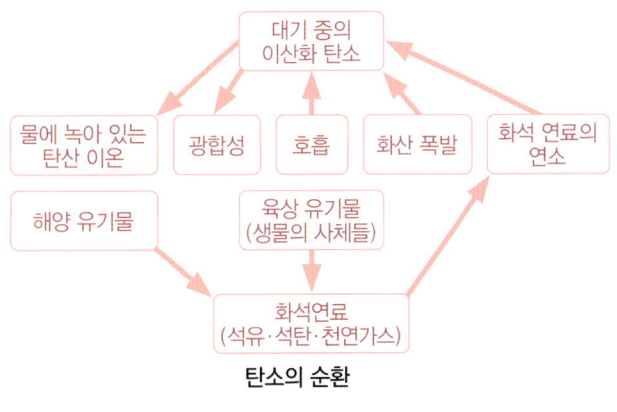

탄소의 순환

과학 5-2 　혼합물의 분리　　　　　　　　　혼합물

우리가 산소보다 질소를 더 많이 마시고 있다고요?

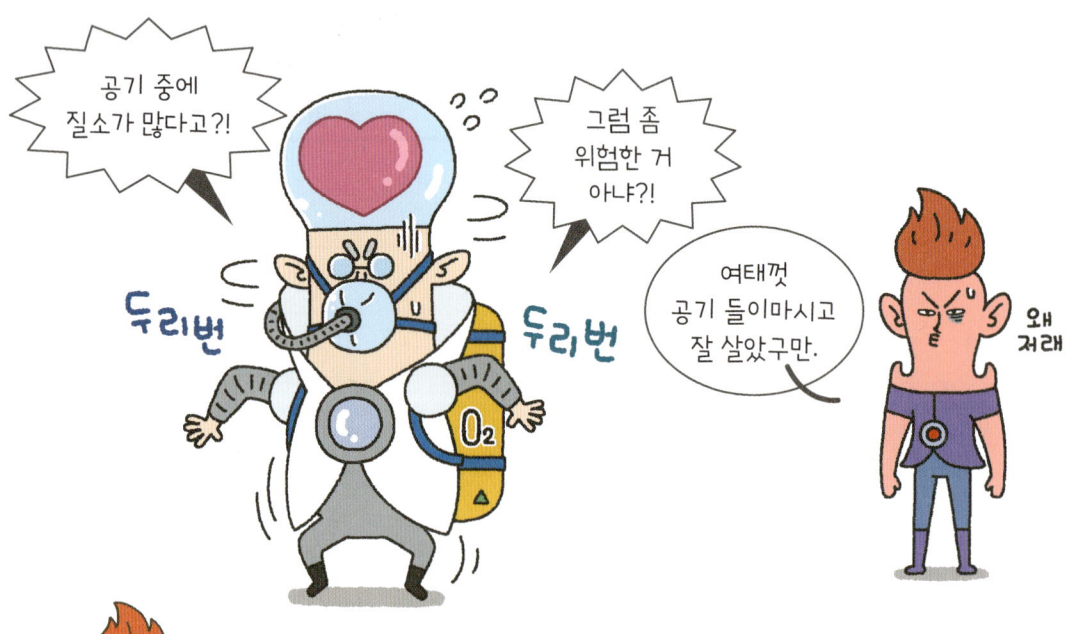

화학 연구원 부리나의 관찰일지

◆ 9월 6일　◆ 날씨: 흐림　　　◆ 관찰 장소: 울창한 숲속

지구 생물들의 호흡을 관찰해 봤다. 지구의 거의 모든 생물은 숨 쉴 때 공기를 들이마셔 산소를 흡수하고, 이산화 탄소를 내보낸다. 하지만 식물은 광합성을 통해 공기 중의 이산화 탄소를 흡수하고, 산소를 만들어서 내보낸다. 공기는 산소와 이산화 탄소 등이 섞인 혼합물인 셈이다. 그런데 박사님은 공기 대부분이 질소 기체로 구성되어 있다고 하셨다. 언젠가 식물이 사라지면 다른 생물들이 산소를 계속 소비해서 나중에는 공기 중에 질소만 남게 되는 것 아닐까? 외계인인 나라도 지금부터 열심히 나무를 심어야겠는걸.

공기는 어떤 기체들로 구성되어 있을까요?

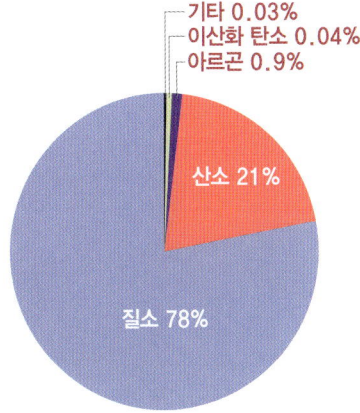

공기를 구성하는 기체

공기를 구성하는 기체에는 질소, 산소, 이산화 탄소, 수증기 등이 있어요. 그중 공기에 가장 많이 들어 있는 기체는 산소가 아니라 질소예요. 질소는 공기의 78%를, 우리가 숨 쉴 수 있게 해 주는 산소는 21%를 차지해요. 수증기는 시간과 장소에 따라 그 양이 달라지지만, 아르곤이나 이산화 탄소 같은 기체는 공기 중에서 차지하는 비율이 거의 일정해요.

공기를 이루는 기체들의 특징을 알아볼까요? 질소와 산소는 색깔과 맛, 냄새가 없어요. 질소는 식물이 단백질을 합성할 때 꼭 필요한 기체예요. 산소는 사람을 비롯한 모든 생물이 살아가는 데 꼭 필요한 기체이지요. 이산화 탄소는 동물이 숨을 내쉬거나, 숯과 석탄같이 탄소가 든 물질이 탈 때 발생하는 기체예요. 아르곤은 백열전구, 형광등 등에 들어 있는 기체예요.

식물의 단백질 합성을 돕는 질소 비료

공기 중에 산소보다 질소가 더 많다고요?

질소가 산소보다 공기 중에 많은 이유는 두 기체의 화학 구조를 보면 알 수 있어요. 산소 기체는 산소 원자(원소 기호: O) 두 개가 이중 결합을 하고 있고, 질소 기체는 질소 원자(원소 기호: N) 두 개가 삼중 결합을 하고 있어요. 삼중 결합은 매우 강한 결합이기 때문에 질소는 공기 중에서 분해되기 힘들어요. 반응성도 낮아서 다른 원소와 결합하지 않아요. 이

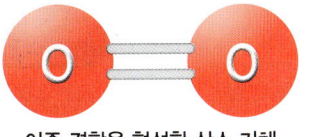

이중 결합을 형성한 산소 기체

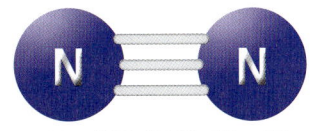

삼중 결합을 형성한 질소 기체

화학 **199**

를 '안정성이 높다'라고 표현해요. 그래서 질소는 다른 기체와 달리 분해되거나, 다른 원소나 성분과 결합하지 않고 그대로 존재해요. 이러한 특성 때문에 질소가 공기 중에서 가장 많은 양을 차지하지요. 우리가 숨을 들이마실 때는 산소만 걸러 내 마시는 것이 아니라 공기 전체를 들이마셔요. 따라서 우리가 가장 많이 마시는 기체는 산소가 아니라 질소예요. 사람 몸에 들어온 질소는 대부분 숨을 내쉴 때 다시 배출돼요.

핵심과학용어사전

산소 기체 산소 원자(O) 두 개가 이중 결합한 물질. 화학적 반응성이 높아서 다른 물질과 잘 결합한다.
질소 기체 질소 원자(N) 두 개가 삼중 결합한 물질. 다른 물질과 잘 반응하지 않는 안정적인 물질이다.

산소가 많아지면 어떻게 될까?

산소 기체는 삼중 결합을 가진 질소보다 결합이 끊기기 쉬운 이중 결합을 이루고 있다. 반응성이 높아서 화학 반응을 통해 다른 물질과 잘 결합하고, 다른 성분으로 변하면서 양이 줄어든다. 그래서 산소는 공기 중에서 차지하는 비율이 질소보다 적다.

산소가 다른 물질과 반응하는 것을 '산화'라고 한다. 물질이 산소와 결합하면 금속에 녹이 슬고 음식의 맛과 색깔이 변하거나 상하기도 한다. 또 산소가 다른 물질과 결합해 빠른 산화가 일어나면서 빛과 열이 나는 현상을 '연소'라고 한다. 물질은 연소 반응 후 다른 성분으로 바뀌거나 재만 남고, 산소는 이산화 탄소와 수증기 등 다른 물질로 변한다. 만약 공기 중에 산소만 가득하다면 철은 더 빨리 녹슬고, 불을 피우면 순식간에 주위의 모든 것이 타 버릴 것이다.

철이 산소와 결합하여 녹스는 현상

나무가 높은 열과 산소를 만나 생기는 연소 현상

과학 5-2 혼합물의 분리 　증류

바닷물을 마시면 목이 더 마르게 된다고요?

화학 연구원 부리나의 관찰일지

◆ 9월 16일 ◆날씨: 맑음　　◆관찰 장소: 무인도

무인도에서 살아남기 위해서는 무엇보다도 물을 구하는 것이 가장 중요하다. 무인도는 섬이니까 사방에 물이 가득하지만, 이 물이 바닷물이라는 게 문제다. 바닷물은 엄청나게 짜다. 목이 마르다고 바닷물을 마시면 몸에 염분이 많아져 계속 소변을 보게 되고, 결국 수분이 부족해져서 죽고 말 것이다. 하지만 바닷물에서 맑은 물을 얻을 수 있다면 무인도에서 살아남을 수 있다. 바닷물은 혼합물이니까 분명 소금과 물로 분리하는 방법이 있을 거다! 박사님, 빨리 바닷물을 분리해 줘요. 목마르다고요!

화학 201

바닷물은 왜 마시면 안 될까요?

바닷물은 물과 염분이 섞여 있는 혼합물이에요. 염분의 농도가 높으므로 무턱대고 마시면 큰일이 날 수 있어요. 바닷물을 그대로 마시면, 우리 몸은 들어온 염분을 희석하기 위해 많은 양의 물을 원하게 돼요. 목이 말라 갈증을 느끼는 거예요. 그리고 몸속에 들어온 염분을 몸 밖으로 배출하기 위해서, 마신 바닷물보다 1.5배 정도 많은 양의 소변을 바깥으로 배출해야 해요. 그래서 바닷물을 마실수록 몸속의 물이 부족해지는 탈수 현상이 일어나게 되는 거예요.

아우, 짜! 바닷물을 마시니까 목이 더 마르네!

식수로 사용되는 순수한 물

그런데 혼합물의 원리를 알면 바닷물로도 식수를 만들 수 있어요. 혼합물을 이루는 물질들은 본래 물질의 성질을 그대로 갖고 있어요. 여러 방법을 이용하면 각각의 물질을 원래의 물질로 분리할 수 있어요. 따라서 바닷물에서 순수한 물을 분리하는 것도 가능하답니다.

바닷물을 마실 수 있는 물로 바꿀 수 있다고요?

바닷물로부터 먹을 수 있는 물을 얻으려면 먼저 바닷물을 끓여서 물을 증발시켜야 해요. 바닷물은 물과 염분의 성질을 그대로 갖고 있는 혼합물이에요. 그리고 끓는점은 각 물질이 갖는 고유한 성질이지요. 물은 염분에 비해 끓는점이 낮아요. 그래서 바닷물을 끓이면 물은 수증기가 되고 염분만 남아요. 수증기에는 순수한 물만 있는 거지요. 이후 수증기를 냉각시키면 물방울로 응결하고, 그 물방울이 모여 물이 돼요. 염분이 제거된 순수한 물이니

마셔도 문제가 없어요. 이처럼 끓는점의 차이를 이용해서 순수한 액체로 만드는 방법을 **증류법**이라고 해요.

증류법을 이용하면 염분과 물의 혼합물인 바닷물에서 순수한 물을 분리할 수 있어요. 이렇게 얻은 순수한 물을 **증류수**라고 해요. 끓는 온도가 다른 액체가 섞인 혼합물에서도 각 액체 성분의 물질을 따로 분리할 수 있답니다.

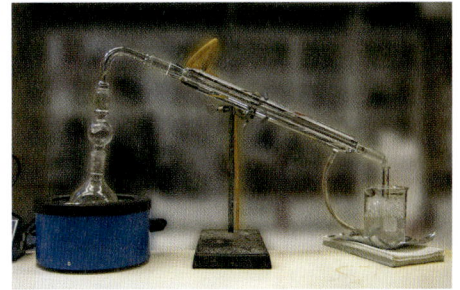

바닷물에서 물을 분리하는 증류법

핵심과학용어사전

증류법 끓는점의 차이를 이용해서 액체 상태의 혼합물을 분리하는 방법

우유로 만든 치즈와 버터

우리가 평소 마시는 우유에는 영양분이 풍부하게 들어 있다. 우유는 물, 단백질, 지방, 탄수화물 등이 골고루 섞여 있는 혼합물이다. 우유는 그냥 마실 수도 있지만 다양한 방법으로 가공해서 만든 유제품으로 먹기도 한다.

유제품에는 대표적으로 치즈와 버터가 있다. 치즈와 버터는 모양이 비슷하지만 만드는 방법과 성분에 차이가 있다. 치즈는 단백질이 산에 응고되는 성질을 이용해, 우유의 단백질을 분리해 만든 유제품이다. 버터는 우유에서 지방을 분리해 응고해서 만든 유제품이다. 치즈와 버터는 겉모습이 비슷하지만 구성 성분이 다르다. 이처럼 혼합물을 구성하는 각 물질의 특성을 이용하면 원하는 성분 물질만 따로 분리할 수 있다.

우유에서 단백질을 분리해 만든 치즈

우유에서 지방을 분리해 만든 버터

화학 203

| 과학 5-2 | 혼합물의 분리 | | 균일 혼합물 |

왜 사이다는 투명하고 코코아는 불투명해요?

화학 연구원 부리나의 관찰일지

◆ 9월 25일 ◆날씨: 구름 조금   ◆관찰 장소: 사이다 수영장 안

사이다는 투명해서 순물질인 줄 알았지만, 탄산과 설탕 등이 섞인 혼합물이라고 한다. 두 가지 이상의 물질이 섞인 물질을 혼합물이라고 하는데 혼합물에는 설탕물, 사이다, 우유, 미숫가루, 코코아 등이 있다. 같은 혼합물인데 왜 설탕물과 사이다는 투명하고 미숫가루와 코코아는 불투명하지? 고민을 하다 보니 코코아의 가루들이 가라앉아 버렸다. 다시 섞지 않고 위를 먹으면 밍밍할 텐데…. 잠깐! 사이다 수영장에서는 어디를 마셔도 사이다 맛이 똑같았는데? 이건 무슨 차이지?

 투명한 사이다가 순물질이 아니라고요?

톡 쏘는 느낌과 달콤한 맛을 즐길 수 있는 사이다는 물과 비슷하게 생겨서 순물질처럼 보여요. 하지만 사이다는 여러 가지 물질이 혼합된 용액이에요.

먼저 사이다에는 이산화 탄소가 들어가 있어요. 사이다가 톡 쏘는 이유는 이산화 탄소가 물에 녹아 탄산이 만들어지기 때문이에요. 또 사이다에는 달콤한 맛을 내기 위한 설탕이 들어가 있고, 과일의 성분인 구연산도 들어가 있어요. 그리고 약간의 레몬, 라임 향을 첨가해 입맛이 돌도록 만들었어요. 사이다는 이처럼 여러 가지 물질이 섞여 있는 혼합물이에요. 각각의 재료들은 사이다 용액에 섞인 후에도 단맛과 향 등 물질 각각의 성질을 그대로 유지하고 있지요.

혼합물인 사이다

 섞인 정도에 따라 혼합물을 구분한다고요?

혼합물은 혼합물에 포함된 물질들이 고르게 섞여 있는지에 따라 균일 혼합물과 불균일 혼합물로 나눌 수 있어요. **균일 혼합물**은 순물질들이 고르게 섞여 있는 혼합물을 말해요. 우리 주변에서 쉽게 볼 수 있는 설탕물, 공기 등은 여러 가지 순물질이 고르게 섞인 균일 혼합물이에요. 어느 부분에서나 섞인 비율이 일정하지요. 공기를 예로 들면, 질소 기체가 78%, 산소 기체가 21%, 이산화 탄소 기체가 0.04% 정도로 구성된 균일 혼합물이에요. 공기의 어느 부분에서든 섞인 기체의 비율이 일정해요.

균일 혼합물 - 탄산음료, 공기

불균일 혼합물 - 우유, 코코아

이와 다르게, **불균일 혼합물**은 여러 가지 순물질이 고르게 섞여 있지 않은 혼합물을 말해요. 미숫가루나 코코아는 시간이 지나면 가루 물질이 가라앉는 현상을 볼 수 있어요. 이는 미숫가루나 코코아를 이루는 물질이 고르게 섞여 있지 않기 때문이에요.

핵심과학용어사전

순물질 한 종류의 물질로만 이루어져, 일정하게 고유한 특성을 나타내는 물질
혼합물 두 가지 이상의 순물질이 그 물질의 성질을 그대로 유지하면서 섞여 있는 물질
균일 혼합물 순물질들이 고르게 섞여 있는 혼합물
불균일 혼합물 순물질들이 고르게 섞여 있지 않은 혼합물

물보다 더 뜨겁게 끓는 소금물

순물질은 녹는점, 어는점, 끓는점 등 물질의 특성이 일정한 값을 가진다. 예를 들어 물은 어는점이 0 ℃, 끓는점이 100 ℃로 일정하다. 반면 혼합물은 혼합물을 이루는 성분 물질의 혼합 비율에 따라 녹는점, 어는점, 끓는점 등이 일정하지 않고 변한다. 물은 어는점과 끓는점이 0 ℃와 100 ℃로 일정하지만, 소금물은 어는점이 0 ℃보다 낮고 끓는점은 100 ℃보다 높다. 따라서 조미료가 혼합된 라면 국물이나 찌개는 100 ℃보다 약간 더 높은 온도에서 끓는다. 혼합물에서 어는점이 내려가는 현상을 이용해 겨울철에 눈이 내릴 때 제설제로 염화 칼슘을 뿌려 준다. 염화 칼슘이 섞이면 0 ℃보다 낮은 온도에서 얼게 되므로 눈이 잘 녹는다.

또 물은 끓는 동안 온도가 일정하게 유지되고, 얼어 있을 때도 온도가 일정하게 유지된다. 하지만 소금물이 끓을 때는 끓는 동안에도 소금물의 온도가 조금씩 계속 올라가는 것을 관찰할 수 있다. 소금물이 끓으면 끓는점이 상대적으로 낮은 물만 수증기로 날아가는데, 소금물의 양이 줄어드는 동안 소금의 양은 일정하니 소금물의 농도가 올라가 점점 끓는점이 높아진다. 마찬가지로 소금물이 얼면 어는 동안 온도가 계속 낮아진다.

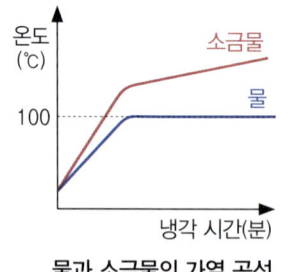

물과 소금물의 가열 곡선

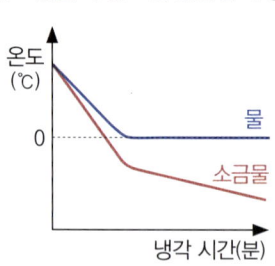

물과 소금물의 냉각 곡선

과학 5-2 | 혼합물의 분리 | 재활용

섞여 있는 재활용 쓰레기는 어떻게 분류하나요?

화학 연구원 부리나의 관찰일지

◆ 10월 5일 ◆ 날씨: 비 ◆ 관찰 장소: 분리수거장

지구인들은 참 꼼꼼하다. 내 눈에는 다 같아 보이는 쓰레기도 종류에 따라 나눠서 버린다. 플라스틱, 유리병, 종이, 캔, 비닐 등 다시 활용할 수 있는 자원은 재활용 분리수거함에 모은다. 불에 타는 물질은 종량제 봉투에 담아 태우고, 불에 타지 않는 물질은 자루에 담아 매립지에 묻는다. 그러면 지구인들이 모은 재활용 쓰레기는 어디로 갈까? 캔도 철이나 알루미늄 등 종류가 여러 가지인데, 겉으로는 똑같아 보여서 분류하기 어려울 것 같다. 이렇게 구분하기 어려운 쓰레기는 어떻게 분류하지?

쓰레기는 어디로 어떻게 이동할까요?

쓰레기는 크게 일반 쓰레기와 재활용 쓰레기로 나눌 수 있어요. 그중 재활용 쓰레기는 환경을 살리고 자원을 아끼기 위해 종류에 따라 분리해 배출하지요. 이렇게 버려진 쓰레기는 운반 업체에서 수거해요. 그리고 선별 업체에 도착해 선별하는 과정을 거쳐요.

물질의 종류에 따라 쓰레기를 분류할 수 있다

이때 재활용에 적합하지 않은 쓰레기나 일반 쓰레기는 불에 태우는 소각 과정, 땅에 묻는 매립 과정을 거쳐 폐기 처리돼요. 반면 재활용에 적합한 자원들은 재생 작업장으로 이동해요. 작업장에서는 재활용품을 물질별로 분류하고 가공한 다음 새로운 자원으로 만들어 사용해요.

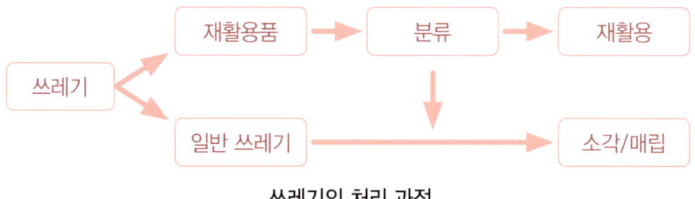

쓰레기의 처리 과정

재활용 쓰레기는 어떻게 분류할 수 있을까요?

수거한 재활용 쓰레기는 선별 과정을 거쳐서 물질별로 분류해요. 플라스틱은 플라스틱끼리, 유리병은 유리병끼리 나누지요. 이때 다른 물질이지만 겉으로 보기에 비슷한 재활용 쓰레기는 어떻게 분류할까요? 바로 물질의 성질을 이용해 혼합물을 분리하는 방법으로 분류할 수 있어요.

재활용품 분류·선별 기계

기계의 위쪽 이동판에 철 캔이 달라붙은 모습

캔을 효율적으로 재활용하기 위해서는 철 캔과 알루미늄 캔을 따로 분리해야 해요. 그런데 철 캔과 알루미늄 캔은 겉으로 보기에 차이점이 없어요. 이때 물질의 성질을 이용해 두 캔을 분리할 수 있어요. 철은 자석에 붙고, 알루미늄은 자석에 붙지 않지요. 철 캔과 알루미늄 캔을 자동 분리기에 넣으면 자석이 들어 있는 위쪽 이동판에 철 캔만 달라붙어요. 반면 자석에 붙지 않는 알루미늄 캔은 아래쪽 이동판에 남아 이동해요. 자석의 성질을 이용해 철 캔과 알루미늄 캔이 섞인 혼합물을 분리한 거예요.

핵심과학용어사전

물리적 재활용 화학적 성분을 유지하면서 모양만 바꿔 같은 용도로 재활용하는 방법. 폐플라스틱의 형태만 바꾼 뒤 동일한 플라스틱 원료를 분리, 세척, 선별하여 새로운 플라스틱 제품으로 재가공하는 방법이다.

화학적 재활용 화학적 성분을 일부 변화시키면서 새로운 용도로 재활용하는 방법. 폐플라스틱에서 특정 성분만 추출하거나, 물질의 분자 구조 변화를 통해 원료로 재생하는 방법이다.

물리적 재활용과 화학적 재활용

플라스틱이나 비닐류는 선별 과정에서 물리적 재활용과 화학적 재활용 과정을 거친다. '물리적 재활용'은 폐플라스틱의 형태만 바꿔 동일한 플라스틱 원료를 분리, 선별하고, 새로운 플라스틱 제품으로 가공하는 방법이다. 플라스틱을 분쇄해 일정한 크기의 플라스틱 조각인 펠릿(pellet)으로 만든다. 이후 펠릿을 세척하고, 기존 원료와 적당한 비율로 혼합해 새 플라스틱 제품을 만든다. 오늘날 폐플라스틱은 대부분 물리적 재활용인 재생 플라스틱으로 만들어져 활용되고 있다.

플라스틱 조각인 펠릿의 모습

'화학적 재활용'은 폐플라스틱에서 특정 성분만 추출하거나, 물질의 분자 구조 변화를 통해 원료로 재활용하는 방법이다. 1.5 L짜리 투명 페트병 다섯 개에서 티셔츠 한 벌 분량의 나일론 원사를 추출할 수 있다. 오늘날 축구 유니폼이나 아웃도어 상품 등에서는 화학적 재활용으로 만든 나일론 섬유를 활용하고 있다. 이처럼 화학적 재활용으로 추출한 나일론 섬유는 플라스틱 폐기물의 양을 줄여 환경 보호에 기여한다는 측면에서 친환경 섬유라고 부르기도 한다.

화학적 재활용으로 섬유를 추출해 만든 아웃도어 상품

과학 5-2 | 혼합물의 분리 | 소금

바닷물을 천 일 동안 말리면 천일염이 되나요?

화학 연구원 부리나의 관찰일지

◆ 8월 11일　◆날씨: 맑음　　◆관찰 장소: 염전

소금은 아주 중요한 물질이다. 지구인들이 신경과 근육을 움직이는 데 중요한 작용을 하고, 체액과 혈액의 양과 농도를 유지해 영양소를 공급한다. 무엇보다 음식을 맛있게 만드는 데 꼭 필요하다. 소금은 천일염, 맛소금, 암염 등 종류가 많다. 모두 바닷물에서 소금을 분리해 만들었다. 바닷물에서 분리하면 다 똑같은 소금일 것 같은데, 생김새도 맛도 조금씩 다르다. 만들 때 들인 정성에 따라서 달라지는 걸까? 그러면 천 일 동안 만든 천일염이 제일 맛있을 것 같은데?

천일염도 혼합물을 분리한 물질이라고요?

바닷물은 여러 염분이 녹아 있는 혼합물이에요. 이 중 염화 나트륨은 바닷물의 염분 중 가장 많은 양을 차지하고 있는 성분이에요. 바닷물 전체 염분의 85%를 차지해요. 바닷물의 평균 염도는 약 3.5%인데 이 중 염화 나트륨만 따진 바닷물의 농도는 약 2.8%예요. 바닷물 100g에 염화 나트륨 2.8g이 녹아 있다는 뜻이에요. 이 염화 나트륨이 바로 우리가 먹는 소금이랍니다.

우리는 여러 방법으로 바닷물에서 소금을 분리해 사용해요. 대표적으로 천일염(天日鹽)이 있어요. 천 일 동안 만든 소금이 아니라, 하늘의 태양 에너지로 증발시켜 만든 소금이라는 뜻이에요. 염전에 바닷물을 가둬 놓고 햇볕과 바람으로 수분을 증발시켜서 만들어요. 천일염은 바닷물이라는 혼합물을 증발이라는 방법으로 분리해 만든 물질인 셈이에요.

바닷물을 증발시켜 소금을 만드는 염전

염전에서 만들어진 천일염

천일염, 꽃소금, 정제염의 차이는 뭘까요?

천일염은 햇볕과 바람으로 수분을 증발시켜 만든 가공되지 않은 소금이에요. 결정이 정육면체 모양이고, 입자의 크기가 굵으며, 색깔은 반투명한 흰색이에요. 천일염에는 염화 나트륨 이외에도 칼슘, 마그네슘 등 무기질과 수분이 풍부해요.

입자 크기가 굵은 천일염 결정

천일염 외에도 우리 생활에는 다양한 소금이 쓰여요. 바로 꽃소금과 정제염이에요. 꽃소금은 천일염을 깨끗한 물에 녹여 불순물을 제거하고, 다시

화학 **211**

가열해 결정으로 만든 소금이에요. 결정의 모습이 눈꽃 모양이기에 꽃소금으로 불리며, 천일염보다 희고 입자가 더 작아요.

정제염은 전기 에너지로 바닷물을 전기 분해해 염화 나트륨을 추출한 소금이에요. 천일염보다 입자가 작고 고르며, 불순물과 무기질이 없어요. 날씨의 영향을 받는 천일염과 달리 자연환경이나 날씨에 상관없이 대량 생산이 가능하고 가격도 저렴하답니다.

입자 크기가 작은 꽃소금 결정

핵심과학용어사전

염화 나트륨 염소와 나트륨이 화학 결합하여 만들어진 물질. 소금의 화학적 이름이다.
천일염 염전에서 햇볕과 바람으로 바닷물의 수분을 증발시켜, 바닷물에 녹아 있던 염화 나트륨을 고체 결정으로 만든 소금
정제염 바닷물을 전기 분해해 염화 나트륨을 추출해 만든 소금
암염 바닷물이 증발하여 만들어진 광물이나 암석에서 채취한 소금

땅에서 나는 소금, 암염

우리나라에서는 주로 바닷물을 이용해 소금을 얻지만, 다른 나라에서는 광물이나 돌에서도 소금을 얻는다. 이처럼 광물이나 암석에서 채취한 소금을 암염이라고 한다. 바닷물이 증발하여 소금이 광물로 남아 있는 것이다. 세계적으로 소금은 바닷물보다 암염을 통해서 더 많이 얻고 있으며, 대표적인 암염으로는 히말라야 핑크 솔트가 있다.

히말라야산맥은 아주 먼 옛날 바다였던 곳이 지각 변동으로 인해 솟아올라 만들어졌다. 이때 같이 솟아오른 소금물이 증발해 광물 형태로 변한 것이 암염인데, 그 암염을 잘게 쪼개 가루로 만든 것이 히말라야 핑크 솔트이다. 히말라야 핑크 솔트가 분홍색을 띠고 있는 이유는 소량의 산화철과 미네랄이 포함되어 있기 때문이다.

광물, 암석 형태인 암염의 모습

히말라야산맥의 암염을 가공해 만든 히말라야 핑크 솔트

과학 6-1 | 산과 염기　　　　　　　　　　　산과 염기

산성은 모두 시고 염기성은 모두 쓴가요?

화학 연구원 부리나의 관찰일지

◆ 11월 8일　◆ 날씨: 비　　◆ 관찰 장소: 미용실

지구인들은 산과 염기라는 말을 자주 쓴다. 텔레비전이나 신문에서 종종 '산성비를 맞으면 좋지 않다'라거나, '알칼리성 식품을 먹는 게 몸에 좋다'라고 이야기한다. 산성비는 산성 성분인 비라는 뜻이고, 알칼리는 다른 말로 염기라고 한다. 산성은 주로 신맛이 나고 염기성은 주로 쓴맛이 난다는데, 맛으로 산성과 염기성을 구분할 수 있을까? 튼튼한 몸을 가진 아임스타인 박사님에게 산성비와 샴푸를 맛보는 실험을 부탁해야겠다. 연약한 지구인들은 함부로 실험하면 큰일 나!

 산과 염기를 어떻게 구별할 수 있을까요?

물질이 물에 녹았을 때 산의 성질을 띠는 것을 **산성 물질**, 염기의 성질을 띠는 것을 **염기성 물질**이라고 해요. 산(Acid)이라는 말은 '시다'라는 뜻의 라틴어 단어 'acidus'에서 유래했어요. 산성 물질은 주로 신맛이 나고, 금속이나 대리석 등을 녹이는 성질을 갖고 있어요. 우리 주변에서는 레몬즙, 식초, 요구르트, 탄산음료, 과일 주스 등의 물질이 산성 물질이에요.

염기는 다른 말로 알칼리라고 해요. 알칼리(Alkali)라는 말은 '식물의 재'라는 뜻의 라틴어 단어 'al-qaly'에서 유래했어요. 염기성 물질은 주로 쓴맛이 나고, 단백질 성분을 녹이기 때문에 피부에 닿을 때 미끌미끌한 느낌이 나요. 우리 주변에서는 비눗물, 샴푸, 세제, 베이킹 소다, 치약과 같은 물질이 염기성 물질이에요.

 산성 물질은 모두 시고, 염기성 물질은 모두 쓴가요?

식품은 대체로 산성이냐, 염기성이냐에 따라 맛이 달라져요. 산성에 가까울수록 신맛이 나고, 염기성에 가까울수록 쓴맛이 나지요. 하지만 모든 산성 물질이 신맛을 내거나, 모든 염기성 물질이 쓴맛을 내지는 않아요.

과일이나 감, 밤, 도토리 등에 들어 있는 타닌산이라는 성분은 산성이지만 떫은맛을 내요. 어른들이 자주 마시는 커피는 쓴맛이 강하게 나지만 산성 물질이지요. 또 염기성 물질 중 생선에 들어 있는 트리메틸아민이라는 성분은 비린 맛을 내요. 따라서 어떤 물질이 산성인지, 염기성인지는 단순히 신맛과 쓴맛으로 구분할 수 없어요.

산성이지만 쓴맛이 나는 커피

염기성이지만 비린 맛이 나는 트리메틸아민

핵심과학용어사전

산 물에 녹았을 때 산성을 띠는 물질

산성 용액의 액성 중 한 가지. 주로 신맛이 나고, 금속을 녹이는 성질이 있다.

염기 물에 녹았을 때 염기성을 띠는 물질

염기성 용액의 액성 중 한 가지. 주로 쓴맛이 나고, 단백질을 녹이는 성질이 있어서 피부에 닿으면 미끌미끌한 느낌이 난다.

산성과 염기성을 구분하는 값, pH

산과 염기를 구분하기 위해 pH라는 값을 이용한다. pH는 '수소 이온 농도 지수'를 의미한다. 물질의 산과 염기의 강도를 나타내는 척도로 일상생활에서 널리 사용되고 있다. 예를 들어, 빗물의 pH가 5.6보다 작을 때 산성비라고 한다.

산성 물질은 물에 녹은 수용액 상태에서 수소 이온(H^+)을 만들어 내고, 염기성 물질은 물에 녹은 수용액 상태에서 수산화 이온(OH^-)을 만들어 낸다. pH는 산성 물질과 염기성 물질이 이온을 만들어 내는 성질을 이용해 산성의 정도를 0에서 14까지 숫자로 나타낸다. 산성 물질은 pH 값이 7보다 작다. pH 값이 작을수록 수소 이온의 농도가 높아져 산성이 강하다. pH 값이 7이면 중성이다. 순수한 물인 증류수의 pH 값이 7이다. 염기성 물질은 pH 값이 7보다 크다. pH 값이 클수록 수산화 이온의 농도가 높아져 염기성이 강한 물질이다.

수소 이온 농도 지수(pH) 표

| 과학 6-1 | 산과 염기 | | 산성과 염기성 |

우유는 산성인가요, 염기성인가요?

화학 연구원 부리나의 관찰일지

◆ 11월 20일 ◆날씨: 맑음 ◆관찰 장소: 목장

텔레비전의 건강 프로그램에서 산성 식품인 육류보다 염기성 식품인 과일, 채소류를 많이 먹어야 좋다는 정보를 얻었다. 그런데 이상한 점은, 육류가 산성 식품이고 과일이 염기성 식품이라는 사실이다. 쇠고기나 돼지고기를 먹다가 신맛을 느낀 적이 없는데 말이다. 반면 과일인 레몬이나 귤은 엄청나게 신데, 왜 염기성 식품이지? 아무래도 산성과 염기성을 구분하는 또 다른 기준이 있는 것 같다. 그러면 우유는 산성일까, 염기성일까? 일단 한잔 마시고 생각해 볼까.

산성 물질과 산성 식품이 다르다고요?

산성 물질과 염기성 물질은 보통 물질이 물에 녹아 수용액 상태일 때 용액의 성질을 말해요. 하지만 음식에서 산성 물질과 염기성 물질을 분류하는 기준은 달라요. 우리가 음식을 섭취하면 음식이 그대로 흡수되는 것이 아니라, 소화 과정을 거치면서 영양소 상태로 분해되고 흡수돼요. 이때 ==음식이 분해되어 남은 물질의 성분에 따라서 산성 식품과 염기성 식품으로 분류해요.== 즉, 음식 자체가 아니라 음식이 우리 몸에서 소화되고 흡수된 상태를 기준으로 분류하는 거예요. 그렇기에 산성 물질도 우리 몸에 섭취된 후에 염기성을 나타내면 염기성 식품이에요.

산성 물질이지만 염기성 식품인 레몬

산성 식품과 염기성 식품을 어떻게 구별할까요?

연소와 비슷한 소화 과정

소화는 섭취한 음식의 영양소를 흡수하기 쉽도록 잘게 분해하는 과정이에요. 이때 영양소와 산소가 만나 반응하면 이산화 탄소와 에너지가 발생해요. 소화 과정은 물질이 불에 타는 연소와 매우 비슷해서, 산성 식품과 염기성 식품을 분류할 때는 음식을 연소시키고 남은 재의 성분을 분석해요. 재에 황이나 인 등 산성 물질을 만드는 성분이 든 음식은 **산성 식품**, 나트륨, 칼륨, 마그네슘, 칼슘 등 염기성 물질을 만드는 성분이 든 음식은 **염기성 식품**으로 분류하지요.

단백질이 많은 육류, 탄수화물이 많은 곡식, 대부분의 가공식품은 연소 후 산성 물질이 많이 남는 산성 식품이에요. 레몬이나 오렌지는 그 자체로 산성이지만, 연소 후 염기성 물질이 많이 남으므로 염기성 식품으로 분류하지요. 그러면 우유는 어떨까요? 우유는 pH 약 6.5로 약한 산성 물질이지만, 우유를 연소시킨 뒤 재의 성분을 분석하면 칼슘, 마그네

숲 등 염기성 성분이 산성 성분보다 많이 남아 있어요. 그래서 우유는 염기성 식품으로 분류한답니다.

핵심과학용어사전

산성 식품 연소 후 황(S), 인(P) 등 산성 물질을 만드는 성분이 든 육류, 곡식 등의 식품
염기성 식품 연소 후 나트륨(Na), 칼륨(K) 등 염기성 물질을 만드는 성분이 든 과일, 채소 등의 식품

이온 음료는 산성일까, 염기성일까?

우리는 땀을 많이 흘리는 운동을 한 뒤 이온 음료를 즐겨 마시는데, 이온 음료에는 나트륨 이온, 칼륨 이온, 칼슘 이온 등 알칼리성 이온이 들어 있어 알칼리성 음료로 불린다. 하지만 이온 음료에는 달콤하고 새콤한 맛을 위해 당분과 구연산 등의 산성 성분도 첨가했기에 실제 이온 음료의 pH는 5~6 정도로 약한 산성을 띠고 있다. 따라서 이온 음료는 산성을 띠지만, 알칼리 이온수 자체는 염기성 식품에 해당한다.

이온 음료는 구연산과 당분을 첨가해 약한 산성을 띤다

| 과학 6-1 | 산과 염기 | | 지시약 |

남들이 볼 수 없는 편지를 쓰는 방법이 있다고요?

화학 연구원 부리나의 관찰일지

◆ 12월 1일 ◆날씨: 흐림 ◆관찰 장소: 우체통 앞

가끔은 박사님 모르게 메시지를 전달해야 할 때가 있다. 휴대 전화로 문자를 보내면 편리하지만, 누군가 내 휴대 전화를 몰래 빼앗아 볼 수도 있다. 그래서 나는 중요한 내용을 전달할 때 비밀 편지를 쓴다. 비밀 편지를 만드는 법은 간단하다. 지구인들에게 흔한 식초를 사용하거나, 특별한 용액을 사용하면 된다. 이 용액으로 글씨를 쓰고, 특별한 방법으로 내용을 확인할 수 있다. 하지만 내용을 확인하면 다시 비밀 편지로 되돌릴 수 없으니 박사님이 볼 수 없게 꼭 찢어서 버려야 해!

비밀 편지를 쓸 때 식초를 사용한다고요?

편지지에 투명한 식초로 글씨를 쓰고 말리면 적힌 글씨가 보이지 않아요. 하지만 편지지 가까이에 촛불을 대면 글씨가 갈색으로 변하면서 나타나요. 식초 대신 레몬, 오렌지 등 신맛을 내는 과일의 즙으로 글씨를 써도 같은 결과가 나와요. 이때 불을 종이에 너무 가까이 대면 종이가 탈 수도 있어 주의해야 해요.

식초로 쓴 비밀 글씨

==사라진 글자가 다시 나타나는 이유는 산성 물질을 가열하면 물을 빼앗아 가는 성질이 있기 때문이에요.== 식초와 신맛이 나는 과일에 들어 있는 시트르산(구연산) 성분은 약한 산성 물질이에요. 종이는 나무의 섬유질을 구성하는 셀룰로오스로 이루어져 있는데, 탄소, 수소, 산소가 주성분이에요. 식초로 글을 쓴 뒤 종이를 가열하면, 식초가 묻은 부분의 수소와 산소가 결합해 물로 변해 빠져나가고 탄소만 남아요. 탄소는 검은색이니 글씨를 쓴 부분만 색이 진하게 변하는 것이지요.

용액의 성질을 쉽게 알 수 있는 물질이 있다고요?

지시약은 다른 용액과 만났을 때 나타나는 색깔 변화로 용액의 성질을 알려 주는 물질을 말해요. 산성 또는 염기성 물질에 지시약이 닿으면 특정한 색깔로 변해요. 색 변화로 용액이 산성인지 염기성인지를 구별할 수 있어요.

여러 종류의 산·염기 지시약

페놀프탈레인 용액은 산성 용액에 떨어뜨렸을 때 아무 변화가 없지만, 염기성 물질에 떨어뜨리면 붉게 변하는 지시약이에요. 이 용액으로도 식초처럼 비밀 편지를 만들 수 있어요. 페놀프탈레인 용액으로 글씨를 쓴 투명한 종이에 비눈물이나 주방 세제 용액을 분무기로 뿌리면 분홍색에 가까운 붉은색 글씨가 나타나요. 페놀프탈레인 용액은 염기성 용액과 만나면 붉게 변하기 때문이에요. 비눗물과 주방 세제 용액은 염기성 물질이므로 비눗물이 닿은 부분의 색깔이 변하는 것이랍니다.

염기성 물질을 만나면 색이 변하는 페놀프탈레인 용액

지시약 용액과 반응했을 때 색깔 변화를 통해 용액이 산성인지, 염기성인지 시각적으로 구분할 수 있게 해 주는 물질. 리트머스 종이, 페놀프탈레인 용액, BTB 용액 등이 있다.

다양한 산·염기 지시약

산과 염기를 구분하기 위해 페놀프탈레인 용액 외에도 다양한 산·염기 지시약을 사용한다. 그중 대표적인 것이 리트머스 종이와 BTB 용액이다. 리트머스 종이는 리트머스 이끼의 즙을 종이에 적셔 만든 지시약이다. 붉은색 종이와 푸른색 종이가 있는데, 푸른색 종이는 산성 용액을 만나면 붉게 변하고, 붉은색 종이는 염기성 용액을 만나면 푸르게 변한다. BTB 용액은 산성 용액에서 노란색, 중성 용액에서 초록색, 염기성 용액에서 파란색으로 변하는 지시약이다.

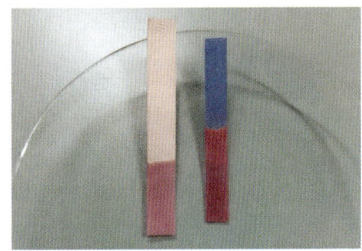

산성 용액을 리트머스 종이에 적신 모습

우리 주변에서도 지시약을 찾을 수 있다. 붉은 양배추와 적포도에 들어 있는 안토시아닌이라는 색소는 용액의 액성에 따라 다양한 색을 나타내는 천연 지시약이다. 붉은 양배추 지시약은 산성 용액에서 붉은색 계열의 색깔로 변하고, 염기성 용액에서 푸른색이나 노란색 계열의 색깔로 변한다.

붉은 양배추 지시약

화학 **221**

| 과학 6-1 | 산과 염기 | | 중화 반응 |

치약은 왜 염기성인가요?

화학 연구원 부리나의 관찰일지

◆ 12월 12일 ◆ 날씨: 맑음 ◆ 관찰 장소: 박사님의 비밀 연구실

지구인들이 하루 세 번 이를 꼭 닦는 이유를 찾았다. 음식을 섭취하면 입속에 사는 박테리아가 음식물의 당을 분해해 산성으로 변화시킨다. 이 산성 물질이 이와 오래 접촉하면 치아가 부식되고 충치가 생긴다. 그런데 치약은 탄산 칼슘, 탄산 마그네슘 등이 주성분으로, 염기성을 나타내는 성분이 들어 있어 pH 8~9의 약한 염기성을 띤다. 그러니까 양치질은 염기성 물질인 치약으로 입안의 산성 물질을 제거하는 것이다. 그러면 양치질할 때의 입속은 산성과 염기성이 섞인 중성 수프나 다름 없겠어!

 산과 염기가 만나면 어떻게 될까요?

중화 반응은 산과 염기가 만나서 각각의 성질을 잃고, 중성인 물과 염이 만들어지는 반응이에요. 산성도, 염기성도 아닌 중성으로 변하는 반응이라는 뜻이에요. 산성 용액과 염기성 용액을 섞으면 산성이나 염기성이 약해지거나 사라져요. 산성 물질이 물에 녹으며 나오는 수소 이온과 염기성 물질이 물에 녹으며 나오는 수산화 이온의 양이 같아지면 중성이 되지요.

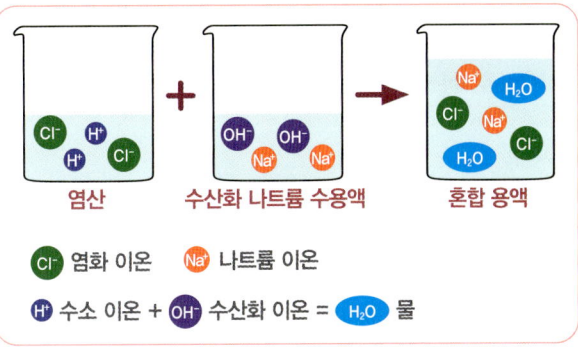

염산과 수산화 나트륨의 중화 반응

식초와 치약을 섞으면 어떻게 될까요?

산성인 식초와 염기성인 치약을 섞으면 식초의 산성과 치약의 염기성이 약해져요. 이때 식초의 수소 이온과 치약의 수산화 이온의 양이 같으면 중성이 돼요. 만약 식초에서 발생한 수소 이온이 치약에서 발생한 수산화 이온보다 더 많으면 약한 산성 용액이 돼요. 반대로 치약에서 발생한 수산화 이온이 식초에서 발생한 수소 이온보다 더 많으면 약한 염기성 용액이 돼요. 이와 같은 용액의 성질 변화를 표로 다시 한번 알아볼까요?

구분	산성 용액에 염기성 용액을 넣었을 때	염기성 용액에 산성 용액을 넣었을 때
용액의 성질	산성이 점점 약해지다가 중성이 되고, 계속 염기성 용액을 넣으면 염기성이 된다.	염기성이 점점 약해지다가 중성이 되고, 계속 산성 용액을 넣으면 산성이 된다.
용액의 성질이 변하는 까닭	산성 용액과 염기성 용액을 섞으면 산성을 띠는 물질(수소 이온)과 염기성을 띠는 물질(수산화 이온)이 결합하여 중성인 '물'이 되기 때문이다.	

산성 용액과 염기성 용액을 섞었을 때 중화 반응이 일어났는지는 지시약의 색깔 변화를 통해서 알 수 있어요. 산성 용액을 BTB 용액에 넣으면 노란색이 돼요. 여기에 염기성 용액

을 조금씩 넣으면 초록색이 되었다가 파란색이 된답니다. 산성에서 중성을 거쳐 염기성이 되는 과정을 색깔 변화로 볼 수 있는 것이죠.

BTB 용액

핵심과학용어사전

중화 반응 산성 용액과 염기성 용액을 섞었을 때 중성인 물과 염이 만들어지는 반응

염 양이온과 음이온이 결합한 중성 물질

생활 속 다양한 중화 반응

중화 반응은 생활 속에서 다양하게 이용된다. 생선을 구울 때는 레몬즙을 뿌리면 비린내를 제거할 수 있다. 이는 염기성인 생선의 비린내 성분을 레몬즙의 산성 성분으로 중화한 것이다. 속이 쓰릴 때 먹는 제산제는 염기성 물질로, 산성인 위액이 과다하게 분비되어 속이 쓰린 증상을 가라앉혀 준다. 머릿결이 뻣뻣할 때는 식초로 감으면 부드러워진다. 염기성 물질인 샴푸가 머리카락의 단백질 성분을 녹여 머릿결이 뻣뻣해지는데, 식초가 이를 중화해 준다. 신김치의 신맛은 발효 과정에서 산성 물질인 젖산이 만들어지며 나는 것이다. 염기성인 조개껍데기나 달걀 껍데기를 깨끗이 씻어 넣으면 김치의 신맛을 줄일 수 있다. 산성비가 내린 뒤 산성화된 흙은 염기성을 띠는 석회 가루를 뿌려 중화한다.

생선의 비린내를 중화시키는 레몬즙

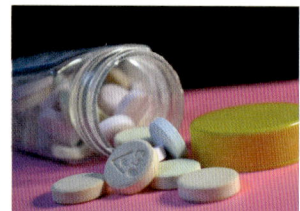

위액을 중화시키는 제산제

과학 6-1 | 산과 염기 강산과 약산

김을 키울 때 염산을 사용했다고요?

화학 연구원 부리나의 관찰일지

◆ 12월 21일 ◆ 날씨: 눈 ◆ 관찰 장소: 주방

지구인들이 먹는 김은 생긴 건 꼭 검은 종이처럼 생겼는데 정말 맛있다. 아임스타인 박사님은 김밥이라는 음식에 푹 빠져서 하루에 20줄씩 먹어 치우신다. 그런데 오늘 갑자기 김을 염산으로 키운다며 위험하다고 팔팔 뛰시는 거다. 깜짝 놀라 찾아보니 옛날에는 김 양식장에서 김에 달라붙은 이끼나 파래 같은 이물질을 제거하기 위해 염산과 같은 무기산을 희석해 썼다고 한다. 산으로 씻어 내면 쉽게 이물질을 제거할 수 있고, 김의 바삭한 식감과 윤기를 유지할 수 있다나. 지금은 구연산 같은 유기산을 쓴다고 한다. 그런데 무기산이 뭐지? 무기로 쓸 만큼 무시무시한 산인가?

화학 225

유기산과 무기산의 차이점은 뭘까요?

산은 크게 두 종류로 구분할 수 있어요. 바로 유기산과 무기산이에요. 유기산은 주로 먹을 수 있는 산이면서 약한 산인 반면, 무기산은 주로 매우 강한 산이라 사람에게 매우 위험하다고 알려져 있어요.

유기산은 주로 동식물계에서 얻을 수 있는 산이에요. 일반적으로 무기산보다 약한 산성을 띠는 약산이며, 분자 안에 탄소 원자를 갖고 있어요. 우유에 들어 있는 젖산, 식초의 재료인 아세트산, 과일의 성분인 구연산 등이 유기산에 해당해요.

무기산은 주로 광물에서 얻을 수 있는 산이에요. 무기산은 대체로 강한 산성을 띠는 강산이며, 주로 화학 반응으로 생성돼요. 염산, 질산, 황산 등이 무기산에 해당해요.

유기산에 해당하는 구연산(약산)

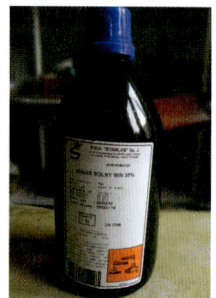
무기산인 염산(강산)

김을 키울 때 유기산을 사용한다고요?

김 양식장에서 김을 키울 때 산성 물질을 사용하면 김에 붙은 이물질을 제거할 수 있어요. 이때 구연산 같은 유기산을 이용하면 자연적으로 바닷물에 분해되어 생태계 피해를 줄일 수 있어요. 반면 공업용 염산 같은 무기산을 이물질 제거에 사용하면 해양 환경을 오염

김 양식장

김을 채취하는 모습

시키고 주변 해양 생물이 피해를 받을 수 있어요. 이에 우리나라 정부는 1994년부터 염산을 유해 화학 물질로 규정해 사용을 금지했어요.

하지만 오늘날에도 김 양식장에서 불법적으로 염산을 사용했다는 이야기가 종종 들려요. 유기산인 구연산은 가격이 비싸고, 염산보다 이물질 제거 효과와 김의 윤택이 떨어지기 때문이라고 해요. 그러면 염산으로 씻은 김을 먹어도 될까요? 염산을 바닷물에 희석해 김을 10~20초만 씻어도 이물질이 제거되고, 염산은 바닷물에 씻겨 나가기 때문에 김에는 남아 있지 않는다고 해요. 하지만 염산의 농도가 진할 경우 김에 영향을 미칠 수 있고, 해양 생태계에 문제가 될 수 있으므로 유기산을 이용하는 것이 안전해요.

강산 강한 산성을 나타내는 물질. 물에 녹았을 때 수용액에서 대부분 이온화되어 수소 이온을 많이 내놓는다.
약산 약한 산성을 나타내는 물질. 물에 녹았을 때 수용액에서 거의 이온화되지 않아서 수소 이온을 적게 내놓는다.

강한 산과 약한 산을 구분하는 이온화 정도

과학에서 산의 정의는 '수용액에서 이온화하여 수소 이온을 내놓는 물질'을 말한다. 수용액에서 수소 이온을 많이 내놓으면 강한 산, 적게 내놓으면 약한 산이다. 이처럼 강산과 약산을 구분하는 산의 세기는 '이온화 정도'로 판단한다. 이온화 정도는 수용액에서 수소 이온이 분리되는 정도에 따라 다르며, 농도와는 다르다. 따라서 농도가 진하다고 강산이 아니다. 수용액에서 대부분 이온화되어 수소 이온을 많이 내놓는 물질이 강산이다. 이온화 정도는 물질마다 다르며, 같은 물질에서는 일정한 이온화 정도가 나타난다.

염산과 아세트산을 비교하면 이온화 정도를 알 수 있다. 염산(HCl)은 물에 녹으면 대부분 수소 이온(H^+)과 염화 이온(Cl^-)으로 이온화된다. 수소 이온을 많이 내놓으므로 염산은 강산이다. 반면 아세트산(CH_3COOH)은 물에 녹으면 거의 이온화하지 않고 수소 이온을 적게 내놓으므로 아세트산은 약산이다.

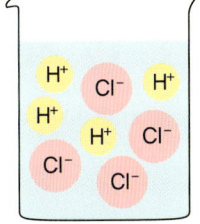 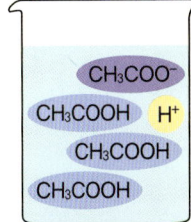

이온화된 염산(왼쪽)과 아세트산(오른쪽)의 모습

화학

| 과학 6-2 | 물질의 연소 | | 연소의 조건 |

세 가지 조건이 갖춰져야 불이 난다고요?

화학 연구원 부리나의 관찰일지

◆ 1월 2일 ◆ 날씨: 맑음 ◆ 관찰 장소: 바비큐장

'연소'란 물질을 가열했을 때 물질이 산소와 급격하게 결합하면서 빛과 열을 내는 현상이다. 불이 나거나, 물질이 불에 타는 것은 '연소 반응'이 일어난 것이다. 연소는 모닥불처럼 마음을 차분하게 해 주고, 고기를 맛있게 구워 주기도 한다. 그러나 커다란 화재로 물건이나 건물을 태워 큰 피해를 주기도 한다. 불이 나는 세 가지 조건만 알면 불을 피울 수도 끌 수도 있는데, 박사님께 미리 조건을 알려 드릴 걸 그랬나? 한 벌뿐인 옷이 홀라당 타 버려서 어쩐지 죄송한걸.

불에 타기 위한 조건이 있다고요?

연소가 일어나려면 세 가지 조건을 만족해야 해요. 첫 번째는 가연물이라고 부르는 '탈 물질'이에요. 석유나 장작 등이 연료가 되는 탈 물질에 해당해요. 두 번째는 '산소'예요. 물질 주위에 산소가 없으면 불이 붙지 않거나 물질이 더 이상 타지 않아요. 세 번째는 물질이 타기 시작하는 온도인 '발화점 이상의 온도'를 낼 수 있는 열원이에요. 물질이 스스로 발화해 연소를 시작하는 최저 온도를 발화점이라고 해요. 발화점은 물질마다 다르고, 발화점이 낮은 물질일수록 더 빨리 연소하기 시작해요.

탈 물질(가연물), 산소, 발화점 이상의 온도(열원)를 묶어 **연소의 3요소**라고 불러요. 물질이 불에 타기 위해서는 이 세 가지가 필요하고, 연소의 조건 세 가지가 모두 갖춰져야 물질의 연소 반응이 일어난답니다.

연소의 3요소

탈 물질(가연물) / 산소 / 발화점 이상의 온도

불을 끄려면 어떻게 해야 하나요?

불을 끄기 위해서는 연소의 3요소인 탈 물질, 산소, 발화점 이상의 온도 중 하나 이상을 제거해야 해요. 연소의 조건을 반대로 하는 것이지요. 연소의 3요소 중 한 가지 조건만 제거해도 불이 꺼지며, 이처럼 불을 끄는 행위를 **소화**라고 해요.

가스레인지의 밸브를 잠그는 것은 탈 물질인 가스 연료를 제거하는 방법이에요. 밸브를 잠그면 불이 붙지 않지요. 또 가정용 소화기를 사용해 이산화 탄소를 뿌리는 것은 주변의 공기로부터 산소를 제거하는 방법이에요. 불이 난 부분을 모래나 이불로 덮거나, 알코올램

화학 **229**

프를 뚜껑으로 닫으면 산소 공급이 차단되어 불이 꺼져요. 소방차 호스나, 스프링클러로 물을 뿌리는 것은 온도를 발화점 이하로 낮춰 불을 끄는 방법이에요.

밸브를 잠가 연료를 차단한 모습

소화기로 산소를 차단하는 모습

호스로 물을 뿌려 온도를 낮추는 모습

핵심 과학용어 사전

연소 물질이 공기 중의 산소와 빠르게 반응하여 빛과 열을 내며 타는 현상
연소의 3요소 연소가 일어나기 위한 세 가지 조건. 탈 물질, 산소, 발화점 이상의 온도를 말한다.
발화점 물질을 가열할 때 스스로 발화하여 물질이 연소하기 시작하는 최저 온도
소화 연소의 조건 중에서 한 가지 이상을 없애 불을 끄는 것

소화기의 원리와 사용 방법

가정용 소화기로는 분말 소화기를 많이 사용한다. 가격이 저렴하면서 여러 가지 화재에 사용할 수 있기 때문이다. 가정용 분말 소화기에는 소화 약제로 탄산수소 나트륨이나 제1 인산 암모늄이라는 가루가 들어 있다. 소화기에서 뿌려진 탄산수소 나트륨 분말이 불에 닿으면 열에 의해 분해된다. 이때 이산화 탄소 기체가 발생해 물질 주위의 산소를 차단하고, 열을 흡수해 온도를 낮춘다. 이처럼 소화기의 주요한 원리는 산소를 차단하고 온도를 낮춰 불을 끄는 것이다.

불이 난 상황에서 소화기를 사용하려면 먼저 소화기 손잡이 부분의 안전핀을 뽑아야 한다. 그 후 바람을 등지고 서서 소화기 노즐을 불 쪽으로 향하도록 잡는다. 손잡이를 움켜쥐고 빗자루로 쓸듯 소화기를 골고루 쏘면, 산소를 차단해 불을 끌 수 있다.

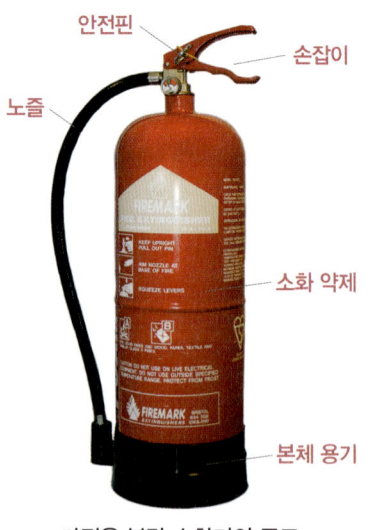
가정용 분말 소화기의 구조

과학 6-2 | 물질의 연소　　　　　　　　　　　　　　완전 연소

불에 타면 왜 모두 까맣게 될까요?

화학 연구원 부리나의 관찰일지

◆ 1월 5일　◆ 날씨: 구름 많음　　◆ 관찰 장소: 주방

물질이 산소와 발화점 이상의 온도를 만나서 연소하면, 높은 온도로 인해 물체가 타서 형태가 사라진다. 물질이 불에 타고 난 뒤에는 타 버린 재와 그을음이 남는다. 물질이 타면서 연기도 나고, 재와 그을음도 남는걸 보니 물질이 사라지는 게 아니라 새로운 물질로 변하는 걸지도 모른다. 그런데 왜 물질이 불에 타면 까맣게 되는 걸까? 불은 붉은색인데 왜 하필 검은색이 되는 것인지. 확실한 건 아임스타인 박사님이 만드신 새로운 음식은 사라져야 한다는 것이다. 이런 탄소 덩어리를 어떻게 먹어!

화학 231

물질이 불에 타면 어떻게 될까요?

물질이 불에 타면 물질의 원래 형태는 알아볼 수 없을 정도로 사라지고, 검은 재와 그을음이 남아요. 불에 타는 물질의 주성분은 대부분 탄소와 수소예요. 물질이 연소하면 탄소와 수소에 산소가 더해져 이산화 탄소와 수증기(물)가 발생해요. 이때 남은 탄소는 검은 재가 되지요.

그을음과 재만 남은 불탄 숲의 모습

이처럼 물질이 타고 남은 재는 대부분 탄소로 이루어져 있어요. 탄소는 빛을 흡수하는 성질이 있어 검은색으로 보여요.

완전 연소와 불완전 연소의 차이가 뭐예요?

물질의 연소에는 완전 연소와 불완전 연소가 있어요. 물질이 연소할 때 산소가 충분하면, 연소하면서 탄소(C)와 산소(O_2)가 결합한 이산화 탄소(CO_2)와 물이 발생해요. 이를 **완전 연소**라고 불러요. 그러나 물질이 연소할 때 산소가 충분히 공급되지 않으면, 탄소와 만나는 산소가 부족해 이산화 탄소가 아닌 일산화 탄소(CO)가 만들어져요. 이를 **불완전 연소**라고 불러요.

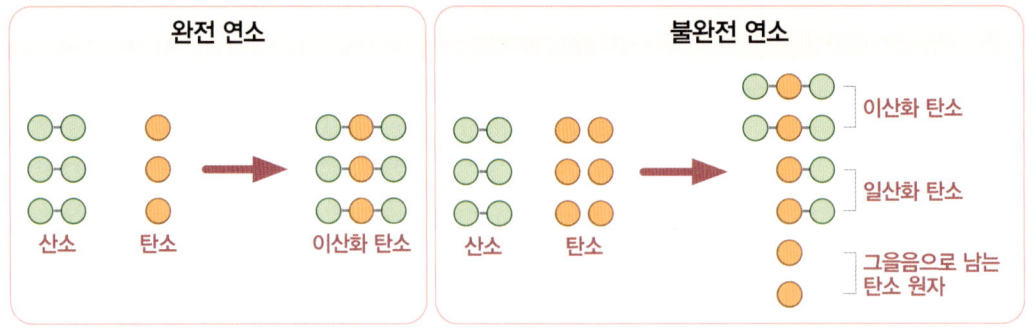

불완전 연소가 일어나면 타지 못한 탄소가 일산화 탄소와 섞여 검은 연기가 나고, 연소하고 남은 탄소인 그을음도 같이 발생해요. 탄소 성분이 산소와 충분히 결합하지 못해 검

은 그을음이 일어나는 거예요. 숯은 이런 그을음을 이용해 만든 물체예요. 단단한 목재를 산소가 부족한 환경에서 가열해, 수분과 불순물을 없애고 검은 탄소 덩어리로 만든 것이랍니다.

불완전 연소를 이용해 만든 숯

핵심과학용어사전

완전 연소 산소의 공급이 충분한 상태에서 반응 물질이 완전히 연소하는 것. 완전 연소 후에는 이산화탄소와 물이 생성된다.

불완전 연소 물질이 완전히 연소할 정도로 산소가 충분히 공급되지 않아 불완전하게 연소하는 것. 불완전 연소 후에는 일산화탄소가 생성된다.

불에 잘 타지 않는 소방복

불에 잘 타는 물질을 '가연성 물질'이라고 한다. 불이 쉽게 붙으며 불꽃이 없이도 지속적으로 연소되는 물질이다. 종이, 나무, 천, 석유와 같은 가연성 물질은 빠르게 연소하고 불길이 잘 번지므로 화재의 주요 원인이 된다. 반면 일정 온도 이하에서 전혀 연소되지 않는 물질은 '불연성 물질'이라고 한다. 불꽃을 직접 접촉해도 불이 붙지 않는 물질로, 이산화 탄소, 유리, 물, 질소, 금속 등이 대표적이다. 그리고 불이 잘 붙지 않는 물질을 '난연성 물질'이라고 한다. 일정 조건에서는 연소하지만, 불이 붙어도 연소 속도가 느리고 불길이 느리게 번지는 물질이다. 소방관들이 입는 소방복은 불에 쉽게 타거나 녹지 않는 난연성 물질인 '아라미드'라는 섬유를 이용해 만든다. 아라미드 섬유는 불에 강할 뿐만 아니라 강철만큼 튼튼해 소방관의 몸을 불과 열기, 무너지는 건물로부터 보호해 준다. 소방관들의 안전과 생명을 지켜 주는 방패인 셈이다.

난연성 물질을 이용해 불이 잘 붙지 않는 소방복

과학 5-2   자원과 에너지   플라스틱

물건이 썩지 않는 게 왜 문제예요?

아유~ 강아지 예쁘네요.
올해 몇 살이에요? 우리 비닐이는 300살이 조금 넘었어요~
그래요? 아직 아기네요.
우리 플라스틱이는 430살이에요.

화학 연구원 부리나의 관찰일지

◆ 1월 11일   ◆날씨: 맑음   ◆관찰 장소: 공원 산책로

지구인들은 플라스틱과 비닐봉지를 무척 사랑한다. 음식을 배달할 때도, 물건을 만들 때도, 포장할 때도 흔히 사용한다. 플라스틱과 비닐 없는 일상생활이 상상이 안 갈 정도다. 하지만 지구인들은 사용하고 난 뒤 버려진 플라스틱과 비닐은 신경 쓰지 않는 것 같다. 플라스틱과 비닐은 썩지 않아 분해되는 데 오랜 시간이 걸리는데, 그 덕에 지구에서는 <u>환경 문제</u>가 끊이질 않는다. 플라스틱과 비닐이 분해되려면 시간이 얼마나 걸릴까? 지구인들이 사라져도 쓰레기는 여전히 지구에 남아 있을 것 같다.

석유로 플라스틱을 만든다고요?

플라스틱은 원유를 가열해 분리한 석유 제품인 나프타를 재료로 만들어요. 나프타를 가열하면 액체 상태의 분자인 에틸렌과 프로필렌이 되고, 이를 다시 고체로 만들어 다양한 소재로 활용해요. 많이 쓰이는 플라스틱의 종류로는 폴리에틸렌(PE), 폴리프로필렌(PE), 폴리염화 비닐(PVC) 등이 있어요. 폴리(poly)라는

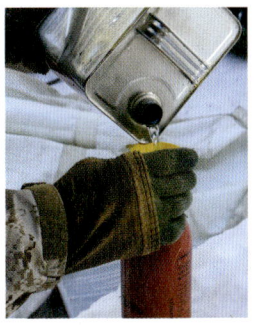

플라스틱의 원료로 사용되는 나프타

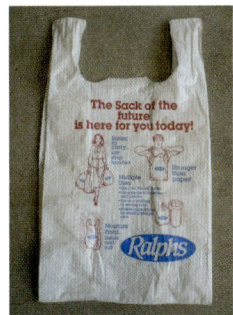

툴린이 개발한 최초의 비닐봉지

말은 같은 구조의 기본 단위가 반복적으로 결합한 고분자 물질이라는 의미예요. 이렇게 만들어진 플라스틱은 컵, 장난감, 생활용품 등 우리 삶 곳곳에서 사용되고 있어요.

비닐은 플라스틱을 필름 형태로 아주 얇게 뽑아내 만든 물질이에요. 비닐을 가방 형태로 만든 게 비닐봉지이지요. 영어로는 plastic bag이라고 불러요. 1959년 스웨덴의 공학자 스텐 구스타프 툴린이 손잡이가 있는 최초의 비닐봉지를 고안했어요. 비닐봉지는 주로 폴리에틸렌으로 만들어요. 매우 가볍고 재사용이 가능해서 많이 쓰인답니다.

플라스틱과 비닐봉지는 썩는 데 시간이 얼마나 걸릴까요?

플라스틱이 땅에서 썩어 분해되려면 450~500년이 걸린다고 해요. 세계 최초의 합성수지 플라스틱인 베이클라이트가 1907년에 만들어졌으니, 아직 지구상에는 자연 분해된 플라스틱이 없는 셈이에요. 비닐봉지도 플라스틱과 같은 성분의 인공적인 고분자 화합물로 만들어진 물질이에요. 따라서 썩어서 분해되기까지 굉장히 오랜 시간이 걸려요. 다만 비닐봉지는 다른 플라스틱 물건과 비교해 두께가 매우 얇아서, 분해되는 데 걸리는 시간이 플라스틱보다 적게 걸릴 것으로 예상돼요. 비닐봉지의 두께와 성분에 따라 분해 시간이 달라지지만 대략 30~500년으로 알려져 있어요. 플라스틱과 비닐봉지는 우리보다 지구에 더 오래 남아 계속 환경 오염을 일으킬 수 있어요.

플라스틱과 비닐봉지로 뒤덮인 해안가

분해되기까지 시간이 오래 걸려 환경 오염을 일으키는 플라스틱과 비닐봉지

핵심과학용어사전

플라스틱 열과 압력을 가해 원하는 모양으로 만들 수 있는 인공적인 고분자 물질. 합성수지라고도 불린다.

비닐 플라스틱을 얇은 두께의 필름 형태로 만든 물질. 주로 폴리에틸렌을 재료로 만들어서 가볍고, 물에 젖지 않고, 여러 번 재사용이 가능하다.

고분자 분자량이 큰 분자. 보통 분자량이 1만 이상인 것을 고분자라고 한다. 고분자에는 녹말, 단백질 등이 있다.

비닐봉지는 환경을 보호하기 위해 탄생했다?

오늘날 사람들은 비닐봉지와 관련한 환경 오염 문제로 골치를 앓고 있다. 하지만 비닐봉지는 처음에 환경 보호를 위해 만들어졌다. 당시에는 물건을 포장할 때 종이봉투를 사용했는데, 종이봉투를 만들기 위해 수많은 나무를 베었기에 문제가 많았다. 또 종이는 물에 잘 젖고, 찢어지면 다시 사용하기 어려웠다. 그래서 사람들은 나무를 베지 않아도 되고, 종이보다 튼튼하며 여러 번 사용할 수 있는 비닐봉지를 고안했다.

비닐봉지의 편리함은 곧 널리 알려졌다. 1970년대에는 햄버거 종이 포장을 비닐이 대신하고, 1980년대에는 미국 슈퍼마켓에서 비닐봉지를 사용하기 시작했다. 하지만 비닐봉지는 분해되는 데 오랜 기간이 걸려 환경 오염 문제를 일으킨다. 거북과 같은 해양 생물들이 비닐봉지를 먹이로 착각해 섭취하고 죽는 등 생태계에도 문제를 유발한다. 이에 따라 오늘날에는 환경 보호를 위해 비닐봉지의 사용을 제한하는 매장이 늘고 있다.

비닐봉지를 먹이로 착각한 새

목에 비닐봉지가 걸린 거북

과학 5-2 　자원과 에너지　　　　　　분리수거

플라스틱도 종류가 많다고요?

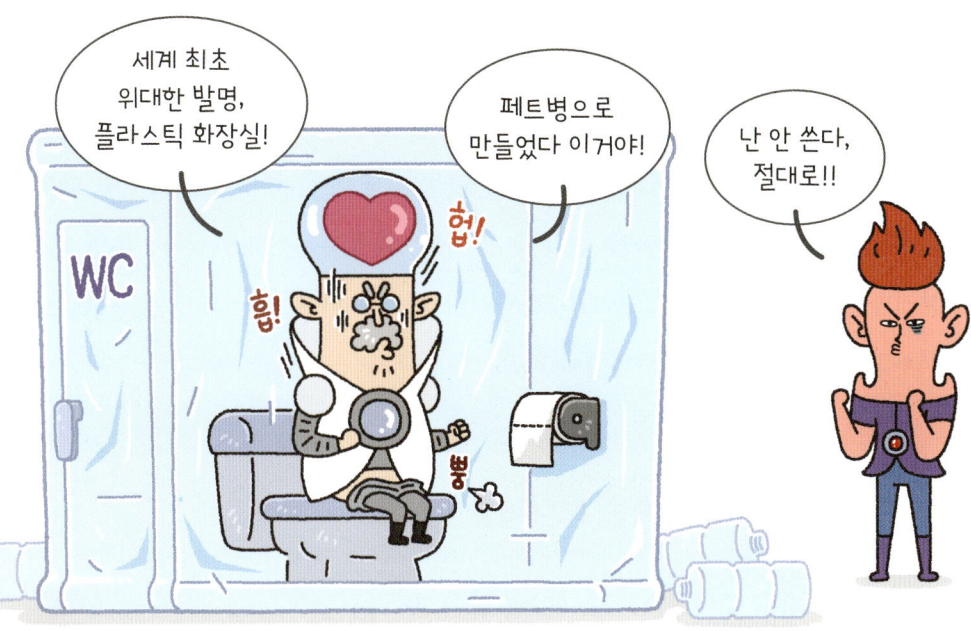

화학 연구원 부리나의 관찰일지

◆ 1월 15일　◆날씨: 눈　　◆관찰 장소: 플라스틱 화장실 앞

지구인들은 아무렇게나 플라스틱 일회용품을 사용하지만, 종류별로 분리수거도 잘한다. 그런데 분리수거를 한 플라스틱 일회용품 중에는 다시 쓸 수 있는 게 있고, 다시 쓸 수 없는 게 있다고 한다. 같은 플라스틱이어도 종류가 달라서 그렇다고 하는데, 내 눈에는 다 똑같은 플라스틱으로 보인다. 더군다나 색깔이 있거나 이물질이 묻은 플라스틱은 재활용하기가 까다롭다고 한다. 그래서 투명한 페트병만 따로 모아서 분리수거를 하는 건가? 분리수거는 왜 이렇게 복잡한 거야!

페트병은 다른 플라스틱과 다르다고요?

페트병은 생수나 음료를 담는 플라스틱병이에요. 폴리에틸렌 테레프탈레이트(polyethylene terephthalate), 줄여서 페트(PET)라는 재질로 만들어요. 페트는 생수나 음료 외에도 일회용 컵, 포장재, 필름 등 다양한 용도로 사용돼요. 같은 플라스틱처럼 보여도 투명도, 단단함에 따라 종류가 다양하답니다.

생수나 음료를 담는 투명 페트병은 입에 닿는 플라스틱이라 비교적 고품질의 플라스틱을 이용해요. 그리고 한 종류의 플라스틱으로 만들기 때문에, 투명 플라스틱만 따로 모아서 분리 배출하면 재활용의 효율을 높일 수 있어요. 환경부는 2020년부터 투명 페트병을 따로 분리배출하라고 권고하고 있어요. 과일이나 채소를 담은 투명 페트는 생수병으로 이용되는 투명 페트와는 다르니 주의해야 해요.

투명 페트병은 왜 따로 분리배출하나요?

투명 페트병을 따로 분리배출하는 이유는 같은 종류의 플라스틱을 효율적으로 모아서 고품질 재활용 비율을 높이기 위해서예요. 색깔 페트병도 재활용할 수 있지만 색소 같은 불순물 때문에 고품질 재생 원료를 만드는 데 한계가 있어요. 투명 페트병을 색깔 페트병이나 일반 플라스틱과 섞어도 재생 원료의 양과 품질이 떨어지기에 투명 페트병만 따로 모아 버려서 페트병 자원을 순환시키는 것이에요. 투명 페트병을 버릴 때는 라벨과 접착제 등 이물질을 제거해 분리배출하고, 이물질이 들어가지 않도록 뚜껑을 닫아서 버려야 해요.

투명 페트병을 재활용한 원료는 다양하게 사용돼

투명 페트병은 이물질을 제거하고 분리배출해야 한다

투명한 페트 원료가 분해되어 재활용되는 모습

요. 전기 자동차 시트와 팔걸이 소재로도 사용되고, 500 mL짜리 투명 페트병 15개로는 티셔츠 하나를 만들 수 있어요. 따라서 투명 페트병이 따로 수거되고 재활용률이 높아질수록 환경에 도움이 돼요. 그런데 기름을 담았던 페트병, 화장품과 세제 등을 담은 페트병은 이물질 제거가 어려워 플라스틱류로 버려야 해요. 생수나 음료를 담았던 투명 페트병만 분리배출해야 한다는 사실, 잊지 마세요!

재활용 페트병을 활용해 만든 전기차 시트

핵심과학용어사전

페트(PET) 플라스틱의 한 가지 종류. 투명성이 높아서 내용물이 잘 보이는 재질이다.

투명 페트병 분리 배출 방법

투명 페트병을 분리배출하기 위한 방법을 알아보자. 첫 번째, 페트병 안에 들어있는 내용물을 깨끗이 비우고 물로 한 번 헹군다. 두 번째, 페트병 겉면에 붙어 있는 라벨을 깨끗하게 제거한다. 세 번째, 페트병을 찌그러뜨려 부피를 줄이고 뚜껑을 닫아서 전용 수거함에 배출한다.

페트병의 뚜껑은 보통 페트병과 다르게 불투명한 재질이라 뚜껑을 따로 분리해 배출해야 할지 헷갈릴 수 있다. 환경부는 투명 페트병을 배출할 때 뚜껑을 닫아서 버리는 걸 권장하고 있다. 뚜껑을 따로 버리면 뚜껑이 너무 작아 다른 플라스틱 사이에 섞여 들어가서 오히려 분리와 재활용이 어렵기 때문이다. 그리고 페트병의 뚜껑을 닫아 배출하면 페트병 안에 이물질이 들어가는 것을 막을 수 있어 더 효율적으로 재활용을 할 수 있다.

무색 투명 페트병 분리 배출 방법: 비우고 헹구기 / 라벨 제거 / 찌그러뜨려 뚜껑 닫기 / 전용 수거함 배출

| 과학 5-2 | 자원과 에너지 | | 새활용 |

재활용은 많이 들어봤는데 새활용은 뭐예요?

화학 연구원 부리나의 관찰일지

◆ 1월 19일 ◆날씨: 맑음 ◆관찰 장소: 절벽 위

지구인들은 물건을 계속 만들어 낸다. 그것도 더 싸게, 가볍게, 편하게 만든다. 그런데 물건을 너무 많이 만들다 보니 버려지는 물건도 많다. 지구는 한정된 공간인데, 버려지는 물건이 엄청나다. 그래서 지구인들은 재활용으로 물건을 다시 사용하는데, 그 물건도 결국 다시 버리니 쓰레기의 양은 똑같지 않을까. 편하게 살려고 물건을 만드는데 버려지는 물건들로 불편해진다. 이 문제를 해결할 수 있는 방법이 없을까? 지구인들은 나의 궁금증에 대답해 줘!

폐플라스틱으로 명품 가방을 만든다고요?

새활용이란 '리사이클링(recycling)'과 '가치 상승(Upgrade)'의 합성어인 '업사이클링(Upcycling)'의 순우리말이에요. 버려진 물건을 가치가 높은 물건으로 만들어 활용하는 방식이지요. 오늘날 많은 기업이 지구 환경 보호를 위해 새활용 제품을 출시하고 있어요.

예전에 유명 연예인이 새활용 가방을 메고 다녀 화제가 되었어요. 그 가방은 폐차장에서 나온 자동차 시트 가죽으로 만든 것이었어요. 또 유명한 브랜드들도 앞다퉈 새활용 제품을 선보이고 있어요. 한 명품 가방 브랜드는 폐플라스틱에서 뽑아낸 재생 나일론을 이용해 새로운 가방을 만들었어요. 새활용 제품을 전문으로 만드는 브랜드에서는 트럭의 방수 덮개를 활용해 가방과 지갑 등을 만들고 있지요. 이러한 새활용 제품들은 쓰레기를 줄이고 지구 환경 보호에 기여하고 있어요.

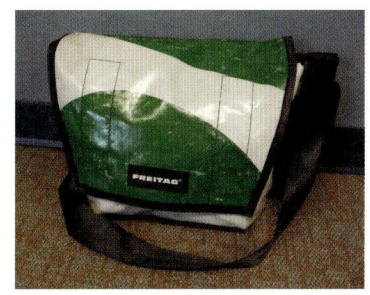

트럭 방수 덮개를 새활용한 가방

새활용과 재활용은 무엇이 다를까요?

쓰레기로 버려진 자원을 단순히 재처리하여 다시 사용하는 재활용과 달리, 새활용은 버려지는 폐자재로 원래 용도와는 전혀 다른 새로운 제품을 만들어 내요. ==쓸모가 없거나 버려지는 물건에 새로운 아이디어를 더하고, 새로운 디자인으로 수선해 가치 있는 물건으로 재탄생시키는 방식이랍니다.==

예를 들어, 플라스틱 물병을 모은 다음 다시 녹여서 다른 플라스틱 제품을 만드는 원료로 가공하는 것은 재활용이에요. 하지만 플라스틱 용기를 새롭게 색칠하고 꾸며 화분을 만들거나, 키링과 휴대 전화 그립톡 등 새로운 제품을 만들어 내는 것은 새활용이에요. 새활용으로 작품이나 제품을 만들면 버려지는 물건에 디자인과 실용성을 더할 수 있어요. 또 지구의 자원을 소모하지 않고 순환시켜 환경 보호에도 도움이 된답니다.

새로운 용도와 디자인으로 재탄생한 폐드럼통

버려진 치마에 가방이라는 가치를 더한 새활용 제품

핵심과학용어사전

재활용 사용하지 않거나 버려진 각종 폐기물을 재처리하여 다른 제품의 원재료로 사용하는 과정

새활용 사용하지 않거나 버려진 폐기물에 새로운 가치를 입혀 전혀 다른 제품으로 재생산하는 과정

 ## 환경을 이롭게! 가치를 높이는 새활용 시대

오늘날에는 새활용 방식으로 탄생한 제품들이 다양해지면서 새활용에 대한 사람들의 인식도 높아지고 있다. 더 이상 필요 없는 자투리 천이나 가죽 등을 활용해 가방을 만들거나, 버려지는 양말목으로 생활 소품을 만들거나, 커피 찌꺼기로 화분을 만드는 등 쉽게 새활용 제품을 만들거나 접할 수 있기 때문이다. 새활용에 관심을 가지는 사람들이 많아지면서 새활용 제품을 같이 만들거나 판매하는 활동도 많아지고 있다.

우리나라는 물론 해외의 여러 기업도 친환경 가치를 내세우고 실천하면서 새활용 제품을 개발하고 판매하고 있다. 더불어 새활용 제품만을 파는 브랜드도 속속 등장하고 있다. 안전띠나 폐우산, 트럭 방수 덮개의 비닐을 새활용해 가방이나 지갑을 만들기도 하며, 원료의 일정 부분을 재생 원료로 대체해 제품을 만들기도 한다.

새활용 제품을 만들어 판매하는 사람들

부리나의 부글부글 과학 이야기

여성 최초로 노벨상을 받은 과학자, 마리 퀴리

마리 퀴리(1867~1934)는 1903년 방사능 원소에 대한 연구 업적으로 남편 피에르 퀴리(1856~1906)와 함께 노벨 물리학상을 수상하면서 여성 최초의 노벨상 수상자가 되었어요. 폴란드 이민자 출신에 여성이라는 시대적, 사회적 차별적 요소의 한계를 뛰어넘어 노벨상을 수상한 것은 대단한 사건이었어요. 이후 마리 퀴리는 방사성 원소 라듐 분리와 화학적 성질 연구 업적을 인정받아 1911년에 또 한 번 노벨 화학상을 수상했어요. 마리 퀴리는 최초의 여성 노벨상 수상자이면서 노벨 물리학상과 노벨 화학상이라는 다른 과학 분야에 걸쳐 노벨상을 두 번이나 수상한 유일한 과학자예요.

마리 퀴리에게는 두 명의 딸이 있었는데, 첫째 딸 이렌 졸리오 퀴리는 엄마의 라듐 연구에 동참하며 과학자로 성장했고, 남편 프레데릭 졸리오 퀴리와 함께 인공 방사성 물질을 발견해 1935년 부부가 함께 노벨 화학상을 수상했어요. 가족 중 유일하게 과학자가 아니었던 둘째 딸 이브 퀴리는 국제기구 활동을 하다가 만난 외교관 헨리 라부이스 주니어와 결혼했고, 그녀의 남편은 1965년에 노벨 평화상을 수상했어요.

퀴리 집안은 퀴리 부부, 첫째 딸 부부까지 5개의 과학 분야 노벨상을 받았어요. 비과학 분야인 둘째 사위의 노벨 평화상까지 포함하면 한 집안이 2대에 걸쳐 총 6개의 노벨상을 받은 셈이에요.

피에르 퀴리와 마리 퀴리

명성 있는 과학자들이 모인 솔베이 회의의 기념사진(1927).
맨 앞줄, 왼쪽에서 세 번째의 마리 퀴리만 유일한 여성 과학자이다.

분자로 만드는 새로운 맛, 분자 요리

분자 요리는 음식의 질감과 요리 과정 등을 과학적으로 분석해 새롭게 변형시키거나 다른 형태의 음식으로 창조하는 요리예요. 요리를 물질의 성질을 지닌 기본 입자인 분자 단위로 연구해 새로운 맛과 질감의 조화를 추구하지요. 분자 요리는 과학적, 실험적 성격이 강하며, 특별한 조리 방법이나 조리 기구를 사용하는 경우가 많고, 새로운 맛과 질감뿐 아니라 속이는 기법과 독특한 연출을 사용해 화려하고 다양한 표현으로 시각적 즐거움을 준답니다.

알긴산 나트륨은 칼슘과 만나면 투명한 젤라틴 막이 생겨요. 이 원리를 이용해 분자 요리 연구가들은 과일 주스 같은 액체에 알긴산 나트륨을 섞어 주사기나 스푼으로 칼슘이 든 액체 속에 떨어뜨려 계란 노른자나 작은 알 모양의 캐비어 같은 모양을 만들어요. 입에 넣고 깨물면 얇은 막이 터지면서 안에 들어있는 과일 주스가 흘러나오는 느낌을 즐길 수 있지요.

과일 주스로 만든 캐비어 모양의 분자 요리

액체 재료에 레시틴을 넣고 블렌더로 갈거나 휘저으면 거품이 생겨요. 레시틴은 콩이나 계란에서 추출한 성분으로 물과 다른 액체가 잘 섞이도록 하는 유화제 역할을 해요. 이렇게 만든 거품은 오랜 시간 유지되어 독특한 형태와 식감을 느낄 수 있지요.

솜사탕도 작은 알갱이 형태로 되어 있는 설탕을 가열, 회전시켜서 가느다란 실 모양으로 만들어 돌돌 말거나 압축함으로써 입안에서 사르르 녹는 새로운 질감을 만들어 낸 음식이므로 분자 요리라고 할 수 있어요.

재료의 질감을 변화시킨 분자 요리인 솜사탕

슬라임과 탱탱볼의 원리

흐물흐물한 질감으로 쭉쭉 잘 늘어나는 슬라임과 바닥에 통통 튕기는 탱탱볼이 같은 재료와 원리로 만들어진다는 사실을 알고 있나요?

통통 튕기는 탱탱볼

쭉쭉 늘어나는 슬라임

슬라임이나 탱탱볼을 만들기 위해서는 붕사와 PVA가 필요해요. 붕사는 흰색 가루로 된 고체로, 약국에서 저렴한 가격에 살 수 있어요. 자극성이 적고 같은 성분이 함유된 콘택트렌즈 세척액과 베이킹 소다를 섞어 붕사 대신 사용하기도 해요. PVA는 흔히 물풀에 들어 있는 끈적한 성분이에요. PVA와 붕사가 만나면 엉겨 붙으면서 쭉쭉 늘어나는 점성과 통통 튕기는 탄성이 증가하는데, 이때 농도와 수분 함량에 따라 슬라임이 되기도 하고, 탱탱볼이 되기도 해요. 수분의 비율을 늘리면 쭉쭉 늘어나는 흐물한 질감의 슬라임이 만들어져요. 여기에 부드러운 촉감을 주기 위해 글리세린 같은 윤활제를 첨가하기도 해요. 수분의 비율을 적게 하고, 동그란 모양으로 굳히면 탱탱볼이 돼요. 재료의 비율만 달라졌을 뿐인데 이렇게 다른 결과물이 나오다니, 신기하지요?

생명과학

움직이는 동물들, 가지각색 모양으로 자라는 식물들,
눈에 보이지 않을 만큼 작은 생물들까지!
우리 주변은 살아 숨 쉬는 생명으로 가득 차 있어요.
알에서 깨어나는 생물도 있고, 새끼로 태어나는 생물도 있어요.
번데기 단계를 거쳐야만 어른이 되는 생물도 있지요.
사는 곳에 따라 생활 방식을 바꾸기도 하고, 생김새를 바꾸기도 해요.
밥을 먹을 때 우리의 몸속에서는 무슨 일이 일어날까요?
운동할 때는 또 어떤 변화가 생길까요?
자연과 생명, 그리고 환경과의 관계까지,
놀라운 생명과학의 세계로 신나는 여행을 떠나요!

이런 걸 배워요

3-4학년
동물 분류・동물 생활 방식・생체 모방 기술
식물 분류・식물 생활 방식・암수의 역할
동물의 한살이・식물의 한살이
세균・원생생물・균류・미생물의 활용
생태계・먹이 관계・멸종 위기 동물・감염병
예방 접종・감염병과 직업

5-6학년
뼈와 근육・소화 기관・호흡 기관
순환 기관・배설 기관・감각 기관・운동
뿌리・줄기・잎・꽃・씨

중학교에 가면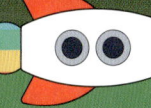

세포, 소화계, 순환계, 호흡계, 배설계,
광합성과 호흡, 감각 기관, 신경계, 호르몬, 항상성, 세포분열,
동물 발생, 유전 형질, 유전 원리, 분류 체계, 생물다양성

| 과학 3-1 | 동물의 생활 |　　　　　　　　　　　　| 동물 분류 |

꽃게거미는 게예요, 거미예요?

생명과학 연구원 푸리아의 관찰일지

◆ 2월 5일　◆날씨: 구름 조금　　◆관찰 장소: 뒷산 들판

지구인들은 지구의 모든 생물에 이름 붙이기를 좋아한다. 거미, 개미, 나비…. 같은 거미여도 생김새에 따라 무당거미, 긴호랑거미 등 다양한 이름으로 부른다. 이걸 어떻게 다 외우는 거지? 좀 헷갈릴 만도 한데, 아주 작은 차이점도 꼼꼼하게 분류해 나눠 놓는다. 지구인들은 기억력이 엄청 좋은가 보다. 나도 생김새에 따라 거미를 분류해 보려 했는데, 처음부터 어려운 문제에 부딪혔다. 꽃게거미, 너는 꽃게인데 거미인 거야, 거미인데 꽃게인 거야?

동물은 무엇을 기준으로 구분할까요?

꽃게거미는 게일까요, 거미일까요? '게'는 다섯 쌍의 다리를 가졌고, 이 중 첫 번째 쌍은 집게다리예요. 하나의 등딱지로 덮여 있는 단단한 몸에, 배딱지로 암수를 구분하지요. 그리고 바다 또는 민물에 살아요. 이와 비교해 '거미'는 네 쌍의 다리를 가졌고, '머리가슴'과 '배' 두 부분으로 나뉘어 있어요. 몸은 비교적 말랑하고, 사람이 사는 지역 대부분에 살고 있어요.

게의 몸 구조

거미의 몸 구조

꽃게거미는 다리가 네 쌍에, 몸이 두 부분으로 나뉘어 있고, 물이 아니라 풀숲에서 관찰되니 거미에 속한답니다. 꽃게거미의 예처럼, 동물은 생김새나 사는 곳 같은 특징으로 구분할 수 있어요. 또한 동물들끼리의 공통 조상으로부터 가까운지를 기준으로 구분할 수 있어요. 이렇듯 동물들 사이의 진화적 거리를 나타내는 관계를 **유연관계**라고 한답니다.

다리가 네 쌍인 꽃게거미

강아지와 달팽이는 어떻게 다른가요?

우리 주변에는 수많은 동물이 살고 있어요. 공원에서는 비둘기와 참새, 꽃 근처에서는 나비와 꿀벌, 땅에서는 개미와 지렁이, 물가에서는 소금쟁이와 올챙이를 관찰할 수 있어요. 동물의 생김새를 자세히 관찰하면 많은 정보를 얻을 수 있어요. 관찰할 때는 장소를 확인하고 크기와 색깔, 움직임의 특징, 다리의 개수, 날개의 유무 등을 관찰하지요.

강아지와 달팽이의 특징을 살펴볼까요? 강아지는 꼬리가 있고, 촉촉한 코로 냄새를 잘

생명과학 **249**

맡으며, 네 개(두 쌍)의 다리로 걷거나 뛰어다녀요. 달팽이는 등에 작지만 딱딱한 패각이 있고, 머리에 더듬이가 있으며, 연한 몸으로 미끄러지듯이 움직

꼬리와 촉촉한 코를 가진 강아지

패각과 더듬이를 가진 달팽이

여요. 눈으로 관찰한 사실 외에도 동물도감, 인터넷 검색 등을 활용해 관찰한 동물을 더 조사하면 사는 환경, 계절에 따른 행동, 먹이나 천적, 암수 생김새 차이, 동물 분류 등 다양한 정보를 얻을 수 있답니다.

핵심과학용어사전

유연관계 생물을 분류할 때 서로 얼마나 가까운 친척인지, 공통 조상에서 얼마나 최근에 갈라졌는지를 나타내는 관계
계통수 생물의 공통 조상과 진화 과정을 나무 모양으로 나타낸 그림. 생물 간의 유연관계를 보여 준다.

생물의 유연관계와 계통수

과학자들은 생물 고유의 특징에 따라 기준을 정하고, 모든 동물을 분류했다. 관절이나 척추가 있는지 같은 몸의 구조와 특징뿐 아니라 발생 과정, 번식 방법 등 다양한 기준으로 동물을 나눴다.

이처럼 동물을 분류하는 이유는 생물 다양성을 이해하고 보존하기 위해서이다. 어떤 종이 어디에서 발견되었고, 어떤 환경에서 생활하고, 어떤 특성이 있는지를 알면 생태계에서 어떤 역할을 하는지 이해할 수 있다. 또 생물 진화 과정과 생물 사이의 유연관계를 파악할 수 있다. 비슷한 특징을 가진 종끼리 묶어 연구하면서 서로 다른 종 사이의 관계를 파악하고, 진화와 생태학적 상호 작용을 이해할 수 있다. 이런 생물의 유연관계는 생물의 진화 과정을 나무 모양으로 나타낸 계통수를 통해 알 수 있다. 예를 들면, 동물 B와 동물 C의 유연관계는 동물 B와 동물 E의 유연관계보다 가깝다고 말할 수 있다.

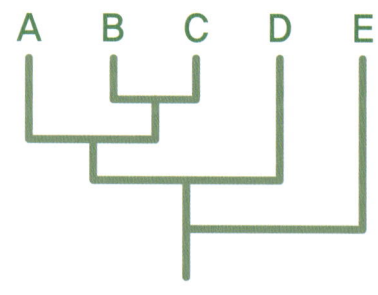
생물 간의 유연관계를 보여 주는 계통수

과학 3-1 | 동물의 생활 | 동물 생활 방식

고래가 아주 먼 옛날 육지에서 살았다고요?

 생명과학 연구원 푸리아의 관찰일지

◆ 2월 13일 ◆날씨: 맑음 ◆관찰 장소: 태평양

지구는 땅보다 바다로 뒤덮인 곳이 많다. 그래서 바다에도 동물이 엄청 많이 산다. 물속인데도 숨을 쉬며 살고, 팔다리가 없는데도 바닷속을 잘 돌아다닌다. 땅 밑에 사는 동물들도 마찬가지다. 보이지도 않는 땅속을 어떻게 자유롭게 돌아다닐까? 지구는 정말 신기한 생물의 천국이다. 그중 제일 신기한 동물은 커다란 고래다. 듣기로는 고래도 예전에는 땅에서 살았다는데, 지금은 바다에서 산다. 다리가 지느러미로 바뀌었다는데 그게 어떻게 가능한 거지? 지구의 동물들은 사는 곳이 다르면 생김새도 달라지는 거야?

생명과학

 사는 곳에 따라 모습이 달라진다고요?

동물은 저마다 사는 장소에 맞게 진화해 왔어요. 그래서 생김새도 제각기 다르지요. 땅에 사는 동물 중에는 코를 통해 공기 중의 산소를 들이마시고, 폐로 호흡하는 동물이 많아요. 인간을 비롯해, 참새, 까치, 개, 고양이 같은 동물들도 마찬가지예요. 또 땅에 사는 동물들은 다양한 생김새만큼 이동 방법도 제각각 달라요. 인간은 두 개의 다리로 이동하지만, 개나 고양이는 네 발을 이용해 이동하지요. 개미나 메뚜기 같은 곤충은 세 쌍(여섯 개)의 다리로 이동하거나, 날개가 있는 경우 날아서 이동하기도 해요. 거미나 지네처럼 더 많은 다리를 가진 동물도 있고, 다리 대신 날개를 주로 쓰는 새들도 있어요. 뱀이나 지렁이처럼 다리가 아예 없지만 기어서 이동하는 동물도 있지요.

땅에서 생활하는 개미의 몸 구조

한편 물에 사는 동물들은 다리 대신 지느러미가 발달했어요. 등, 배, 꼬리에 지느러미가 있어 물속에서도 원하는 대로 방향을 바꾸고 빠르게 헤엄칠 수 있답니다. 몸은 곡선형으로 되어 있어 물속에서 저항을 줄일 수 있지요. 만약 물고기들에게 땅 위의 동물처럼 다리가 달려 있었다면 지금처럼 빠르게 헤엄치기 어려웠을 거예요. 또 물에 사는 동물들은 대부분 아가미라는 기관을 통해 물속에 있는 산소를 들이마셔요. 공기보다 산소가 적은 물속에서도 효율적으로 산소를 들이마시기 위해 그렇게 변화해 온 것이지요.

물속에서 생활하는 물고기의 몸 구조

 고래의 지느러미가 다리였다고요?

고래는 아주 특별한 동물이에요. 초기 고래류는 약 5,500만 년 전에 살았는데, 고래 화석을 보면 당시 고래류가 육지에 살았었음을 알 수 있어요. 멸종한 고래의 조상인 파키케투스, 로도케투스 등의 화석에서는 시간이 지나며 골반뼈와 뒷다리뼈가 작아지는 것을 확인할 수 있어요. 이는 육지에 살던 고래가 바다로 서식지를 옮긴 것을 보여 준답니다. 또 바다에 살지만 아가미가 아닌 폐로 호흡한다는 점도 고래가 원래 육지에서 생활하던 동물임을 알 수 있는 증거예요.

파키케투스의 화석

바다에서 살게 된 고래는 아주 오랜 시간 동안 환경에 맞춰 적응하고 진화했어요. 물속에서 헤엄치며 살기 위해 곡선형의 몸을 가지게 되었고, 체온을 유지하기 위해 피하 지방이 두꺼워졌으며, 앞다리는 지느러미로 변했지요. 옛날에는 땅에 사는 동물의 특징을 가졌다면, 지금은 물에 사는 동물의 특징을 가졌어요.

바다를 헤엄치는 고래

물고기는 왜 아가미로 숨을 쉴까?

지구 표면의 약 71 %는 바다로 뒤덮여 있다. 육지와 바다에 사는 동물들은 사는 곳에 따라 생김새와 생활 방식이 완전히 다르다. 육지에 사는 동물은 폐로 숨을 쉬고, 물에 사는 동물 대부분은 아가미로 숨을 쉰다.

다섯 줄의 아가미를 가진 상어

아가미가 나뭇가지처럼 밖으로 튀어나온 아홀로틀

물속은 공기 중보다 산소 농도가 낮다. 또 물의 밀도는 공기의 밀도보다 높다. 같은 양의 산소를 흡수하려면 물속에서는 더욱 효율이 좋은 방법을 사용해야 한다는 뜻이다. 물고기 머리 양옆에 있는 아가미는 물을 통과시켜 산소를 흡수할 수 있게 돕는다. 이는 물고기가 물속에서 잘 호흡할 수 있도록 적응한 결과이다. 만약 물고기가 폐로 호흡했다면, 밀도가 높은 물을 끌어들이고 내보내는 데 너무 많은 에너지를 썼을 것이다.

| 과학 3-1 | 동물의 생활 | | 동물 생활 방식 |

낙타의 속눈썹은 왜 이렇게 길까요?

생명과학 연구원 푸리아의 관찰일지

◆ 4월 5일 ◆날씨: 바람 많음 ◆관찰 장소: 사하라 사막

지구인이 살기 힘든 곳에서도 꿋꿋이 잘 사는 지구의 생명체들이 있다. 엄청 춥고, 엄청 덥고, 엄청 건조한 환경에서도 생명체가 살아가는 걸 보면 놀랍다. 사막은 비가 거의 내리지 않아서 물이 부족하고, 낮과 밤의 온도 변화도 심하고, 바람이 불면 모래가 심하게 날리는데도 사막여우나 낙타 같은 동물들이 살아간다. 먹을 게 하나도 없는 하늘에는 새들이 훨훨 날아다닌다. 지구인들이 살기 힘든 장소에서 동물들은 어떻게 살아가는 걸까? 밤이 되면 살기 좋은 곳에 있는 진짜 집으로 돌아가는 건가?

낙타는 사막에서 어떻게 살아가나요?

척박한 사막에서도 많은 생물이 환경에 적응해 살고 있어요. 뱀, 전갈, 도마뱀, 낙타, 사막여우 등 사막에서 사는 대표적인 동물들을 관찰해 보면 모두 사막에서 잘 살 수 있는 특징을 가졌어요. 건조한 환경에서 수분을 빼앗기지 않는 몸 구조로 되어 있거나, 뜨거운 모래 위를 잘 다닐 수 있는 행동 등 자신만의 생존 비법이 있지요. 전갈의 껍데기가 단단한 이유도 사막의 모래바람을 견디기 위해서랍니다.

단단한 껍데기를 가진 전갈

사막에 사는 낙타는 물을 안 마셔도 오래 버틸 수 있고, 혹의 지방을 분해해 필요한 에너지를 공급받기 때문에 먹이가 없어도 며칠간 생활할 수 있어요. 발바닥이 넓어 모래에 잘 빠지지 않고, 다리가 길어 몸이 모래의 뜨거운 열기를 피할 수 있어요. 또 코와 입을 한 번에 닫을 수 있고, 콧구멍을 마음대로 여닫아 모래바람이 콧속으로 들어가는 것을 막아요. 긴 속눈썹은 모래바람과 태양으로부터 눈을 보호해 줘요.

속눈썹이 긴 낙타

새는 왜 이빨이 없을까요?

공기 저항을 덜 받는 새의 날개

땅과 바다 말고도 동물이 생활하는 공간이 있어요. 바로 하늘이에요. 하늘을 날아다니는 새들의 특징을 살펴볼까요? 먼저 날개가 있고, 효율적으로 날기 위해 몸무게가 비교적 가벼워요. 방광이 없고, 뼈 안쪽은 공기로 채워진 벌집 모양을 하고 있지요. 또 새가 날 때의 날개 모양은 공기의 저항을 줄이기 위한 생김새를 하고 있어요. 깃털의 모양과 배열로 인해 비행하기 좋은 날개가 만들어지는데, 이 날개의 구조를 참고해

항공기 날개를 만들었답니다.

　새는 특히 머리의 무게를 줄이기 위해 이빨이 없도록 진화했어요. 과학자들은 새의 이빨이 없어진 이유가 날기 위해서뿐만 아니라 생존에 유리해서라고 말해요. 이빨이 만들어지는 시간을 단축하면 알에서 빨리 성장하고 부화할 수 있는데, 그러면 둥지에서 적게 노출되는 시간을 줄일 수 있기 때문이에요.

이빨이 없도록 진화한 새

핵심과학용어사전

방광 오줌을 저장하고 배설하는 기관

사막여우와 북극여우

　사막여우와 북극여우는 둘 다 여우이지만 사는 곳에 따라 생김새가 다르다. 사막여우는 몸과 비교해 아주 큰 귀를 가졌다. 큰 귀는 표면적이 넓어 열을 잘 내보낼 수 있다. 사막의 더위를 견디기 위함이다. 또 귓속에는 털이 빽빽이 나 있어서 모래바람이 불어도 모래가 귓속으로 잘 들어가지 않는다. 한편 북극여우는 지방층이 많아 추위를 잘 견디고, 몸과 비교해 귀가 작아 열을 적게 방출한다. 북극여우의 털 색은 하얀색인데, 눈이 많이 내리는 북극에서 눈에 잘 띄지 않기 위해 색이 변한 것이다. 눈이 녹는 여름에는 털 색이 어두운색으로 변한다.

귀가 큰 사막여우

귀가 작은 북극여우

과학 3-1 | 동물의 생활   생체 모방 기술

상어 비늘로 수영복을 만든다고요?

 생명과학 연구원 푸리아의 관찰일지

◆ 3월 2일 ◆날씨: 맑음   ◆관찰 장소: 수영 경기장

다른 물고기들은 물론, 나보다도 훨씬 큰 상어가 물고기라니! 물고기의 종류가 엄청 많은가 보다. 상어는 겉으로 봤을 때 비늘이 없어 보이는데, 지구인들 말로는 상어 비늘 모양을 본떠 만든 수영복을 입으면 엄청 빠르게 헤엄칠 수 있다고 한다. 지구인은 동물들의 몸과 생태에서 아이디어를 얻어 여러 가지를 개발한다. 하늘을 나는 비행기도 처음에는 새의 모습을 모방해 만들었다고 한다. 지구인의 창의력은 대단하다니까. 나도 지구인의 발명품으로 수영 시합에서 박사님을 이겨 보겠어!

파리의 눈을 보고 카메라 렌즈를 만들었다고요?

동물의 모습과 생활은 우리에게 많은 아이디어를 줘요. 동물의 신체 구조, 행동, 물질, 기능 등을 활용해 유용한 물건을 만들고, 새로운 물질을 연구해 생활에 적용하고 있지요. 이처럼 생물체를 모방해 우리 생활에 적용하는 기술을 **생체 모방 기술**이라고 해요.

파리는 수많은 작은 눈으로 이루어진 겹눈으로 넓은 시야를 한 번에 볼 수 있어요. 사람들은 이 구조를 본떠 초광각 사진을 찍을 수 있는 카메라 렌즈를 만들었어요. 드론이나 로봇의 시야 확보에도 사용되지요. 생체 모방 기술이 생활 속 기계에 쓰이고 있는 것이에요.

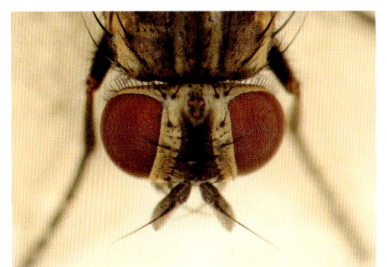
파리의 겹눈 구조

파리의 겹눈을 모방한 초광각 렌즈

벌집의 구조를 모방해서 비행기를 만들었다고요?

벌집이 어떻게 생겼는지 관찰해 본 적 있나요? 사람들은 육각형을 이어 붙인 구조의 벌집을 보고 육각형 구조가 힘을 안정적으로 분배해 충격에 강하고 공간을 최대로 활용하는 구조란 사실을 알아냈어요. 육각형의 벌집 구조를 모방한 '허니콤 구조'는 충격을 잘 막아 주고 튼튼해서 높은 강도가 필요한 비행기, 기차, 건물 등에 두루 쓰이고 있어요.

육각형을 이어 붙인 구조인 벌집

허니콤 구조를 이용한 건물

주변을 관찰하며 또 어떤 생체 모방 기술이 있는지 찾아볼까요?

파도가 아무리 강하게 쳐도 바위에 단단히 붙어 있는 홍합은 실 모양의 분비물을 내보내 바위에 몸을 고정해요. 사람들은 이 기술을 모방해 강도가 높은 섬유를 만들어 내고, 인체에 사용하는 접착제 등을 개발했어요. 이 밖에도 사람들은 문어 빨판을 모방한 흡착기, 오리의 물갈퀴를 모방한 오리발 등 생체 모방 기술을 이용해 다양한 물건을 만들고 있답니다.

핵심과학용어사전

생체 모방 기술(biomimetics) 생명을 뜻하는 bio와 모방을 뜻하는 mimetics의 합성어. 생물의 구조, 특성 등을 인간 생활에 적용하는 과학 기술이다.

겹눈 작은 눈이 벌집 모양으로 여러 개 모여 된 눈. 여러 방향에 있는 물체를 동시에 볼 수 있다.

리블렛(riblet) 갈비뼈를 뜻하는 rib과 작다는 뜻을 가진 let의 합성어. 상어 비늘 표면의 돌기 구조로 수영복, 비행기 등에 사용되고 있다.

올림픽에서 금지된 상어 비늘

어류인 상어는 비늘을 가지고 있지만, 겉으로는 피부가 매끈해 비늘이 없는 것처럼 보인다. 상어 피부를 현미경으로 확대해서 보면 숨겨져 있는 아주 작은 돌기인 '리블렛'을 볼 수 있다.

상어 피부의 작은 돌기인 리블렛은 상어가 물을 헤치며 나아갈 때 물의 저항을 줄여 주기 때문에 더 빠르게 헤엄을 칠 수 있게 도와준다. 사람들은 리블렛의 구조가 마찰을 줄여 수영 속도를 높여 준다는 점에서 아이디어를 얻어 리블렛을 활용한 전신 수영복을 제작했다. 이후 물이 몸을 따라 흐르는 부분과 물과 몸이 정면으로 부딪히는 부분의 돌기가 다른 것에 착안하여, 몸의 구조에 따라 수영복의 재질을 다르게 만드는 기술도 개발했다. 여러 기술을 이용한 수영복으로 인해 올림픽 수영 경기 등에서 세계 기록이 계속 경신되자, 2010년에는 전신 수영복 착용에 관한 규제가 생기기도 했다.

상어 비늘의 리블렛

| 과학 3-1 | 식물의 생활 | | 식물 분류 |

이렇게 맛있는 딸기가 과일이 아니라고요?

 생명과학 연구원 푸리아의 관찰일지

◆ 3월 7일 ◆날씨: 흐림 ◆관찰 장소: 딸기 농장 앞

길을 걷다가 과수원을 발견했다. 비닐하우스 안을 들여다보니 딸기가 가득했다. 박사님이 과수원 주인에게 딸기나무에 딸기가 많이 열렸다고 말했는데, 주인이 딸기나무는 한 그루도 없다고 답했다. 박사님은 자기에게 딸기를 팔기 싫어서 그런 거냐고 슬퍼했지만, 난 알고 있다. 딸기는 나무가 아닌 풀이라는 사실을…. 나무에서 열리는 열매를 과일이라고 부르는 거니까 딸기는 사실 과일이 아니라 채소라고 불러야 맞는다. 이 이야기까지 하면 박사님이 기절할 것 같아서 가만히 있었다. 과일이든 채소든 딸기는 맛있으니까 상관없나?

딸기가 사실은 풀이라고요?

나무와 풀은 줄기에서 차이가 나요. 나무줄기는 딱딱한 껍질로 되어 있는데, 그 속에 있는 '리그닌'이라는 성분이 나무를 단단하고 높게 자라도록 만들어요. 반면, 풀 줄기는 리그닌이 거의 없어서 나무보다 부드럽고 잘 휘어져요. 나무줄기는 리그닌 덕분에 겨울을 버티고 성장할 수 있지만, 풀 줄기는 겨울을 나기 어려워요.

또 나무줄기에는 나이테가 있지만 풀에는 나이테가 없어요. 나무줄기는 물이 지나가는 물관부, 양분이 지나가는 체관부, 물관부와 체관부 사이의 형성층(부름켜)으로 이루어져 있어요. 형성층에서는 세포 분열이 일어나 나무줄기가 굵어지는 **부피 생장**이 일어나요. 나이테는 형성층이 봄과 여름에 연하고 큰 세포를 만들고, 가을에는 단단하고 작은 세포를 만들면서 생겨요. 하지만 풀은 형성층이 없어서 나이테도 없고, 줄기가 굵어지지도 않아요. 환경에 따라 풀과 나무를 구분하기 애매한 지역도 있지만 대부분 나이테로 구분할 수 있지요.

그래서 풀은 나무보다 키도 작고 줄기도 가늘며, 대부분 한해살이 식물이에요. 딸기를 비롯한 민들레, 강아지풀 등은 풀이고, 단단한 줄기를 가진 개나리, 소나무 등은 나무랍니다.

풀에 속하는 딸기

나무의 나이테

식물을 분류하는 기준은 어떻게 정할까요?

식물은 뿌리, 줄기, 잎, 꽃 등 각각의 특징에 따라 분류할 수 있어요. 분류할 때 중요한 것은 누가 분류해도 같은 결과가 나올 수 있는 기준을 정하는 거예요.

생명과학 **261**

① ② ③ ④ ⑤

위의 잎들을 '잎이 갈라져 있는가?'를 기준으로 분류해 볼까요? 잎의 윤곽이 뚜렷하게 갈라져 있는 잎은 ②번이에요. ①, ③, ④, ⑤번 잎은 길쭉하거나 둥근 형태로, 잎이 갈라져 있지 않아요. ①번은 갈라진 것처럼 보이지만 길쭉한 잎이 여러 장 겹쳐 있는 거예요. 이번에는 '잎이 가늘고 길쭉한 모양인가?'를 기준으로 분류해 봐요. ①번과 ④번은 가늘고 긴 모양의 잎으로 기준에 해당하지만, ②, ③, ⑤번은 그렇지 않다고 구분할 수 있어요.

핵심과학용어사전

물관 뿌리에서 흡수한 물과 무기 양분이 이동하는 통로. 관다발의 안쪽에 위치한다.
체관 잎에서 만들어진 양분이 이동하는 통로. 관다발의 바깥쪽에 위치한다.
형성층 물관과 체관 사이에 있는 조직. 활발한 세포 분열로 새로운 세포를 만들어 줄기를 굵어지게 한다.

대나무는 나무가 아니다?

대나무 줄기는 겉으로 봤을 때 나무처럼 딱딱하지만, 사실은 나무가 아닌 풀이다. 나무가 되기 위해서는 두 가지 조건을 만족해야 한다. 첫 번째는 줄기가 딱딱한 목질부로 되어 있어야 한다. 두 번째는 형성층이 있어서 부피 생장을 해야 한다. 그래야 단단한 줄기로 우뚝 서 있을 수 있고, 오래 자랄수록 두꺼워지고 거대해진다.

대나무는 줄기가 딱딱하지만, 형성층이 없어 부피 생장을 하지 않는다. 그래서 키가 위로 계속 커지지만 두껍게 자라지 못한다. 대나무의 줄기를 잘라 보면 나이테가 없고 속이 텅 빈 모습을 볼 수 있다. 우리 주변에는 대나무 외에도 겉모습이 나무처럼 보이지만 실제로 풀인 식물이 많다. 바나나, 야자수, 알로에는 모두 나무가 아니라 풀이다.

대나무 줄기의 단면

과학 3-1   식물의 생활   식물 생활 방식

뿌리가 땅에 안 닿는 식물은 어떻게 살까요?

생명과학 연구원 푸리아의 관찰일지

◆ 3월 12일 ◆날씨: 맑음   ◆관찰 장소: 호수 한복판

지구에는 강도 바다도 아닌 큰 물웅덩이가 엄청 많다. 그 물웅덩이를 호수라고 부르는데, 호수 주변과 물속에는 식물이 잔뜩 살고 있다. 얼마 전 박사님과 호수에 갔는데, 물 위에 식물이 떠다니고 있었다. 식물을 관찰해 보니 뿌리까지 물 위에 둥둥 떠 있었다. 내가 아는 식물은 땅에 뿌리를 내려 양분을 얻는데, 그럼 물 위에 떠 있는 풀들은 뭘 먹고 살아가는 거지? 지구에는 다양하게 생긴 식물이 정말 많은데, 다들 어떻게 양분을 얻고 살아가는 건지 갑자기 궁금해졌다. 지구의 생명체들도 우리 외계인들처럼 다양한 형태로 살아가나 보다.

물가에는 어떤 식물들이 살까요?

물가로 가면 육지와 또 다른 다양한 식물들을 관찰할 수 있어요. 먼저 물속에 잎과 줄기가 잠겨서 사는 식물이 있어요. 검정말, 나사말, 붕어마름 등이 여기에 속해요. 물속에서 사는 식물은 잎과 줄기가 가늘어서 물의 흐름에 따라 잘 휘어져요. 이 식물들은 물속 아래 땅에 뿌리를 내려요. 마름, 수련처럼 뿌리는 물속 아래 땅에 있지만 잎이 물에 떠 있는 식물도 있어요. 또 잎이 물 위로 더 높게 자라는 식물도 있어요. 연꽃, 부들, 갈대 등이에요. 이런 식물은 물속이나 물가 진흙에 뿌리를 내리고, 줄기와 잎이 대부분 물 위로 올라와 높게 자라며, 줄기에는 산소 공급을 돕는 공기구멍이 있답니다.

잎이 물속에 잠긴 붕어마름

잎이 물에 떠 있는 수련

잎이 물 위로 높이 자라는 부들

부레옥잠은 왜 물속으로 가라앉지 않나요?

식물 중 일부는 물에 떠서 살아가요. 부레옥잠, 개구리밥, 생이가래 등이에요. 이 식물들은 뿌리가 땅에 닿지 않아도 물에 떠서 살 수 있어요. 물속에 있는 수염 같은 뿌리가 땅속에 있는 뿌리처럼 수분과 양분을 빨아들이기 때문이에요. 물에 떠서 사는 식물의 잎 아래쪽은 물과 맞닿아 있어요. 그래서 식물의 숨구멍인 기공이 다른 식물과 달리 잎의 윗면에 있어요.

뿌리째 물에 떠 있는 개구리밥

공처럼 볼록하게 부푼 부레옥잠은 잎자루에 공기가 들어 있어 물에 떠요. 잎자루를 손으로 누르면 공기 방울이 보글보글 올라와요. 부레옥잠의 잎자루를 칼로 잘라서 관찰해 볼까요? 세로로 자르면 연결된 공기구멍을 확인할 수 있고, 가로로 자르면 잎자루에 생긴 많은 구멍을 확인할 수 있어요.

가로로 자른 부레옥잠

이렇듯 물에 사는 식물은 오랜 시간을 거치며 환경에 적응하고, 자신들의 생활 방식에 알맞은 생김새를 가지게 되었어요.

핵심과학용어사전

- **수생 식물** 물속이나 물가에서 자라는 식물. 크게 뿌리가 물속 땅에 고정된 수생 식물(침수 식물, 부엽 식물, 정수 식물), 뿌리가 물속 땅에 닿지 않고 떠 있는 수생 식물(부유 식물)이 있다.
- **침수 식물** 식물 전체가 물속에 잠겨서 자라는 식물
- **부엽 식물** 잎이 물에 떠 있는 식물
- **정수 식물** 잎이 물 위로 나와 높이 자라는 식물
- **부유 식물** 땅에 고정되지 않고 물에 떠서 자라는 식물

환경에 따라 적응하는 식물

식물도 동물처럼 환경에 따라 다른 생김새와 생활 방식을 가진다. 이를 '적응'이라고 한다. 우리나라에 사는 수련은 잎이 작지만, 아마존강에 사는 빅토리아 수련은 잎 지름이 3미터나 될 만큼 매우 크다. 잎 가장자리는 살짝 올라와 있고, 아래쪽에는 굵고 촘촘한 잎맥이 있어서 무게를 잘 버틴다. 그래서 몸이 가벼운 사람이 올라가도 쉽게 가라앉지 않을 만큼 튼튼하다. 또 우리나라 수련과 달리 줄기와 잎에 날카로운 가시가 있어서 초식 동물들이 쉽게 다가오지 못한다. 이는 강한 햇빛과 다양한 동물들이 사는 열대 우림에서 살아남기 위해 적응한 것이다.

우리나라에 사는 수련

빅토리아 수련의 이파리

과학 3-1 | 식물의 생활　　　　　　　　　　　식물 생활 방식

선인장 줄기 속에 물이 가득하다고요?

생명과학 연구원 푸리아의 관찰일지

◆ 3월 23일　◆날씨: 맑음　　◆관찰 장소: 사막 모래 언덕 위

지구의 사막은 정말 척박한 땅이다. 너무 건조하고 더워서 생명이 살기 어렵겠다는 생각이 들었다. 그런데 사막을 돌아다니다 보니 살아 있는 식물이 보인다. 가시 모양의 잎과 굵은 줄기를 가진 선인장이다. 칼로 선인장의 줄기를 잘라 봤는데, 잘린 면에 축축하게 물기가 생기는 걸 보니 아마 선인장이 주변에 있는 물을 모두 마신 것 같다. 목마른 박사님은 줄기를 핥아 마셨다. 좀 더 걷다 보니 키가 엄청나게 크고, 줄기는 꼭 항아리같이 생긴 나무도 나타났다. 사막에도 저렇게 큰 나무가 자랄 수 있다니, 도대체 어떻게 적응한 거지?

기후가 달라지면 사는 생물도 달라진다고요?

지구에서 생물의 분포와 생활에 가장 큰 영향을 준 요소는 오랜 시간 동안 지속된 그 지역의 기후예요. 날씨와 기후는 서로 달라요. 날씨가 매일매일의 기상 변화라면, **기후**는 특정 지역에서 반복되는 종합적인 기상 상황이에요. 기후를 이루는 요소에는 기온, 강수량, 햇빛, 바람이 있어요. 지역의 연평균 온도와 강수량에 따라 생물의 분포도 달라져요.

지리적으로 비슷한 기후에 따른 식물이나 동물의 군집을 **생물 군계**라고 해요. 우리가 잘 아는 열대 우림, 사바나, 사막, 온대 활엽수림, 북부 침엽수림, 툰드라 등의 기후 지역에 분포한 생물들의 군집이 생물 군계에 해당한답니다.

습도와 온도가 높은 열대 우림 기후

강수량이 적어 건조하고
식물이 적은 사막 기후

식물은 사막에서 어떻게 적응했을까요?

사막 기후는 강수량이 적어서 물이 부족하고 항상 건조해요. 낮과 밤의 온도 차도 아주 커서 식물이 자라기 척박한 환경이에요. 사막에 사는 식물들은 물을 저장하고 잎의 면적을 줄이는 등 다양한 방법으로 환경에 적응했어요. 대표적으로 선인장을 살펴볼까요? 종류에 따라 다르지만, 많은 선인장이 잎을 통해 물이 빠져나가는 것을 막기 위해 가시처럼 뾰족하고 좁은 잎과 물을 저장한 두꺼운 줄기를 가지고 있어요. 또 보통 식물이 낮에 기공을 여는 것과 달리 선인장은 낮에는 광합성만 하고, 밤에 기공을 열어 이산화탄소를 흡수해요. 건조하고 뜨거운 낮

굵은 줄기에 수분을 저장하는 선인장

에 기공을 열면 수분을 쉽게 빼앗기기 때문이에요. 낮과 밤으로 광합성과 이산화 탄소 흡수를 각각 나눠 하다 보니 성장은 느리지만, 덕분에 사막에서도 버틸 수 있어요.

굵은 줄기에 물을 저장하는 바오바브나무

사막이나 사바나 기후에서는 앙투안 드 생텍쥐페리의 소설인 『어린 왕자』에 등장하는 커다란 바오바브나무도 자라요. 키가 매우 크고 줄기도 아주 굵은 바오바브나무는 이 굵은 줄기 안에 엄청난 양의 물을 저장하고 있어서 건조한 기후에서도 잘 살아남을 수 있답니다.

날씨 짧은 시간 동안 변화하는 대기 상태
기후 오랜 시간 동안 나타나는 날씨의 평균적인 상태
염생 식물 바닷가의 모래땅이나 갯벌 주변의 염분이 많은 땅에서 자라는 식물. 소금기가 있는 토양에서만 살 수 있으므로 분포 지역이 좁고 종수도 매우 적다.

바닷가에 사는 염생 식물

바닷가에서 식물은 어떻게 살아갈까? 바닷가는 뜨거운 햇볕이 내리쬐고 염분이 포함된 바닷바람이 1년 내내 분다. 땅과 바람에 염분이 많아 식물이 살 수 없을 것 같지만, 식물은 소금기가 있는 환경에도 적응해 살아간다. 이런 식물을 '염생 식물'이라고 부른다.

우리나라에 자생하는 염생 식물로는 해홍나물, 퉁퉁마디, 갯메꽃 등이 있다. 바다와 가까이 있어 바람이 세고 햇볕이 강하기 때문에 이 식물들은 바늘 모양의 잎으로 바람의 영향을 적게 받거나, 윤기 나는 잎으로 강한 햇빛을 반사하거나, 줄기를 땅에 밀착시키며 살아간다. 또한 염생 식물은 갯벌 생물들의 먹이 역할을 하며, 서식지를 제공해 준다.

해홍나물

퉁퉁마디

갯메꽃

과학 3-1 | 식물의 생활   생체 모방 기술

찍찍이 테이프처럼 달라붙는 씨앗이 있다고요?

 생명과학 연구원 푸리아의 관찰일지

◆ 4월 10일 ◆날씨: 구름 많음   ◆관찰 장소: 동해 바닷속

식물은 땅에 뿌리를 내리고 다리도 없어서 움직이지 않는 것처럼 보인다. 그런데도 지구 어디에서나 식물을 볼 수 있다. 식물은 어떻게 씨앗을 멀리 퍼뜨릴 수 있는 걸까? 나와 같은 궁금증을 가진 지구인들은 식물의 씨앗을 잘 관찰해서 멋진 발명품을 여럿 만들었다. 씨앗뿐만 아니라 식물의 잎이나 줄기, 꽃 등이 가진 성질을 활용한 기술은 지구인들의 생활 곳곳에 녹아 있다. 지구인들의 생체 모방 기술은 참 다양하게 쓰인단 말이야. 가만, 혹시 지구인의 생체 모방 기술로 우주선도 만들 수 있을까?

식물을 모방한 기술에는 무엇이 있나요?

우리가 사용하는 생활 속 물건들은 식물에 영감을 받은 것들이 많아요. 식물의 구조와 기능을 모방한 생체 모방 기술도 다양하답니다.

'도꼬마리'라는 식물의 열매에 난 가시는 갈고리 모양이에요. 도꼬마리 열매가 동물의 털이나 사람의 옷에 닿으면 쉽게 엉겨 붙어서 열매 속의 씨앗을 멀리 퍼뜨릴 수 있어요. 사람들은 도꼬마리 열매가 옷에 엉겨 붙는 모습에 영감을 받아 벨크로 테이프를 발명했어요. 벨크로 테이프의 한쪽 면에는 작은 갈고리가 있고 다른 한쪽에는 작은 고리가 있어요. 단추나 지퍼와 비교해 여닫기 편리하고, 간편하게 붙였다 떼었다 할 수 있어서 '찍찍이'로 불리며 가방이나 모자, 신발 등에 많이 사용되고 있어요.

갈고리 모양 가시가 있는 도꼬마리

도꼬마리의 씨를 모방한 벨크로 테이프

헬리콥터에도 식물의 특성이 활용되었다고요?

단풍나무 씨는 길고 얇은 두 날개가 V자 모양으로 벌어진 특이한 모습이에요. 마치 씨앗에 날개를 달아 놓은 것 같아요. 바람이 불면 단풍나무 씨의 두 날개가 빙글빙글 회전하면서 날아가다가 천천히 땅으로 내려와요. 비행기, 헬리콥터 등에 달린 프로펠러는 단풍나무 씨가 회전하며 떨어지는 방식에서 아이디어를 얻어 만들어졌어요. 단풍나무 씨가 회전하는 원리와 날개의 두께 차이는 프로펠러의 공기 저항을 줄이고 안정성을 높이는 데 큰 도움을 줬어요.

그 외에도 사람들은 민들레 씨가 멀리 날아가는 원리를 이용해서 낙하산을 만들고, 또 뾰족한 장미 넝쿨에서 아이디어를 얻어 가시철조망을 발명했지요. 식물을 이용한 생체 모방 기술은 오늘날 다양한 산업에 응용되면서 더욱 발전하고 있어요.

단풍나무 씨

단풍나무 씨앗을 모방한 프로펠러

핵심과학용어사전

연잎 효과 연잎 표면에 나 있는 수없이 작은 돌기로 인해 연잎이 물에 젖지 않고 물방울이 동그랗게 맺히는 현상. 맺힌 물에 의해 먼지나 균 등이 씻겨 나간다.

연잎이 물 위에 떠 있는 이유, 연잎 효과

연꽃의 잎을 자세히 보면 잎 위로 물방울이 동그랗게 굴러다니는 모습을 볼 수 있다. 이는 연잎 표면 전체에 미세한 돌기가 있기 때문이다. 이 돌기로 인해 잎이 젖지 않고, 물방울이 밀려나 동그랗게 맺히는 현상이 나타난다. 이를 '연잎 효과'라고 한다.

사람들은 연잎 표면에서 일어나는 이 신기한 현상에 주목해, 실생활에서 사용할 수 있는 기술을 궁리했다. 그리고 연잎 효과에서 아이디어를 얻은 생체 모방 기술을 만들어 냈다. 방수복, 우산, 우비 등을 비롯해 방수 기능이 있는 여러 제품에는 연잎 효과의 원리가 숨어 있다. 덕분에 비가 많이 오는 날에도 우산과 우비에는 물이 스미지 않아서 사람들의 생활이 더욱 편해졌다.

미세한 돌기로 물에 젖지 않는 연잎

생명과학

과학 3-1 생물의 한살이　　　암수의 역할

동물의 암컷과 수컷은 어떻게 다른가요?

한껏 치장한 동물들을 따라 해 봤어!

어때, 멋지지?

멋지긴 개뿔!

털 날리니까 가까이 오지 마세요!

생명과학 연구원 푸리아의 관찰일지

◆ 4월 22일　◆날씨: 흐림　　　◆관찰 장소: 세렝게티 초원

지구인은 꾸미는 것을 좋아한다. 여러 가지 옷과 장신구로 자신을 뽐내려 한다. 자연에서 생활하는 동물들도 마찬가지다. 여러 가지 방법으로 자신을 치장한다. 그런데 자세히 관찰하면, 암컷보다 수컷의 겉모습이 화려한 경우가 많다. 어떤 동물은 성별에 따라 몸의 크기에도 차이가 있다. 거미의 수컷은 몸집이 작고, 암컷은 몸집이 크다. 이런 차이에는 무언가 이유가 있을 것 같은데…. 사자 가족을 한번 관찰해 볼까? 박사님은 같이 가면 안 된다. 저렇게 괴상한 모습으로는 관찰하기도 전에 사자한테 물리고 말 거야!

겉모습으로 동물의 암수를 구분한다고요?

동물의 암수는 대부분 비슷하게 생겼어요. 하지만 일부 동물은 암컷이나 수컷 중 한쪽 성별의 몸집이 크거나, 화려하거나, 눈에 띄는 모습을 하는 등 암수의 겉모습이 다르답니다. 사자를 관찰해 볼까요? 사자가 어릴 때는 암수 구분이 어렵지만 다 크고 나면 겉모습으로 구별할 수 있어요. 머리에 멋진 갈기가 있는 사자가 수컷이에요. 암컷 사자는 갈기가 없어요.

갈기가 있는 수컷 사자

갈기가 없는 암컷 사자

외형으로 수컷과 암컷을 구별하기 쉬운 동물이 또 있어요. 수컷 사슴은 대부분 몸집이 크고, 좌우 대칭으로 하늘을 향해 뻗은 멋진 뿔을 가졌어요. 반대로 암컷은 대부분 수컷에 비해 몸집이 약간 작고 뿔이 없어요. 장수풍뎅이가 가진 단단하고 큰 뿔도 수컷에게만 있어요. 공작새 수컷만 가진 꼬리 깃털은 부챗살처럼 펴지는데, 아주 화려하고 아름다워요.

수컷 사슴과 암컷 사슴

화려한 깃털을 가진 수컷 공작

왜 수컷의 모습이 화려할까요?

암컷과 수컷의 모습이 다른 이유는 짝짓기 상대를 얻는 능력과 관련이 있어요. 암컷 사슴은 크고 화려한 뿔을 가진 수컷을 선호해요. 크고 화려한 뿔을 가진 수컷이 짝짓기 기회를 많이 얻으면서, 여러 세대를 거쳐 점점 크고 화려한 뿔을 가진 수컷 사슴이 많아졌어요.

또 수컷 물개는 몸길이가 2.5m, 몸무게는 250kg이나 나는 반면, 암컷 물개는 몸길이가 1.3m, 몸무게는 100kg 정도밖에 되지 않아요. 이는 몸집이 클수록 다른 수컷을 이기고 짝짓기할 기회가 많아지기 때문이에요. 이처럼 세대가 지날수록 생존과 번식에 유리한 특징을 가진 동물이 많아지고, 특징이 더 돋보이는 쪽으로 변화한답니다. 이를 자연 선택이라고 해요.

핵심과학용어사전

자연 선택 환경과 생활에 적응하는 생물이 그렇지 않은 생물보다 생존과 번식에 더 유리해지는 과정. 이 과정에서 생존과 번식에 알맞은 특징이 많아지고, 시간이 지나면 생물의 특징이 변화할 수 있다.

 **암컷과 수컷의 역할**

대부분 동물의 번식에는 암컷과 수컷, 두 개체가 필요하다. 암컷이 알이나 새끼를 낳아 둥지에서 돌보는 동안, 수컷은 암컷과 새끼가 먹을 먹이를 구해 오고 접근하는 적에 대항해 싸운다. 암컷이 알이나 새끼를 낳기 때문에 역할이 이렇게 나뉘어 있는 것이다.

그런데 '바다의 용'이라고 불리는 해마는 암컷과 수컷의 역할이 서로 바뀐 독특한 동물이다. 수컷 해마는 아랫배에 보육낭이라고 불리는 주머니를 가지고 있는데, 이 주머니에서 알을 수정시키고 부화할 때까지 보호한다. 많은 동물과 달리 수컷이 알을 품고 부화시켜 낳는 것이다. 이처럼 암컷과 수컷의 역할은 동물이 사는 환경에 따라 무척 다양하다.

수컷이 알을 품는 해마

과학 3-1 | 생물의 한살이 동물의 한살이

배추흰나비는 번데기를 거쳐야 어른이 된다고요?

생명과학 연구원 푸리아의 관찰일지

- 5월 7일 • 날씨: 맑음 • 관찰 장소: 뒷산 느티나무 아래

곤충은 정말 신기한 동물이다. 알에서 태어나는 건 같지만, 어른이 되는 방법은 종에 따라 각기 다르다. 거의 모든 곤충은 알에서 깨어나 애벌레로 성장한다. 애벌레의 생김새는 저마다 다르지만 과정은 같다. 문제는 그다음부터다. 어떤 곤충은 번데기가 된다. 마치 캠핑장에서 침낭을 꽁꽁 싸매고 자는 박사님 같다. 그리고 번데기 상태에서 시간을 보낸 뒤 어른벌레로 성장한다. 그런데 어떤 곤충은 번데기를 거치지 않고 애벌레에서 바로 어른벌레가 된다. 같은 곤충인데도 이렇게나 성장 방법이 다양하다니! 어쩌면 지구의 진정한 주인은 곤충일지도 모르겠다.

배추흰나비 알은 어디로 사라진 건가요?

배추나 케일이 자라고 있는 밭에 가 보면 배추흰나비가 낳은 알을 쉽게 볼 수 있어요. 그런데 한두 달 뒤 다시 가면, 그 알이 모두 사라져 있어요. 어떻게 된 걸까요?

배추흰나비는 천적의 눈에 띄지 않도록 잎 뒷면에 알을 낳아요. 알은 옥수수 같은 모양에 색도 노랗고, 크기는 1mm로 아주 작아요. 시간이 지나면 색깔이 점점 연해지면서 연노란색 애벌레가 알에서 꿈틀거리며 나와요. 깨어난 애벌레는 먼저 알껍데기를 먹이로 먹어요. 알은 갑자기 사라진 게 아니라, 애벌레가 갉아 먹은 것이지요.

배추흰나비의 한살이

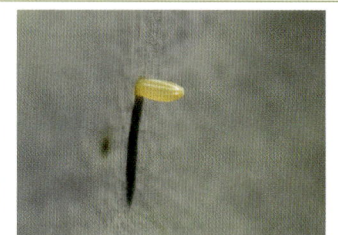

배추흰나비 알

네 번 허물을 벗은 애벌레

주변 색깔과 비슷하게 변한 배추흰나비 번데기

성장을 마친 배추흰나비

애벌레는 어떻게 나비가 되나요?

배추흰나비 애벌레는 잎을 먹기 시작하면서 몸이 점점 초록색으로 변해요. 먹이인 이파리와 몸 색깔이 비슷해져 다른 동물의 눈에 띄지 않게 자신을 보호할 수 있는데, 이를 **보호색**이라고 해요. 애벌레의 몸은 단단한 껍질로 싸여 있어서, 더 크게 자라려면 껍질을 벗는 허물 벗기를 해야 해요. 보통 2주 동안 허물을 네 번 벗고, 몸이 점점 길고 굵어지며 3cm 정도로 자라요.

애벌레는 태어난 지 2주가 지나면 먹기를 멈추고 눈에 잘 띄지 않는 곳에 숨어요. 몸을 고정하고, 입에서 실을 뽑아 몸을 묶어요. 그리고 허물을 벗으며 전혀 다른 모양으로 변하는데, 양 끝은 뾰족하지만 가운데가 볼록한 모양이고, 움직이지 않으며 딱딱해요. 이 상태의 애벌레를 번데기라고 불러요. 움직이지도 먹지도 않아서 죽은 듯 보이지만, 시간이 지나면 번데기가 투명해지면서 나비로 자라는 모습을 관찰할 수 있어요. 이후 성장을 마친 나비는 번데기를 가르고 나와, 구겨진 날개를 펴고 날아가요. 이처럼 배추흰나비는 알 → 애벌레 → 번데기 → 어른벌레의 순서로 성장한답니다.

핵심과학용어사전

보호색 다른 동물의 눈에 띄지 않고 자신을 보호하기 위해 주변 환경과 비슷한 색으로 자신을 숨기는 방법
허물 동물이 탈피하면서 벗어 버린 외골격이나 피부
완전 탈바꿈 알에서 애벌레, 번데기를 거쳐 어른벌레가 되는 곤충의 발달 방식
불완전 탈바꿈 애벌레와 어른벌레의 모습이 비슷하고, 번데기를 거치지 않는 곤충의 발달 방식

완전 탈바꿈과 불완전 탈바꿈

곤충의 발달 방식에는 크게 두 가지가 있다. '완전 탈바꿈'은 배추흰나비처럼 알에서 시작해 애벌레, 번데기, 어른벌레가 되는 발달 방식을 말한다. 반면 애벌레와 어른벌레의 모습이 비슷하고, 번데기 과정을 거치지 않는 발달 방식을 '불완전 탈바꿈'이라고 한다.

곤충 중에는 완전 탈바꿈을 하는 종도 있고 불완전 탈바꿈을 하는 종도 있다. 완전 탈바꿈과 불완전 탈바꿈을 구분하는 기준은 번데기 과정을 거치는지 여부이다. 집에서 흔하게 볼 수 있는 파리는 완전 탈바꿈을 하며 그 과정에서 번데기를 만든다. 반면 잠자리는 번데기가 되는 과정이 없는 곤충이다. 잠자리의 애벌레는 '수채'라고 불리며, 물속에 살면서 모기 유충 같은 작은 생물을 잡아먹고 산다. 수채는 때가 되면 수면으로 올라오는데, 이때 번데기 과정 없이 허물을 벗고 바로 어른 잠자리가 된다.

잠자리의 유충 수채

불완전 탈바꿈을 하는 잠자리

생명과학 277

| 과학 3-1 | 생물의 한살이 | | 동물의 한살이 |

사자는 알을 낳나요, 새끼를 낳나요?

생명과학 연구원 푸리아의 관찰일지

◆ 5월 13일 ◆ 날씨: 구름 조금 ◆ 관찰 장소: 동물원

막 태어난 강아지는 눈도 못 뜨고, 귀도 막혀 있고, 걷지도 못한다. 이빨도 없어서 젖을 먹고 자란다. 성장하면서 이빨이 자라 먹이를 씹어 먹고 다리에도 힘이 생겨 뛰어놀기도 한다. 다 자란 개는 새끼를 낳고 다음 세대를 이어 간다. 곤충의 한살이를 관찰하다 포유류의 한살이를 관찰하니 성장 과정이 확실히 달라 신기했다. 사람은 300일 정도 임신한 후 아기를 낳고, 아프리카코끼리는 무려 645일 동안 임신한 후 새끼를 낳는다. 그나저나 아기 사자를 관찰하러 간 박사님은 언제 오시는 거지?

사자가 낳은 알을 뭐라고 부를까요?

달걀은 닭이 낳은 알을 말해요. 메추라기가 낳은 알은 메추리알, 오리가 낳은 알은 오리알이라고 불러요. 그렇다면 사자가 낳은 알은 뭐라고 부를까요? 사실 이 질문은 잘못됐어요. 사자는 알을 낳지 않고 새끼를 낳기 때문이에요.

어미 사자는 젖을 먹이며 새끼 사자를 키워요. 사자처럼 젖을 먹이며 새끼를 키우는 동물을 **포유류**라고 불러요. 사람을 비롯해 우리가 흔히 보는 동물인 개, 고양이, 소 등이 포유류에 속하지요. 모든 동물이 어미가 젖을 먹이며 새끼를 키우지는 않아요. 포유류만이 새끼일 때 젖을 먹고 성장한답니다. 알을 낳는 곤충이나 물고기, 새의 어미에게는 젖이 없어요. 바다에 사는 고래는 물고기라고 생각할 수 있지만 새끼를 낳고 젖을 먹이는 포유류랍니다.

젖을 먹여 새끼를 키우는 포유류

동물들의 임신 기간이 각각 다르다고요?

포유류는 한 번에 낳을 수 있는 새끼의 수와 새끼가 자라는 기간이 모두 달라요. 보통 몸집이 작고 생존 기간이 짧은 동물은 임신 기간이 짧고, 한 번에 낳는 새끼의 수가 많아요. 몸집이 크고 생존 기간이 긴 동물일수록 임신 기간이 길고, 한 번에 낳는 새끼의 수가 적답니다. 토끼의 임신 기간은 약 30일 정도이고, 한 번에 네 마리에서 여덟 마리의 새끼를 낳아요. 토끼보다 훨씬 큰 호랑이는 임신 기간이 약 90일이고, 한 번에 두 마리에서 세 마리의 새끼를 낳아요.

포유류 새끼의 모습은 부모와 많이 닮아 있어요. 부모의 생김새나 성질이 새끼에게 유전되었기 때문이에요. 누구

새끼를 많이 낳는 토끼

새끼를 적게 낳는 호랑이

생명과학 **279**

나 강아지를 보면 개를, 송아지를 보면 소를, 망아지를 보면 말을 떠올릴 수 있을 거예요. 새끼들은 부모의 보살핌을 받으며 자라고, 다 자란 동물은 암컷과 수컷의 짝짓기를 통해 새끼를 낳아요.

부모와 비슷하게 생긴 새끼 사자

포유류 젖을 먹이며 새끼를 키우는 동물. 포유류의 어미는 젖을 만들어 낼 수 있으며 대부분 새끼를 낳는다. 오리너구리와 바늘두더지 등 5종의 일부 포유류만 알을 낳는다.

유전 자식이 부모를 닮는 현상. 자식은 아버지와 어머니의 유전자를 반씩 물려받기 때문에 부모를 닮게 된다.

난생 알을 낳아 번식하는 방법

태생 새끼를 낳아 번식하는 방법

알을 낳지만 젖을 먹이는 동물, 오리너구리

척추동물의 번식 방법은 보통 알을 낳는 '난생'과 새끼를 낳는 '태생'으로 나뉜다. 조류는 알을 낳는 난생 동물이고, 사람과 같은 포유류는 새끼를 낳는 태생 동물이다. 그런데 포유류인데도 특이하게도 알을 낳는 동물이 있다. 바로 오리너구리와 가시두더지이다.

현존하는 포유류 중 가장 원시적인 모습을 가진 포유류로 알려진 오리너구리는 주둥이가 오리의 부리처럼 생겼고 몸통은 수달처럼 생겼다. 주로 오스트레일리아의 태즈메이니아에 살고 있다. 오리너구리는 젖꼭지가 없으나, 피부에서 분비되는 젖으로 새끼를 먹이고 키운다. 알을 낳지만 새끼에게 젖을 먹이기 때문에 오리너구리는 포유류로 분류된다. 최근 유전체 연구에서는 오리너구리가 포유류의 유전자뿐 아니라, 조류와 파충류에서 볼 수 있는 특징적인 유전자 구조도 함께 가지고 있다는 사실이 밝혀졌다. 이처럼 오리너구리는 포유류의 기원을 밝히는 데 중요한 연구 대상으로 주목받고 있다.

오리너구리

과학 3-1 　 생물의 한살이　　　　　　　　　　식물의 한살이

이 조그만 수박씨가 어떻게 수박이 될까요?

생명과학 연구원 푸리아의 관찰일지

◆ 5월 22일　◆날씨: 맑음　　　◆관찰 장소: 유적 발굴지

수박은 참 맛있지만 까만 수박씨를 뱉어 내는 게 귀찮다. 수박에는 왜 이렇게 씨앗이 많을까? 사실 우리가 수박을 먹을 수 있는 건 다 씨 덕분이라고 한다. 수박씨를 심으면 수박이 열리고 딸기씨를 심으면 딸기가 열리니까 말이다. 이 조그만 씨가 어떻게 커다란 수박이 되는 걸까? 씨에는 식물이 자라는 데 필요한 양분과 식물이 될 부분이 들어 있다고 하던데, 마치 동물의 알 같다. 수박씨를 심으면 수박이 열린다니… 내가 지금까지 뱉은 수박씨만 해도 100개가 넘는데? 수박 농장을 하면 꽤 잘될지도 몰라!

생명과학　281

그것이 알고싶다

 식물의 씨 안에는 무엇이 있나요?

식물의 열매인 과일을 갈라 보면 씨를 쉽게 발견할 수 있어요. 아보카도 열매의 씨를 관찰해 볼까요? 아보카도를 반으로 갈라 살펴보면, 열매 가운데에 갈색의 크고 단단한 씨가 보여요. 아보카도 씨를 자른 후 단면을 자세히 관찰하면 씨의 내부 구조를 볼 수 있어요. 영양분을 저장해 두는 배젖이 보이고, 가운데 어린 식물이 되는 부분인 배와 떡잎이 있어요. 아보카도의 씨는 크기가 큰 만큼 배젖에도 많은 영양분을 저장하고 있어요. 식물의 종류에 따라 씨의 크기와 모양은 제각각 달라요. 사과나 수박은 동물이 삼키기 쉽도록 작은 씨를 갖고 있답니다.

아보카도의 단면

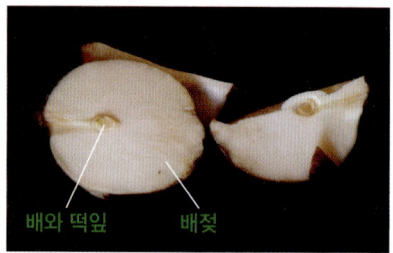

아보카도 씨의 단면

 아무 때나 씨를 심으면 싹이 트나요?

식물의 씨는 단단한 껍질로 싸여 있어요. 씨 안에 있는 배와 배젖을 보호하기 위해서예요. 껍질 덕분에 씨는 외부의 충격이나 건조한 환경에서도 견딜 수 있어요. 씨는 식물의 생명을 다음 세대로 이어 주는 중요한 역할을 해요. ==씨에서 싹이 터 자라나고, 꽃을 피워 씨를 맺고, 그 씨가 다시 새로운 식물이 되어 자손을 만들지요.==

아보카도 씨를 발아시키는 모습

싹이 난 아보카도 씨

씨에서 싹이 트려면 물, 온도, 산소가 적절히 맞아야 해요. 특히 물과 온도의 역할이 커요. 식물에 따라 적절한 환경이 저마다 달라서, 적절한 온도에 물이 공급되면 씨는 발아를 시작할 수 있도록 준비해요. 산소 역시 발아에 중요한 역할을 하는데, 씨를 흙에 심고 꾹 누르면 산소가 잘 통하지 않아 싹이 트지 않아요. 이는 적절한 환경에서 싹을 틔워 생존율을 높이려는 식물의 전략이랍니다.

핵심과학용어사전

발아 씨에서 싹이 나와 성장을 시작하는 과정

씨를 연구하는 직업, 종자 개발 연구원

우리가 밥으로 먹는 쌀도 자세히 보면 종류가 다양하다. 찰기가 있는 찹쌀, 일반적인 멥쌀, 색이 진한 흑미와 붉은빛의 적미까지, 겉보기엔 다 달라 보여도 이들은 모두 같은 종인 벼에서 유래한 서로 다른 품종이다. 이처럼 같은 종이라도 씨의 성질이나 색, 영양 성분은 조금씩 다를 수 있다.

같은 종 안에서도 다양한 특징을 가진 씨가 존재하는 것은 식물에게 중요한 생존 전략이 된다. 서로 다른 성질을 가진 씨들이 많을수록, 갑작스러운 환경 변화나 병해충에도 더 잘 견딜 수 있기 때문이다.

종자 개발 연구원은 이런 씨의 특징과 생육 조건을 연구해, 더 튼튼하고 건강한 식물 품종을 만들어 내는 일을 한다. 산업화와 기후 변화로 인해 기존 품종이 잘 자라지 못하는 경우가 늘면서, 새로운 환경에 잘 적응하는 씨를 개발하는 일이 점점 더 중요해지고 있다. 씨의 발아율, 성장 속도, 병해충에 대한 저항성 등을 꼼꼼히 살펴보고, 더 안정적이고 풍부한 식량 생산을 위한 품종을 설계하는 것이 종자 개발 연구원의 역할이다.

다양한 쌀의 모습

| 과학 3-1 | 생물의 한살이 | | 식물의 한살이 |

열매를 만들고 죽는 식물이 있다고요?

생명과학 연구원 푸리아의 관찰일지

◆ 7월 18일 ◆ 날씨: 맑음 ◆ 관찰 장소: 옥수수밭

지구에는 1년만 사는 식물도 있고, 해를 넘겨 계속 사는 식물도 있다. 아파트 화단의 장미는 같은 나무에서 매년 꽃이 피고 진다. 그런데 내가 키우는 강낭콩은 1년을 넘지 못하고 죽는다. 옥수수도 그렇다. 맛있는 옥수수를 먹기 위해서는 해마다 옥수수를 새로 심어야 한다. 왜 어떤 식물은 한 해만 사는 걸까? 오래 살면 좋지 않나? 벼도 그렇다. 수확 시기에 맞춰 매년 자라는 벼가 있으면 얼마나 편할까. 지구 식물들의 마음은 알 수가 없어!

강낭콩은 왜 매년 심어야 할까요?

식물은 싹을 틔운 뒤 잎과 줄기가 자라고, 꽃을 피워 열매를 맺고, 다시 씨를 퍼뜨려요. 이를 식물의 한살이라고 해요. 어떤 식물은 싹을 틔우고 꽃을 피워 다시 씨를 맺기까지의 과정을 한 번만 해요. 강낭콩, 옥수수, 해바라기처럼 한 해만 살고 한살이를 마치는 식물을 **한해살이 식물**이라고 해요.

반면 장미, 감나무, 사과나무처럼 한 해가 지나도 죽지 않고 꽃 피우기와 열매 맺기를 해마다 반복하는 식물도 있어요. 대부분 추운 겨울 동안 죽지 않고 마치 겨울잠을 자듯 생장을 멈췄다가, 다시 봄이 되면 자라지요. 이렇게 여러 해 동안 살면서 한살이를 반복하는 식물을 **여러해살이 식물**이라고 해요.

한해살이 식물인 강낭콩　　　　여러해살이 식물인 감나무

식물은 왜 씨로 다시 시작할까요?

모든 식물의 한살이는 결국 씨를 남기는 것으로 마무리돼요. 식물은 열매 안에 씨를 만들어서 다음 세대를 준비하지요.

씨는 겉보기엔 작고 평범해 보여도, 그 안에는 새로운 식물로 자라날 수 있는 배와 영양분이 들어 있어요. 식물은 스스로 움직일 수도 없고 자리를 옮길 수도 없지만, 씨를 남김으로써 멀리 떨어진 곳까지 새로운 생명을 퍼뜨릴 수 있답니다.

씨는 바로 싹을 틔우지 않고, 주변 환경이 알맞아질 때까지 오랫동안 기다려요. 물을 흡수하고, 적당한 온도와 빛을 만나야 비로소 발아를 시작해 새로운 생명으로 이어질 수 있어요.

생명과학

한해살이 식물은 씨를 남기고 생을 마쳐요. 하지만 남겨진 씨 덕분에 새로운 생명이 싹 트고, 그 생명도 다시 한 해 동안 자라 씨를 남기게 되지요. 여러해살이 식물은 해마다 꽃과 열매를 맺으며, 계속해서 씨를 만들어 자손을 퍼뜨려요.

씨는 식물의 한살이에서 '끝이자 새로운 시작'이라는 중요한 역할을 해요. 씨 덕분에 식물은 같은 땅에서, 또는 새로운 곳에서 다시 한 번 생명의 주기를 이어 갈 수 있답니다.

핵심과학용어사전

한해살이 식물 한살이를 한 해 동안 거치고 일생을 마치는 식물
여러해살이 식물 한살이를 여러 해 동안 반복하며 살아가는 식물
광합성 식물이 빛 에너지를 이용해 영양분을 스스로 만드는 과정
포도당 탄수화물의 일종인 단당류 중 하나. 식물이 광합성을 통해 만들어 낸다.

광합성은 왜 필요할까?

햇빛은 식물의 성장에 무척 중요하다. 식물이 영양분을 만드는 과정인 광합성에 햇빛이 꼭 필요하기 때문이다. 실험을 통해 햇빛이 식물에 중요한지 알아볼 수 있다. 먼저 같은 종류의 식물을 두 개 준비한다. 하나는 햇빛이 잘 드는 밝은 곳에, 다른 하나는 햇빛이 들지 않는 어두운 곳에 둔다. 단, 두 식물 모두 공기가 잘 통하는 곳에 둬야 하고 같은 시간에 같은 양의 물을 줘야 한다. 그리고 1~2주 동안 두 식물이 어떻게 변하는지 관찰해 보자. 햇빛을 받은 식물은 잘 자라지만, 햇빛을 받지 않은 식물은 잘 자라지 못하거나 시들 것이다.

광합성을 하지 못해 말라 버린 식물

이처럼 식물의 광합성에는 햇빛이 필요하다. 광합성은 햇빛을 이용해 이산화 탄소와 물을 산소와 포도당으로 바꾸는 과정이다. 광합성으로 만들어진 포도당은 식물을 자라게 하고, 열매를 맺는 등 여러 가지 일에 쓰인다.

과학 4-1 | 다양한 생물과 우리 생활 | 세균

고약한 방귀 냄새의 범인이 세균이라고요?

생명과학 연구원 푸리아의 관찰일지

◆ 6월 12일　◆날씨: 맑음　　　　◆관찰 장소: 놀이터 앞 공터

지구에는 크기도 모양도 다른 많은 생명이 살고 있다. 그중 비밀리에 지구를 점령하고 있는 녀석들이 있다. 바로 눈에 보이지 않는 세균이다. 세균은 어디에나 있다. 집 안에도, 지구인에게도 있다. 어쩌면 외계인에게도 있을지 모른다. 어떤 세균은 병균이 되어 지구인의 몸에 들어가 병을 일으킨다. 고약한 방귀 냄새의 원인도 세균이라고 한다. 음식에도 세균이 존재하는데, 세균이 음식과 만나 이로운 작용을 하면 김치나 치즈가 된다. 세균, 없애 버리려 했지만 김치 때문에 참는다!

그것이 알고싶다

 어금니에도 세균이 살고 있다고요?

세균은 눈에 보이지 않지만, 우리와 늘 함께해요. 우리 몸에는 몸을 이루는 세포의 수보다 많은 세균이 살고 있어요. 손과 발, 콧구멍뿐 아니라 위, 대장 등 몸 곳곳에 여러 종류의 세균이 살고 있지요. 우리 입속에도 세균이 살고 있답니다. 그중에는 충치를 유발하는 대표적인 세균인 '스트렙토코쿠스 뮤탄스'도 있어요. 또 대장에는 유산균, 대장균 등이 살면서 여러 물질을 만들어요.

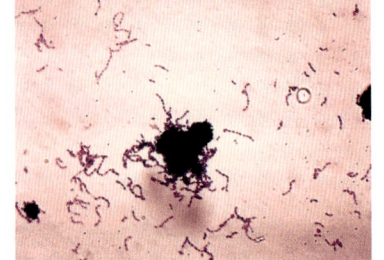

입안에 있는 충치균의 모습

한편 혈액, 뇌, 신장 등 몸 안의 조직과 기관 대부분은 세균이 없는 무균 상태를 유지하고 있어요. 만약 세균이 조직과 기관에 들어가 감염을 일으킨다면 치명적일 수 있어요. 우리 몸뿐 아니라 컴퓨터, 핸드폰, 책상, 동전 등 우리가 자주 만지는 주변 물건에도 세균이 살아요. 특히 손은 세균과 가장 쉽게 접촉하기 때문에, 더러운 손으로 눈, 코, 입 등을 만지면 질병에 노출될 확률이 높아져요.

 세균 때문에 방귀 냄새가 나는 거라고요?

세균은 하나의 세포를 가진 아주 작은 생물로, 세균에는 세포의 핵심 기관인 핵이 없어요. 이처럼 핵이 없는 세포를 **원핵세포**라고 해요. 세균은 대부분 세포벽을 갖고 있고, 자신의 효소를 이용해 빠른 속도로 자라고 번식하며 스스로 생명 활동을 해요. 맨눈으로 관찰할 수 없을 정도로 크기가 작아서 배율이 높은 현미경으로 관찰해야 해요. 세균은 종류와 모양

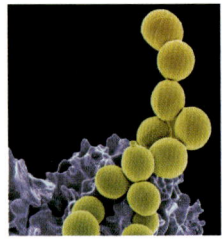

포도상 구균

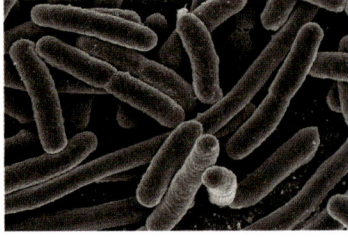

대장균

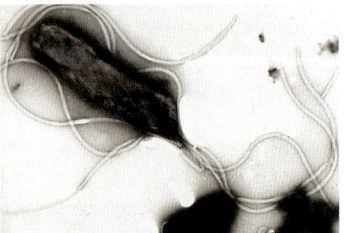

헬리코박터 파일로리

이 다양한데, 모양에 따라 공, 막대, 나선 모양으로 분류해요. 포도상 구균과 스트렙토코쿠스 뮤탄스는 공 모양 세균이에요. 질병을 일으키는 콜레라균, 대장균은 막대 모양 세균이에요. 위에 살면서 위염과 위암 등에 관여하는 헬리코박터 파일로리는 나선 모양 세균이에요.

방귀 냄새도 세균의 활동으로 생기는 거예요. 우리 몸의 소장과 대장에 사는 세균 중 발효를 돕는 세균은 우리가 먹은 음식물을 분해하면서 여러 종류의 가스를 만들어 내요. 이 가스에는 냄새나는 황화합물도 들어 있어요. 가스가 많아지면 공기와 함께 항문을 지나 몸 밖으로 나오는데, 이것이 바로 방귀랍니다.

핵심과학용어사전

원핵세포 핵이 없는 세포. 막으로 둘러싸인 세포 소기관도 없다. 유산균과 대장균과 같은 세균이 대표적이다.

식빵으로 알아보는 손 씻기의 중요성

식빵을 이용해 미생물이 얼마나 있는지를 알아볼 수 있다. 먼저 신선한 식빵과 지퍼백을 준비한다. 그리고 아무것도 접촉하지 않은 식빵, 비누로 손을 깨끗하게 씻은 후 만진 식빵, 더러운 손으로 만진 식빵을 준비해 지퍼백에 넣는다. 이때 아무것도 접촉하지 않은 식빵은 비교 대상이며 '대조군'이라고 한다.

3주 정도 지난 뒤 결과를 관찰해 보자. 아무것도 접촉하지 않은 식빵과 비누로 손을 깨끗하게 씻은 후 만진 식빵에는 큰 변화가 없거나, 세균이나 곰팡이가 아주 적게 생길 것이다. 그러나 더러운 손으로 만진 식빵에는 세균과 곰팡이가 많이 생겼을 것이다. 눈에 보이지 않는 수많은 곳에 세균을 포함한 미생물이 살고 있는 것이다. 이를 보면 비누를 사용해 흐르는 물에 30초 이상 손을 씻어야 함을 확실하게 알 수 있다.

아무것도 접촉하지 않은 식빵(대조군)

비누로 손을 깨끗하게 씻은 후 만진 식빵

더러운 손으로 만진 식빵

| 과학 4-1 | 다양한 생물과 우리 생활 | 원생생물 |

짚신벌레는 동물이 아니라고요?

생명과학 연구원 푸리아의 관찰일지

◆ 6월 15일　◆ 날씨: 흐림　　◆ 관찰 장소: 푸리아의 실험실

짚신벌레, 아메바, 종벌레, 유글레나, 해캄, 돌말, 클로렐라…. 이름도 특이한 이 녀석들에게는 공통점이 있다. 먼저, 눈에 띄지 않는다는 점이다. 뛰어난 외계인의 시력으로도 맨눈으로 볼 수 없다. 또 하나의 특징은, 바로 동물이 아니라는 점이다. 지구인들은 이 녀석들을 동물로 부르지 않는다. 그러면 식물? 식물의 특징도 없는 것 같은데…. 지구에 사는 생물이지만 종잡을 수가 없다. 박사님도 종잡을 수 없는 외계인인데. 박사님과 짚신벌레의 공통점을 찾았군.

 짚신벌레는 동물도, 식물도 아니라고요?

 짚신벌레는 이름 때문에 곤충이라고 생각하지만, 사실 동물에 속하지 않아요. 동물도, 식물도, 균류도 아니지요. 생물은 크게 원핵생물과 진핵생물로 나눠요. **원핵생물**이 세포에 핵과 막이 없어 소기관을 갖지 못한 데 반해, **진핵생물**은 세포에 핵과 막이 있는 소기관들을 가지고 있어요.

 짚신벌레는 **원생생물**이라는 집단에 속해요. 원생생물은 세균과 달리 핵이 있는 생물이에요. 원핵생물과 진핵생물 중에서는 진핵생물에 속해요. 진핵생물 중 동물, 식물, 균류 어느 집단에도 속하지 못하는 생물을 원생생물 집단으로 모아 놓은 것이지요.

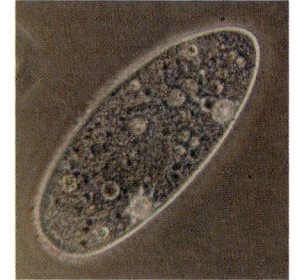

원생생물인 짚신벌레

 원생생물은 어떻게 살아갈까요?

 원생생물은 주로 냇가나 도랑, 연못처럼 물이 고이거나 잔잔하게 흐르는 곳에 살아요. 짚신벌레, 아메바, 종벌레, 유글레나, 해캄 등이 대표적이에요. 홍조류, 녹조류, 갈조류 등 바다에서 사는 원생생물도 있어요. 원생생물은 각자 자기만의 독특한 모양을 가져요. 아메바는 일정한 모양 없이 몸을 자유롭게 바꾸고, 종벌레는 종 모양이에요. 유글레나는 긴 꼬리가 달렸고 몸속에는 초록색 알갱이(엽록체)가 가득 차 있어요. 해캄은 초록색 알갱이들이 사선 모양으로 연결되어 가는 가닥이 여러 개 뭉쳐 있는 모양이에요.

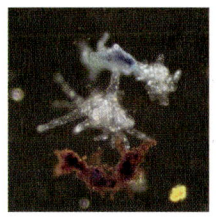 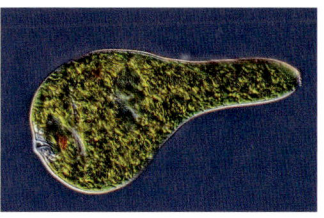 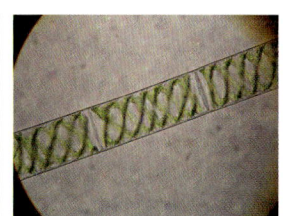

아메바   종벌레   유글레나   해캄

생명과학 291

한편 원생생물은 질병을 일으키기도 해요. 특히 말라리아는 '말라리아 원충'이라고 불리는 기생성 원생생물에 의해 생기고, 모기에 의해 전파돼요. 전 세계적으로 한 해 동안 수십만 명의 사람이 죽을 정도로 큰 피해를 주는 병이지요.

핵심과학용어사전

원핵생물 세균과 고세균. 핵막과 핵이 없어 소기관이 없다.
진핵생물 동물, 식물, 균류, 원생생물. 핵막과 핵을 가지고 있으며, 막으로 둘러싸인 세포 소기관도 있다.
광학 현미경 빛의 굴절을 이용해 세균이나 생물의 조직을 확대해 관찰하는 장치

광학 현미경으로 원생생물 관찰하는 법

① 프레파라트 만들기

수면 가까이에 있는 물을 스포이트로 채취한 뒤, 받침 유리에 한 방울 떨어뜨리고 공기 방울이 생기지 않도록 덮개 유리를 비스듬히 기울여서 덮는다.

② 현미경으로 관찰하기

회전판을 돌려서 가장 낮은 배율의 대물렌즈가 가운데 오도록 조정한다. 재물대 위로 프레파라트를 올려 고정한 뒤 조동 나사로 재물대를 대물렌즈와 최대한 가깝게 올린다. 이후 접안렌즈로 보면서 조동 나사로 재물대를 조절해 물체를 찾고, 물체가 보이면 미동 나사로 초점을 맞춘다.

③ 배율을 높여서 관찰하기

미동 나사로 재물대를 다시 가장 아래로 내린 다음 회전판을 돌려서 높은 배율의 대물렌즈가 가운데 오도록 조정한다. 조동 나사로 재물대를 대물렌즈와 최대한 가깝게 올린 후, 접안렌즈로 보면서 재물대를 다시 천천히 내린다.

프레파라트

대물렌즈 물체의 상을 확대해 주는 렌즈
재물대 관찰 대상을 올려놓는 곳
조리개 빛의 양을 조절하는 장치
조명 빛을 관찰 대상에 비추는 곳
접안렌즈 눈으로 보는 렌즈
회전판 대물렌즈의 배율을 선택하는 장치
조동나사 표본의 상에 대한 대강의 초점을 맞출 때 쓰는 나사
미동나사 표본의 상에 대한 정확한 초점을 맞출 때 쓰는 나사

현미경의 각 구조와 기능

과학 4-1 · 다양한 생물과 우리 생활 · 균류

버섯은 식물이 아니라고요?

생명과학 연구원 푸리아의 관찰일지

◆ 6월 26일 ◆날씨: 구름 많음 ◆관찰 장소: 숲속 공터

숲을 걷다 보면 귀엽게 생긴 여러 버섯을 볼 수 있다. 지구인들은 그중 먹을 수 있는 버섯만을 따서 요리해 먹는다. 버섯은 아주 맛있다. 그런데 버섯은 식물이 아니라 균류라고 한다. 한편 지구인들은 곰팡이는 먹지 않는다. 음식을 잘못 보관하면 곰팡이가 생기는데, 곰팡이가 생긴 음식은 먹을 수 없다고 버린다. 버섯과 곰팡이는 둘 다 균류인데, 왜 버섯은 먹고 곰팡이는 버리는 걸까? 지구인들은 편식쟁이다. 나같이 편식 안 하는 외계인은 둘 다 먹을 수 있어!

 버섯도 곰팡이처럼 균이라고요?

버섯과 곰팡이는 동물이나 식물로 분류되지 않아요. <mark>균류</mark>라는 범주에 속하지요. 균류는 거미줄처럼 가늘고 기다란 실 모양의 '균사'로 이루어져 있고, 포자로 번식해요. 포자는 작고 가벼워서 공기 중에 떠다니며 이동해요. 우리 눈에 잘 보이지 않지요.

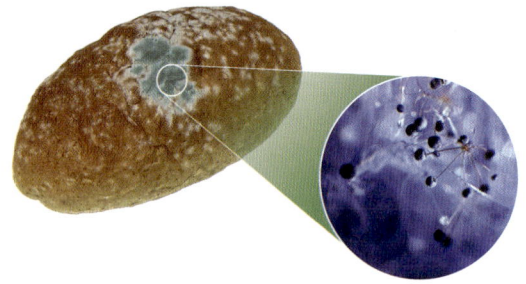

빵에 핀 곰팡이를 20배 확대한 모습

여름철에는 오래된 음식물이나 욕실 바닥에서 종종 곰팡이를 볼 수 있어요. 곰팡이는 따뜻하고 축축한 환경에서 잘 자라요. 식빵을 오래 두었을 때 곰팡이가 생긴 걸 본 적이 있나요? 빵이나 과일 등 음식에 자란 곰팡이를 현미경이나 루페로 살펴보세요. 가느다란 실 같은 곰팡이가 보일 거예요. 곰팡이와 함께 노란색, 푸른색, 검은색 등 여러 색깔의 알갱이도 함께 볼 수 있는데, 이 알갱이는 곰팡이가 포자를 만드는 기관인 포자낭이랍니다.

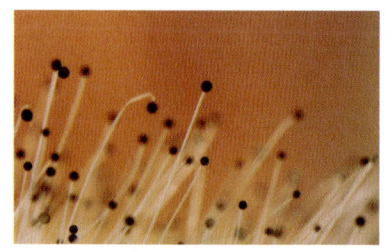

복숭아에 핀 곰팡이

 버섯의 포자는 왜 관찰하기 어려울까요?

버섯도 곰팡이처럼 균사로 이루어져 있어요. 그런데 버섯의 균사는 곰팡이와 달리 촘촘하게 모여 있어요. 버섯에서 우산처럼 생긴 부분을 갓이라고 불러요. 갓 아래의 줄무늬처럼 보이는 주름에서는 포자가 만들어지지요. 곰팡이는 포자낭이 겉으로 드러나 있어 현미경으로 쉽게 관찰할 수 있지만, 버섯의 포자는 갓 아래 주름 안쪽에 형성되어서 관찰하기 어려워요.

균계를 구성하는 곰팡이, 버섯, 효모 등의 생물들은 거의 모든 공간에서 살고 있어요. 식물은 물론 동물의 안과 밖, 흙, 물속 등 다양한 장소에서 균류를 발견할 수 있어요. 심지어는 동물의 대변에도 살고 있어요. 이렇게 균류가 다양한 장소에서 생활할 수 있는 것은 포자 덕분이에요. 포자는 매우 작고 가벼워서 물이나 바람 등을 이용해 먼 곳까지 퍼져 나갈 수 있답니다.

표고버섯의 갓 주름

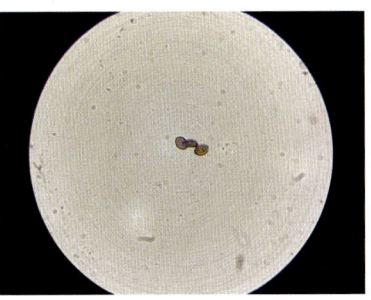
현미경으로 관찰한 버섯의 포자

균류 곰팡이, 버섯, 효모 같은 균계에 속하는 생물을 부르는 말. 균류는 진화적으로 식물보다 동물과 더 가까운 관계에 있다.

포자문 버섯의 포자가 들어 있는 주름의 모양. 버섯마다 고유한 무늬의 포자문을 가지고 있어서 버섯의 지문이라고 할 수 있다.

버섯의 포자문을 관찰하는 방법

식물은 뿌리, 줄기, 잎, 꽃 등으로 이루어져 있고, 씨로 번식하며, 광합성으로 영양분을 스스로 생산한다. 그러나 균류인 버섯은 줄기나 잎이 없고 포자로 번식하며, 다른 생물에게서 양분을 얻는다.

버섯의 포자문은 버섯마다 다른 무늬와 색깔을 가지고 있어서 버섯을 분류하는 데 도움이 된다. 버섯의 포자문을 관찰해 보자. 먼저 갓이 많이 펼쳐진 양송이버섯 하나를 준비한다. 양송이버섯의 버섯 대에서 갓 부분을 조심스럽게 잘라 낸 뒤, 흰 종이 위에 버섯 갓이 아래로 향하게 올려놓는다. 컵으로 덮고 하루 정도 기다린 뒤 갓을 들어 보면, 주름 사이에서 떨어진 포자가 종이에 남긴 흔적을 볼 수 있다. 이 무늬가 바로 포자문이다. 포자문의 색과 모양은 버섯마다 다르다. 다양한 버섯의 포자문을 관찰해 보자.

양송이버섯의 포자문

과학 4-1 | 다양한 생물과 우리 생활 | 미생물의 활용

세균으로 음식을 만들 수 있다고요?

생명과학 연구원 푸리아의 관찰일지

◆ 7월 3일 ◆ 날씨: 비 ◆ 관찰 장소: 주방 식탁 위

얼마 전 지구인들과 김치를 만드는 행위인 김장을 같이해 봤다. 김치는 많은 재료를 넣은 양념장에 배추를 버무린 음식이다. 그런데 김장을 마치고 먹어 본 김치의 맛이 내가 아는 맛과 달라서 놀랐다. 김치는 원래 새콤하고 시원한 음식 아닌가? 같이 김장을 한 지구인은 웃으면서 김치의 신맛은 한참 기다려야 맛볼 수 있다고 알려 주었다. 발효가 될 때까지 기다려야 김치에서 신맛이 난다고 한다. 발효는 몸에 좋은 균이 생기도록 하는 과정이라는데, 정말 신기하다. 왜 어떤 음식은 오래 두면 맛있어지고 어떤 음식은 오래 두면 상하는 걸까?

세균으로 요구르트를 만든다고요?

음식에 해로운 세균이 많이 번식하면 일반적으로 음식이 썩거나 상하는 부패가 일어나요. 곰팡이 같은 균류, 세균, 원생생물은 음식을 부패시켜 상하게 해요. 상한 음식을 먹으면 병에 걸릴 수 있어요. 하지만 온도와 습도, 산소를 조절하면 우리 건강에 유익한 미생물이 번식하고, 맛있는 발효 식품이 탄생하지요. 사람들은 균류, 세균, 원생생물을 발견하기 전부터 미생물을 음식에 활용해 왔어요. 우리가 즐겨 먹는 치즈와 된장 등은 곰팡이를, 김치와 요구르트 등은 세균을 이용해 만든 음식이에요.

곰팡이를 이용해 만드는 음식

치즈　　　된장

우리나라의 된장, 고추장, 김치와 같은 식품을 '발효 식품'이라고 불러요. 메주에서는 누룩 곰팡이가, 김치에서는 유산균이 발효를 일으켜요. 최근에는 김치와 요구르트의 유산균을 이용해 항암제 등의 의약품을 개발하려는 실험들이 진행되고 있어요. ==세균과 곰팡이는 잘 사용하면 우리에게 이로움을 준답니다.==

세균을 이용해 만드는 음식

김치　　　요구르트

세균이 사라져도 병에 걸릴 수 있다고요?

곰팡이나 세균 중에는 유산균처럼 우리의 건강을 지켜 주는 좋은 미생물도 많아요. 우리 몸속에서 소화를 도와주기도 하고 면역력을 높여 병으로부터 지켜 주기도 해요. 짚신벌레나 해캄 같은 원생생물은 다른 생물의 먹이가 되기도 해요. 또 생물의 사체나 배설물을 분해해서 지구의 환경을 깨

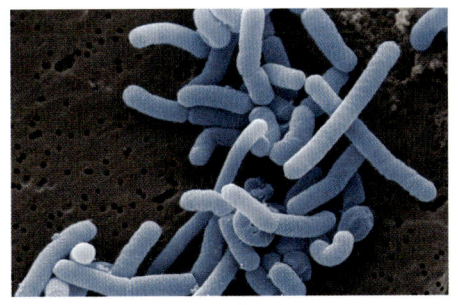

유산균의 모습

생명과학 **297**

끗이 유지하는 데 도움을 줘요. 곰팡이나 세균이 사라지면 음식은 상하지 않겠지만, 산과 들에는 죽은 생물과 배설물이 가득할 거예요. 또 우리 몸의 면역력이 약해져서 오히려 병에 걸릴 수 있어요.

곰팡이와 세균은 세포 호흡으로 에너지를 만들면서 이산화 탄소를 내보내고, 죽은 생물을 분해할 때도 이산화 탄소를 만들어서 탄소 순환에 중요한 역할을 해요. 또 죽은 생물 속에 들어 있는 질소를 다시 흙으로 돌려보내 주기 때문에, 질소가 순환하는 데도 꼭 필요하지요. ==곰팡이와 세균 등의 미생물은 음식, 인체를 넘어 지구에도 꼭 필요한 요소예요.== 좋은 점도 많은 미생물, 마냥 밉지만은 않은 존재이지요?

핵심과학용어사전

미생물 눈으로 볼 수 없는 아주 작은 생물. 세균, 곰팡이, 원생동물 등을 포함한다.
형질 전환 외부 DNA가 세균의 세포 안에 들어와 세균의 유전적 특성이 새롭게 바뀌는 현상
생물 정화 미생물을 이용해 독성 물질을 분해하거나 감소시켜 오염된 환경을 정화하는 방법

지구를 구하는 작은 영웅, 세균

첨단 생명 과학은 미생물과 최신 과학 기술을 활용해 우리 생활 속 문제를 해결하고 있다. 예를 들어, '형질 전환 세균'을 이용해 인슐린, 혈액 응고 인자 등 사람에게 필요한 단백질을 대량 생산한다. 또 인체에는 영향이 없지만 해충에게만 질병을 일으키는 원생생물을 이용해, 화학 농약보다 안전하고 친환경적인 생물 농약을 만든다. 물질을 분해하는 미생물로 음식물 쓰레기를 분해하고 하수 처리를 하는 등 오염된 환경을 깨끗하게 만들기도 한다. 미생물은 이처럼 산업, 생명 공학 등 다양한 분야에 활용되고 있다.

'딥워터 호라이즌'의 폭발 장면

'생물 정화 기술'은 미생물을 이용해 석유나 중금속 같은 유해 물질의 독성을 제거하는 기술이다. 2010년, 석유시추선 '딥워터 호라이즌'의 폭발로 인해 멕시코만에 엄청난 양의 원유가 유출되는 사고가 발생했다. 이때 바다에 살던 세균들이 원유의 상당량을 처리하는 놀라운 일이 일어났다. 사람들이 지구의 환경을 오염시켰지만, 눈에 보이지 않는 작은 미생물들이 바다를 정화해 환경을 복구한 것이다.

과학 4-2 생물과 환경 생태계

꿀벌이 사라지면 인류도 멸종한다고요?

생명과학 연구원 푸리아의 관찰일지

◆ 7월 11일 ◆날씨: 맑음 ◆관찰 장소: 꽃밭

화분 매개자는 꽃을 오가면서 암술에 꽃가루를 묻혀 꽃가루받이를 돕는 생물을 부르는 말이다. 꿀벌이나 나비는 꽃의 꿀을 먹으면서 식물의 꽃가루받이를 돕는 화분 매개자다. 화분 매개자 덕분에 식물이 열매를 맺고 씨를 퍼뜨린다. 그런데 지구에 나비나 꿀벌 같은 매개자가 점점 줄어들고 있다고 한다. 그러면 식물이 번식하기 어려울 텐데. 벌은 무섭지만, 꽃과 열매가 사라지는 게 더 무섭다! 지구인들이 꿀벌을 대신해서 꽃가루를 묻혀 준다고 하는데, 우리 외계인도 맛있는 열매를 위해 꿀벌을 도와줘야겠어!

꿀벌이 점점 줄어들고 있다고요?

질병, 살충제, 지구 온난화로 인해 전 세계 꿀벌의 개체 수가 계속 줄고 있어요. 꽃이 가득한 꽃밭에 가도 예전만큼 꿀벌을 보기 어렵고, 양봉장의 벌통에도 꿀벌의 수가 적어졌어요. 환경 오염으로 기후가 급격히 변하고 무분별한 개발로 꿀벌이 꿀을 딸 수 있는 식물의 서식지가 줄어들었어요. 그러면서 벌들도 큰 피해를 입었어요.

꽃의 꽃가루받이를 돕는 꿀벌

'꿀벌이 멸종하면 인류도 멸종한다'라는 말이 있어요. 꿀벌은 꽃가루를 암술에 옮겨 식물의 꽃가루받이를 도와주고 열매를 맺게 해 주는데, 꿀벌이 사라지면 식물은 열매를 제대로 맺지 못해요. 그러면 열매를 먹고 사는 초식 동물이 피해를 입고, 이는 초식 동물을 먹는 육식 동물과 인간에게도 영향을 미쳐요. 결국에는 생태계의 균형이 무너지는 거예요.

생태계는 어떻게 이루어져 있을까요?

생태계는 특정 지역에서 생물 요소와 비생물 요소가 영향을 받으며 살아가는 집합체를 말해요. **생물 요소**는 식물, 동물, 균류 등 생태계에 존재하는 모든 생물이에요. **비생물 요소**에는 생물을 둘러싼 환경인 빛, 공기, 온도, 물, 흙이 포함돼요.

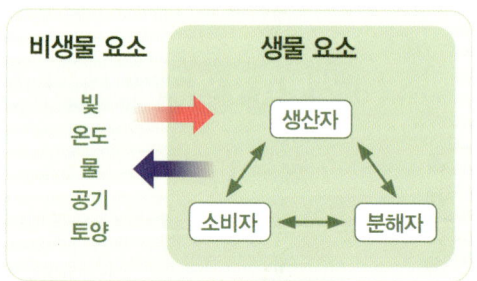

생태계를 이루는 요소

생물 요소는 역할에 따라 생산자, 소비자, 분해자로 구분해요. 햇빛 등의 빛 에너지를 이용해 양분을 스스로 생산하는 식물은 **생산자**예요. 스스로 양분을 만들지 못해 생산자나 다른 동물을 먹고 살아가는 동물은 **소비자**예요. 다른 생물의 배설물이나 죽은 생물을 분해해 비생물 요소로 돌려보내고 양분을 얻는 곰팡이와 세균은 **분해자**예요. 생태계의 생물 요소와 비생물 요소는 서로 밀접하게 영향을 주고받으며 생태계를 구성해요. 사람들의 무분별한 개발로 인한 환경 오염은 이렇게 유지되고 있는 생태계에 나쁜 영향을 미쳐요. 생물 종의 수가 줄거나 멸종하기도 하며, 기후 변화로 온도나 공기 같은 환경도 크게 변하게 돼요.

생산자인 식물

소비자인 동물

분해자인 균류

꽃가루받이 식물의 수술에서 만들어진 꽃가루가 암술머리로 옮겨붙는 과정
생태계 특정 지역에서 생물과 비생물 요소가 함께 존재하며 서로 영향을 주고받는 집합체
생물 요소 생태계를 이루는 구성 요소 중 살아 있는 모든 생물
비생물 요소 생태계를 구성하는 환경 요소. 빛, 온도, 물, 공기, 흙 등 생물의 생존과 활동에 영향을 주는 자연환경

생물에 영향을 주는 비생물 요소

빛, 온도, 물 같은 비생물 요소는 생물 요소에 큰 영향을 준다. 빛은 생산자가 광합성을 통해 양분을 만들 때 꼭 필요하며, 동물의 번식 시기나 꽃이 피는 시기 등에 영향을 준다. 햇빛이 강한 곳에 사는 식물은 약한 곳에 사는 식물보다 잎이 두껍다. 낮이 길어지는 봄에는 종달새와 꾀꼬리가 번식하고, 낮이 짧아지는 가을에는 노루가 번식한다.

온도는 생물의 모습에 영향을 준다. 포유류는 서식 지역의 기온에 따라 몸집과 몸의 말단부 크기가 다르다. 추운 곳에 사는 북극여우는 열 방출을 막기 위해 몸집이 크고 몸의 말단부가 작으며, 더운 곳에 사는 사막여우는 몸집이 작고 말단부가 크다.

기온에 따라 다른 모습으로 진화한 북극여우와 사막여우

물은 생물이 생명을 유지하는 데 꼭 필요하다. 그래서 생물들은 살아가는 환경에 물이 얼마나 있느냐에 따라 다양한 모습으로 적응했다. 물을 구하기 어려운 사막에 사는 도마뱀의 몸 표면은 비늘로 덮여 있어 물의 증발을 막고, 물을 구하기 쉬운 호수나 연못가에 사는 수생 식물은 육상 식물과 달리 뿌리가 잘 발달하지 않는다.

생명과학 **301**

| 과학 4-2 | 생물과 환경 | | 먹이 관계 |

모기를 모두 없애도 문제라고요?

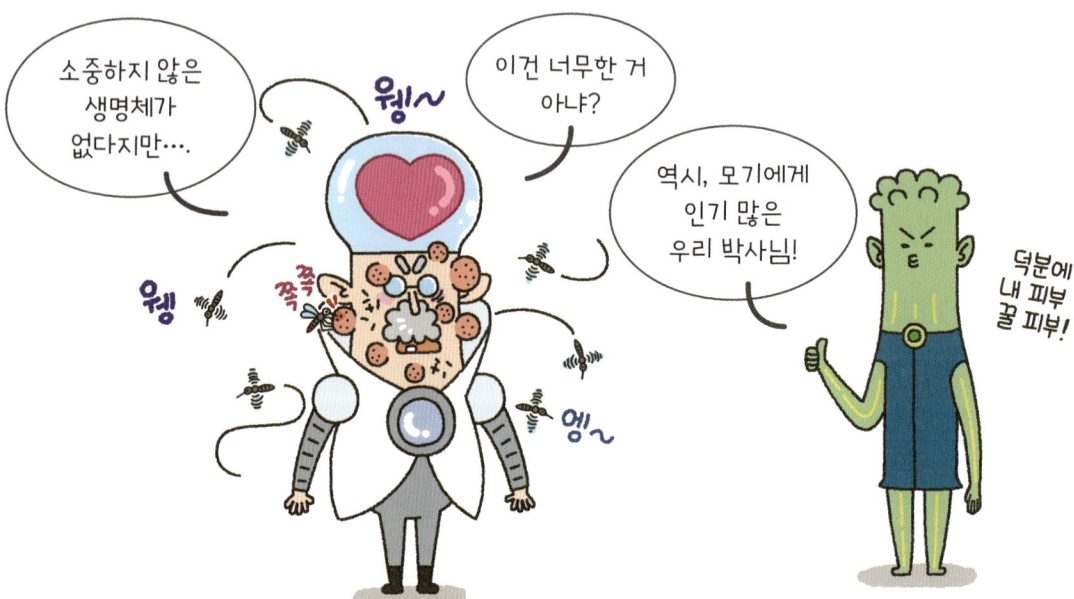

"소중하지 않은 생명체가 없다지만…."

"이건 너무한 거 아냐?"

"역시, 모기에게 인기 많은 우리 박사님!"

"덕분에 내 피부 꿀 피부!"

생명과학 연구원 푸리아의 관찰일지

◆ 7월 23일 ◆ 날씨: 맑음 ◆ 관찰 장소: 연못 옆 풀숲

지구의 생태계에는 먹고 먹히는 먹이 그물이라는 관계가 있다고 한다. 귀찮기만 한 날파리는 다른 동물의 먹이가 되고, 무서운 멧돼지도 호랑이에게 잡아먹힌다. 꿀벌은 식물의 번식에 중요한 역할을 해서 핵심종이라고 불린다. 이렇게 생태계는 먹이 그물 때문에 균형을 유지한다는데, 그럼 모든 동물에게 저마다 역할이 있는 걸까? 그런데 아무리 생각해 봐도 모기는 어떤 역할을 하는지 잘 모르겠다. 지구인이고 외계인이고 상관없이 피를 빨고 몸을 가렵게 하는 모기. 이 녀석을 없애야 해, 말아야 해?

모기에게 물리면 왜 가려울까요?

여름에 나타나는 불청객, 모기는 사람들 모르게 순식간에 피를 빨고 도망가 버려요. 배에 피를 저장한 채로 말이에요. 모기는 전 세계에 약 3,500종이 있고, 그중 사람의 피를 빠는 종은 약 200종이에요. 수컷 모기는 피를 빨지 않고, 식물의 즙을 먹고 살아요. 암컷 모기만이 알을 낳는 산란기 때 알의 성장을 위해 사람이나 동물의 피를 빨아서 단백질을 공급받아요.

모기는 피를 빨 때 피가 굳지 않도록 하는 단백질을 우리 몸에 넣어요. 우리 몸은 이 단백질로부터 몸을 지키기 위해 '히스타민'이라는 물질을 내보내는데, 이 과정에서 살이 붓고 가려워지는 거예요. 모기는 1년 동안 전 세계 사람의 목숨을 가장 많이 앗아 가는 동물이기도 해요. 모기가 말라리아, 일본 뇌염, 뎅기열, 지카 바이러스 등 여러 질병을 옮기는 매개체 역할을 하기 때문이에요. 그래서 사람들은 유전자 조작을 하거나 살충제를 개발하는 등 모기를 없애기 위해 다양한 연구를 진행하고 있어요.

매년 약 70만 명의 사람이 모기로 인해 목숨을 잃는다

모기도 생태계에서 중요한 역할을 한다고요?

생태계 속 모든 생물은 각자 역할이 있어요. 모기도 마찬가지예요. 모기는 보통 식물의 즙과 꿀을 먹기 때문에, 꿀벌만큼은 아니지만 일부 식물의 꽃가루받이를 도와줘요. 또 모기는 먹이 그물에서도 중요한 역할을 맡고 있어요. 모기의 애벌레인 장구벌레는 물고기, 개구리, 새 등 많은 포식자의 먹이가 돼요. 그러므로 모기를 전부 없애 버린다면 생태계에 영향을 미칠 수도 있어요.

모기의 애벌레인 장구벌레

포식자(먹는 쪽)와 피식자(먹히는 쪽)의 관계가 사슬처럼 연결된 것을 **먹이 사슬**이라고

해요. 생태계에서 여러 개의 먹이 사슬이 서로 얽혀 그물처럼 연결된 것을 **먹이 그물**, 혹은 먹이망이라고 해요. 장구벌레가 사라지면 장구벌레를 잡아먹는 송사리의 개체 수가 줄어서 수중 생태계에 영향을 미칠 수 있다는 연구도 있어요. 그래서 모기를 멸종시키기보다는 생태계를 파괴하지 않는 선에서 개체 수를 조절하자는 주장도 나오고 있어요.

먹이 사슬이 얽힌 먹이 그물

먹이 사슬 생태계에서 생물의 먹고 먹히는 관계가 사슬처럼 연결된 것
먹이 그물(먹이망) 생태계에서 여러 생물의 먹이 사슬이 그물처럼 복잡하게 얽혀 있는 구조
생태계 평형 생태계를 구성하는 생물의 종류나 개체 수 등이 안정된 상태. 평형은 먹이 그물이 복잡해질수록 잘 유지된다. 일시적으로 환경이 변해서 생태계 평형이 깨지더라도 시간이 지나면 다시 평형을 회복할 수 있다.

모기가 멸종하면 어떻게 될까?

생태계 평형은 생태계를 구성하는 생물의 종류와 개체 수가 안정된 상태를 말한다. 생물 다양성이 높아서 먹이 그물이 복잡한 생태계에서는 한 종이 사라져도 평형이 유지된다. 그러나 생물 다양성이 낮아서 먹이 그물이 단순하다면 한 종이 사라졌을 때 생태계 평형이 깨지기 쉽다.

인간을 위해 모기를 멸종시키면 생물 다양성이 줄어들어 결국 인간이 큰 피해를 입을 수 있다. 생물끼리의 먹이 그물이 얽힌 생태계에서 한 종의 멸종은 생태계에 크든 작든 영향을 준다. 따라서 생물 다양성의 입장에서 생태계를 들여다볼 때 쓸모없는 생물은 없다. 모기 또한 다른 동물에게 필요한 생물인 것이다. 우리에게 피해를 준다고 한 종을 멸종시키는 선택은 인간 중심적인 생각이라고 할 수 있다. 지구의 수많은 생물에 비하면 인간은 아주 작은 일부일 뿐이라는 점을 잊지 말아야 한다.

모기를 먹이로 삼는 잠자리

| 과학 4-2 | 생물과 환경 | | 멸종 위기 동물 |

수원청개구리가 멸종 위기에 처했다고요?

생명과학 연구원 푸리아의 관찰일지

◆ 5 월 25 일 ◆날씨: 비   ◆관찰 장소: 연못

박사님과 연못으로 관찰을 나섰는데 개구리가 엄청 많이 울고 있었다. 개구리는 온도에 아주 민감해서 외부 온도에 따라 체온이 쉽게 변한다. 날씨가 추울 때는 겨울잠을 자고, 따뜻해지면 깨어나서 울기 때문에 개구리가 깨어나면 봄이 옴을 알 수 있는 것이다. 그래서 지구인들의 절기에는 개구리가 깨어나는 때를 알리는 '경칩'이라는 말도 있다. 하지만 요즘에는 개구리 소리를 듣기가 힘들어진 것 같다. 그런데 청개구리 옆에서 다르게 우는 녀석은 뭘까? 비슷하게 생겼는데….

생명과학 305

수원청개구리는 왜 멸종 위기종이 되었을까요?

수원청개구리

수원청개구리는 경기도 수원시에서 처음 발견되어 이런 이름이 붙었어요. 청개구리와 아주 비슷해 보이지만, 자세히 보면 몸집이 더 작아요. 짝짓기 시기에 내는 수컷의 울음소리로 두 개구리를 구별할 수 있어요. 청개구리보다 낮고 날카로운 소리로 울거든요.

수원청개구리는 멸종 위기 야생 동물 Ⅰ급, 세계자연보전연맹(IUCN)이 정한 적색 목록 위기종(EN)이에요. 개체 수가 크게 줄어서 멸종 위기에 처했다는 의미예요. 생물의 멸종은 자연재해로 발생하기도 하지만, ==대부분은 사람들의 환경 개발로 생물들의 서식지가 파괴되면서 일어나요.== 수원청개구리는 논과 같은 농지에 사는데, 사람들이 농지를 개발하면서 서식지가 크게 줄어 개체 수도 급격하게 감소했어요.

생물 다양성을 보전하는 방법에는 어떤 게 있나요?

인간의 활동으로 인한 환경 오염은 동물에게 큰 피해를 줘요. 쓰레기나 농약이 토양을, 생활 하수와 공장 폐수가 수질을 오염시켜요. 자동차와 공장의 매연으로 대기가 오염되고, 석탄과 석유 등 화학 연료의 사용으로 지구의 평균 온도가 높아져요. 사람들의 무분별한 개발로 기후 변화와 환경 오염이 일어나면 생물들의 터전이 사라져 생태계 평형이 깨질 거예요. 인류도 심각한 피해를 받겠지요.

사람들이 버린 쓰레기로 둥지를 만든 고니

인류에게는 생태계를 보전하고 생물 다양성을 유지할 의무가 있어요. 생물 다양성을 보전하는 개인적인 노력에는 자원 아끼기, 쓰레기 분리 배출하기, 대중교통 이용하기 등이 있어요. 더불어 생물 종의 분포와 서식지 정보를 수집하는 등 생물 다양성을 보전하고 관리하려는 국가적, 국제적 노력이 필요해요. 국립생물자원관과 국립생태원 같은 국가 연구 기관들은 우리나라 생물의 분포를 조사하고 서식지 보전과 멸종 위기 야생 동물 복원 사업 등을 진행하고 있어요.

멸종 등급 우리나라 환경부는 멸종 위기에 처한 생물들을 효과적으로 보호하기 위해 멸종 위기 야생 생물 Ⅰ급과 Ⅱ급으로 나눠 관리하고 있다. Ⅰ급은 자연 상태에서 절멸될 우려가 매우 높은 종, Ⅱ급은 멸종 위기에 처해 있는 종이다.

적색 목록 세계자연보전연맹(IUCN)은 멸종 위기 야생 동물을 그 위험도에 따라 절멸(EX), 야생 절멸(EW), 위급(CR), 위기(EN), 취약(VU), 준위협(NT), 최소 관심(LC), 정보 부족(DD), 미평가(NE)의 총 아홉 단계로 분류했다.

비가 올 때마다 청개구리가 우는 이유

우리는 말을 잘 안 듣는 사람을 종종 청개구리라고 부른다. 동화 속에서 엄마 청개구리의 말에 늘 반대로 행동하는 아들 청개구리에 빗대어 부르는 말이다. 엄마 청개구리는 아들 청개구리가 반대로 행동할 것을 염두에 두고 죽기 전 아들에게 냇가에 묻어 달라고 유언을 남겼다. 그러나 아들 청개구리는 평소와 달리 유언 그대로 냇가에 엄마를 묻었다. 그래서 청개구리는 비만 오면 냇가에서 엄마 무덤이 떠내려갈까봐 서럽게 운다고 한다.

감동적인 이야기이지만, 사실 청개구리는 엄마 무덤이 걱정되어서 우는 게 아니라 비가 오면 기분이 좋아서 노래를 부르는 것이다. 개구리는 폐와 피부로 호흡하는데, 비 오는 날처럼 공기 중 습도가 높아지면 호흡이 편해져서 더 크게 소리를 낸다. 게다가 수컷은 턱 밑에 커다란 울음주머니를 가져서 번식기에는 짝을 부르기 위해 목청껏 소리를 낸다. 비 오는 날 들리는 청개구리 소리는 사실 사랑을 부르는 노래였던 것이다.

청개구리

| 과학 5-1 | 우리 몸의 구조와 기능 | | 뼈와 근육 |

손가락은 어떻게 움직이는 걸까요?

생명과학 연구원 푸리아의 관찰일지

◆ 8월 16일 ◆날씨: 맑음 ◆관찰 장소: 뼈 없이 이름 쓰기 대회장

지구인 아이의 성장은 신기하다. 어른일 때보다 아이일 때 몸에 뼈가 많은데, 자라면서 뼈가 서로 합체한다. 어른보다 키도 작고 크기도 작으면서 뼈가 더 많다니 신기하다. 그렇게 다 자란 어른의 몸에는 206개의 뼈가 있다. 흠. 뼈가 합쳐져도 생각보다 많다. 지구인의 뼈는 서로 쓰임새가 다르다. 손가락과 발가락은 생긴 게 비슷해 보이지만, 손가락이 자유롭게 움직이는 것과 달리 발가락은 원하는 대로 움직이기 어렵다. 지구인의 발가락 뼈도 한번 조사해 봐야겠는걸?

뼈와 근육은 어떤 역할을 하나요?

우리는 손가락으로 물건을 잡거나 글씨를 쓰고, 여러 복잡한 일을 할 수 있어요. 손가락을 포함해 우리 몸을 움직이게 하는 기관이 바로 **뼈**와 **근육**이에요. 뼈는 몸의 형태를 만들고, 몸을 지지하며, 뇌와 심장 등의 장기를 보호하는 중요한 역할을 해요.

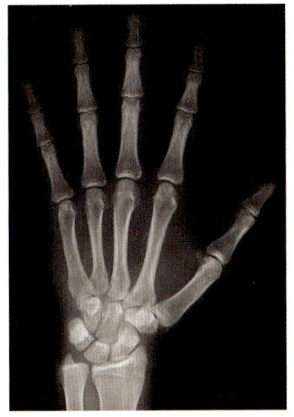

X선으로 촬영한 손의 모습

우리 몸에는 다양한 생김새와 기능을 가진 여러 종류의 뼈가 있어요. 손가락에는 작은 뼈가 14개 있고, 손바닥에는 5개, 손목에는 8개의 뼈가 있어요. 이 뼈들이 서로 연결되어 손의 구조를 만들고, 손가락이 자유롭게 움직일 수 있도록 도와줘요. 하지만 뼈만으로는 손가락을 움직일 수 없답니다. 근육이 함께 작용해야 손가락을 움직일 수 있지요.

손가락에는 근육이 없다고요?

사실 손가락 자체에는 근육이 없어요. 손가락은 손바닥과 팔뚝에 있는 근육으로 움직이는데, 이 근육들은 힘줄을 통해 손가락뼈와 연결되어 있어요. 근육은 고무줄처럼 오므라들고 늘어나는 성질이 있어요. 근육이 오므라들면 근육과 연결된 힘줄이 손가락뼈를 당기고, 그 힘으로 손가락이 움직인답니다.

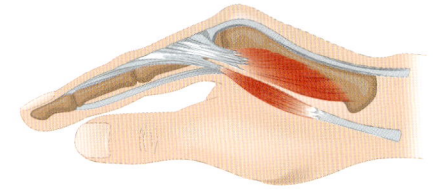

힘줄과 연결되어 손가락뼈를 움직이는 근육

팔을 움직일 때도 근육이 작용해요. 팔을 굽힐 때는 팔 안쪽 근육이 오므라들고, 바깥쪽 근육은 이완되어 늘어나요. 팔뼈에 붙은 근육이 오므라들면서 힘줄이 뼈를 움직이면, 팔이 안으로 구부러지는 거예요. 반대로 바깥쪽 근육이 오므라들고 안쪽 근육이 늘어나면, 아래쪽 팔뼈가 내려가면서 팔이 펴진답니다. 이처럼 팔과 손가락의 움직임은 뼈와 근육이 힘줄을 통해 서로 협력하면서 일어나요. 뼈는 팔과 손가락의 모양을 유지하고, 근육은 힘줄을 통해 뼈를 움직여요. 이 협력으로 우리는 팔과 손가락을 정교하고 자유롭게 움직일 수 있답니다.

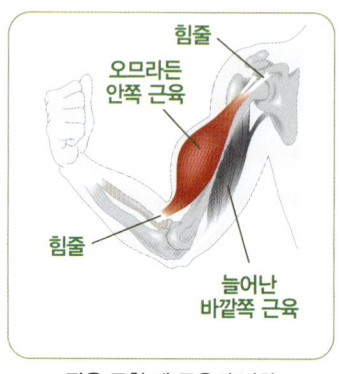

팔을 굽힐 때 근육의 변화

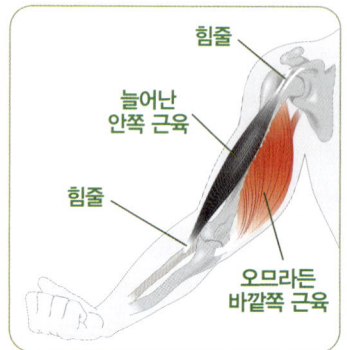

팔을 펼 때 근육의 변화

뼈 척추동물의 몸속에서 몸을 지탱하고 형태를 유지하는 단단한 구조물

근육 동물의 몸을 움직이는 기관. 수축과 이완으로 힘을 만들어 낸다.

힘줄 근육을 뼈에 연결하는 질긴 섬유 조직. 강한 힘에도 견딜 수 있다. 뼈와 뼈를 연결하는 인대와 다르다.

우리 몸의 뼈는 모두 몇 개일까?

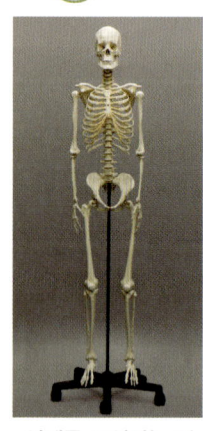

인체를 구성하는 뼈

사람은 약 270개의 뼈를 갖고 태어난다. 이 뼈들은 성장하면서 크기나 형태가 바뀌고 합쳐지기도 한다. 그래서 어른이 되면 우리 몸의 뼈는 약 206개로 줄어들게 된다.

머리뼈는 마치 바가지처럼 둥글게 생겨서 하나의 뼈처럼 보이지만, 실제로는 여러 개의 뼈가 모여 합쳐진 것이다. 어른은 22개의 뼈가 모여 머리뼈를 이룬다. 뇌를 비롯해 눈, 코 등을 보호한다. 왼쪽과 오른쪽으로 총 12쌍의 뼈가 둥글게 연결되어 있는 갈비뼈는 심장과 폐 등 가슴 부분의 기관들을 보호하며 호흡을 돕는다. 짧은 뼈가 층층이 이어진 척추뼈는 총 33개로, 기둥처럼 우리 몸의 중심을 잡아 준다. 길이가 긴 팔뼈와 다리뼈는 무거운 몸을 지탱하면서 움직임을 돕는다. 팔과 다리 아래쪽에는 2개의 뼈가, 위쪽에는 1개의 두꺼운 뼈가 서로 연결되어 있다.

과학 5-1 | 우리 몸의 구조와 기능 | 소화 기관

딸기를 많이 먹으면 빨간색 똥을 누나요?

생명과학 연구원 푸리아의 관찰일지

◆ 12 월 4 일 ◆ 날씨: 흐림 ◆ 관찰 장소: 과일 가게 앞

박사님이 빨간 똥을 누겠다고 딸기를 마구잡이로 드시기 시작했다. 박사님이 딸기를 잘게 씹어서 삼키면 딸기는 식도를 통해 주머니 모양의 위로 내려간다. 위에서 더 잘게 쪼개진 딸기는 꼬불꼬불한 작은창자로 이동해 소화되고 흡수된다. 남은 딸기 찌꺼기는 큰창자로 이동하는데, 큰창자는 딸기의 수분을 흡수한다. 남은 딸기 찌꺼기는 똥이 된다. 박사님의 몸이 딸기를 아주 못살게 구는 것이다…. 그런데 아직도 똥은 딸기 색깔이 아니라 갈색이다. 저만큼 드셨으면 빨간색이 될 때가 됐는데….

 우리는 왜 매일 음식을 먹어야 할까요?

사람은 누구나 매일 밥, 고기, 음료수와 과일 등 다양한 음식을 먹어요. 우리가 하루도 빠지지 않고 음식을 먹는 이유는, 우리 몸에 필요한 영양소를 얻고 활동에 쓸 에너지를 만들기 위해서예요. **소화**는 우리가 먹은 음식을 아주 작게 쪼개는 과정이에요. 음식을 잘게 분해해야 음식의 영양소를 더 쉽게 흡수할 수 있기 때문이에요. 이때 음식을 소화하고 영양소를 흡수하는 기관을 **소화 기관**이라고 불러요.

음식을 먹어 영양소와 에너지를 공급한다

소화 기관을 지나면서 흡수된 영양소는 혈액을 통해 각 세포로 배달돼요. 우리 몸을 이루는 또 다른 재료가 되기도 하고, 에너지를 내는 데도 사용돼요. 이렇게 사용되고 남은 영양소는 지방으로 바뀌어 저장돼요. 지방은 탄수화물이나 단백질보다 더 많은 에너지를 내지만, 너무 많이 쌓이면 체지방이 늘어나 비만이 될 수도 있어요.

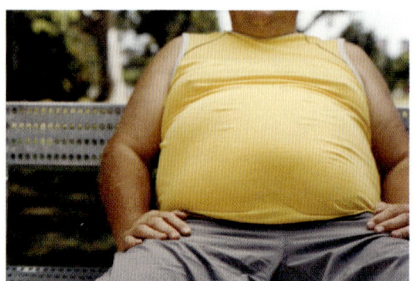

체지방이 과하게 축적된 상태인 비만

 똥의 색깔은 왜 음식 색깔과 다를까요?

우리가 보통 생각하는 똥의 색깔은 갈색이에요. 딸기를 아무리 먹어도 똥은 빨간색으로 나오지 않지요. 이는 소화 기관에서 음식이 소화되면서 여러 과정을 거치기 때문이에요. 음식물이 입으로 들어오면 침 속의 소화 효소가 음식물을 분해해요. 식도를 통해 위로 도착한 음식물은 소화액을 통해 더 잘게 쪼개져요. 그리고 작은창자와 큰창자를 지나며 영양소와 수분이 흡수되고, 항문으로 이동해 똥으로 나와요.

이 과정에서 소화를 돕기 위해 간에서 만들어진 쓸개즙 색소가 대장의 세균에 의해 변형돼요. 이 물질이 똥을 갈색으로 만든답니다. 그래서 아무리 딸기를 많이 먹어도 딸기의 빨간 색소가 남지 않아요. 특정 색소는 분해되지 않고 장을 통과해 색이 나타나기도 하지만, 대부분은 음식물과 똥의 색이 달라요.

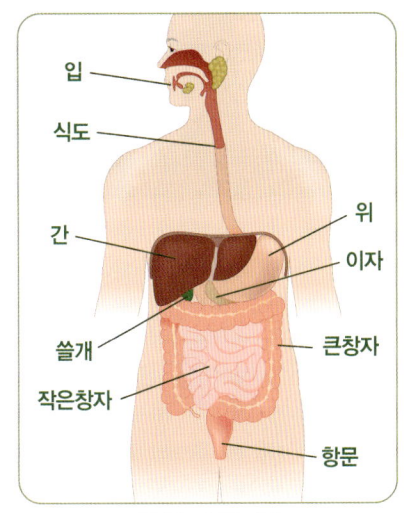

인체의 소화 기관

기계적 소화 물리적인 힘으로 음식물을 잘게 부수는 과정. 이로 음식물을 씹어서 잘게 쪼개고, 음식물을 아래로 이동시키며, 소화액과 음식물을 골고루 섞는다.

화학적 소화 소화 기관에서 분비되는 소화 효소가 음식 속 물질을 화학적으로 분해하는 과정. 탄수화물의 경우 소화 효소인 아밀레이스가 녹말을 엿당으로, 말테이스가 엿당을 포도당으로 분해하며 물질의 화학적 성질을 변화시킨다.

기계적 소화와 화학적 소화

소화 기관은 음식 속 영양소를 몸속으로 쉽게 흡수하기 위해 두 가지 소화 과정을 거친다. '기계적 소화'는 물리적인 힘으로 음식물을 잘게 쪼개는 과정이다. 이로 음식물을 씹어 잘게 쪼개는 운동, 음식물을 식도와 창자 쪽으로 내려보내는 운동, 소화액과 음식물을 골고루 섞는 운동이 기계적 소화에 해당한다. 이 과정에서 음식이 영양소로 쉽게 흡수되도록 잘게 분해된다.

'화학적 소화'는 잘게 쪼개진 음식물을 소화 기관에서 분비되는 소화 효소로 분해하는 과정이다. 물질의 화학적 성질을 변화시켜 우리 몸이 흡수할 수 있는 영양소로 분해한다. 밥, 빵 등에 들어 있는 탄수화물은 포도당으로, 고기나 콩에 들어 있는 단백질은 아미노산으로, 버터와 기름에 들어 있는 지방은 지방산과 모노글리세리드로 바뀌어야 소화 기관에서 흡수시킬 수 있다.

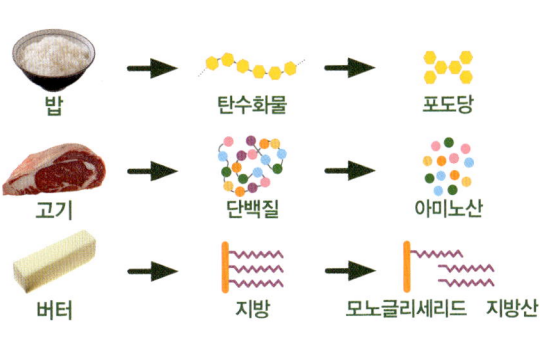

화학적 소화 과정

생명과학 313

과학 5-1 | 우리 몸의 구조와 기능 | 호흡 기관

숨을 쉬는 진짜 이유가 있다고요?

생명과학 연구원 푸리아의 관찰일지

◆ 9월 1일 ◆날씨: 구름 많음 ◆관찰 장소: 해변

지구의 바다에는 예쁜 물고기들이 많다. 물고기들을 관찰하려 숨을 참고 바닷속에 들어갔는데, 1분도 못 참고 수면 위로 올라왔다. 숨을 쉬는 것은 내 의지로 조절할 수 있는 문제가 아닌 것 같다. 자율 신경계가 자동으로 숨쉬기를 조절한다는데, '자율'이라는 이름이 붙으면 내 마음대로 할 수 있어야 하는 거 아냐? 그래도 숨을 너무 오래 참으면 실신하거나 다칠 수도 있으니 조심해야겠다. 그런데 박사님은 어떻게 1시간이나 숨을 참으실 수 있다는 거지? 역시 박사는 박사야.

숨쉬기는 왜 꼭 필요할까요?

호흡이란 숨을 들이쉬고 내쉬는 활동이에요. 우리는 스스로 의식하지 않아도 알아서 숨을 쉬고 있어요. 숨을 쉬면 공기가 몸 안으로 들어오고, 내쉬면 공기가 다시 몸 밖으로 나가요. 이때 공기가 거쳐 가는 몸의 여러 부분인 코, 기관, 기관지, 폐를 **호흡 기관**이라고 해요.

우리는 왜 숨쉬기를 할까요? 단순히 공기를 들이마시기 위해서가 아니라 우리 몸의 모든 세포에 공급할 산소를 얻고, 노폐물로 만들어지는 이산화 탄소를 배출하기 위해서예요.

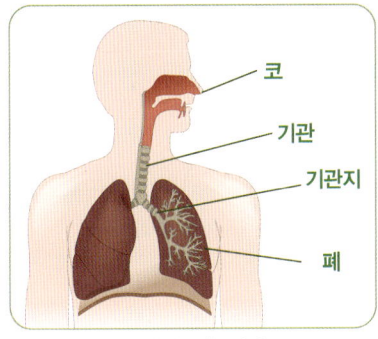

인체의 호흡 기관

들이마신 산소는 세포 속에서 '세포 호흡'이라는 과정을 통해 우리 몸의 에너지를 만들어요. 이 에너지는 우리의 생명 활동을 유지하는 데 꼭 필요하지요. 호흡은 자동으로, 지속적으로 이루어져야 해요. 만약 호흡이 멈추면 뇌와 다른 중요한 기관에 산소가 부족해져서 생명 활동에 치명적일 수 있답니다.

호흡은 어떻게 이루어지나요?

공기는 제일 먼저 코를 통해 몸 안으로 들어와요. 콧속에는 작은 털과 끈적거리는 점액이 있어요. 먼지와 세균을 걸러서 콧속으로 들어오는 공기를 깨끗하고 따뜻하게 만들어 주지요. 공기는 코를 거쳐 기관으로 들어가요. 기관은 공기를 폐로 운반하는 큰 관인데, 왼쪽과 오른쪽 두 갈래로 나눠 기관지를 형성해요. 기관과 연결된 기관지는 여러 갈래로 갈라져 있어서 공기를 폐에 전달하는 데 효과적이에요.

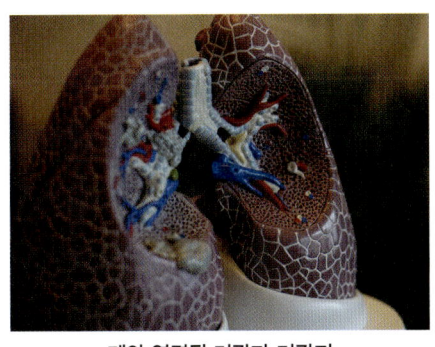

폐와 연결된 기관과 기관지

기관지를 따라 이동한 공기는 폐로 들어가요. 폐에는 작은 공기 주머니인 폐포(허파 꽈리)가 모여 있어요. 이 폐포에서 산소와 이산화 탄소가 교환되지요. 산소는 폐포를 둘러싼 모세 혈관의 혈액으로 흡

생명과학 315

수돼요. 혈액 속의 이산화 탄소는 폐로 이동해서 바깥으로 나가게 된답니다.

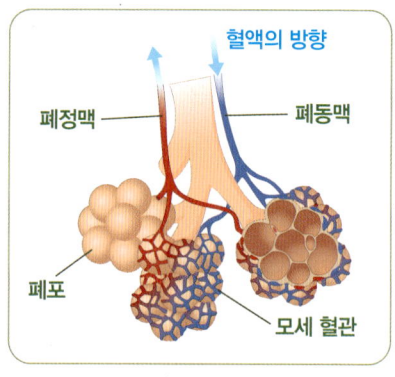

폐포의 모습

호흡 숨을 들이쉬고 내쉬는 활동. 내쉬는 숨은 '호', 들이마시는 숨은 '흡'이다. 그래서 숨을 내쉬고 들이마시는 과정을 호흡이라고 부른다. 내쉬는 숨은 '날숨', 들이마시는 숨은 '들숨'이라고도 한다.

스스로 움직일 수 없는 폐

폐는 호흡할 때 가장 중요한 기관이다. 심장은 근육으로 되어 있어서 스스로 박동하며 혈액을 내보낸다. 하지만 폐는 근육이 없어서 스스로 움직일 수 없다. 그렇다면 우리는 어떻게 숨을 쉴 수 있는 걸까? 바로 폐 아래의 가로막과 폐를 감싼 갈비뼈 사이의 근육(늑간근) 덕분이다.

들숨은 공기를 들이마시는 과정이다. 이때 가로막이 수축해 아래로 내려가고, 갈비뼈 사이의 근육이 수축하며 갈비뼈가 위로 올라간다. 그러면 가슴 공간(흉강)의 부피가 커지고, 폐의 압력이 낮아져 상대적으로 압력이 높은 바깥 공기가 폐로 들어온다.

날숨은 반대로 공기를 내쉬는 과정이다. 이때 가로막은 이완하여 위로 올라가고, 갈비뼈 사이의 근육도 이완하며 갈비뼈가 아래로 내려간다. 그러면 가슴 공간의 부피가 작아지고, 폐의 압력이 높아져 상대적으로 압력이 낮은 폐 바깥쪽으로 공기가 빠져나간다.

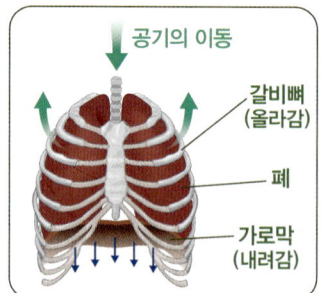

들숨일 때 가로막과 갈비뼈의 움직임

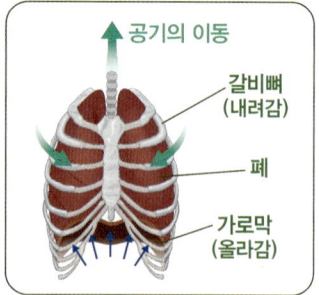

날숨일 때 가로막과 갈비뼈의 움직임

과학 5-1 | 우리 몸의 구조와 기능　　순환 기관

피가 쉬지 않고 몸속을 돌아다닌다고요?

🌱 생명과학 연구원 푸리아의 관찰일지

◆ 9월 9일 ◆날씨: 맑음　　◆관찰 장소: 안마 의자 가게

지구인의 몸은 70 %가 물이라고 한다. 그러면 흐물흐물해야 할 것 같은데, 지구인의 몸을 만져 보면 생각보다 딱딱하다. 몸 안에는 피라고 부르는 혈액이 가득 차 있다. 혈액은 피부 안에 있는 게 아니라, 피부 속 혈관을 통해 끊임없이 돌아다닌다. 마치 도시 곳곳에 수도관이 퍼져 있는 것 같다. 그래서 지구인이 물컹거리지 않는구나! 신기한 구조인걸? 박사님은 안마 의자로 안마를 받을 때마다 피가 도는 것 같다고 하시는데, 그러면 안마 의자는 강제로 피를 돌아다니게 만드는 물건인가?

생명과학　317

혈액은 정말로 멈추지 않을까요?

혈액(피)은 혈관을 따라 이동하는 액체를 말해요. 우리 몸을 쉬지 않고 순환하고 있지요. 혈액은 적혈구, 백혈구, 혈소판 같은 세포와 혈장이라는 액체 성분으로 이루어져 있어요.

혈액은 우리 몸에서 아주 중요한 역할을 해요. 바로 폐를 통해서 들어온 산소와, 음식물을 분해해서 흡수한 영양소를 온몸의 세포로 배달하는 역할이에요. 혈액이 산소와 영양소를 세포로 배달하면, 세포는 혈액으로 이산화 탄소와 노폐물을 넘겨 줘요. 혈액은 이산화 탄소와 노폐물을 폐와 콩팥으로 보내서 몸 바깥으로 내보내도록 도와요. 이렇게 혈액을 움직여서 온몸을 돌게 하는 과정을 담당하는 기관이 바로 **순환 기관**이에요. 순환 기관에는 심장과 혈관이 있답니다.

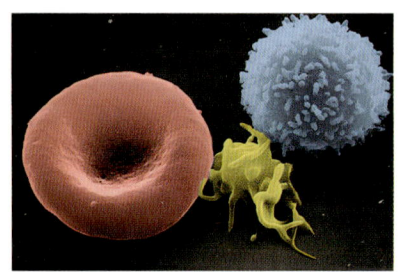

적혈구(왼쪽), **혈소판**(가운데), **백혈구**(오른쪽)의 모습

심장은 왜 계속 뛰는 걸까요?

심장은 어디에 있을까요? 몸통 한가운데에 있을 것 같지만, 몸의 정중앙에서 약간 왼쪽으로 치우쳐 있어요. 크기는 주먹만 하고, 1분에 60회에서 100회 정도로 쉬지 않고 뛰어요. 지속해서 수축하고 이완하는 펌프 작용으로 혈액을 온몸으로 순환시키지요. 혈액을 온몸으로 보내고 다시 받아들이는 역할을 하는 심장이 멈추면 혈액의 움직임도 멈춰, 우리 몸에 산소와 영양소를 공급하지 못해요. 우리가 살아 있는 동안 심장은 멈추지 않고 뛰어야 해요.

심장이 혈액을 순환시키는 방법에는 두 가지가 있어요. 바로 체순환(온몸 순환)과 폐순환이에요. **체순환**은 혈액이 온몸을 도는 순환이에요. 산소와 영양소를 세포로 전달하고, 이산화 탄

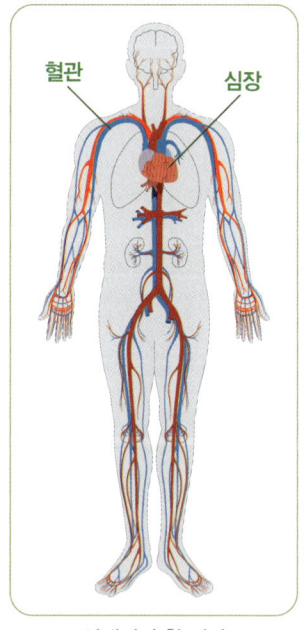

인체의 순환 기관

소와 노폐물을 받아 다시 심장으로 돌아와요. **폐순환**은 혈액이 심장과 폐를 도는 순환이에요. 이산화 탄소를 폐에서 내보내고, 새로운 산소를 받아 심장으로 돌아와요.

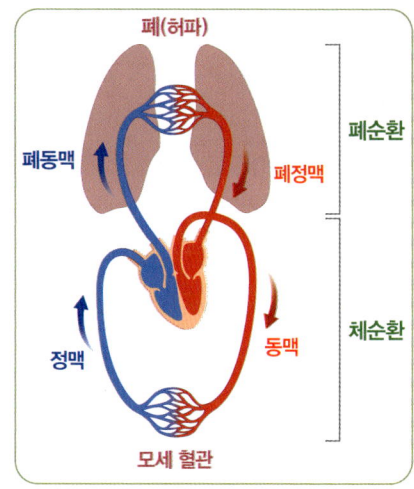

체순환과 폐순환

혈액 혈관을 따라 이동하는 액체. 적혈구, 백혈구, 혈소판, 혈장으로 이루어져 있다.

순환 기관 혈액을 움직여 온몸에 돌게 하는 과정을 담당하는 기관

체순환(온몸 순환) 심장에서 출발한 혈액이 온몸의 세포로 산소와 영양소를 전달하고, 세포에서 나온 이산화 탄소와 노폐물을 받아 다시 심장으로 돌아오는 순환

폐순환 심장에서 나온 혈액이 폐로 이동해 이산화 탄소를 내보내고 산소를 받아 심장으로 돌아오는 순환

혈액은 어떻게 온몸을 이동할까?

혈관은 혈액을 운반하는 통로로, 동맥과 정맥, 모세 혈관으로 이루어져 있다. 혈액은 일방통행 도로처럼 한 방향으로만 움직인다. 심장에서 동맥, 모세 혈관, 정맥, 심장의 순서로 우리 몸을 순환하며 물질을 교환한다. 동맥은 심장에서 나온 혈액이 흐르는 혈관이다. 심장이 수축할 때 나오는 혈액의 높은 압력을 견디기 위해 두껍고 탄력이 있는 벽으로 이루어져 있다. 동맥은 점점 더 작은 혈관으로 갈라지면서 가늘어지다가 모세 혈관과 연결된다.

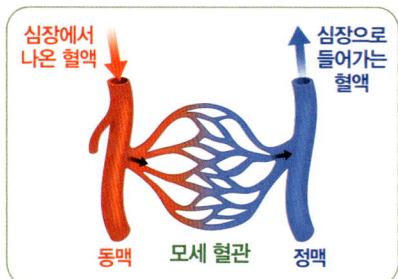

몸속 혈관의 모습

모세 혈관은 동맥과 정맥을 연결하는 아주 가늘고 얇은 혈관이다. 혈액의 이동 속도가 매우 느린 덕분에 우리 몸속 세포에 산소와 영양소를 잘 전달하고, 이산화 탄소와 노폐물을 잘 수거한다. 이후 혈액은 정맥을 통해 다시 심장으로 돌아간다. 정맥은 압력이 매우 낮아서 혈액이 거꾸로 흐를 수도 있는데, 정맥 곳곳에 '판막'이 있어 혈액이 한 방향으로만 흐를 수 있도록 도와준다.

과학 5-1 | 우리 몸의 구조와 기능 | 배설 기관

물을 많이 마시면 오줌 색이 연해진다고요?

생명과학 연구원 푸리아의 관찰일지

◆ 9월 14일 ◆날씨: 맑음 ◆관찰 장소: 버스 안

지구인들은 건강 상태를 확인할 때 병원에서 소변 검사를 한다. 나도 건강을 위해 박사님과 선생님들의 소변색을 기록해 봤다. 물을 많이 마신 박사님은 오줌이 투명했다. 노란 오줌이 희석된 걸까? 수분을 적당히 섭취하고 운동을 열심히 해 건강한 부리나 쌤의 소변은 밝은 노란색이다. 지지리 쌤의 소변은 짙은 노란색인데, 평소에 물을 잘 안 마시면 이 색깔이 나오는 것 같다. 히모 쌤은 주황색 소변이다. 비타민이 많이 든 오렌지를 잔뜩 먹어서 그런가 봐!

내 몸에서 매일 노폐물이 나온다고요?

우리 몸은 노폐물을 매일 만들어 내요. 우리는 음식물을 먹고 소화를 시킨 후, 혈액을 통해 영양소를 온몸의 세포로 보내요. 또 숨을 쉬면서 산소도 보내지요. 세포는 이 영양소와 산소를 이용해 에너지를 만드는 **세포 호흡**을 하는데, 이 과정에서 여러 화학 반응이 일어나면서 노폐물이 생겨요. 바로 이산화 탄소, 물, 질소 노폐물이에요.

이 노폐물들은 혈액을 통해서 이동해요. 노폐물이 몸에 계속 쌓이면 건강에 문제가 생길 수 있으므로, 우리 몸은 하루에도 여러 번 노폐물을 내보내고 있어요. 이처럼 노폐물을 밖으로 내보내는 과정을 **배설**이라고 해요. 이산화 탄소와 물(수증기)은 날숨을 통해 폐에서 몸 밖으로 나가요. 질소 노폐물과 대부분의 물은 오줌의 형태로 몸 밖으로 나간답니다.

이산화 탄소와 수증기를 배출하는 날숨

물과 질소 노폐물을 배출하는 오줌

우리 몸속에 콩과 팥이 숨어 있다고요?

배설 기관은 노폐물을 걸러 내고 배출하는 기관이에요. 배설 기관에는 콩팥과 방광이 있어요. 콩팥은 우리 몸 어디에 있을까요? 아랫배의 등 쪽, 즉 척추라고 불리는 등뼈의 양옆으로 하나씩 총 두 개가 숨어 있답니다. 마치 강낭콩처럼 생겼고, 팥과 색이 비슷해서 콩팥이라는 이름이 붙었어요.

심장의 펌프 작용으로 혈액이 온몸을 돌며 모세 혈관을 통해 세포에 영양소와 산소를 주고, 노폐물과 이산화 탄소를 받아들여요. 노폐물이 섞인 혈액은 다시 심장으로 돌아가고, 콩팥으로 보내져 정화돼요. 콩팥은 혈액 속의 노폐물을 걸러낸

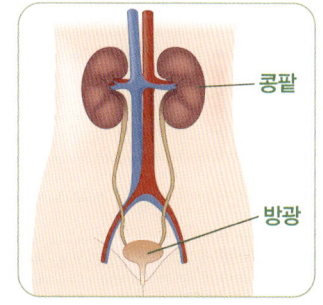

인체의 배설 기관

뒤 깨끗해진 혈액을 내보내 다시 온몸을 순환시켜요. 이 과정에서 걸러진 노폐물은 오줌이 되어 요관을 따라 방광으로 이동한 뒤 저장돼요. 방광은 속이 비어 있는 작은 공처럼 생겼어요. 근육으로 되어 있어서 풍선처럼 늘어나지요. 방광에 오줌이 어느 정도 차면 몸 밖으로 내보내야 하는데, 이때 우리는 화장실을 가고 싶어진답니다.

핵심과학용어사전

콩팥 혈액 속의 노폐물을 걸러 내 오줌을 만드는 배설 기관. '신장'이라고도 부른다.
방광 콩팥에서 나온 오줌을 저장하는 배설 기관. 방광(膀胱)은 오줌통을 뜻하는 한자어다.

오줌으로 알 수 있는 건강 상태

콩팥은 우리 몸의 필수 기관이다. 노폐물을 몸 밖으로 내보내고 몸속 이온과 수분 농도를 일정하게 유지하는 중요한 역할을 한다. 이 역할 덕분에 매일 다른 음식과 물을 먹더라도 우리 몸의 내부 환경은 항상 일정하게 유지된다. 이런 상태를 '항상성'이라고 한다.

가령 물을 많이 마시면 콩팥에서 물을 많이 내보내므로 오줌의 색깔이 연한 노란색이거나 거의 투명하게 보인다. 반대로 물을 적게 마시면 우리 몸은 수분 농도를 유지하기 위해 물을 아낄 것이다. 콩팥은 물을 다시 흡수하고 농도가 진한 오줌을 내보낸다. 그러면 오줌의 색깔은 진한 노란색이 된다. 또 오줌 속에는 노폐물뿐 아니라 몸의 상태를 알려 주는 다양한 성분이 들어 있어서, 이 성분을 분석해 검사하면 여러 종류의 질병을 발견할 수 있다. 예를 들어 당뇨병은 혈당이 너무 높아 포도당이 오줌으로 나오는 병으로, 오줌에서 포도당이 많이 검출되면 당뇨병을 의심할 수 있다.

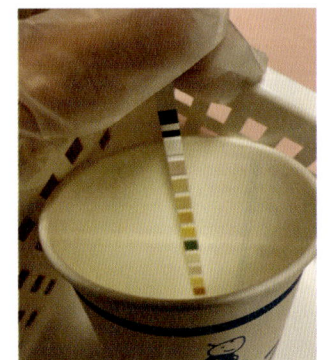

건강 상태를 진단하는 소변 성분 검사

과학 5-1 | 우리 몸의 구조와 기능 | 감각 기관

우리는 어떻게 보고, 듣고, 맛보고, 느끼나요?

 생명과학 연구원 푸리아의 관찰일지

◆ 9월 22일 ◆ 날씨: 흐림 ◆ 관찰 장소: 박사님의 비밀 연구실

시각과 후각이 차단되면 사과와 양파를 구분하기 어렵다는 실험을 따라 해 봤다. 먼저 박사님의 눈을 가리고 코를 막아 시각과 후각을 차단하고, 박사님에게 양파를 건넨다! 우리는 평소에 눈으로 양파를 보고, 코로 양파 냄새를 맡으며 양파와 사과를 구분한다. 그러나 시각과 후각이 차단되면 두 감각의 단서가 사라져 양파와 사과를 구분하기 어렵다. 맛은 혀뿐만 아니라 여러 감각이 함께 작용해서 만들어지는 것이었다! 감각 기관의 비밀을 알아냈으니, 박사님의 양파 편식을 고쳐 볼까? 많이 드세요, 박사님!

감각 기관이 뭐예요?

우리 몸은 빛을 보고, 소리를 듣고, 냄새를 맡는 등 다양한 자극을 받아요. 이때 시각, 청각, 후각, 미각, 촉각의 다섯 가지 감각을 '오감'이라고 불러요. 또 이러한 감각을 느끼고 받아들이는 눈, 귀, 코, 혀, 피부 같은 기관을 **감각 기관**이라고 해요. 감각 기관이 자극을 받으면 그 정보가 **신경계**를 거쳐 뇌로 전달되고, 뇌가 이를 해석해 반응을 결정해요. 예를 들어 친구가 나를 부르는 소리를 들으면, 귀가 소리를 감지해 신경계를 거쳐 뇌로 정보를 전달해요. 뇌는 정보를 바탕으로 고개를 돌릴지 말지 결정해요. 감각 기관과 신경계가 협력하기 때문에 우리는 고개를 돌려 친구를 볼 수 있어요.

태아의 신경계는 임신 초기부터 점차 발달해요. 그중 청각은 태아의 감각 중 비교적 이른 시기에 발달해요. 임신 약 20주 이후부터는 청각 기관이 거의 완성되는데, 이때부터 엄마의 심장 박동과 목소리 등을 들을 수 있어요. 엄마의 목소리는 자궁벽과 양수를 거쳐 태아에게 전달되므로, 태아가 듣는 엄마의 목소리는 물속에서 듣는 것처럼 작고 흐릿할 거예요.

감각 기관은 어떤 일을 하고 있나요?

눈은 물체를 보고 색과 명암을 구별해요. 귀는 소리를 듣는 것은 물론, 몸의 위치와 회전을 감지해 움직임과 균형을 유지해요. 코는 콧속 점액에 녹은 공기 중의 기체 물질로 물질의 냄새를 느껴요. 혀는 음식 속 화학 물질이 침에 녹아 맛봉오리(미뢰)에 닿으면서 맛을 느껴요. 피부는 온도 변화와 촉감, 아픔 등 다양한 감각을 느껴요.

감각 기관은 주로 하나의 감각을 담당하지만, 우리가 실제로 감각을 느낄 때는 여러 감각 기관이 협력해요. 감기 때문에 코가 막혔을 때를 떠올려 볼까요? 코가 막히면 냄새를 잘 맡을 수 없는데, 동시에 음식에서 다른 맛이 나거나 맛을 느끼지 못했을 거예요. 우리가 떠올리는 맛은 혀로 느끼는 음식의 맛과 코로 맡는 냄새가 합쳐진 거예요. 냄새를 맡지 못하니 평소와 다른 맛이 나는 것이지요.

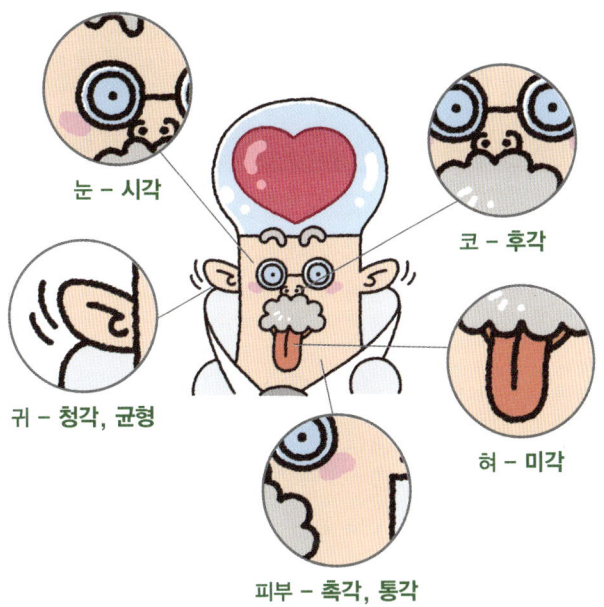

눈 – 시각
코 – 후각
귀 – 청각, 균형
혀 – 미각
피부 – 촉각, 통각

핵심과학용어사전

감각 눈, 귀, 코, 혀, 피부를 통해 빛, 소리, 냄새, 맛, 촉감 같은 자극을 느끼는 것. 감각에는 시각, 청각, 후각, 미각, 촉각이 있다.
신경계 몸속과 몸 바깥의 자극을 받아들이고 반응하는 기관. 크게 중추 신경계와 말초 신경계로 이루어져 있다.

중추 신경계와 말초 신경계

신경계는 크게 중추 신경계와 말초 신경계로 구분한다. '중추 신경계'는 뇌와 척수로 구성되어 있으며, 많은 신경 세포가 머리와 몸 중앙에 집중되어 있다. 중추 신경계는 자극을 받아들이고, 그 정보를 판단하고, 적절한 반응을 명령하는 중심 역할을 한다. '말초 신경계'는 뇌와 척수에서 온몸으로 퍼져 나와 그물처럼 복잡하게 형성된 신경 다발들이다.

말초 신경계에는 감각 신경과 운동 신경이 포함되어 있다. 감각 신경은 눈, 귀, 피부같이 감각 기관에서 받아들인 자극을 뇌와 척수로 전달한다. 그러면 뇌는 전달된 자극을 해석하고 행동을 결정해 명령한다. 이 명령을 근육이나 장기 같은 반응 기관으로 전달하는 신경이 바로 운동 신경이다. 이러한 신경계의 활발한 움직임 덕분에 우리는 자극에 반응하고 행동할 수 있다.

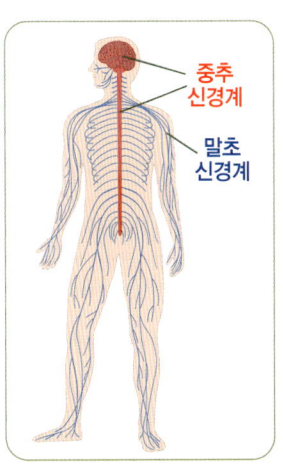

중추 신경계와 말초 신경계

과학 5-1 | 우리 몸의 구조와 기능　　운동

운동하면 왜 근육이 커지나요?

생명과학 연구원 푸리아의 관찰일지

◆ 10월 1일　◆ 날씨: 구름 조금　　◆ 관찰 장소: 야외 운동장

지구인들은 건강과 재미를 위해 운동을 많이 한다. 운동은 '움직이는' 활동이다. 지구인들은 운동할 때 걷거나, 뛰거나, 무거운 물체를 들거나, 고무줄이나 스프링 같은 걸 밀고 당기기도 한다. 이런 활동을 하려면 근육이 필요한데, 운동하면 할수록 근육이 점점 커진다. 근육이 커지면 몸도 커진다. 운동은 결국 몸이 커지는 활동이 아닐까? 그런데 운동할 때 숨이 가쁜 걸 보면, 다른 기관들도 근육처럼 움직이는 것 같다. 운동할 때마다 매번 배가 고픈 걸 보니 위도 커지는 건 확실하고!

운동은 우리 몸에 왜 중요한가요?

빠르게 달릴 때 우리 몸은 어떻게 달라질까요? 몸이 더워지면서 땀이 나고, 숨이 가빠지며 심장이 빠르게 뛰어요. 이때 왼쪽 손목에 오른쪽 손의 검지와 중지를 살짝 올리면 심장과 같은 속도로 톡톡 튀는 맥박을 느낄 수 있어요. **맥박**은 심장이 피를 내보낼 때마다 동맥에서 주기적으로 느껴지는 진동이에요. 그래서 맥박 수는 곧 심장 박동 수와 같다고 볼 수 있어요.

근육은 우리 몸을 움직이게 하는 특별한 조직이에요. 근육이 없으면 몸을 움직일 수 없고, 걷거나 달릴 수 없어요. 근육은 운동을 열심히 하면 힘을 내기 위해 살짝 찢어지기도 하는데, 이때 느껴지는 통증을 근육통이라고 불러요. 이렇게 찢어진 근육은 회복되면서 더 커지고 강해져요. 꾸준히 운동을 하면 근육은 물론, 심장과 폐도 튼튼해져요. 비만과 심장병, 당뇨병 등도 예방할 수 있어요.

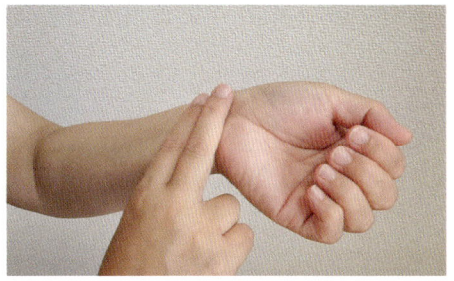

혈액 순환이 빨라지면 같이 변화하는 맥박 수

운동하면서 커지는 근육

운동할 때 우리 몸의 기관은 무슨 일을 하나요?

휴식 상태일 때 체온계로 체온을 재고, 손가락으로 맥박 수를 측정해 봐요. 그리고 1분 동안 제자리에서 빠르게 뛴 다음 체온과 맥박 수를 측정하고 기록해요. 이후 10분 동안 쉬고 다시 체온과 맥박 수를 측정해요. 우리 몸의 체온과 맥박이 어떻게 변했을까요? 운동했을 때 체온과 맥박 수가 모두 증가했음을 볼 수 있을 거예요. 즉, 운동했을 때 심장 박동의 수가 빨라진 것이지요.

우리가 운동하면 몸의 기관들도 열심히 일해요. 순환 기관의 중심은 심장이에요. 심장 박동이 빨라지면 혈액 순환도 빨라지고, 우리 몸의 세포에 영양소와 산소를 더 많이 공급

생명과학

해 에너지를 더 많이 낼 수 있어요. 혈액은 세포로부터 이산화 탄소와 노폐물을 받고, 다시 순환 기관을 거쳐 배설 기관으로 가요. 그리고 배설 기관은 노폐물을 몸 밖으로 버려요. 근육뿐만 아니라 몸의 기관들이 힘을 합치기 때문에 우리가 운동할 수 있답니다.

우리 몸속 각 기관의 역할

뼈와 근육	근육이 몸을 움직인다.
소화 기관	몸에 필요한 영양소를 흡수한다.
순환 기관	영양소와 산소를 몸에 공급하고, 이산화 탄소와 노폐물을 배설 기관으로 옮긴다.
호흡 기관	산소를 받아들이고, 이산화 탄소를 내보낸다.
배설 기관	노폐물을 몸 밖으로 내보낸다.
감각 기관	자극을 받아들인다.

 **핵심과학용어사전**

기관 특정한 기능을 담당하는 몸의 구조
기관계 공통된 기능을 담당하는 기관들이 모여 이루는 체계

우리 몸에 서로 영향을 주는 기관과 기관계

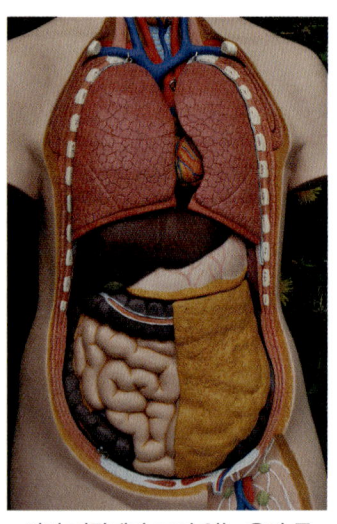

여러 기관계가 모여 있는 우리 몸

'기관'은 특정한 기능을 담당하는 몸의 구조를 말한다. 우리 몸에는 위, 폐, 심장 등 여러 기관이 존재한다. 이 중 공통된 기능을 담당하는 기관들이 모여 '기관계'를 이룬다. 예를 들어 소화계는 위, 작은창자, 큰창자 등으로 이루어져 있고, 순환계는 심장, 동맥, 정맥 등으로 이루어져 있다. 이 밖에도 신경계, 골격계, 생식계 등 여러 기관계가 있다.

기관계들은 독립적으로 일하지 않고 서로 협력하며 우리가 살아가는 데 꼭 필요한 일을 함께한다. 예를 들어, 운동에 필요한 에너지를 생성하려면 영양소와 산소가 필요하다. 영양소는 소화계에서, 산소는 호흡계에서 각각 흡수한다. 이후 순환계가 혈액을 통해 온몸의 세포로 영양소를 배달한다. 세포가 영양소와 산소를 이용해 세포 호흡으로 에너지를 만들고, 근육이 이 에너지를 이용해 움직이면서 몸이 운동하는 것이다.

| 과학 6-1 | 식물의 구조와 기능 | 뿌리 |

고구마는 열매가 아니라 뿌리라고요?

생명과학 연구원 푸리아의 관찰일지

◆ 12월 9일 ◆ 날씨: 눈 ◆ 관찰 장소: 군고구마 기계 앞

지구 식물의 뿌리는 모두 다르게 생겼다. 숲에 있는 나무들은 굵고 곧은 뿌리를 가졌다. 이 굵은 뿌리에서 가늘고 작은 뿌리들이 뻗어 나가 나무를 지탱한다. 밭에 있는 옥수수와 파의 뿌리는 가느다란 수염 같다. 그래서 이름도 수염뿌리라고 한다. 요즘은 옥수수 뿌리에도 관심이 간다. 옥수수 뿌리로 끓인 차가 몸에 좋다던데…. 맛있는 고구마가 열매가 아니라 뿌리라는 사실을 알았을 때는 깜짝 놀랐다. 양분을 뿌리에 저장한 덩이뿌리라나 뭐라나.

생명과학

나무는 뿌리로 태풍을 견딘다고요?

뿌리는 식물에 아주 중요한 역할을 해요. 뿌리는 땅속으로 뻗어 나가서 식물이 쓰러지지 않도록 단단히 붙잡아요. 뿌리가 굳게 땅에 박혀 있으면 바람이 불거나 태풍이 와도 식물이 쓰러지거나 뽑히지 않아요. 또 뿌리는 땅에 있는 양분과 물을 흡수해 식물에 공급해요.

뿌리의 생김새는 식물의 종류에 따라 달라요. 대표적으로 '곧은뿌리'와 '수염뿌리'가 있어요. 곧은뿌리는 쌍떡잎식물, 수염뿌리는 외떡잎식물의 특징이에요. 곧은뿌리는 중심에 있는 굵은 '원뿌리'와 곁에 있는 가는 '곁뿌리'로 이루어져 있어요. 수염뿌리는 비슷한 굵기의 가느다란 뿌리들로 이루어져 있답니다.

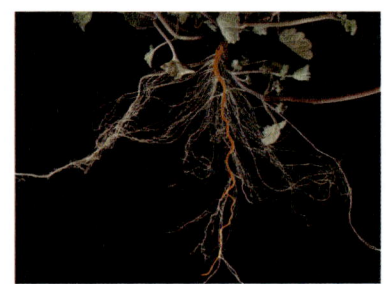
곧은 뿌리의 원뿌리와 곁뿌리

수염뿌리

흙 속의 물이 저절로 뿌리로 이동한다고요?

뿌리는 가는 뿌리털로 흙 속의 물과 양분을 흡수해 식물에 공급해요. 뿌리털이 뿌리와 흙이 만나는 면적을 넓혀 줘 물과 양분을 더욱 많이 흡수할 수 있지요. 특히 뿌리는 삼투라는 현상으로 흙 속의 물을 흡수해요. **삼투**는 세포막을 통해 농도가 낮은 곳에서 농도가 높은 곳으로 물이 이동하는 현상이에요. 김장할 때 소금물에 배추를 절이는 모습을 본 적이 있을 거예요. 배춧잎 안의 물의 농도가 소금물의 농도보다 상대적으로 낮아요. 그래서 배춧잎 안의 물이 삼투로 인

뿌리털의 모습

해 농도가 더 높은 소금물 쪽으로 빠져나가서 배춧잎이 쪼그라들어요.

마찬가지로 흙 속 물의 농도는 뿌리 속 물의 농도보다 상대적으로 낮아서, 흙 속의 물이 뿌리털을 통해 뿌리로 흡수돼요. 흡수된 물은 줄기의 관을 타고 올라가 식물의 잎까지 이동하지요. 흙에 비료를 많이 줘 흙 속 물의 농도가 뿌리 속 물의 농도보다 높아지면, 오히려 뿌리의 물이 흙으로 빠져나가 식물이 말라 죽을 수도 있어요.

삼투의 현상 중 하나인 김장 배추

핵심과학용어사전

쌍떡잎식물 씨앗에서 처음 나오는 떡잎이 두 개, 즉 한 쌍인 식물

외떡잎식물 씨앗에서 처음 나오는 떡잎이 한 개인 식물

삼투 세포막 같은 반투과성 막을 통해 물질의 농도가 낮은 곳에서 농도가 높은 곳으로 물이 이동하는 현상

여러 가지 형태를 가진 뿌리

뿌리의 형태는 식물에 따라 다양하다. '저장뿌리'는 광합성으로 만든 포도당을 녹말의 형태로 뿌리에 저장해서 크기가 커지는 뿌리를 말한다. 우리가 주로 먹는 고구마, 당근, 무는 뿌리에 양분을 저장한 저장뿌리이다. '부착뿌리'는 줄기에서 뿌리를 내어 물체에 달라붙는 뿌리다. 담쟁이덩굴은 개구리 발가락을 닮은 부착뿌리를 갖고 있다. '수중뿌리'는 물속에 뿌리를 내려서 물과 양분을 흡수하며, 식물이 뒤집히지 않고 균형을 잡게 도와준다. 부레옥잠이나 개구리밥처럼 물 위에 떠서 사는 식물이 수중뿌리를 가졌다. 이는 모두 식물이 자신의 환경에서 잘 살아남기 위해 다양한 기능을 하도록 뿌리를 변화시킨 결과다.

저장뿌리를 가진 고구마

부착뿌리를 가진 담쟁이덩굴

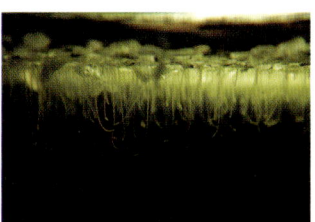
수중뿌리를 가진 개구리밥

과학 6-1 | 식물의 구조와 기능　　　　　　　　　줄기

고구마는 뿌리인데 감자는 줄기라고요?

생명과학 연구원 푸리아의 관찰일지

◆ 10월 11일　◆ 날씨: 흐림　　　◆ 관찰 장소: 식탁 위

지구의 식물은 줄기도 다양하게 생겼다. 아무래도 환경에 맞춰 줄기의 모양과 역할을 다르게 진화시킨 듯하다. 어떤 줄기는 마치 탑처럼 끝없이 위로 자라는데, 햇빛을 많이 받기 위해서 그런 거라고 한다. 선인장은 줄기에 물을 모아 두고 가시로 몸을 지키기도 한다. 지구 식물의 줄기는 참 창의적이고 효율적이다. 지구인들은 이렇게 다양한 식물의 줄기에 대해 잘 알고 있는 것 같다. 영양분을 저장해서 열매처럼 생긴 줄기를 식재료로 쓰니 말이다. 바로 이 감자처럼!

줄기도 다양한 모습을 가진다고요?

줄기라는 단어를 들으면 무엇이 떠오르나요? 껍질로 싸였고, 잎이 달렸으며, 위로 곧게 자란 원기둥 모양에 잎과 뿌리가 연결된 모습을 떠올릴 거예요. 하지만 식물의 줄기는 생각보다 훨씬 다양한 모습을 가졌어요. 감자는 고구마처럼 뿌리라고 착각할 수 있지만, 사실은 줄기예요. 지하 줄기의 끝부분에 양분을 저장해서 그 부분이 커진 식물이지요. 이런 줄기를 **덩이줄기**라고 불러요.

덩이줄기인 감자

양파의 비늘줄기와 저장잎

양파도 줄기가 변형된 식물이에요. 까도 까도 계속 벗겨지는 양파는 짧은 줄기에 커다란 잎이 겹겹이 붙어 있는 형태예요. 이런 줄기를 **비늘줄기**라고 불러요. 딸기도 특이한 줄기의 모습을 가지고 있어요. 딸기 줄기는 땅을 기어가듯 생겼는데, 옆으로 뻗는 줄기에서 일정한 간격으로 뿌리가 나요. 그래서 딸기 줄기가 끊어져도 따로 자라날 수 있어요. 이런 줄기를 **기는줄기**라고 불러요. 또 사막의 선인장은 건조한 환경에 적응해, 물을 저장할 수 있는 굵은 줄기를 가졌답니다.

줄기는 식물에서 어떤 역할을 하나요?

줄기의 가장 중요한 역할 중 하나는 운반이에요. 줄기 속에는 체관, 물관, 형성층 구조가 있어요. **체관**은 잎에서 뿌리로 이동하는 줄기의 통로예요. 식물은 잎에서 광합성으로 만든 당(양분)을 줄기와 뿌리 등으로 전달해요. **물관**은 뿌리에서 흙 속의 물과 무기질을 흡수해 잎과 줄기로 올려

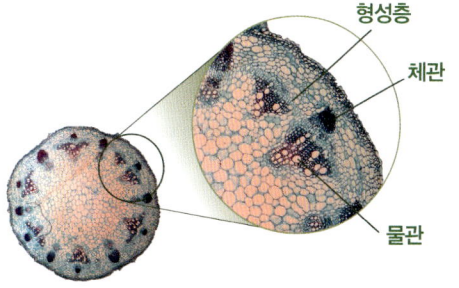
쌍떡잎식물의 줄기 단면

보내는 통로예요. **형성층**은 주로 쌍떡잎식물에 있는데, 세포 분열이 활발하여 새로운 세포를 생성하는 부분이에요.

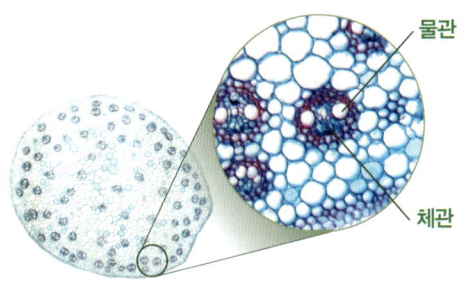
외떡잎식물의 줄기 단면

또 줄기는 뿌리와 잎을 연결해 식물을 지지해요. 생장점이 있어서 식물이 위로 자랄 수 있게도 해 주며, 일부 식물은 감자처럼 줄기를 변형해 영양분을 저장하는 역할도 한답니다. 줄기의 겉을 감싼 껍질은 수분 증발을 막고 외부의 충격이나 온도 변화로부터 줄기를 보호해요. 나무처럼 그 껍질이 아주 두껍고 단단한 식물도 있고, 상추처럼 부드럽고 연한 식물도 있어요.

핵심과학용어사전

생장점 세포 분열이 왕성하게 일어나는 부분. 식물의 뿌리 끝과 줄기 끝에 위치해 있다. 생장점으로 인해 뿌리가 아래로, 줄기가 위로 자란다. 이를 길이 생장이라고 한다.

물관을 눈으로 확인하는 법

식물에 색소를 탄 물을 주면 집에서도 식물의 물관을 쉽게 관찰할 수 있다. 먼저 신선한 식물을 준비한다. 병에 담은 물에 색소를 타 녹인 뒤 식물을 꽂아 둔다. 식물이 물을 충분히 빨아들일 때까지 기다린 뒤 줄기를 가로와 세로로 잘라 보자. 줄기의 단면을 보면 색소에 물든 부분이 있는데, 이것이 바로 물관이다. 물관의 모양은 쌍떡잎식물인지 외떡잎식물인지에 따라 다르다.

쌍떡잎식물은 물관이 줄기 단면에서 원형 고리처럼 배열되지만, 외떡잎식물은 물관이 줄기 전체에 흩어져 있다.

이런 배열 차이는 구조와 성장 방식에도 영향을 준다. 쌍떡잎식물은 이차 성장이 가능하지만, 외떡잎식물은 어렵다.

쌍떡잎식물의 줄기 단면

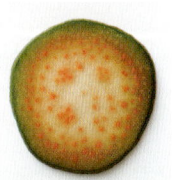 
외떡잎식물의 줄기 단면

과학 6-1 | 식물의 구조와 기능 | 잎

나무는 어떻게 물을 꼭대기까지 끌어올리나요?

생명과학 연구원 푸리아의 관찰일지

◆ 10 월 18 일 ◆ 날씨: 맑음 ◆ 관찰 장소: 나무 아래

움직이지 않고 묵묵히 자기 자리를 지키는 것처럼 보이지만, 나무는 말이 없을 뿐 굉장히 치열하게 살고 있다. 보이지 않는 땅속으로 뿌리를 길게 뻗어 사방에 있는 물을 끌어들이고, 몸 전체로 운반한다. 물을 몸속에 계속 갖고 있으면 썩을 수도 있으니까, 잎에서 물을 증발시키고 광합성으로 에너지도 만들어 낸다. 저 조그만 잎에서 에너지를 만든다니, 참 신기하다. 혹시 움직이지 않는 것도 전략이 아닐까? 주말마다 소파와 한 몸이 되는 박사님도 사실은 어떤 전략이 있는 걸까?

나무는 꼭대기까지 운반한 물을 어떻게 쓰나요?

뿌리가 흡수한 물과 양분은 잎이 있는 나무 꼭대기까지 올라가는데, 이때 여러 가지 힘이 함께 작용해요. 그중 **증산 작용**이 중요한 역할을 해요. 증산 작용은 물이 잎의 기공을 통해 수증기 형태로 공기 중으로 빠져나가는 현상이에요. 식물은 광합성을 할 때 기공을 열어 공기 중의 이산화 탄소를 흡수하고, 물을 내보내요. 증산 작용은 낮에 더 활발하게 일어나요. 기공이 주로 광합성이 일어나는 낮에 열리고 밤에 닫히기 때문이에요. 또 바람이 불고, 햇빛이 강하며, 날씨가 따뜻할 때 활발하게 일어나요. 기공이 대부분 잎의 뒷면에 위치해서 증산 작용은 잎의 뒷면에서 일어나요.

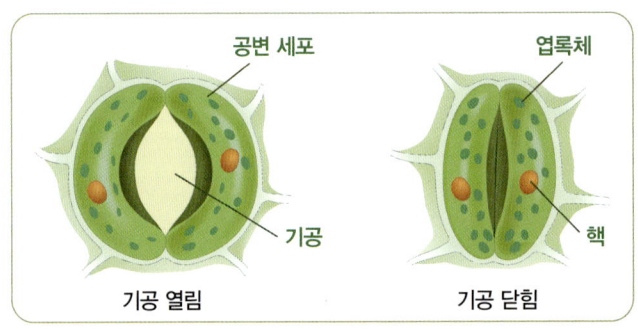

잎에서 물이 빠져나가면 줄기 속 물관에서 강하게 끌어당기는 힘이 생겨요. 이 힘으로 물이 뿌리에서부터 계속 끌려 올라와요. 이 과정에서 물 분자들끼리 서로 잡아당기는 성질인 응집력도 큰 역할을 해요. 물이 물관 속에서 줄줄이 연결되어 있기에 잎에서 증산이 일어나면 뿌리의 물이 계속해서 끌려 올라오는 거예요. 이처럼 ==나무 꼭대기까지 물이 올라가는 데는 증산 작용을 포함해 여러 가지 힘이 함께 작용해요.==

잎의 증산 작용을 어떻게 확인할 수 있을까요?

먼저 똑같은 식물 두 개를 준비해요. 한 식물은 잎을 모두 제거하고, 다른 식물은 잎을 그대로 둬요. 두 식물 모두 물에 담근 뒤 비닐봉지를 씌워 햇빛이 잘 드는 곳에 둬요. 하루가 지난 뒤 비닐봉지를 살펴볼까요? 잎을 제거한 식물에는 변화가 거의 없고, 잎을 그대로 둔 식물의 비닐봉지에는 물방울이 많이 맺혀 있을 거예요. 증산 작용이 일어난 증거이지요. 뿌리에서 흡수한 물이 잎까지 올라온 후, 기공을 통해 수증기의 형태로 공기 중으로 빠져나갔기 때문에 비닐봉지에 물방울이 맺힌 것이에요.

잎의 증산 작용 실험

핵심과학용어사전

기공 식물의 잎이나 줄기 표면에 있는 공기가 드나드는 구멍. 모든 식물에 존재하며 육상 식물에서는 주로 잎 뒷면에 있다.
증산 작용 잎의 기공을 통해 물이 수증기의 형태로 공기 중으로 빠져나가는 현상
광합성 식물이 빛 에너지를 이용해 스스로 양분을 만드는 과정. 빛 에너지, 물, 이산화 탄소로 산소, 포도당 같은 유기물을 합성하는 과정을 의미한다.

식물이 광합성으로 양분을 만드는 과정

광합성은 식물이 햇빛, 물, 이산화 탄소로 산소와 포도당 같은 양분을 만드는 과정이다. 주로 잎에서 일어나며, 모든 식물에는 빛 에너지를 흡수하는 '광합성 색소'가 있다. 식물은 광합성으로 물을 분해해 산소를 만들고 기공을 통해 공기 중으로 내보낸다. 이산화 탄소로는 포도당을 만드는데, 주로 낮에 녹말 형태로 잎에 저장한다. 그러다 밤에 설탕으로 변환해 체관을 통해 뿌리를 포함한 식물 곳곳으로 이동시킨다. 저장된 당은 식물의 성장에 쓰이며, 열매, 줄기, 뿌리 등에 저장하기도 한다.

아이오딘-아이오딘화 칼륨 용액이 녹말과 반응하면 청람색으로 변하는 성질을 이용해, 광합성으로 만든 양분의 종류를 확인할 수 있다. 쌀밥, 감자 등 녹말이 든 음식물에 아이오딘-아이오딘화 칼륨 용액을 떨어뜨리면 용액이 갈색에서 청람색으로 변한다. 햇빛을 잘 받은 잎도 알코올로 중탕한 후 아이오딘-아이오딘화 용액을 떨어뜨리면 청람색으로 변한다. 잎에서 만들어진 양분 중 하나가 녹말이라는 뜻이다.

햇빛을 못 받은 잎은 색이 변하지 않았다

햇빛을 잘 받은 잎은 색이 청람색으로 변했다

과학 6-1 | 식물의 구조와 기능 | 꽃

식물이 가짜 꽃을 만들어 낸다고요?

생명과학 연구원 푸리아의 관찰일지

• 8월 3일 • 날씨: 구름 조금　　• 관찰 장소: 꽃밭 위

꽃을 보면 참 아름답다는 생각이 든다. 삭막한 지구에서 나를 위로해 주는 꽃 한 송이…. 하지만 꽃의 아름다운 모습과 향기는 모두 자손을 퍼뜨리기 위한 식물의 전략이다. 곤충이나 새처럼 움직일 수 있는 동물을 끌어들여서, 꽃가루나 씨를 다른 곳으로 퍼뜨려 세대를 이어 나가는 것이다. 곤충을 끌어들이는 가짜 꽃도 그중 하나라는데, 가짜 꽃도 꽃으로 봐야 하나? 하여튼 식물은 타고난 잔머리꾼인가 보다.

식물의 꽃은 어떤 구조일까요?

열매를 맺는 식물의 꽃은 보통 암술, 수술, 꽃잎, 꽃받침으로 이루어져 있어요. 암술과 수술은 생식에 직접 참여하는 부분이에요. **암술**은 꽃의 가장 안쪽에 있고, 암술머리, 암술대, 씨방으로 이루어져 있어요. 암술머리가 수술의 꽃가루를 받아들이면 씨방 안에서 씨가 자라요. **수술**은 보통 암술 주변에 있고, 가장 윗부분의 꽃밥이 성숙하면 꽃가루가 나와요.

꽃의 구조

꽃잎은 암술과 수술을 둘러싸 보호해요. 색이 아름답고 향기가 나서 벌과 나비 등이 꽃에 오도록 도와요. **꽃받침**은 꽃이 피지 않았을 때 꽃봉오리를 감싸서 꽃을 보호하고, 꽃이 필 때 꽃을 받쳐 주는 역할을 해요. 이처럼 꽃의 네 가지 요소를 모두 가지고 있는 꽃을 **갖춘꽃**이라고 해요. 하지만 암술 혹은 수술이 없거나, 꽃잎이나 꽃받침이 없는 꽃도 있어요. 이런 꽃은 완전한 구조를 갖추지 않았기 때문에 **안갖춘꽃**이라고 부른답니다.

갖춘꽃인 코스모스

안갖춘꽃인 튤립

가짜 꽃이 진짜 꽃보다 화려하다고요?

여름이 다가오면 산수국이 아름답게 피어요. 산수국의 가운데 부분에는 아주 작은 꽃들이 무성하게 피어 있어요. 작지만 암술과 수술이 있어서 열매도 맺을 수 있어요. 이렇게 암술과 수술이 모두 있거나 하나라도 있어서 열매를 맺을 수 있는 꽃을 **유성화**라고 불러요.

생명과학

반면 산수국의 가장자리에 핀 꽃처럼, 암술과 수술이 없거나 퇴화해서 열매를 맺지 못하는 꽃은 **무성화**라고 불러요.

크고 아름다운 산수국의 무성화는 사실 꽃잎이 아니라 변형된 꽃받침이에요. 그래서 가짜꽃, 헛꽃으로도 불려요. 산수국이 이렇게 크고 화려한 헛꽃을 피우는 이유는 번식시켜 줄 곤충을 끌어들이기 위해서랍니다.

헛꽃을 가진 산수국

갖춘꽃 암술, 수술, 꽃잎, 꽃받침을 모두 가지고 있는 꽃
안갖춘꽃 암술, 수술, 꽃잎, 꽃받침 중 한 가지 이상이 없는 꽃
유성화 암술과 수술이 모두 있거나 그중 하나라도 있어서 꽃가루받이할 수 있는 꽃. 씨와 열매를 맺을 수 있다.
무성화 암술과 수술이 없거나 퇴화해서 꽃가루받이할 수 없는 꽃. 씨앗이나 열매를 맺지 못한다.

다양한 꽃가루 배달부들

꽃의 중요한 역할 중 하나는 꽃가루받이가 잘 이루어지도록 해서 씨를 만드는 것이다. 꽃가루받이는 씨를 만들기 위해 수술의 꽃가루가 암술머리로 옮겨 붙는 현상이다. 이때 꽃은 곤충, 바람, 새, 물 같은 다양한 매개체를 이용한다. 벌과 나비 등의 곤충이 꿀을 먹는 동안 꽃가루가 곤충 몸에 붙어서 이동하면 '충매화'라고 부른다. 곤충이 꽃을 연결해 준다는 뜻이다. 이런 방법을 쓰는 꽃은 곤충을 유인해야 하므로 아름답고 향기가 좋다.

꽃가루가 바람에 날려 멀리 이동하면 '풍매화'라고 한다. 바람에 쉽게 날아가야 하므로 꽃가루가 가볍고 양이 많다. 소나무의 꽃가루인 송홧가루는 공기주머니를 가져서 멀리까지 이동한다. 이 밖에도 동박새 같은 새에 의해 꽃가루가 이동하는 '조매화', 연꽃 등 물에 사는 식물의 꽃가루가 물에 의해 이동하는 '수매화'가 있다. 식물은 이처럼 다양한 전략으로 꽃가루를 옮겨 씨를 만들고 번식한다.

꽃가루 매개자 중 하나인 나비

과학 6-1 식물의 구조와 기능 씨

식물이 택배를 보낸다고요?

생명과학 연구원 푸리아의 관찰일지

◆ 11월 6일 ◆날씨: 맑음 ◆관찰 장소: 바람 위

지구 식물의 열매는 참 맛있다. 사과, 감, 배 등의 과일은 달콤한 맛과 재미있는 식감이 매력적이다. 지구인과 동물은 맛있는 과일을 먹고 씨를 아무 데나 버리는데, 이것도 씨를 멀리 옮기기 위한 식물의 전략 중 하나다. 우리는 택배 기사가 되어서 멀리 씨를 배달하는 셈이다. 그 대가로 식물의 열매를 먹을 수 있다니, 식물은 받는 만큼 주는 것도 확실하다. 역시 식물은 타고난 잔머리꾼이 분명하다니까!

생명과학 341

식물도 씨를 택배처럼 보낸다고요?

사람이 택배로 물건을 주고받는 것처럼, 식물도 여러 방법으로 가까운 곳부터 먼 곳까지 씨를 보내요. 먼저 바람을 이용해 씨를 퍼뜨리는 방법이 있어요. 민들레나 단풍나무 같은 식물의 씨는 아주 가벼워서 바람을 타고 멀리 날아가 자손을 퍼뜨릴 수 있어요. 어떤 식물의 씨는 동물의 털이나 깃털에 붙어서 이동하거나, 동물이 열매를 먹고 난 후 배출하는 배설물과 함께 다른 장소로 이동해요. 동물들이 씨를 묻히거나 먹고 이동하면서 새로운 장소에 씨를 떨어뜨리는 거예요.

한편 어떤 식물은 씨가 안전하게 싹틀 수 있도록 씨에 독성 물질을 포함해서 동물들이 먹지 못하게 해요. 동물이 먹을 수 있게 달콤한 열매를 만드는 식물들과 전략이 정반대이지요. 또 동물들이 쉽게 먹지 못하도록 견과류처럼 단단한 껍데기로 감싼 씨, 특정한 온도나 습도에서만 싹이 트는 씨 등 식물이 씨를 퍼뜨리는 방법은 다양하답니다.

가벼운 솜털로 바람을 타고 이동하는 민들레 씨

동물에게 먹혀 씨를 퍼뜨리는 멀구슬나무

씨를 퍼뜨리는 데 바다와 중력까지 이용한다고요?

어떤 식물은 강이나 바다에 흐르는 물을 이용해 씨를 퍼뜨려요. 코코넛은 나무에서 떨어진 뒤 바다를 떠다니며 멀리까지 이동해요. 연꽃의 씨도 물을 통해 흘러가면서 퍼져요. 봉선화처럼 열매를 스스로 튕겨 내면서 씨를 퍼뜨리는 식물도 있어요. 깜짝 상자를 열면 안에 있는 물건이 튀어나오는 것처럼, 성숙한 열매가 터지면서 씨를 멀리 튕겨 보내는 거예요. 중력을 이용해 씨를 퍼뜨리는 식물도 있어요. 밤

물에 떠서 이동하는 연꽃의 씨

나무나 도토리나무의 씨는 중력을 이용해 땅으로 씨를 떨어뜨리는데, 떨어진 씨는 가까운 곳에 뿌리를 내린답니다.

나무에서 떨어져 씨를 퍼뜨리는 밤나무

핵심과학용어사전

겉씨식물 밑씨가 씨방에 있지 않고 밖으로 드러나 있는 식물. 소나무, 잣나무, 은행나무 등이 겉씨식물이다.
속씨식물 밑씨가 씨방에 싸여 있는 식물. 많은 종자식물이 여기에 속한다.
수정 암술머리에 옮겨 붙은 꽃가루에서 꽃가루관이 씨방 쪽으로 자라고, 꽃가루에 들어 있는 정핵이 이 꽃가루관을 따라 내려가서 씨방 속에 있는 밑씨와 만나는 현상이다.

열매는 어떻게 만들어질까?

열매는 꽃에 의해 만들어진다. 곤충, 바람, 물 등에 의해 꽃가루받이가 일어나면, 꽃가루 안의 생식 세포와 씨방 속 밑씨의 생식 세포가 만난다. 이를 '수정'이라고 한다. 수정 후 밑씨는 자라서 씨(종자)가 되고, 씨방이 점점 커지면서 열매로 변한다. 꽃의 다른 부분이 시들면서 열매가 완전히 자라고 씨도 성숙해지면 식물은 씨를 퍼뜨릴 준비를 마치게 된다.

열매는 만들어지는 방식에 따라 크게 참열매와 헛열매로 나뉜다. 씨방이 자라서 열매가 되면 참열매라고 한다. 반면 씨방이 아닌 부분이 자라 열매가 되는 헛열매도 있다. 참열매에는 감, 매실, 복숭아 등이 있으며 헛열매에는 사과, 딸기 등이 있다.

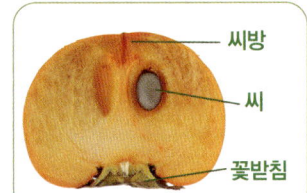

씨방이 자라 열매가 되는 감

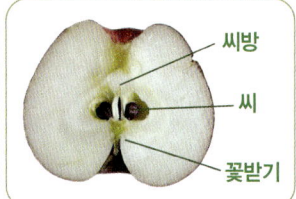

꽃받기가 자라 열매가 되는 사과

| 과학 3-2 | 감염병과 건강한 생활 | | 감염병 |

감염병은 어떻게 전 세계로 퍼지나요?

 생명과학 연구원 푸리아의 관찰일지

◆ 11월 22일 ◆날씨: 비 ◆관찰 장소: 동굴 안

눈에 보이지 않는 작은 것들이 지구를 흔들기도 한다. 바로 **바이러스**다. 바이러스를 눈으로 볼 수 있는 지구인은 없다. 바이러스는 동물과 지구인의 몸에 들어가 병을 일으키고 목숨을 잃게 만들기도 한다. 게다가 전염력이 높아서 위험하다. 나도 지구의 감기로 엄청 아팠던 적이 있다. 그때 지구인들의 약을 받아서 먹고 나았다. 지구인은 감염병의 원인을 찾아내고, 예방하고, 치료제를 만든다. 덕분에 나 같은 외계인도 병을 이겨 냈지만, 바이러스와 전염병은 여전히 조심해야 한다!

기침과 재채기로 독감에 걸린다고요?

바이러스는 호흡기 분비물 중 작은 입자인 '비말'로 전파돼요. 비말은 기침, 재채기, 말을 할 때 만들어지는데, 가볍지만 공기 중에서 빨리 증발하기 때문에 가까운 거리에서만 전파돼요. 인플루엔자 바이러스가 일으키는 감염병인 독감이 비말을 통해 전파되지요.

기침과 재채기 등으로 생성되는 비말

감염병은 바이러스나 세균 같은 병원체로부터 전파되는 병이에요. 14세기 유행한 페스트는 페스트균에 의한 감염병으로, 유럽 인구 약 $\frac{1}{3}$이 페스트로 사망했어요. 또 19세기 유럽 인구 $\frac{1}{4}$을 죽게 한 결핵도 세균에 의한 감염병이에요. 결핵은 비말보다 더 작은 입자인 **에어로졸**로 감염돼요. 호흡기로 감염되며 비말보다 더 멀리 퍼지고 공기 중에 오래 떠 있어서 감염력이 높아요. 이러한 병원체의 위험성은 1882년, 세균학자 로베르트 코흐가 결핵이 결핵균에 의한 감염병임을 밝히며 알려졌어요. 오늘날 코흐는 '현대 세균학의 아버지'라고 불린답니다.

로베르트 코흐

오늘날에는 전염병이 더 빨리 퍼진다고요?

감염병 중에서도 사람과 사람 사이에서 직접 전파되는 질병을 **전염병**이라고 해요. 19세기 인도에서는 콜레라라는 전염병이 유행했어요. 설사와 구토로 시작해 몇 시간 만에 죽게 되는 무서운 병이에요. 당시 사람들은 대소변을 강에 버리기도 했는데, 오물과 비위생적인 환경으로 인해 우물이 오염되면서 콜레라균이 퍼져 나갔어요. 콜레라는 장티푸스처럼 오염된 물로 전염되는 '수인 감염'이에요. 인도를 비롯해 영국 등 많은 나라의 사람들이 콜레라로 사망했지요. 이후 사람들은 콜레라를 계기로 상수도와 하수도를 갖추고, 공중 위생법을 만들었어요. 그러

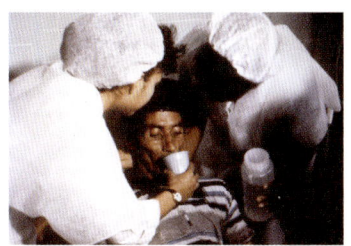
콜레라 환자의 모습

나 콜레라는 여전히 우리를 위협하는 전염병이에요.

비행기 등의 교통수단이 발달한 오늘날에는 한 지역에서 유행하던 전염병이 다른 나라로 퍼지는 데 훨씬 짧은 시간이 걸려요. 사스(SARS)라고 불리는 감염병은 2002년 홍콩에서 유행하기 시작해, 일주일도 되지 않아 전 세계로 퍼졌어요. 이후 유사한 방식으로 전파된 코로나19도 세계적인 대유행을 일으켰어요. '코로나바이러스감염증-19(코로나19)'는 'SARS-CoV-2'라는 바이러스에 의해 발생한 전염병이에요. 많은 사람이 면역력을 갖고 있지 않아 전 세계로 확산됐고, 세계보건기구(WHO)는 세계적 대유행을 의미하는 '팬데믹'을 선언했지요. 코로나19는 기본적으로 비말이나 접촉으로 전염돼요. 그래서 마스크를 착용하고 알코올 젤로 손을 소독하면서 거리 두기를 실천해 전염을 막을 수 있어요.

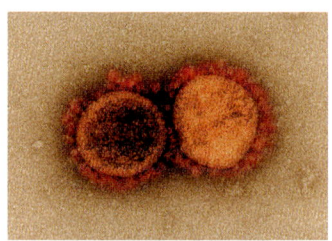

SARS-CoV-2의 입자

핵심과학용어사전

비말 지름이 5~10 µm보다 큰 입자. 기침과 재채기로 나타나며, 입자가 멀리 가지 못하고 2 m 이내에 떨어진다.

에어로졸 5 µm보다 작은 크기의 입자. 공기를 통해 7~8 m가 넘는 먼 거리를 이동할 수 있다.

수인 감염 콜레라나 장티푸스처럼 오염된 물을 통해 퍼지는 전염병

 ## 감염병을 예방하는 방법

감염병 예방을 위해서는 지켜야 할 사항이 많다. 먼저 접촉 감염을 막기 위해 비누로 30초 이상 손을 깨끗이 씻어야 한다. 또 비말 및 공기 감염 예방을 위해 마스크를 쓰거나 거리 두기를 한다. 기침이나 재채기를 할 때는 손 대신 옷소매 위쪽으로 입과 코를 가려야 한다. 수인 감염 예방을 위해서는 물을 끓여 마시고 음식은 충분히 익혀 먹는 것이 좋다. 마지막으로 개인과 집단의 면역력을 높이기 위해 예방 접종을 받아야 한다.

감염병 예방 효과가 뛰어난 손 씻기

| 과학 3-2 | 감염병과 건강한 생활 | | 예방 접종 |

몸속에 바이러스를 넣는 주사가 있다고요?

생명과학 연구원 푸리아의 관찰일지

◆ 12월 11일 ◆ 날씨: 눈 ◆ 관찰 장소: 병원 진료실

예방 접종은 용감한 외계인조차도 병원에 들어가기를 망설이게 만든다. 독감 주사, 간염 주사, 뇌염 주사…. 주사는 왜 이렇게 많을까? 주사 맞는 건 무섭고, 돈도 들고, 시간을 내서 병원에도 가야 한다. 하지만 병에 걸려서 후회하느니 주사를 맞는 게 낫지. 예방 접종을 하면 좋은 점도 있다. 병을 예방하고 건강한 몸을 유지할 수 있다. 감염병이 퍼지는 걸 막는 효과도 있다. 흠, 예방 접종을 안 하는 사람들에게 주사를 놓는 방법은 없나?

독감 주사를 꼭 맞아야 할까요?

예방 접종은 우리 몸에 인위적으로 '기억 세포'를 만드는 작업이에요. 백신에는 약하거나 죽은 병원체 또는 병원체의 일부 단백질이 들어 있어요. 이를 몸에 주사하면 실제 병원체처럼 인식해서 방어 준비를 해요. 우리 몸은 바이러스나 세균 같은 병원체가 가진 특징적인 단백질인 **항원**을 인식하고 이에 맞서 **항체**라는 단백질을 만들어요.

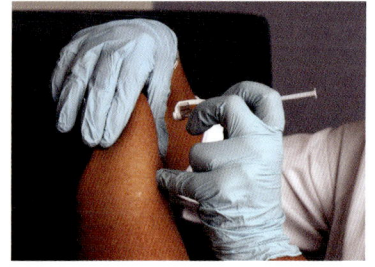

기억 세포를 만드는 예방 접종

한 번 항체를 만들고 나면 우리 몸에는 기억 세포도 함께 생겨요. 나중에 같은 병원체가 들어왔을 때 항체를 더 빠르고 많이 만들어 싸울 수 있지요. 예방 접종은 이처럼 나 자신을 보호하는 방법이에요. 또 많은 사람이 예방 접종을 받으면 감염병 유행을 막을 수 있어요. 이런 효과를 집단 면역이라고 해요.

우리 몸이 스스로 방어한다고요?

우리 몸은 방어 작용인 **면역**으로 병원체를 위험한 외부 침입자로 여겨 없애거나, 세균에 감염된 세포를 없애요. 면역은 크게 두 가지로 나뉘어요. 먼저 병원체 종류와 상관없이 기본적으로 일어나는 방어 작용인 **비특이적 방어 작용**이 있어요. 피부, 점액, 염증 반응 등이 여기에 속해요. 피부는 병원체가 몸속으로 들어오지 못하게 막아요. 눈물과 콧물 등의 점액에는 항균 효소가 있어 감염을 막아 줘요. 또 상처 부위에 염증 반응이 일어나면 혈액 속의 백혈구가 병원체를 바로 잡아먹어 분해해요.

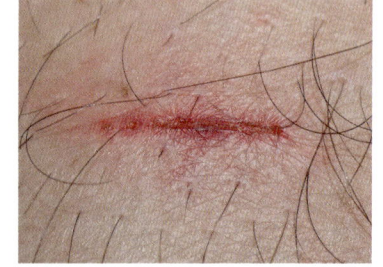

피부의 방어 작용인 딱지

두 번째는 우리 몸에 침입한 병원체가 항원으로 작용할 때, 항원의 종류에 따라 각각 다르게 일어나는 **특이적 방어 작용**이에요. 감염된 세포를 직접 제거하거나, 항체를 만들어 항원을 제거해요. 한 종류의 항체는 오직 한 종류의 항원에만 반응해요. 또 항체는 열쇠와

자물쇠처럼 구조가 딱 맞아 결합할 수 있는 항원에만 결합해 제거해요. 항원이 사라져도 항원에 대한 기억 세포는 남아 있는데, 한 번 만들어진 기억 세포는 우리 몸에 남아서 항원의 침입에 대비해요.

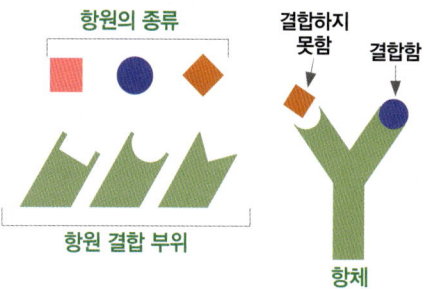

항원에 대한 항체의 반응

비특이적 방어 작용 병원체의 종류와 관계없이 동일한 방식으로 일어나는 방어 작용
특이적 방어 작용 침입한 병원체의 종류에 따라 각기 다르게 작용하는 방어 작용

국가 예방 접종 대상 감염병과 백신 종류

우리나라는 '감염병의 예방 및 관리에 대한 법률'에 따라 국가 필수 예방 접종을 지정해 관리하고 있다. 현재 총 17종의 국가 예방 접종이 무상으로 제공되며, 태어나서부터 12세까지 순차적으로 접종을 받고 있다. 국가 예방 접종의 대상 감염병과 해당 백신의 종류는 다음과 같다.

대상 감염병	백신 종류	대상 감염병	백신 종류
B형 간염	HepB	홍역, 유행성 이하선염, 풍진	MMR
결핵	BCG(피내용)	수두	VAR
디프테리아, 파상풍, 백일해	DTaP, Tdap	A형 간염	HepA
폴리오	IPV	일본 뇌염	IJEV(불활성화 백신), LJEV(약독화 생백신)
b형 헤모필루스 인플루엔자	HiB	사람 유두종 바이러스 감염증	HPV
폐렴구균 감염증	PCV, PPSV	인플루엔자	IIV
로타바이러스 감염증	RV1, RV5		

어린이 국가 예방 접종 목록

| 과학 3-2 | 감염병과 건강한 생활 | 감염병과 직업 |

세균을 키우는 직업이 있다고요?

생명과학 연구원 푸리아의 관찰일지

◆ 12월 28일　◆ 날씨: 맑음　　◆ 관찰 장소: 세균 배양실

눈에 보이지 않는 것은 참 무섭다. 세균은 더욱 그렇다. 세균을 통해 질병에 걸릴 수도 있다. 그래도 다행인 건 지구인들이 세균과 바이러스를 연구하고 치료제를 개발한다는 사실이다. 지구인들을 따라서 나도 세균을 배양하고 있는데, 어떻게 이 세균으로 백신을 만든 걸까? 백신을 개발한 지구인들을 한번 만나서 이야기를 들어 봐야겠다. 그러면 나도 우리 행성의 감염병을 막을 백신을 더 잘 연구할 수 있을 거야!

전염병을 막는 직업이 있다고요?

2020년, SARS-CoV-2 바이러스에 의해 발생한 '코로나바이러스감염증-19(코로나19)'로 인해 세계적으로 많은 확진자와 사망자가 발생했어요. 팬데믹 초반에는 감염병의 확산을 막기 위해 노력한 역학 조사관들의 역할이 컸어요. 역학 조사관은 역학 조사로 확진자가 발생한 장소를 조사하고, 감염 경로를 파악해서 방역 대책을 세우는 전문가예요. 이 외에도 공항 검역관, 감염 관리 간호사 등 다양한 직업을 가진 사람들이 전염병의 유입과 확산을 막기 위해 현장에서 분주히 움직였어요.

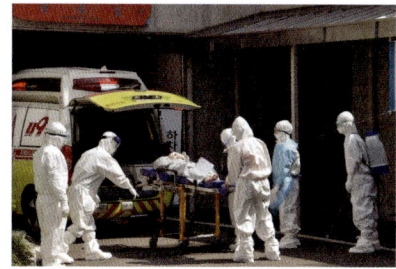

감염자를 이송하고 방역하는 의료진들

선별 진료소에서 검사를 받는 시민들

또 생명 공학 연구원을 비롯한 많은 연구원이 백신을 빠르게 개발했어요. 많은 사람이 백신을 접종했고 백신을 통한 질병 예방에 국민적 관심이 쏟아지기도 했지요. 코로나19 팬데믹은 2023년 5월에 종료되었지만, 감염병은 언제든 다시 유행할 수 있어요. 이를 대비하기 위해 전 세계 많은 연구자가 백신과 치료제를 끊임없이 연구하고 있답니다.

생명 공학 연구원은 어떤 일을 하나요?

생명 공학 연구원은 다양한 실험과 연구로 여러 분야에 이바지해요. 감염병을 예방하는 백신과 치료에 사용할 수 있는 약물 등을 개발하지요. 실험과 연구를 위해 감염 환자를 만나기도 하지만, 대부분 세균이나 바이러스를 실험실에서 배양하고 분석해서 연구에 사용해요.

이 외에도 세균과 바이러스를 연구하는 다양한 직업이 있어요. 각각의 직업은 감염병을 연구하고, 예방하며, 치료하는 아주 중요한 임무를 수행하고 있어요. 또 서로 다른 분야끼리 협력하여 감염병으로부터 사람들을 보호하고 건강을 증진하는 데 기여하고 있답니다.

앞으로 어떤 전염병이 언제 우리를 덮칠지 아무도 알 수 없어요. 하지만 백신과 치료제를 개발하는 연구원들의 수고 덕분에 우리는 더욱 빠르게 감염병에 대응하고, 효과적으로 감염병을 예방하고 치료할 수 있을 거예요.

백신을 개발하는 연구원들

핵심과학용어사전

배양 개체를 성장시키고 번식시켜 양을 늘리는 것. 미생물은 크기가 작아 눈에 보이지 않지만, 적절한 온도와 환경을 유지하면서 배양하면 점점 늘어나 눈으로 관찰할 수 있을 정도로 많아진다.

세균과 함께하는 다양한 직업들

세균과 바이러스처럼 병을 일으키는 병원체의 특성과 행동을 연구하는 전문가들이 있다. 이들은 병원체를 배양해 연구하고, 질병의 원인을 분석하거나 치료법을 개발한다. 먼저 '미생물학자'는 연구소, 대학교, 병원, 제약 회사 등에서 미생물을 연구하는 전문가이다. '바이러스학자'는 바이러스의 구조, 증식 방식, 감염 경로 등을 분석한다. '임상 미생물학자'는 병원 실험실에서 환자에게서 채취한 표본으로 병원체를 배양하고 감염 원인을 진단한다. 또 배양된 세균에 항생제 감수성 검사를 실시해 어떤 항생제가 효과적인지 판단하는 데 도움을 준다.

병원체의 유전자를 분석하고 변이를 연구하는 '분자 생물학자', 인체 면역 반응을 연구하여 새로운 백신과 면역 치료제를 개발하는 '면역학자', 감염병 치료를 위해 새로운 항생제와 항바이러스제를 개발하는 '제약 연구원', 감염병이 발생했을 때 원인 병원체를 알아내고 확산 경로를 추적하는 '공중 보건 전문가'도 있다.

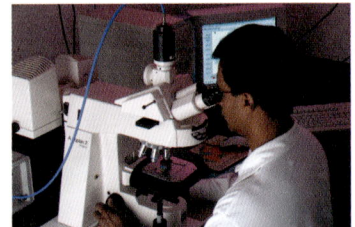

푸리아의 푸릇푸릇 과학 이야기

생물들이 보내는 비밀 신호

우리는 누군가와 이야기할 때 말을 하거나 글을 쓰지요. 그런데 말을 하거나 글을 쓸 수 없는 많은 생물도 소리, 냄새, 색, 빛처럼 우리에게는 익숙하지 않은 방식으로 대화를 나눈답니다.

스컹크는 자신을 위협하는 동물이 나타나면 먼저 꼬리를 치켜들고 등을 둥글게 하는 경고 자세를 취해요. 이때 도망치지 않으면, 엉덩이 근처에 있는 분비샘에서 최대 2~3m 거리까지 정확하게 고약한 냄새가 나는 액체를 쏴요. 냄새를 이용해 "건드리지 마!"라고 강력한 경고를 보내는 거예요.

냄새로 경고하는 스컹크

개미는 '페로몬'이라는 냄새 물질을 분비해 아주 복잡한 정보까지 주고받아요. 먹이를 찾으면 돌아오는 길 바닥에 길 안내 페로몬을 뿌리는데, 다른 개미들은 그 냄새를 따라 먹이까지 찾아갈 수 있어요. 위험한 상황에서는 경고 페로몬을 뿌려서 주변 개미들에게 도망치거나 싸울 준비를 하라고 알려요. 또 여왕개미는 여왕 페로몬으로 일개미들이 번식하지 못하도록 조절해요.

페로몬으로 정보를 주고받는 개미

반짝반짝 빛나는 곤충, 반딧불이의 배에는 발광 기관이 있는데, 여기에서 '루시페린'이라는 물질이 산소와 만나 빛을 내요. 여름밤이 되면 수컷 반딧불이는 하늘을 날며 깜빡이는 패턴으로 빛을 보내요. 암컷은 땅이나 풀 위에서 기다리다가, 마음에 드는 수컷이 나타나면 그 빛에 맞춰 반짝이며 응답해요. 반딧불이는 여러 종이 있는데, 종마다 빛을 깜빡이는 속도나 간격이 다르기 때문에 같은 종끼리만 소통할 수 있어요.

빛으로 이야기하는 반딧불이

이처럼 생물들은 나름의 방식으로 서로를 이해하고 대화해요. 언뜻 조용해 보이지만, 자연은 비밀스러운 이야기들로 가득한 끝없는 수다의 세상이에요.

생존을 위한 괴상한 전략들

자연 속 생물들은 살아남기 위해 치열히 경쟁해요. 때로 기묘하고 웃기기까지 한 전략을 쓰는 생물들도 있어요.

죽은 척 하는 호그노스 뱀

호그노스 뱀은 자신보다 큰 포식자에게 위협을 받으면 죽은 척을 해요. 바닥에 등을 대고 벌러덩 누워 혀를 빼물고 가만히 있어요. 심지어 몸을 비틀거나 입에서 거품을 흘리기도 해요. 대부분의 포식자가 이미 죽은 먹잇감에는 관심을 보이지 않기 때문이에요.

썩은 고기 냄새를 풍기는 라플레시아

시체꽃이라고도 부르는 라플레시아 아르놀디는 세계에서 가장 큰 꽃 중 하나로, 인도네시아 숲속에서 자라는 기생 식물이에요. 보기에는 화려하지만, 가까이 가면 썩은 고기 냄새가 진동하는 것으로 악명이 높아요. 이는 파리처럼 썩은 고기 냄새를 맡고 달려드는 곤충을 유인하기 위해서예요. 냄새에 속아 꽃 속으로 뛰어든 파리의 몸에 꽃가루(화분)가 묻고, 자연스럽게 화분 매개자 역할을 하게 되지요.

1령에서 4령의 어린 호랑나비 애벌레는 흰 점이 섞인 검은 무늬를 띠는데, 멀리서 보면 마치 새똥처럼 보여요. 이것을 베이츠 모방(Batesian mimicry)이라고 하는데, 먹을 가치가 없거나 해로운 것처럼 보이도록 속이는 전략이에요. 새똥으로 위장해 포식자의 시선을 피하는 것이지요. 시간이 지나 몸집이 커지고 5령이 되면, 호랑나비 애벌레는 완전히 초록색으로 변해 잎 색과 닮게 위장한답니다.

새똥으로 위장해 숨는 호랑나비 애벌레

겉보기엔 우스꽝스럽지만, 이 모든 행동은 놀랍도록 정교한 생존 전략이에요. 생물들은 각자의 환경에서 살아남기 위해 다양한 방법을 선택해 왔고, 때로는 우리가 상상도 못한 방식으로 포식자를 피하거나 번식에 성공해요. 자연을 자세히 들여다보면, 공포 영화보다 훨씬 더 스릴 넘치고 놀라운 생존 이야기들이 숨어 있어요.

따라해 보자! 생물 관찰 놀이

우리가 무심히 지나치는 집이나 학교 주변에도 많은 생물이 살아가요. 잠깐 멈춰서 공원 뒤 풀숲, 학교 운동장 가장자리, 보도블록 틈 등을 들여다봐요. 몇 가지 팁만 알고 있다면, 완전히 새로운 세계가 눈앞에 나타날 거랍니다. 그럼 함께 생물 관찰 놀이를 해볼까요?

Step 1. 발견하기 나무껍질 틈, 돌 밑, 화분 가장자리를 유심히 살펴보세요. 개미, 지렁이, 거미, 알을 품은 곤충 등 어김없이 작은 생물들이 숨어 있을 거예요. 소리에 귀를 기울여 생물을 찾을 수도 있어요. 새의 지저귐, 개구리 울음소리, 나뭇잎 흔들리는 소리에 조용히 귀를 기울이며 따라가 보세요. 새나 다람쥐 같은 예민한 동물을 발견했다면 발소리를 줄이고, 그림자에 숨어서 천천히 움직여 보세요. 작은 동물들을 찾는 게 어렵다면 가로수부터 화단에 핀 꽃까지 우리 주변의 다양한 식물을 관찰해도 좋아요.

Step 2. 관찰하기 돋보기로 들여다보면 평소에는 안 보이던 잎맥의 결, 곤충 다리의 마디 같은 세밀한 구조가 자세히 보여요. 스마트폰으로 찍은 사진은 확대해서 보고 싶은 부위를 더 자세히 볼 수 있어요. 식물의 잎 뒷면, 곤충의 눈이나 입, 움직임 같은 특징을 놓치지 말고 담아 보세요.

Step 3. 기록하기 관찰 노트를 하나 만들어 보세요. 매일 조금씩 알아 가는 생물들의 모습을 기록해요. 우선 관찰한 생물의 모습을 그려보거나 스마트폰으로 찍은 사진을 종이로 뽑아서 붙여 보세요. 그다음 관찰을 통해 알게 된 생물의 특징을 써 보세요. 한 번에 완벽하게 할 필요는 없어요. 다음번에 또 관찰하면 되거든요. 지난번 관찰에선 보지 못한 새로운 모습을 기록하다 보면 나만의 생물 도감이 만들어져요.

오늘부터 관찰 노트를 하나 만들어 보면 어떨까요? 자연은 언제든 우리와 대화할 준비가 되어 있답니다.

지구과학

우리가 살아가는 지구는 그대로 있는 것처럼 보이지만,
사실 하루도 쉬지 않고 움직여요.
땅속 깊은 곳에는 뜨거운 마그마가 흐르고,
바닷속 깊은 곳에는 바닷물이 천천히 흐르며 거대한 해류를 만들어요.
대기 중에는 눈에 보이지 않는 공기가 지구 전체를 감싸며 흐르고 있어요.
우주로 눈을 돌려 보면, 지구는 스스로 돌면서 태양의 둘레도 빙글빙글 돌고 있어요.
달을 비롯한 다른 행성들도 모두 쉼 없이 움직이고 있지요.
지금부터 지구와 지구를 둘러싼 다채로운 움직임을 따라
지구과학의 세계로 들어가 봐요!

이런 걸 배워요

3-4학년
염분·갯벌·파도·해저 지형·갯벌 생물
해류·침식, 운반, 퇴적·화산 활동
화성암·지진·달 표면·태양계 행성
달의 위상 변화·별자리·우주 탐사
골디락스 존·지구 온난화
기후 위기·기후 운동

5-6학년
암석·퇴적암·공룡 화석·발자국 화석
날씨와 기후·구름·기압·기압의 측정
온실 효과·천체 관측·날짜와 시간
계절별 별자리·계절의 원인
계절 변화의 원인·기후 변화

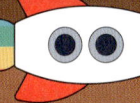

중학교에 가면

지구계, 암석의 순환, 지진대, 화산대, 대기와 해양의 층상구조,
지구 온난화, 대기 대순환, 강수 과정, 중위도 저기압, 일기도,
태양계 구성 천체, 태양 표면과 태양 활동, 달의 위상변화

| 과학 3-2 | 지구와 바다 | 염분 |

서해 바닷물보다 동해 바닷물이 더 짜다고요?

 **지구과학 연구원 지지리의 관찰일지**

◆ 3월 6일 ◆날씨: 흐림   ◆관찰 장소: 박사님의 비밀 연구실

지구의 바다를 조사하기 위해 간단한 실험을 하기로 했다. 먼저 동해와 서해의 바닷물을 각각 한 컵씩 퍼 온다. 그다음에는 어느 물이 더 짠지 마셔 보는 거다. <u>바닷물에는 다양한 성분이 들어 있</u>다고 하니, 뭔가 차이가 있을 것 같다. 잠깐만…. 그런데 꼭 맛을 봐야 둘을 비교할 수 있나? 둘 다 엄청나게 짤 것 같은데…. 에잇, 모르겠다. 내가 맛을 봐서 동해와 서해의 바닷물을 비교할 수 있다면, 두 바닷물 다 마셔 주겠어!

바닷물은 왜 짠맛이 나요?

바닷물은 민물과 다르게 짠맛이 나요. 세계 어느 바닷물을 맛봐도 짠맛을 느낄 수 있어요. 지구가 생겨난 뒤, 비가 내리면서 육지의 암석 속 물질이 녹아 강물을 타고 계속해서 바다로 흘러 들어갔기 때문이에요. 녹은 암석 성분은 바닷속 화산이 만드는 성분과 만나 짠맛과 쓴맛을 내는 소금 등의 물질을 만들어요. 바닷물에는 소금 말고도 여러 물질이 들어 있는데, 이를 **염류**라고 불러요. 염류에서 염화 나트륨을 뺀 나머지 성분을 잘 거르면 우리가 아는 소금이 돼요.

바닷물은 식수로 쓰기 어려워요. 염도가 높은 바닷물을 물 대신 마시면 우리 몸의 수분이 빠져나가, 탈수 현상이 일어나거나 죽을 수 있기 때문이에요. 하지만 식수로 쓸 수 있는 민물의 양은 매우 부족하기 때문에 물이 부족한 나라는 바닷물을 식수로 만들기 위해 많은 연구를 하고 있어요. 이스라엘이나 사우디아라비아 등 여러 나라가 바닷물을 식수로 만드는 기술을 이용하고 있지요.

염분이 포함되어 짠맛이 나는 바닷물

지구의 물 중 약 2.4%를 차지하는 민물

위치에 따라서 짠맛이 다르다고요?

바닷물은 모두 짠맛이 나지만 짠맛의 정도는 시기에 따라, 위치에 따라 달라요. 같은 라면이어도 물을 얼마나 넣느냐에 따라 짠맛이 달라지는 것처럼요. 바다의 염도는 육지에서 바다로 흘러 들어가는 민물의 정도에 따라 달라져요. 비가 많이 오거나 바다로 강물이 많이 들어오는 지역의 바닷물은 덜 짜고, 아주 건조한 지역의 바닷물은 훨씬 짜요.

우리나라 서해에는 강물이 많이 흘러들어요. 우리가 잘 아는 한강도 서해로 흐르고, 임진강, 금강, 영산강, 압록강 등의 강도 서해로 흐르지요. 게다가 황허강, 양쯔강을 비롯한 중국의 여러 큰 강도 서해로 흘러요. 그래서 서해는 남해, 동해와 비교해 바닷물의 짠맛이 덜해요. 이를 염분이 낮다고도 표현한답니다.

서해로 흘러 들어오는 강물

핵심과학용어사전

염류 바닷물에 녹아 있는 여러 가지 물질

염분 바닷물 1kg에 녹아 있는 염류의 총량

염분비 일정의 법칙

서해보다 깊으며 태평양과 연결된 동해

염분의 차이는 계절과 바다의 위치에 따라 조금씩 다르다. 여름에 비가 많이 오면 강물이 바다로 흘러 서해의 염분이 낮아진다. 동해는 서해보다 흘러드는 강이 적고, 수심도 더 깊다. 또 아주 짠 바다인 태평양과 위아래로 연결되어 있어서 서해보다 염분이 높다.

염분은 바닷물 속에 녹아 있는 소금과 같은 물질의 양을 말하고, 이러한 물질을 염류라고 한다. 바닷물의 염분은 지역에 따라 다르지만, 바닷물에 녹아 있는 여러 물질들인 염류의 구성 비율은 모두 동일하다. 1884년, 스코틀랜드의 화학자 윌리엄 디트마르는 전 세계의 바다를 조사해 바닷물에 녹은 염류의 구성 비율이 어디서든 일정하다는 사실을 밝혀냈다. 이를 '염분비 일정의 법칙'이라고 한다. 짠맛을 만드는 물질의 구성 비율이 어느 바다에서나 일정한 이유는 바다가 오랜 시간 동안 지구 전체에 걸쳐 천천히 흐르며 잘 섞였기 때문이다.

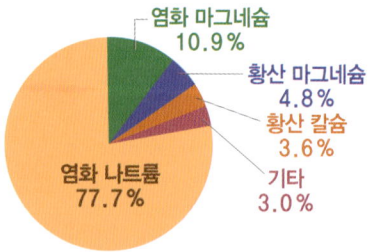

바닷물 속 염류의 구성 비율

| 과학 3-2 | 지구와 바다 | 갯벌 |

우리나라에 세계가 인정한 갯벌이 있다고요?

 **지구과학 연구원 지지리의 관찰일지**

◆ 3월 9일 ◆날씨: 맑음 ◆관찰 장소: 갯벌

갯벌은 물이 차올랐다가 다시 빠져나가는 특이한 곳이다. 지구를 조사하다 보니 갯벌은 지구에 꼭 필요한 곳이라는 생각이 들었다. 갯벌에는 무언가가 많이 숨어 있다. 게도 있고, 물고기도 있고, 새도 있다. 숨을 곳이 많다는 것은 많은 생명체가 살기 좋다는 말이다. 잡아먹히지 않기 위해 숨는 생명체와 숨어 있는 생명체를 잡아먹는 생명체가 모여 하나의 커다란 생태계를 만든다. 또 갯벌은 바닷물을 깨끗하게 만들어 주는 역할도 한다. 갯벌은 외계인에게도 좋다. 갯벌을 다녀온 뒤로 박사님의 피부가 엄청 깨끗해졌으니 말이다!

갯벌은 왜 생겨요?

지구의 바닷물은 달과 태양이 끌어당기는 힘의 영향을 받아요. 단단한 고체인 땅과 바위 등은 쉽게 움직이지 않지만, 액체인 바닷물은 힘의 영향을 받아 이쪽저쪽으로 천천히 출렁여요. 물이 차 있는 수조가 한쪽으로 기울어졌다가 다시 반대쪽으로 기울어지는 것처럼요. 이때 바닷물이 육지로 밀려와 해수면의 높이가 높아지는 것을 **밀물**, 바닷물이 바다로 빠져나가 해수면의 높이가 낮아지는 것을 **썰물**이라고 해요. 서해는 동해보다 깊이가 얕고, 서해로 흘러 드는 강을 따라 들어온 흙과 모래가 바닥에 평평하게 쌓여 있어요. 그래서 썰물 때가 되면 서해 바닷속의 땅이 쉽게 드러나요. 이를 **갯벌**이라고 불러요.

유네스코에서는 세계 곳곳의 중요한 지역을 자연유산으로 지정해요. 생태계를 잘 유지하고 멸종 위기에 처한 종이 사라지지 않도록 보호하는 것이지요. 우리나라의 갯벌은 2021년 유네스코 세계 자연유산으로 등록되었어요. 충청남도 서천군, 전라북도 고창군, 전라남도 신안군과 보성군·순천시 총 네 곳의 갯벌이 포함되어 있답니다.

유네스코 세계 자연유산에 등재된 신안 갯벌

갯벌이 바닷물을 깨끗하게 만들어 준다고요?

갯벌은 수많은 해양 생물이 살아가는 터전이에요. 조개, 게, 굴, 낙지뿐만 아니라 이들을 먹이로 삼는 물고기와 새도 많아요. 갯벌 가장자리에 사는 식물들도 있답니다.

갯벌의 수많은 생물

갯벌은 생물의 서식지 이외에도 커다란 오염 물질 정화 장치 역할을 해요. 우리 몸의 콩팥처럼 물속의 더러운 물질을 걸러내거나 붙잡아 놓지요. 눈에 보이지 않는 다양한 미생물이 이 과정을 함께하며 갯벌을 깨끗하게 유지해 줘요. 게다가 갯벌의 모래와 진흙은 물을 머금어 홍수나 태풍 피해를 막아 주는 역할도 해요.

오염 물질을 흡수하는 갯벌

핵심과학용어사전

조석 현상 태양과 달의 중력에 의해 해수면이 규칙적으로 오르내리는 현상. 밀물과 썰물이 조석 현상에 해당한다.
만조 밀물이 가장 높은 곳까지 올라온 때. 물이 바닷가 쪽에서 육지 가까이까지 차오른다.
간조 썰물이 가장 낮은 곳까지 내려간 때. 넓은 갯벌이나 모래밭이 드러난다.
조차 만조와 간조 사이의 물의 높이 차이

만조와 간조

밀물과 썰물이 나타나는 시간과 모습은 바다의 깊이와 해안선의 모양에 따라 다르지만 하루에 두 번 정도 밀물과 썰물이 나타나는 흐름이 반복된다. 이를 '조석 현상'이라고 부른다. 서해, 동해, 남해 등 모든 바다에서 조석 현상이 일어나며, 서해에서는 조석 현상을 유난히 잘 확인할 수 있다.

'만조'는 물이 밀려와 가장 높은 곳까지 올라온 때를 말한다. 반대로 '간조'는 물이 가장 낮은 곳까지 빠져나간 때를 말한다. 만조와 간조 때 바닷물 높이 차이를 '조차'라고 한다. 만조와 간조 시간은 날마다 조금씩 다른데, 태양과 달의 중력이 지구에 영향을 미치는 시간이 일정하지 않기 때문이다. 우리나라는 국립해양조사원에서 매일 밀물과 썰물 시간대, 만조와 간조 시간을 알려 준다.

만조 시간대의 바다

간조 시간대의 바다

지구과학

| 과학 3-2 | 지구와 바다 | 파도 |

바람이 안 불면 파도도 안 친다고요?

 **지구과학 연구원 지지리의 관찰일지**

◆ 3월 16일 ◆ 날씨: 맑음 ◆ 관찰 장소: 간이 수영장

나는 지구의 바다를 제일 좋아한다. 우주에서 지구를 봐도 파란 바다가 제일 눈에 띈다. 게다가 바다는 가만히 있지 않고 끊임없이 움직인다. 바위를 치며 솟는 아름다운 파도의 모습! 바다를 움직이는 데 가장 큰 역할을 하는 것은 공기다. 공기가 이동하면서 바다를 건드리기 때문이다. 지구인들은 그런 공기의 이동을 바람이라고 부른다. 바람이 파도를 만드는 것이다. 그러면 커다란 수영장에 커다란 선풍기를 놓으면 파도를 마음껏 볼 수 있지 않을까? 좋아, 우주선만 한 선풍기로 커다란 파도를 만들어 보겠어!

파도가 바람 때문에 만들어진다고요?

바다에서는 파도가 쳐요. 바람 부는 날이면 호수나 강에서도 작게 파도가 일지요. **파도는 바람에 의해 일어나는 물결이에요.** 바람이 물의 표면을 요동치게 해 파도가 생겨요. 바람이 많이 부는 날 바닷가에 가면 아주 커다란 파도를 볼 수 있어요.

이럴 때면 기상청에서 풍랑 특보를 발표해요. 풍랑 특보는 정도에 따라 주의보와 경보로 나뉘는데, 그중 풍랑 주의보는 바다에서 초속 14m 이상의 바람이 세 시간 이상 지속되어, 3m가 넘는 파도가 관측될 때 발표돼요. 교실 한 층의 높이를 넘는 파도가 밀려드는 거예요. 바람이 더 세게 불면 그보다 훨씬 높은 파도가 쳐요. 태평양 같은 대양의 한가운데에서 높은 파도를 만나면 운동장만큼 큰 배도 휘청거릴 수 있어요. 육지에서 먼 바다일수록 바람을 막을 장애물이 없어 파도가 바람의 영향을 크게 받기 때문이에요.

방파제에 부딪히는 파도

큰 배를 위협하는 대양의 파도

바람이 안 부는 날에 생기는 파도는 뭔가요?

바람이 많이 부는 날에는 흰 파도가 생기는데, 파도의 산이 뾰족하고 거칠어서 눈에 잘 보여요. 태풍이 부는 날 바다에 흰 파도가 많은 것도 이런 이유 때문이에요. 그렇다면 바람이 안 부는 날에 치는 파도는 뭘까요? **바람이 안 부는 날의 파도는 한참 전 아주 먼 곳에서 생긴 파도가 우리 주변 바다로 전달된 것이에요.** 파도는 멀리 이동하면서 바람에 의해 받은 에너지를 점차 잃지만, 그래도 먼 거리를 이동할 수 있어요. 지구 남반구에서 생긴 파도가 우리나라까지 닿기도 한답니다.

바람이 아닌 다른 원인으로 생기는 파도도 있어요. 달과 지구가 끌어당기는 힘에 의해

지구과학 365

생기는 파도와, 지진 해일과 같은 지각 변동으로 인해 생기는 파도예요. 하지만 대부분의 파도를 만드는 힘은 바람이랍니다.

핵심과학용어사전

파도 바다나 큰 호수, 강 등에서 바람에 의해 일어나는 물결
지진 해일 지진 등으로 인해 해저에 지각 변동이 생겨서 일어나는 해일. '쓰나미'로도 불린다.

지진 해일(쓰나미)

쓰나미(tsunami)로도 불리는 지진 해일은 지진으로 일어나는 큰 파도를 말한다. 바닷속의 산사태, 화산 폭발, 운석 충돌에 의해서도 일어날 수 있다. 지진 해일이 일어나면 밀물과 썰물이나 바람에 의한 파도와 달리 순식간에 아주 많은 물이 주변 해안에 밀어닥친다. 이때 지진 해일의 높이는 수십 미터까지 높아질 수 있다. 지진이 일어난 뒤 대피하지 못해 해안가에 남아 있으면 지진 해일에 휩쓸려 큰 인명 피해를 입기도 한다. 오늘날에는 지진 해일 피해가 잦은 일본에서 쓰는 '쓰나미'라는 단어가 국제 용어로 받아들여지고 있다.

역사상 가장 큰 피해를 일으킨 지진 해일은 2004년 인도네시아 수마트라 인근에서 발생한 인도양 쓰나미이다. 규모 9.1의 지진이 발생한 뒤 만들어진 쓰나미가 인도양에 있는 14개 나라에 피해를 줬다. 최대 30 m에 달하는 쓰나미로 인해 22만 7,000명이 넘는 사람들이 사망했고, 170만 명에 가까운 이재민이 생겼다고 한다.

2004년 인도양 쓰나미로 폐허가 된 수마트라섬의 해변 마을

과학 3-2 | 지구와 바다   해저 지형

바닷속에 거대한 산맥이 있다고요?

 지구과학 연구원 지지리의 관찰일지

◆ 3월 21일 ◆날씨: 흐림 ◆관찰 장소: 지구 모형 위

지구의 물을 모두 퍼내 엄청난 양의 바닷물이 다 사라지면 지금보다 훨씬 울퉁불퉁한 지구가 남을 것이다. 바닷물에 감춰져 있던 바닷속 지형이 모두 드러나기 때문이다. 바다에는 화산도 있고 계곡도 있다. 또 거대한 산맥도 있다. 육지보다 훨씬 크고 다양한 지형이 바닷속에 숨겨져 있는 것이다. 처음에는 바닷물을 열심히 퍼내면 지구인들이 살 땅이 많아지니까 좋을 것 같다고 생각했는데, 그럼 바다에 살던 물고기들이 갈 곳이 없어진다. 역시 자연은 그대로 둘 때가 가장 아름다운 것 같다.

지구과학 **367**

바다 아래에는 어떤 모습의 땅이 있을까요?

우리는 종종 바다의 표면만 보고 바다가 평평하다고 생각해요. 하지만 바다는 거대한 땅의 낮은 부분에 물이 많이 모여 있는 지형이에요. ==바다 아래에도 다양한 지형이 있지요.== 바닷속 지형은 다양한 자연 현상에 의해 만들어지고 변해요. 지구가 항상 움직이고 변하기 때문에 바다의 지형도 계속해서 변화해요.

지구의 겉 부분에 해당하는 지각과 그 아래 딱딱한 층은 여러 개의 크고 작은 판으로 나뉘어 있어요. 이 단단한 판 위에 대륙과 바다가 놓여 있지요. 어떤 판은 대부분이 대륙이고, 어떤 판은 바다로만 이루어져 있어요. 지구 내부에서 올라오는 열 때문에 판들은 서로 부딪히거나, 옆으로 미끄러지거나, 멀어지면서 계속 움직여요. 이런 움직임으로 해서 산맥, 깊은 해구 같은 다양한 지형이 만들어진답니다.

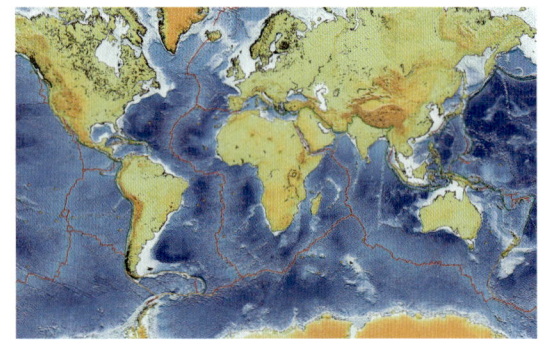

지구를 이루는 지각판

바닷속에서 새로운 지형이 만들어진다고요?

판은 새로 생겨나기도 해요. 판이 새로 생기는 곳에는 바다 밑의 거대한 산맥인 **해령**이 생겨요. 해령에서 지구의 판이 갈라져 나오면서 새로운 지각이 만들어지지요. 뜨거운 용암이 나오고, 새로운 판이 예전의 판을 밀어내면서 새로운 땅이 만들어져요. 그러면 지각이 넓어지면서 바다도 넓어져요.

하지만 바다가 계속해서 넓어지기만 하는 것은 아니에요. 새로 생겨나는 판이 있다면 사라지는 곳도 있기 때문이지요. 두 판이 만나서 한쪽이 다른 쪽 밑으로 들어가면 아주 깊은 계곡이 생겨요. 이렇게 지각이 다른 지각 아래로 파고들어 생긴 계곡을 **해구**라고 해요. 이런 작용 덕분에 지각의 전체 면적은 늘 균형을 유지한답니다.

그 외에도 바닷속에는 대륙붕과 대륙사면, 심해 평원과 해저 산맥과 같은 다양한 지형이 있어요. 바닷물 깊숙이 숨어 있는 다양한 해저 지형을 볼 수 있다면, 우리는 거대하고 울퉁불퉁한 바다의 모습을 마주할 수 있겠지요?

대서양 중앙 해령의 탄산염 첨탑

해저 협곡에 사는 심해 생물들

핵심과학용어사전

대륙붕 육지와 이어져 있는 바닷속의 얕고 평평한 부분. 어업이나 석유 채굴이 가능한 지역이다.

해령 지각을 이루는 거대한 판이 갈라져 새로운 지각이 만들어지는 바다 밑의 거대한 산맥. 온도가 높아 생명체가 없을 것 같지만, 특이하고 다양한 생명체가 많이 살고 있는, 생물 다양성이 높은 지형이다.

해구 바다 밑 가장 깊은 곳. 두 판이 만나 한쪽이 다른 쪽 밑으로 들어갈 때 생성된다. 세계에서 가장 깊은 마리아나 해구가 유명하다.

바다를 연구하는 지질학자, 해양 지질학자

해양 지질학은 바다 밑 지형과 형성 과정을 연구하는 학문이다. 주로 해저의 형성과 변화, 해저 지각의 구성과 역사를 연구한다. 해양 지질학자들은 해저 산맥, 해구, 대륙붕 등의 지형을 조사하고, 지형의 형성 과정과 관련한 지질학적 현상을 연구한다.

지진은 바닷속에서 많이 일어난다. 지진이 일어나는 바다 지형을 연구하면 지구가 얼마나 큰 판으로 이루어졌는지, 판은 어떤 방향으로 이동하는지, 판 아래에서 어떤 일이 일어나는지 알 수 있다. 이를 통해 지구의 과거를 조사하고 미래를 예측할 수 있다. 최근에는 위성으로 바다의 높이 변화를 측정하고, 잠수정을 원격 조작하거나 음파 탐지기를 활용해 바다 밑의 지형을 간접적으로 연구하기도 한다. 해양 지질학자들은 이처럼 바닷속을 탐구해 해양 자원을 찾거나 바다의 환경을 보호하는 등 우리에게 많은 도움을 주고 있다.

바다를 연구하는 수중 탐사원

과학 3-2 | 지구와 바다 | 갯벌 생물

우리나라 갯벌에 2 m가 넘는 지렁이가 산다고요?

 **지구과학 연구원 지지리의 관찰일지**

◆ 3월 28일 ◆날씨: 구름 많음 ◆관찰 장소: 갯벌

갯벌에는 어마어마하게 다양한 생물들이 살고 있다. 먼저 바다 앞 방파제와 바위에는 바다 바퀴벌레들이 많이 있다. 갯강구라고 부르는 녀석들이다. 갯강구를 지나쳐 갯벌로 가면 엄청난 수의 게를 볼 수 있다. 잘 움직이다가도 내가 근처로 가면 구멍 속으로 재빠르게 숨어 버린다. 갯벌에 쪼그려 앉아 진흙 속을 관찰하면 갯지렁이가 바글바글하다. 갯벌에 나 있는 조그만 구멍은 조개나 다른 생물의 숨구멍이다. 근처를 살살 파 보면 조개를 발견할 수 있다. 이렇게 수많은 생물이 살고 있다니 갯벌은 정말 대단한 곳이다! 그나저나 이 근처에 히므로 쌤보다 큰 지렁이가 산다고 들었는데….

갯벌에 수백 종이 넘는 생물이 산다고요?

겉으로 보기에 조용해 보이는 갯벌은 수많은 생물이 소란스럽게 살아가는 생명의 땅이에요. 우리나라 서남해안 갯벌에는 어류 200여 종, 갑각류 250여 종, 연체동물 200여 종, 갯지렁이 100여 종 이상이 서식하고 있어요. 저어새나 도요새 같은 새는 물론 길게와 밤게, 달랑게 등의 게와 백합, 꼬막, 바지락, 동죽과 같은 조개도 살고 있지요. 해삼, 개불, 새우, 낙지, 불가사리 등의 다양한 동물도 갯벌의 구성원이에요.

염분이 높은 지역에만 서식하는 칠면초, 퉁퉁마디 같은 식물도 갯벌의 구성원이에요. 이런 식물들은 모래가 있는 땅에서는 자라지 않아서 동해안보다 서해안에서 주로 발견돼요. 퉁퉁마디는 '짠 풀'이라는 뜻의 함초라고도 부르는데, 사람들은 함초로 소금을 만들어 먹기도 하지요. 이처럼 갯벌은 다양한 생물이 살아가는 터전이랍니다.

갯벌의 구성원인 낙지

염분이 있는 땅에서 자라는 칠면초

바다에도 지렁이가 살고 있다고요?

충청남도 서천군 마서면 솔리갯벌에는 해양 보호 생물인 흰이빨참갯지렁이가 서식하고 있어요. 이 동물은 우리나라의 갯지렁이 가운데 유일하게 해양 보호 생물로 지정되었어요. 흰이빨참갯지렁이는 가늘고 긴 모양에 90개에서 100개가 넘는 마디로 이루어져 있어요. 10cm 정도의 개체도 있고 2m가 넘는 개체도 있어요. 또 마디마다 흰색 다리가 붙어 있으며, 감각 기관이 특수하게 잘 발달해 있어요. 솔리갯벌뿐 아니라 인천 강화도 근처 갯벌이나 영종도 주변의 갯벌에서도 흰이빨참갯지렁이를 볼 수 있어요.

예전에 사람들은 갯지렁이가 낚시용 미끼 외에는 큰 쓸모가 없는 동물이라고 생각했어요. 하지만 갯지렁이는 갯벌에 구멍을 내 땅을 살아 숨 쉬게 하고, 또 유기물을 분해해 갯벌을 정화하는 등 중요한 역할을 해요. 새와 게 같은 동물의 먹이가 되기도 하지요. 이처럼 모든 생물은 생태계에서 저마다 맡은 역할이 있답니다.

갯지렁이의 모습

흰이빨참갯지렁이

핵심과학용어사전

지렁이 환형동물(고리 모양 동물)에 속하는 무척추동물. 몸의 마디가 둥근 고리같이 생겼으며 피부로 호흡한다.

갯지렁이 갯벌, 바위 밑, 해초, 산호초 등에 서식하는 지렁이

갯벌의 분해자, 갯지렁이

지렁이는 땅을 비옥하게 만든다고 알려져 있다. 땅속을 돌아다니면서 공기가 드나들게 만들기 때문이다. 땅은 50%정도의 흙, 20~30%의 액체, 그리고 나머지는 공기로 구성되어 있다. 흙의 비율이 많은 땅은 공기도 없고 너무 단단해서 식물이 뿌리를 내리거나 산소를 얻기 어렵다. 이때 지렁이가 땅에 구멍을 뚫고 움직이며 식물이 살 수 있도록 땅을 부드럽게 만든다.

갯지렁이도 지렁이와 비슷한 역할을 한다. 갯지렁이는 갯벌 여기저기에 구멍을 뚫어서 흙에 공기와 바닷물이 들어가도록 만든다. 갯지렁이가 없다면 고운 흙으로 이루어진 갯벌에 바닷물과 공기가 들어갈 틈이 없어져 썩을 수 있다. 또 갯지렁이는 다른 동물의 똥이나 나뭇잎을 먹고 배설물을 내보내는 분해자 역할을 한다. 갯지렁이의 배설물은 갯벌에 사는 미생물과 작은 생물들에게 영양분이 되어 갯벌 생태계를 더욱 풍요롭게 한다. 이런 영양분은 갯벌을 찾는 물고기나 새들에게도 중요한 먹이 사슬의 바탕이 된다.

갯지렁이의 배설물

| 과학 3-2 | 지구와 바다 | | 해류 |

바닷물도 강물처럼 흐른다고요?

 **지구과학 연구원 지지리의 관찰일지**

◆ 4월 4일 ◆날씨: 맑음 ◆관찰 장소: 대서양 한가운데

움푹 파인 땅에 어마어마한 소금물이 모여 있는 곳이 바로 지구의 바다다. 그런데 이 **바닷물은 가만히 있지 않고 움직인다.** 물컵에 물을 가득 담아 들면 물이 찰랑이면서 움직이는 것처럼 말이다. 이때 물컵을 든 손이 떨리면 물이 움직이고, 입김을 불어도 물이 움직인다. 바닷물도 똑같다. 바람이 불고 지진이 나면서 파도가 치고 물이 흐르기도 한다. 심지어 강물처럼 일정한 흐름을 가지고 있다. 만약 바다가 움직이지 않았다면 어땠을까? 고인 물이 썩는 것처럼 바다도 썩지 않았을까? 바다에 사는 생물이 얼마나 많은데! 생각만 해도 끔찍한걸.

 바닷물에도 흐름이 있다고요?

해류는 일정한 방향으로 흐르는 바닷물의 흐름이에요. 강물이 흐르면서 지형과 맞물려 다양한 변화를 일으키듯, 바닷물도 흐르며 다양한 방식으로 지구의 변화를 만들어요. 해류에는 두 종류가 있어요. 그중 **표층 해류**는 바다 표면인 표층에서 만들어지는 해류예요. 주로 바람에 의해 나타나요. 대기의 움직임에 따라 바다의 가장 얕은 부분에서 거대한 해류가 만들어지지요.

세계 최대의 해류 중 하나인 멕시코 만류도 표층 해류에 속해요. 멕시코 만류는 멕시코 만에서 출발해 북대서양을 따라 흐르는 따뜻한 해류예요. 이 ==따뜻한 바닷물이 이동하면서 주변 대륙의 기후에 영향을 줘요==. 따뜻한 물 옆에 있으면 온기가 느껴지듯이, 공기도 바닷물의 영향을 받는 것이지요. 멕시코 만류의 영향으로 영국 등 서유럽의 나라들은 같은 위도의 다른 지역보다 따뜻하답니다.

멕시코 만류의 흐름

 바다 깊은 곳에서도 물이 흐른다고요?

염분이 높은 바닷물은 염분이 낮은 바닷물과 비교해 무거워요. 북극과 남극 주변에서는 바닷물이 얼면서 염분이 높아져 무거워진 물이 아래로 가라앉아요. 가라앉은 물은 바다의 바닥을 따라 이동하다가 다시 적도 주변에서 솟아올라요. 이렇게 깊은 바다인 심층에서 일어나는 바닷물의 흐름을 **심층 해류**라고 해요.

바다 위의 물은 빠르게 움직이며 흐르고, 바다 깊은 곳의 물은 천천히 움직여요. 이 두 흐름은 서로 연결되어 있어서, 전 세계의 바다를

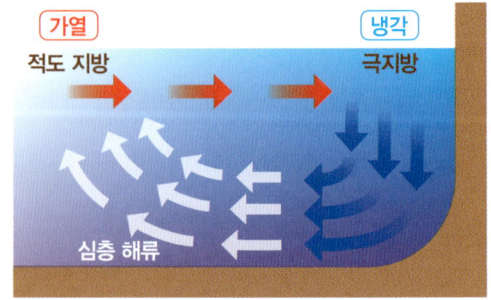

심층 해류의 흐름

크게 도는 커다란 하나의 흐름을 만들어요. 이런 흐름을 **대양의 컨베이어 벨트**라고 부른답니다.

대양의 컨베이어 벨트

핵심과학용어사전

표층 해류 바다의 표면 가까이에서 흐르는 해류. 태양 에너지와 바람의 영향을 받아 빠르게 움직이며, 주로 해수면에서 약 200 m 깊이까지 흐른다. 쿠로시오 해류와 같은 큰 바닷물의 흐름도 여기에 포함된다.

심층 해류 바다 깊은 곳에서 천천히 흐르는 차가운 해류. 주로 극지방 근처에서 차가워진 물이 아래로 가라앉으며 시작된다. 매우 오랜 시간을 들여 지구 전체를 도는 큰 순환을 만든다. 이 흐름은 바닷속 산소와 영양분을 퍼뜨리는 데 중요한 역할을 한다.

 ## 해류의 역할

해류는 바닷물을 순환시킬 뿐 아니라 지구의 열을 이동시킨다. 적도에서 따뜻해진 바닷물은 해류를 따라 극지방으로 이동하며 열을 이동시킨다. 극지방에서 차가워진 바닷물은 가라앉은 뒤 심층 해류를 따라 이동하며 다시 적도로 돌아가 데워진다. 해류는 이 과정을 반복하며 지구의 기후를 조절한다.

쿠로시오 해류의 흐름

쿠로시오 해류는 멕시코 만류 다음으로 커다란 해류이다. 태평양의 서쪽 경계에서 흐르며, 적도에서 올라온 따뜻한 물을 북태평양의 찬 바다로 옮긴다. 이 해류로 일본과 한반도를 비롯한 동아시아의 기후가 덥고 습해진다. 또 겨울철에는 기온을 올려 줘 따뜻한 기후를 만들어 준다. 다양한 해양 생물이 이 해류 덕분에 살아간다. 플랑크톤 같은 작은 생물이 해류를 따라 이동하고 이를 먹이로 하는 물고기도 풍부해진다. 북아메리카의 멕시코 만류와 북태평양의 쿠로시오 해류의 흐름과 지형을 비교해 보면 지구 양쪽의 비슷한 지역에 비슷한 해류가 흐르는 모습을 볼 수 있다.

과학 4-1 | 땅의 변화   침식, 운반, 퇴적

강이 스스로 모양을 바꾼다고요?

 **지구과학 연구원 지지리의 관찰일지**

◆ 4월 13일   ◆ 날씨: 맑음   ◆ 관찰 장소: 강변

시간의 흐름에 따라 일어나는 강의 모양 변화를 알아보기 위해 실험을 하기로 했다. 커다란 나무 상자를 만들고 자갈을 바닥에 깐다. 그리고 조금 더 작은 돌과 모래를 층층이 쌓는다. 꾹꾹 눌러 단단하게 만든 뒤 비스듬하게 경사를 낸다. 경사의 위부터 아래까지 손가락을 그어 길을 만든 다음, 그 길을 지나가도록 물을 흘려 보낸다. 이렇게 하면 물이 강물처럼 흐른다. 그런데 물이 흐르면서 처음 손가락으로 그어 놓았던 물길의 모양이 점점 달라진다. 모래가 깎이고, 물길이 점점 커진다. 수천 년이 넘는 강물의 변화를 이처럼 빠르게 알아내다니…. 나는 천재 외계인이 분명해!

강은 늘 똑같이 흐르는데, 모양이 바뀐다고요?

우리나라에는 한강, 낙동강, 금강, 영산강 같은 커다란 강부터 학교 주변을 흐르는 작은 개천까지 다양한 강이 있어요. 강은 언제나 그 자리에 있어서 강의 모양이 점점 바뀐다는 사실을 눈치채기 어려워요. 매일 보는 거울 속 우리 얼굴과 몸의 변화를 쉽게 눈치채지 못하는 것처럼요. 하지만 1년 전 자신의 사진을 찾아보면 많이 변한 내 모습에 깜짝 놀랄 거예요. 이처럼 강은 우리가 모르는 사이 천천히 모습을 바꿔요.

2014년 영월 한반도 지형

조금 변한 2023년 영월 한반도 지형

강물이 바위를 모래로 만든다고요?

상류에서 빠르게 흐르는 강물은 쉴 틈 없이 바닥의 바위와 흙을 열심히 깎아요. 이를 **침식 작용**이라고 불러요. 깎인 자갈과 모래는 강물을 따라 이동하는데, 이를 **운반 작용**이라고 하지요. 상류에서 하류로 갈수록 강의 폭이 점차 넓어지고, 물의 속도도 느려지는 경우가 많아요. 강을 따라 이동하던 물질들이 하류에 도착할 때쯤이면 고운 모래가 되어 쌓이는 **퇴적 작용**이 일어나요.

침식과 퇴적은 흐르는 물에 의해서만 일어나지 않아요. 바위는 얼었다 녹기를 반복하는 얼음에 의해서도 부서지고, 바람에 의해서도 부서져요. 서서히 파고드는 나

침식 작용이 일어나는 강 상류

퇴적 작용이 일어나는 강 하류

지구과학 **377**

무뿌리나 이끼의 성분, 중력의 영향, 아래로 천천히 미끄러지는 빙하에 의해서도 바위가 깎이고 모래가 이동할 수 있어요. 이때 침식과 퇴적으로 독특한 지형이 나타나기도 한답니다. 다양한 방식으로 부서진 바위는 시간이 지나며 식물과 동물이 사는 비옥한 토양으로 변해요. 인류는 강 옆의 비옥한 땅에 농사를 짓고 문명을 이루며 살아왔어요.

핵심과학용어사전

침식 작용 흐르는 물, 바람, 얼음에 의해 지표면의 바위와 토양이 깎여 알갱이가 되는 현상

운반 작용 침식 작용으로 깎인 돌, 흙, 모래 등이 운반되는 현상

퇴적 작용 운반된 흙과 모래가 흐름이 느린 곳에 쌓이는 현상

다시 나타난 섬, 저자도

서울을 가로지르는 큰 강, 한강은 서해와 가까운 하류 지역이다. 상류에서부터 흘러온 모래가 많이 퇴적되는 지역이라 강변에 부드러운 모래사장이 많았다. 예전에는 모래사장에 자리를 펴고 한강에서 수영을 즐기는 주민도 많았다. 하지만 서울의 인구가 늘어나고 각종 시설이 들어서면서 버려지는 폐수와 생활 하수가 늘어나 수영이 금지되었고, 주변을 새롭게 다져 도로를 놓고 건물을 올리는 과정에서 한강의 모래도 파내어져 공사 자재로 사용되었다. 지금은 한강 주변에서 모래사장을 찾아보기 힘들다.

서울 옥수동 근처 한강에 있던 섬 저자도는 원래 사람이 살 정도로 큰 모래섬이었다. 그러나 1970년대 아파트의 건설을 위한 모래 채취와 제방 공사 등의 개발 과정에서 섬이 사라졌다. 그렇게 사라졌던 저자도는 약 50년이 지난 2023년 다시 모습을 드러내 사람들을 놀라게 했다. 퇴적 작용으로 모래가 다시 쌓이면서 섬이 스스로 돌아온 것이다.

1966년 지도에 표시된 저자도의 모습

| 과학 4-1 | 땅의 변화 | | 화산 활동 |

백두산이 화산 활동으로 위험하다고요?

지구과학 연구원 지지리의 관찰일지

◆ 4월 24일 ◆ 날씨: 흐림 ◆ 관찰 장소: 화산 분화구

지구는 화가 많은 친구다. 속이 아주 뜨겁다. 한번 화를 낼 때마다 속에 있던 마그마를 밖으로 뿜어 댄다. 이때 마그마가 나온 자리가 뾰족하게 솟는데, 지구인들은 이를 화산이라고 부른다. 마그마가 화산의 꼭대기에서 뿜어져 나오면 그건 용암이라고 부른단다. 용암은 무지무지 뜨거워서 화산 주변에 사는 지구인들은 늘 화산이 터지지 않을까 걱정한다던데…. 가만, 백두산도 화산 아닌가?! 용암이 흐르는 속도가 얼마나 되더라? 혹시 우리 연구소까지 용암이 흘러올 수도 있으니까 미리 도망칠 굴을 좀 파 놔야겠어!

『조선왕조실록』에 백두산 화산 분화 기록이 적혀 있다고요?

『조선왕조실록』 숙종 28년 1702년 6월 기록에는 "함경도에서 하늘과 땅이 갑자기 어두워지고 누런빛의 불꽃과 연기가 일어났다. 아침이 되어 보니 들판 가득히 재가 내렸는데, 마치 조개껍데기를 태운 듯했다"라고 백두산 분화가 적혀 있어요. 1903년에는 백두산의 분화구인 천지 북쪽에서 분화 흔적이 발견되었고, 2003년부터는 작은 지진 발생이 관측되어 2006년까지 이어졌지요.

백두산처럼 마그마와 같은 물질이 지표면의 약한 부분을 뚫고 나와 그 위에 쌓여 만들어진 산을 **화산**이라고 해요. 주로 바닷속에서 지구의 화산 활동이 일어나요. 이때 용암이 해수면보다 더 높이 쌓이면 화산섬이 만들어져요. 아이슬란드, 제주도, 울릉도, 독도는 모두 바닷속에서 분출한 마그마가 식고 굳어 쌓여 만들어진 화산섬이랍니다.

백두산의 분화구인 천지

화산섬인 독도

백두산은 언제 분화할까요?

학자들은 백두산을 비교적 안정적인 화산으로 평가해요. 화산 활동이 활발해지면 지진 활동에 변화가 생기고, 온천수 온도가 변하기도 해요. 우리나라 기상청은 중국과 공동으로 백두산 지진 활동과 온천수 온도를 연구하고, 인공위성으로 백두산의 변화를 추적하고 있어요. 다양한 연구 결과를 종합했을 때 1~2년 내에 백두산이 분화한다는 과학적 근거는 없다고 봐요.

화산 활동이 일어나기 전에 나타나는 현상으로는 어떤 것이 있을까요? 아이슬란드처럼 화산 활동이 활발한 지역에서는 화산이 폭발하기 전에 작은 지진이 자주 일어나고, 땅이 살짝 부풀어 오르거나, 유독한 가스가 많이 나오는 등의 현상이 생겨요. 과학자들은 이런 변화를 살펴보며 화산 폭발을 예측하는 연구를 하고 있어요. 지금도 세계 곳곳에서 화산이 분화하고 있는데, 우리와 가장 가까운 화산인 백두산은 다행히 비교적 잠잠한 화산이에요.

2023년 아이슬란드에서 분출된 리틀리-흐루투르 화산

핵심과학용어사전

화산 마그마가 지표면 바깥으로 나와 만들어진 지형

마그마 땅속 깊은 곳에서 암석이 녹아 생긴 뜨거운 물체. 가스를 많이 포함한다.

용암 화산 밖으로 나온 마그마를 부르는 말. 가스가 적고, 식으면 다양한 암석이 된다.

백두산과 올림푸스 화산의 공통점

백두산은 애국가에도 등장하는 우리나라의 대표적인 산으로, 특히 백두산 천지의 커다란 호수가 아름답기로 유명하다. 이렇게 화산이 분출되고 난 후 윗부분이 붕괴하여 생긴 커다란 구덩이를 칼데라라고 부르고, 칼데라에 물이 고여 생긴 호수를 칼데라호라고 부른다. 백두산의 칼데라호인 천지는 '하늘의 호수'라는 뜻이다. 940~960년에 일어난 화산 분출 이후 만들어졌다고 알려져 있다. 둘레는 14.4 km이며, 천지 가장 깊은 곳의 수심은 384 m에 이른다. 천지는 압록강, 두만강, 송화강의 시작 지점이기도 하다.

백두산 천지

지구와 멀리 떨어진 화성에도 화산이 있다. 화성의 올림푸스 화산은 높이가 약 2만 1,900 m로 태양계에서 가장 높은 산으로 알려져 있다. 이 올림푸스 화산의 분화구에도 백두산처럼 칼데라가 있지만 호수는 없다.

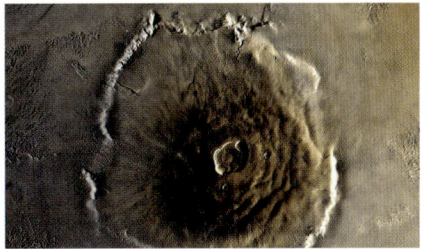

화성의 올림푸스 화산

과학 4-1 | 땅의 변화   화성암

제주도의 검은 돌을 화산이 만들었다고요?

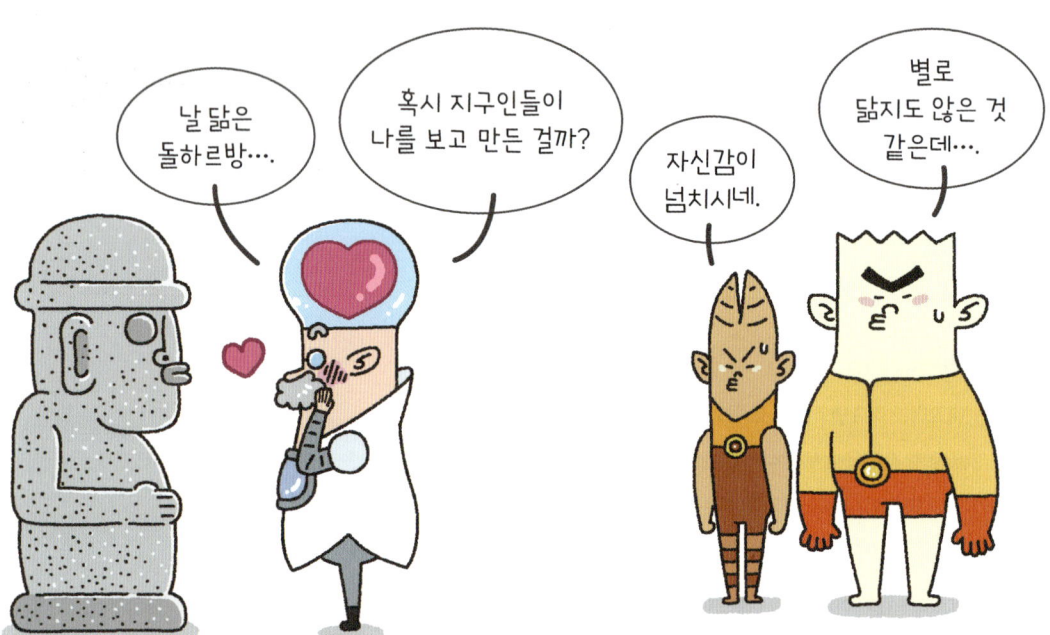

지구과학 연구원 지지리의 관찰일지

◆ 4월 27일 ◆날씨: 비   ◆관찰 장소: 제주도

아임스타인 박사님, 히므 쌤과 함께 제주도의 바닷가에 갔다가 깜짝 놀랐다! 어느 바닷가를 가도 검은 돌과 모래가 가득했다. 원래 돌은 회색이고 모래는 황금색이어야 하는 거 아닌가? 지구인들은 이 검은 돌을 현무암이라고 부른다. 현무암의 성분을 조사해 본 박사님은 이 돌이 화산이 폭발하면서 만들어진 돌이라고 하셨다. 알고 보니 제주도 자체가 화산 활동으로 만들어진 화산섬이라고 한다. 그래서인지 제주도에는 독특한 지형이 많다. 놀러 온 지구인들이 이렇게 많은 데는 다 이유가 있었군. 다음에는 푸리아 쌤과 부리나 쌤도 같이 놀러… 아니 연구하러 와야겠다.

제주도는 언제 생긴 섬인가요?

제주도는 한라산을 중심으로 타원형 모양을 이루며 형성된 화산섬이에요. 제주도의 한라산, 성산일출봉, 만장굴, 천지연폭포, 서귀포층, 대포 해안 주상절리, 산방산, 용머리해안, 수월봉은 유네스코가 인증한 세계 지질 공원이에요. 세계적으로 보존할 만한 지질학적 특징을 가졌다는 말이에요.

제주도에서 가장 오래된 화산체인 용머리해안

제주도는 신생대에 생겨났어요. 180만 년 전부터 이루어진 화산 활동으로 바닷속에 제주도가 만들어졌고, 몇 개의 화산이 해수면 밖으로 나왔어요. 이 작은 화산들이 파도에 깎이고 부서져 퇴적층을 만들었고, 이후 마그마가 다시 분출되어 커다란 섬이 만들어졌지요. 제주도의 땅은 지표면에

주상절리의 모습

서부터 용암으로 만들어진 첫 번째 층, 퇴적암이 쌓인 두 번째 층, 바닷속 갯벌과 모래로 된 세 번째 층, 마지막으로 기반암층으로 이루어져 있어요. 겉으로 보이는 대부분의 제주도 땅은 화산 활동으로 만들어진 지형이랍니다.

돌하르방에도 화산이 만든 돌이 쓰였다고요?

제주도의 돌하르방은 구멍이 많고 색이 어두운 돌로 만들어져 있어요. 이 돌을 **현무암**이라고 해요. 현무암은 마그마가 굳어서 생긴 **화성암** 중 하나로, 입자가 작고 색이 어두운 게 특징이에요.

제주도는 대부분 이런 현무암으로 이루어져 있어요. 하지만 제주도에 있는 돌이 모두 현무암은

현무암으로 만들어진 돌하르방

지구과학 **383**

아니에요. 여러 번 화산이 폭발하면서 조면암, 안산암처럼 성질이 조금 다른 화성암도 함께 생겼어요. 또 화산이 폭발할 때 튀어나온 돌조각과 재 같은 것들이 쌓여 생긴 '화산 쇄설층'도 있어요. 이런 것들은 퇴적암처럼 층을 이루며 쌓이기도 하지요. 제주도는 땅 아래에 퇴적암층이 있고, 그 위를 용암이 덮어 만들어진 섬이에요. 마치 과자 위에 초콜릿이 덮인 것처럼요!

핵심과학용어사전

화성암 땅속의 뜨거운 마그마가 식어서 굳어진 암석. 화산의 안쪽 땅속 깊은 곳에서 만들어진다. 현무암, 안산암, 화강암 등이 화성암의 예이다.

현무암 마그마가 땅 가까이에서 빠르게 식어 만들어진 화성암. 색이 어둡고 구멍이 많으며, 입자가 작다. 제주도처럼 화산 활동이 활발한 지역에서 주로 볼 수 있다.

제주 탄생의 비밀을 간직한 서귀포층

제주도 서귀포시의 남서 해안에는 약 50 m 정도 높이의 절벽이 있다. 이 절벽의 일부를 '서귀포층'이라고 부른다. 서귀포층은 사암, 이암, 셰일 등의 암석으로 구성되어 있으며, 여기서 조개 화석이 많이 발견된다. 또 다양한 현무암 알갱이와 화산재의 층, 두꺼운 모래층을 찾을 수 있다.

서귀포층과 화석 산지는 제주도 형성 과정의 단서를 알려 준다. 제주도가 형성되던 시기의 환경을 알 수 있는 소중한 자료이기도 하다. 우리나라는 서귀포층 패류 화석 산지를 천연기념물 제195호로 지정해 보호하고 있다.

제주 서귀포층 패류 화석 산지

| 과학 4-1 | 땅의 변화 | 지진 |

지진을 이기는 건물을 만든다고요?

지구과학 연구원 지지리의 관찰일지

◆ 5월 11일 ◆ 날씨: 맑음 ◆ 관찰 장소: 박사님의 비밀 연구실

아침부터 연구실 밖이 떠들썩해서 나가 봤더니 박사님이 옆집 강아지 똘이와 실랑이를 하고 계셨다. 지진 실험을 한다나 뭐라나. 지진은 지구의 땅이 흔들리는 현상이다. 지구의 건물들은 대부분 땅 위에 붙어 있어서 지진이라도 한번 나면 큰일이라고 한다. 아무리 건물을 튼튼하게 지어도 땅이 세게 흔들리면 건물이 무너질 수밖에 없어서다. 그런데 지진도 자주 나는 지역과 자주 나지 않는 지역이 있다고 한다. 지진이 자주 나는 지역에서는 지진의 충격을 부드럽게 흘릴 수 있도록 휘청휘청 흔들리는 건물을 짓는 기술이 발전했다니, 역시 인간은 적응의 동물이다.

 우리나라에도 지진이 자주 일어나나요?

지진은 세계 곳곳에서 자주 일어나는 현상이에요. 우리나라에서도 지진이 생각보다 많이 일어나요. 1년에 규모 2.0 이상의 지진이 평균 70회, 규모 3.0 이상의 지진이 평균 10회 정도 발생하고 있지만, 우리가 느낄 수 있는 정도의 지진이 잦지 않아서 지진이 덜 일어난다고 생각하는 거예요. 1978년 본격적으로 지진 관측을 시작한 후 우리나라에서 발생한 가장 큰 지진은 2016년 경상북도 경주시에서 발생한 규모 5.8의 지진이에요. 다음 해인 2017년에는 경상북도 포항시에서 규모 5.4의 지진이 발생했어요. 우리나라도 결코 지진 안전 지대가 아니랍니다.

2017년 포항 지진으로 손상된 건물

지진은 지구 내부의 단층 운동이나 화산 활동으로 인해 땅이 흔들리는 현상이에요. 지구 내부의 에너지가 모였다가 한 번에 나오는 거예요. 30 cm 자를 가져와 천천히 구부리면, 자가 구부리는 힘을 견디다가 어느 순간 툭 부러져요. 이때 부러지면서 흔들리는 자의 에너지로 손과 팔이 떨릴 거예요. 이 현상이 지진이 일어날 때 땅의 모습과 비슷하답니다.

 지진의 규모는 어떻게 결정되나요?

땅이 힘을 받고 있다가, 어느 순간 단층이 일어나거나 땅이 갈라지면서 지진이 일어나요. 이때 지진이 방출한 에너지의 크기를 **규모**라고 해요. 규모는 절대적인 값이고, 에너지의 크기에 따라 결정돼요. 지진의 규모로 얼마나 큰 지진이 일어났는지를 다른 지진과 비교할 수 있지요.

1935년 찰스 릭터는 리히터(릭터) 지진계를 개발하고 지진의 세기를 에너지 단위로 나타내는 리히터 규모를 고안했어요. 지진 관측 기술이 발달하며 지진의 규모를 나타내는 다른 척도도 개발되었지만, 우리나라는 보통 리히터 규모로 지진의 세기를 나타내요. 지금까지 관측된 가장 큰 규모의 지진은 1960년 칠레에서 일어난 지진으로, 규모 9.5였어요. 또 2011년 3월 11일에 일어난 동일본 대지진은 규모 9.1로 일본 국내 지진 관측 역사상 최고 규모를 기록하고 있어요.

1960년 칠레 대지진으로 무너진 건물들

핵심과학용어사전

규모 지진이 방출한 에너지의 크기. 절대적인 척도로, 소수 첫째 자리까지 표시한다. 지진의 규모는 측정 위치에 상관없이 동일하다. 지진파를 측정해 진폭을 알아내고, 이를 이용해 계산한다.

진도 측정 지점에서 느껴지는 흔들리는 정도. 관측자의 위치에 따라 달라지는 상대적인 척도이다.

지진으로부터 생명을 살리는 내진 설계

사람들은 지진에 무너지지 않는 건물을 만들기 위해 여러 방법으로 건물을 설계한다. 이를 내진 설계라고 한다. 내진 설계에는 세 가지 방법이 있는데, 내진, 제진, 면진 구조이다. 내진 구조는 지진의 진동을 견딜 수 있게 건축물을 설계하는 것이다. 주로 철근을 추가해 건물을 보강한다. 제진 구조는 지진 흡수 장치로 지진의 에너지를 낮추는 설계이다. 면진 구조는 건물을 지진 회피 장치 위에 지어 흔들림을 줄이는 설계이다. 우리나라는 2017년 이후 2층 이상 또는 연면적 200 m^2 이상의 모든 주택에 내진 설계를 하도록 건축법으로 정하고 있다.

내진 설계가 되어 있다고 지진에 의한 피해가 없는 건 아니다. 진원지 바로 위에 건물이 지어졌다면 무너질 수 있고, 무너지지 않아도 진동이 건물에 전해져 가구가 쓰러지거나 가스관이 파열될 수도 있다. 최근에는 기술 발전으로 지진에 의한 진동을 줄이는 특별한 설계 방식과 관련 특허가 늘어나고 있어, 지진에 더욱 효과적으로 대응하는 건물을 지을 수 있다.

제진 장치를 추가한 건물

| 과학 4-2 | 밤하늘 관찰 | | 달 표면 |

달 표면의 토끼 모양이 사실 바다라고요?

지구과학 연구원 지지리의 관찰일지

◆ 5월 20일   ◆날씨: 맑음   ◆관찰 장소: 달 표면

눈으로만 보면 달은 태양보다 큰 것 같다. 한낮의 태양은 눈이 부셔서 쳐다보지 못하지만, 일출과 일몰 때의 태양을 보면 달보다 작아 보인다. 얼마 전에 슈퍼문이라고 부르는 달을 봤는데 매우 커서 깜짝 놀랐다. 이렇게 달이 커졌을 때 잘 보면 표면에 토끼 모양 같은 검은 반점이 보인다. 지구인들이 이 반점을 달의 바다라고 부르길래, 달에도 출렁이는 바다가 있나 확인하러 가 봤더니 물이 하나도 없어서 실망했다. 넓은 평원만 있는데, 뭐가 바다라는 거지?

달이 다른 위성과 다르게 특별하다고요?

달은 지구의 유일한 위성이에요. 인류가 인공위성을 쏘아 올리기 한참 전부터 달은 지구를 돌고 있었어요. 태양계에서 위성을 가진 행성 중 자신의 크기와 비교해 이렇게 큰 위성을 가진 행성은 지구가 유일해요. 수성과 금성에는 위성이 없고, 지구의 절반 크기인 화성에는 포보스와 데이모스라는 위성이 있어요. 하지만 포보스는 달의 지름에 비해 150배 정도 작은 데다 두 위성 모두 달처럼 동그랗지 않고 감자처럼 생겼어요. ==지구는 유난히 크고 동그란 위성을 데리고 있는 셈이에요.==

지구와 달의 크기 비교

화성의 위성인 포보스(왼쪽)와 데이모스(오른쪽)

달은 어떻게 지구 주위를 돌게 되었나요?

달의 탄생은 과학자들 사이에서 논쟁거리예요. 지구가 생겨났을 때 함께 만들어졌다는 설, 지구를 지나던 달이 지구 중력에 붙잡혔다는 설, 지구가 아직 굳지 않았을 때 지구에서 떨어져 나갔다는 설이 있어요. 오늘날에는 지구 형성 초기에 다른 천체와 지구가 충돌했을 때 지구에서 떨어져 나간 파편이 뭉쳤고, 그게 달이 되었다는 설이 유력해요. 인류가 달에 다녀왔을 때 달의 땅을 구성하는 성분이 지구와 매우 유사하다는 것을 알았기 때문이에요.

사람들은 달 주변 인공위성과 달에 설치된 지진계의 자료를 분석해 달이 지구처럼 표면, 맨틀, 핵을 가진 것을 알아냈어요. 또 여러 번의 달 탐사 활동을 통해 마그마의 존재를 밝혀냈어요. 수십억 년 전에 달에도 화산 활동이 있었다는 뜻이에요. 달에서 용암이 분출되었다는 사실, 과거에는 잠깐이나마 대기가 있었다는 사실도 알아냈어요. 사람들은 지금도 달의 수수께끼를 밝히기 위해 노력하고 있답니다.

현무암으로 이루어진 달의 바다 표면

달의 분화구

> **핵심과학용어사전**
>
> **달** 지구의 하나뿐인 자연 위성. 지구 지름의 $\frac{1}{4}$ 정도의 크기이다.
>
> **크레이터** 천체 표면에 다른 작은 천체가 충돌했을 때 생기는 특징적 형태의 충돌구. 지구 표면의 크레이터는 다양한 풍화 과정을 거치기 때문에 흔적이 거의 남아 있지 않지만, 달에서는 수많은 크레이터를 찾아볼 수 있다. 수성도 표면이 다양한 크레이터로 덮여 있다.
>
> **달의 바다** 달에 있는 어둡고 넓고 평평한 지형을 부르는 말

달의 바다와 크레이터

달을 관찰할 때 토끼처럼 보이는 검은 무늬를 달의 바다라고 부른다. 물이 있는 바다가 아니라 어둡고 넓은 평원이 꼭 바다처럼 보여서 그렇게 부르게 되었다. 달의 바다는 지구와 마주 보는 쪽에만 있다. 과학자들은 지구의 중력에 의해 지구와 가까운 쪽 면에만 용암이 분출되어 달의 바다가 된 것이 아닐까 추측한다. 인류가 달에 처음 발을 디딘 곳도 바로 달의 바다이다. 아폴로 11호가 착륙한 곳은 '고요의 바다'라고 불리는데, 험하지 않고 비교적 평평한 지형이라 우주선이 착륙하기에 좋았다. 이 외에도 비의 바다, 평온의 바다 등 다양한 달의 바다 지형이 있다. 한편 보이지 않는 달의 뒷면에는 수많은 크레이터가 있다.

검은 무늬처럼 보이는 달의 바다

2017년부터 미국, 캐나다, 아랍에미리트, 대한민국 등 여러 나라가 유인 우주 탐사 계획인 아르테미스 계획에 참여해 달의 비밀을 밝히려 함께 노력하고 있다. 우리나라도 2022년 달 궤도 탐사선 '다누리'를 발사해 달 궤도 진입에 성공했고, 달 착륙선 등을 계획하고 있다.

과학 4-2 | 밤하늘 관찰 | 태양계 행성

명왕성은 태양계 행성에서 왜 빠졌나요?

 **지구과학 연구원 지지리의 관찰일지**

◆ 6월 9일 ◆ 날씨: 흐림 ◆ 관찰 장소: 박사님의 비밀 연구실

지구인들은 한때 태양계 행성을 '수금지화목토천해명' 아홉 개로 정했었다고 한다. 하지만 지금은 '수금지화목토천해' 여덟 개만이 태양계 행성이다. 명왕성이 태양계 행성에서 쫓겨났기 때문이다. 많은 지구인이 아쉬워했지만, 명왕성은 이제 태양계 행성이 아니라 왜행성이다. 태양계 행성으로 분류되지 않을 뿐, 명왕성은 엄연히 태양계에 존재하고 있다. 이처럼 과학은 사실이면서, 새로운 발견이 나타나면 계속 바뀌는 약속이기도 하다. 그래도 명왕성은 조금 섭섭했겠는걸?

명왕성은 어떤 천체인가요?

1930년, 미국의 천문학자 클라이드 톰보가 명왕성을 발견했어요. 1999년에는 국제천문학연맹이 명왕성을 태양계의 아홉 번째 행성으로 지정했고, 2006년까지 명왕성은 태양계의 막내 행성이었지요. 명왕성은 태양으로부터 29~49천문단위(AU) 떨어진 타원형 궤도를 돌고 있어요. 지구보다 태양에서 29배 멀어질 때도, 49배 멀어질 때도 있다는 뜻이에요. 명왕성은 크기가 달보다 작고, 태양에서 아주 멀어 차가워요. 명왕성이 태양 주위를 한 바퀴 도는 데는 무려 248년이 걸린답니다.

암석과 얼음으로 이루어진 명왕성

명왕성은 왜 태양계 행성이 아닌가요?

1978년, 명왕성의 위성 카론이 발견되면서 명왕성을 태양계 행성이라 부르기 애매하다고 주장하는 사람들이 생겼어요. 명왕성의 질량이 수성보다 약 25배 작고, 카론이 명왕성 주위를 도는 것도 모호한 상태였거든요. 게다가 2003년 명왕성 크기의 $\frac{3}{4}$ 정도인 세드나가 발견되면서, 명왕성이 행성이라면 세드나도 행성으로 인정해야 한다는 말이 나왔어요. 또 2005년에는 명왕성 크기의 약 1.3배인 에리스까지 발견되어, 명왕성과 비슷한 크기의 다양한 천체가 카이퍼 벨트에 모여 있음이 사실로 굳어졌어요.

명왕성(왼쪽)과 위성 카론(오른쪽)

에리스를 발견한 마이클 브라운 교수는 에리스와 명왕성 모두 행성으로 보기에 무리가 있다고 말했어요. 명왕성을 사랑한 미국인들의 항의 편지와 전화를 수없이 받았지만 자기 의견을 굽히지 않았지요. 미국은 에리스를 열 번째 행성으로 만들기 위해 노력했고, 천문학자들은 다양한 의견을 내며 토론했어요. 결국 국제천문학연맹에서 행성을 다시 정의하면서 명왕성을 비롯한 그 주변의 천체들은 행성이 아닌 왜행성으로 분류되었어요. 이후 명왕성은 태양계 행성의 지위를 잃고 카이퍼 벨트에 존재하는 작은 왜행성으로 남았답니다.

핵심과학용어사전

명왕성 1930년 미국의 천문학자 클라이드 톰보가 발견한 태양계의 아홉 번째 행성이었으나, 2006년 국제천문학연맹(IAU)에 의해 '왜행성'으로 분류되어 태양계 행성에서 제외되었다.

천문단위(AU) 태양과 지구 사이의 평균 거리를 기준으로 한 단위. 1 AU는 약 1억 4,960만 km로, 태양계 천체들 사이의 거리를 나타낼 때 사용된다.

카이퍼 벨트 해왕성 궤도 바깥쪽에 있는 작은 얼음 천체들이 모여 있는 지역. 명왕성, 에리스 같은 왜행성도 이곳에 있다.

뉴허라이즌스와 카이퍼 벨트

뉴허라이즌스는 2006년 명왕성과 그 주변 위성들, 카이퍼 벨트를 탐사하기 위해 발사된 탐사선이다. 인류 최초로 명왕성에 근접했다. 뉴허라이즌스가 발사된 해에 안타깝게도 명왕성이 행성 지위를 잃었지만, 보이저 1호와 2호가 지나쳐 간 명왕성을 관찰할 수 있게 만들어 줬다. 명왕성은 특이한 타원 궤도를 돌아서 시간이 늦으면 명왕성을 관찰할 수 없었다. 목성의 중력을 이용하여 빠르게 가속한 뉴허라이즌스는 2015년에 본격적으로 명왕성 탐사를 시작했다. 명왕성의 대기, 위성

탐사선 뉴허라이즌스

카론, 명왕성 주변을 탐사했으며, 2023년 이후 2차 확장 탐사로 카이퍼 벨트를 지나고 있다.

카이퍼 벨트의 상상도

카이퍼 벨트는 해왕성 궤도보다 바깥쪽에 있는 다양한 천체가 밀집된 곳이다. 카이퍼 벨트 바깥은 오르트 구름으로 이어지며, 태양과 30~50 AU 거리에 존재한다. 명왕성 주변에서 새로운 천체들이 200여 개나 발견되면서 이 주변에 다양한 작은 천체가 원반 모양으로 존재한다는 것이 확인되었다. 오늘날 천문학자들은 얼음, 운석 등 다양한 모양의 천체가 카이퍼 벨트에 몰려 있을 것으로 예상한다.

| 과학 4-2 | 밤하늘 관찰 | | 달의 위상 변화 |

달 위에 그림자가 생긴다고요?

지구과학 연구원 지지리의 관찰일지

• 6월 20일 • 날씨: 맑음 • 관찰 장소: 뒷산

지구에서는 맨눈으로 달을 볼 수 있다. 이렇게나 아름다운 달빛은 사실 달이 내는 빛이 아니다. **태양의 빛이 달에 반사되어 지구에 있는 우리 눈에 들어오는 것**이다. 그런데 달의 모양은 왜 매일 조금씩 바뀌는 걸까? 박사님은 지구와 달이 숨바꼭질을 하고 있다고 말씀하셨다. 지구가 햇빛을 받지 못하면 밤이 되는 것처럼, 달이 햇빛을 못 받은 부분이 우리 눈에 보이지 않는 것이다. 햇빛을 반만 받은 달이 반달이라나. 그런데 보름달이 갑자기 까매지는 때도 있다고 한다. 달이 까만 그림자에 잡아먹히는 것같이 보이던데, 박사님이 달에 또 그림자를 올리신 건가?

달은 어떻게 빛을 내나요?

태양만이 태양계에서 스스로 빛을 내요. 이렇게 스스로 빛을 내는 천체를 **항성**이라고 불러요. 밤하늘의 반짝이는 별 대부분은 태양처럼 빛을 내는 항성이에요. 한편 별이 아닌 천체 중에서도 우리가 볼 수 있는 천체가 있어요. 새벽이나 초저녁에 밝게 빛나는 금성, 아름다운 고리를 가진 토성, 가을 밤하늘에 빛나는 목성, 그리고 달이에요. 이 천체들은 스스로 빛나지 않지만, 태양빛을 반사해서 빛나는 것처럼 보여요.

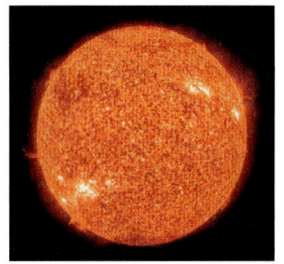

태양계 항성인 태양

달은 신기하게도 날마다 모양이 바뀌지요. 밝고 둥근 보름달이 되기도 하고, 반달, 초승달, 그믐달이 되기도 해요. 이는 달이 지구 주위를 빙글빙글 돌기 때문에 나타나는 현상이에요. 지구가 태양 주위를 1년에 한 바퀴씩 도는 것처럼, 달도 지구 주위를 대략 한 달에 한 바퀴씩 돌고 있어요. 그러면서 태양, 지구, 달의 위치가 계속 변하는데, 그에 따라 지구에서 보이는 햇빛이 반사되는 달의 표면이 계속 바뀌어요. 그래서 매일 달의 모양이 달라지는 것처럼 보이는 거랍니다.

달의 모양 변화에도 규칙이 있나요?

달의 모양이 어떻게 바뀌는지 실험해 볼까요? 먼저 전등과 둥근 스타이로폼 공, 막대를 준비해요. 불을 끄고 전등만 켠 다음 막대에 끼운 둥근 스타이로폼 공을 들어 보세요. 전등에서 오는 빛을 받으며 공과 내가 서 있을 거예요. 이 상태에서 스타이로폼 공을 든 팔을 쭉 뻗어요. 그리고 천천히 빙글빙글 돌아 보세요. 내가 도는 각도에 따라 스타이로폼 공이 오른쪽만 보였다

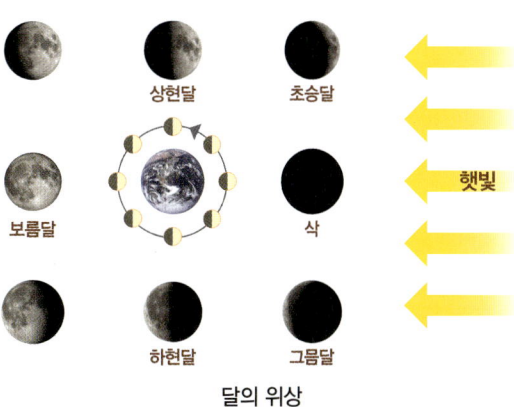

달의 위상

가, 공 대부분이 보였다가, 다시 공의 왼쪽만이 보일 거예요. 이것이 반달과 보름달, 초승달 등이 보이는 원리랍니다. 이때 전구는 태양, 나의 머리는 지구, 스타이로폼 공은 달 역할이에요. 이처럼 달의 모양은 달과 지구, 태양의 위치에 따라 달라져요. 이를 **달의 위상**이라고 불러요.

핵심과학용어사전

항성 스스로 빛을 내는 천체. 별이라고도 부른다.
태양 태양계 중심에 있는 항성으로, 태양계에서 스스로 빛을 내는 유일한 천체. 태양계의 중심에 있다.
달의 위상 달의 모양이 날마다 달라 보이는 것을 부르는 말. 태양, 지구, 달의 위치에 따라 달의 밝은 부분이 다르게 보인다.

볼 수 없는 달의 뒷면

지구에서 관찰할 수 있는 달의 위상은 크게 상현달, 보름달, 하현달, 삭의 네 단계를 거친다. 단계마다 약 7.4일에 걸쳐 모습이 점차 변하고, 관측 시간도 달라진다. 달이 뜨고 지는 시간도 달과 지구, 태양의 위치에 따라 결정된다. 그래서 가끔은 낮에도 하얗게 빛나는 달을 볼 수 있다. 한밤중에 달을 관측할 수 있는 날도 정해져 있고, 달이 뜨지 않는 밤도 있다. 하지만 달의 위상에 관계없이 지구에서 달의 뒷면은 볼 수 없다.

스타이로폼 공으로 실험을 할 때, 우리는 계속 공의 앞면만을 바라본다. 그래서 공이 움직이지 않는 것처럼 보이지만, 전등의 시선에서 볼 때 스타이로폼 공은 스스로 한 바퀴를 돌면서 전등을 등지거나, 전등을 마주 보기도 한다. 이것이 달의 자전이다. 달은 자전과 공전 주기가 같다. 한 달이 안 되는 27.5일 동안 지구 주변을 한 바퀴 돌면서 스스로 한 바퀴를 도는 것이다. 그래서 지구에서는 정면만 보일 뿐 달의 뒷면을 관찰할 수 없다.

달 뒷면의 수많은 크레이터 지형

과학 4-2 | 밤하늘 관찰 | 별자리

북두칠성이 별자리가 아니라고요?

 **지구과학 연구원 지지리의 관찰일지**

◆ 8월 3일 ◆날씨: 맑음   ◆관찰 장소: 공원

지구인들에게는 밤하늘에 뜬 별을 보며 그림을 그리는 풍습이 있다. 별을 두 개 정하고 연결해서 선을 만들고, 선을 여러 개 연결해서 도형을 만든다. 그 도형을 여러 개 연결해 특별한 모양을 만든다. 이렇게 그린 그림을 별자리라고 부른다. 밤하늘에는 무수히 많은 별이 있어서, 상상력만 있으면 별을 연결해서 무엇이든 만들 수 있다. 박사님이 만드신 아임스타인 별자리처럼…. 나도 지지리 별자리를 만들어 볼까? 내 별자리에는 반짝반짝 빛나는 별을 많이 넣어야겠어!

 별자리로 하늘의 위치를 알 수 있다고요?

옛날의 별자리는 이야기와 함께 밤하늘의 별을 상상의 선으로 이어 놓은 것이었어요. 하지만 오늘날 별자리는 우리가 바라보는 하늘을 88개의 조각으로 나눈 뒤 그 조각이 차지하는 공간에 이름을 붙인 것을 말해요. 별자리를 잘 알면 바다 한복판에서도 별자리로 위치를 파악할 수 있어요. 오늘날에는 인터넷으로 국제천문학연맹이 지정한 88개의 별자리를 모두 찾아볼 수 있어요. 별자리를 관측할 수 있는 위도와 별자리를 보기 좋은 날짜도 검색할 수 있지요.

북반구와 남반구는 볼 수 있는 별자리가 달라요. 북반구에 속하는 우리나라에서 1년 내내 볼 수 있는 별자리에는 카시오페이아자리, 큰곰자리와 작은곰자리, 용자리, 세페우스자리가 있어요.

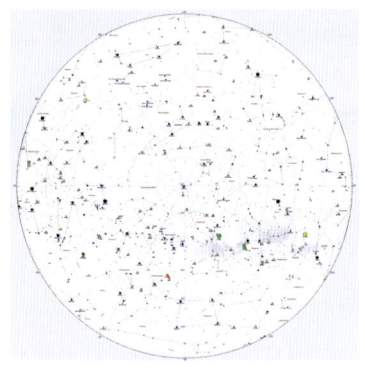

북반구 별자리 지도

 북두칠성은 별자리가 아니라고요?

우리에게 가장 유명한 별자리인 북두칠성은 사실 공인된 별자리 88개에 속하지 않고 별자리 이름도 없어요. 북두칠성은 큰곰자리의 엉덩이와 꼬리 부분에 빛나는 7개의 별을 말해요. 이 별들은 모두 이등성 이상의 밝은 별로 이루어져 있어요. 이처럼 공식적인 별자리가 아니면서, 지구에서 보이는 별이 모양을 이룬 것을 **성군**이라고 불러요.

북두칠성의 별들은 지구에서 보면 국자 모양이지만, 실제 우주 공간에서는 국자 모양으로 서 있지 않아요. 서로 거리도 매우 멀리 떨어져 있지요. 북두칠성은 특이한 모양이라 찾기 쉬워서 북극성을 찾는 데 종종 사용돼요. 북극성은 위치가 거의 변하지 않지만, 아주 밝지는 않아서 찾기가 힘들거든요. 북두칠성의 국자 머리 부분의 두 별을 이어 그 간격의 다섯 배 정도를 이동하면 북극성을 찾을 수 있어요. 카시오페이아자리의 가운데 별에서 다섯 배 정도를 이동해서 북극성을 찾는 방법도 있어요. 이처럼 북두칠성은 나침반, 달력, 위도 측정 등 다양한 역할을 할 수 있어요. 하지만 공식 별자리는 아니라는 사실, 신기하지요?

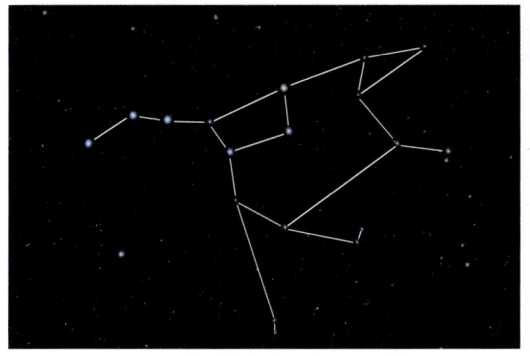

큰곰자리의 엉덩이 부분인 북두칠성

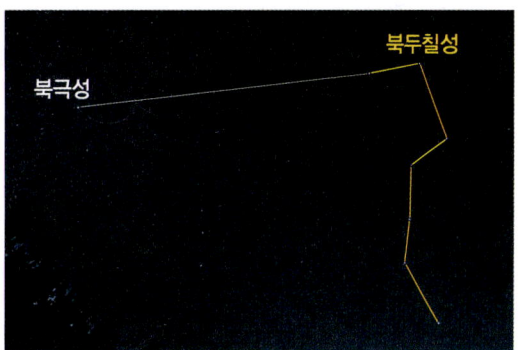

별의 간격으로 북극성을 찾는 법

핵심과학용어사전

별자리 별을 지구에서 보이는 모습에 따라 이어 어떤 사물을 연상하도록 이름을 붙인 것

성단 수많은 별이 중력에 의해 뭉쳐서 모여 있는 천체. 실제로 가까운 공간에 있는 별들이 무리를 이루고 있다.

태양이 지나가는 별자리, 황도 십이궁

공기가 맑고 인공적인 불빛이 거의 없던 옛날에는 밤하늘에서 수많은 별을 찾을 수 있었다. 약 5,000년 전 메소포타미아인들이 최초로 별자리를 상상했고, 고대 이집트인들도 별자리를 이용해 계절을 예측하고 달력을 만들었다.

서양에서는 태양이 지나가는 길에 있는 별자리 12개를 중요하게 여겼다. 태양이 별자리 사이를 여행한다고 생각했기 때문이다. 이 별자리가 바로 '황도 십이궁'이

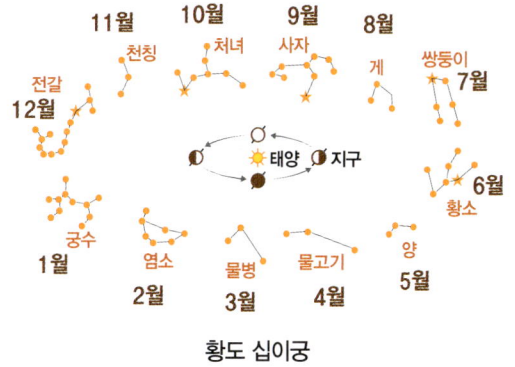

황도 십이궁

다. 생일을 별자리로 표현할 때 이야기하는 물병자리, 황소자리 등이 바로 황도 십이궁에 해당하는 별자리이다. 사실 태양은 실제로 별자리 사이를 지나지는 않는다. 지구가 태양 주위를 1년에 한 바퀴 도는 동안 태양의 위치가 상대적으로 바뀌는 것을 태양이 별자리 사이를 여행한다고 생각한 것이다.

지구과학 **399**

과학 4-2 | 밤하늘 관찰 | 우주 탐사

지구가 멸망하기 전에 우주를 개발해야 한다고요?

지구과학 연구원 지지리의 관찰일지

◆ 8월 17일 ◆ 날씨: 구름 조금 ◆ 관찰 장소: 거실 텔레비전 앞

지구인들은 참 우주로 나아가고 싶어 하는 것 같다. 지구인이면 지구가 가장 살기 좋은 거 아냐? 우리도 몬떠행성 밖으로 나오긴 했지만 말이다! 지구인들이 점점 늘어나고, 기후 변화가 심각해지면서 지구는 점점 살기 힘들어지고 있다고 한다. 지구인들은 자신들이 살아갈 또 다른 행성을 우주에서 찾는 것일까? 지구인들이 개발한 로켓, 이동하기 위한 우주선, 지구를 더 잘 관찰하기 위한 인공위성을 보면 기술 발전 속도에 깜짝 놀라게 된다. 가만, 지구인들이 지구를 떠나면 지구는 어떻게 될까?

왜 우주 탐사를 하는 걸까요?

2017년, 미국 항공우주국(NASA)은 인류를 달에 보내겠다는 목표를 세우고 아르테미스 계획을 시작했어요. 달에 유인 탐사 우주선을 보내고, 우주 기지를 건설하는 것이 아르테미스 계획의 주된 목적이에요. 아르테미스 계획에는 미국뿐 아니라 우리나라를 포함한 세계 30여 개국과 민간 우주 기업도 대규모로 참여해 연구를 이어 가고 있어요. NASA는 2040년까지 우주 비행사뿐만 아니라 일반인도 달에 거주할 수 있도록 거주지를 건설하겠다는 계획을 발표하기도 했어요.

우주 탐사에는 막대한 돈이 들지만 사람들은 아직 밝혀지지 않은 우주의 여러 신비를 탐구하고, 아르테미스 계획처럼 지구 밖에서 거주할 수 있는 행성을 찾는 등 여러 이유로 우주 탐사를 이어 나가고 있어요. 특히 환경 파괴와 지구 온난화로 생태계가 파괴되고 기후가 점점 극단적으로 변화하면서, 미래를 위해 지구 외에도 사람이 살 수 있는 행성을 탐색하고 개발해야 한다는 주장이 힘을 얻고 있어요.

최초의 민간 유인 우주선 '크루 드래건'

우주선 발사 장면

대한민국의 우주 발사체 '누리호'

우주 탐사 대신 지구를 보호해야 한다고요?

우주 탐사와 개발에는 정말 막대한 비용이 드는 데다, 결과도 불확실해요. 그래서 이 비용을 지구의 환경을 개선하고 보호하는 데 투자하는 것이 훨씬 합리적이라고 주장하는 사람들도 많아요. 지구는 사람을 비롯해 많은 생물이 살아가는 터전인 만큼 대기와 물, 적절한 기온 등 이미 조건이 잘 갖춰져 있어요. 또 현재 지구에서 고통받는 생명들이 존재하는

데, 우주 탐사에 더 집중하는 것은 이를 외면하는 게 아니냐는 비판도 있어요.

하지만 우주 탐사와 환경 보호는 둘 중 하나만 선택해야 하는 가치가 아니에요. 우주 탐사를 통해 밝혀낸 새로운 정보나 발전된 기술을 응용해 지구의 환경을 개선하는 데 사용할 수도 있어요. 우리가 살아가는 터전을 보호하는 한편, 미지의 우주를 탐색하려는 시도도 계속해 나가야 해요.

국제 우주 정거장에서 관찰한 지구의 대기

핵심과학용어사전

우주 탐사 우주 공간을 탐사하는 활동. 유인 우주 비행과 무인 우주선 등을 활용한다. 20세기 로켓 엔진이 개발되면서 실제적인 우주 탐사가 가능해졌다. 현재 우주 탐사는 국제 협력과 민간 기업의 투자로 이루어지고 있다. 우리나라도 2022년 6월 한국형 발사체 누리호(KSLV-Ⅱ) 발사에 성공했다.

인류의 미래, 화성 탐사

화성은 가장 활발히 탐사가 이어지고 있는 태양계의 행성이다. 지구와 비교적 가까운 데다 탐사선이 지상에서 활동할 만한 환경이기 때문이다. 미국이 1964년 최초로 화성 궤도에 탐사선을 진입시킨 이후, 인류는 오늘날까지 화성에 다양한 궤도 위성, 탐사선, 로버 등을 보내고 있다. 1976년 미국의 바이킹 1호와 2호가 화성 착륙에 성공했고, 이후 1997년 미국의 무인 탐사선 패스파인더호가 화성 착륙에 성공했다. 오늘날에도 다양한 화성 탐사선이 화성에서 임무를 수행하고 있다.

2021년 화성에 발사한 탐사 로버 '퍼서비어런스'

화성은 태양계에서 지구와 가장 비슷한 환경을 지녔다. 과학자들은 탐사선을 통해 물이 흐른 흔적과 지표면의 모습을 분석하고, 혹시 모를 생명의 단서를 찾고 있다. 화성에서 미생물과 같은 생명의 흔적을 발견한다면 우주에 지구 외에도 생명이 존재한다는 증거가 될 것이다. 그렇다면 화성에서 인류의 미래를 준비할 수 있을지도 모른다.

과학 4-2 | 밤하늘 관찰   골디락스 존

왜 태양계에는 지구에만 바다가 있나요?

지구과학 연구원 지지리의 관찰일지

◆ 8월 26일 ◆날씨: 맑음 ◆관찰 장소: 해변 모양 수영장

태양계에서 지구가 가장 살기 좋은 행성이라고 생각하는 이유는 물과 공기가 있기 때문이다. 공기는 숨을 쉬게 하고, 물은 생명체를 살게 한다. 덕분에 지구에는 아주 다양한 생물이 산다. 땅에는 뿌리를 내려 물을 흡수해 사는 식물이 있고, 그 식물을 먹으며 사는 동물이 있다. 하늘에는 날아다니는 동물이 살고, 바다에는 물에 사는 동물과 식물이 산다. 게다가 우리처럼 지구인 몰래 지구를 연구하는 외계인도 산다! 우리 말고 다른 외계인도 분명 있을 것이다. 그런데 이렇게 좋은 물과 공기가 왜 달과 화성에는 없지? 달과 화성에도 물과 공기가 있다면 다양한 생물이 살 텐데.

지구가 태양계에서 가장 살기 좋은 행성이라고요?

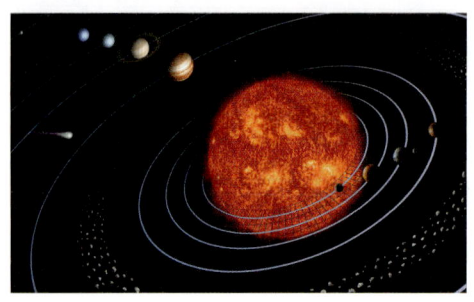

태양계 행성의 모습

태양계에는 태양을 중심으로 도는 여덟 개의 행성이 있어요. 태양과 가까운 순서대로 수성, 금성, 지구, 화성, 목성, 토성, 천왕성, 해왕성이지요. 수성은 가장 작고, 목성은 가장 커요. 토성은 멋진 고리를 가지고 있고, 화성은 붉은색을 띠는 행성이에요. 이처럼 태양계 행성은 각각 특별한 점이 있어요. 그렇다면 지구의 특별한 점은 뭘까요? 바로 생명체가 살 수 있는 유일한 행성이라는 거예요! 공기도 있고, 물도 있고, 알맞은 온도까지 갖춘 지구는 우리가 살아갈 수 있는 아주 소중한 행성이에요.

미국의 유명한 동화인 『골디락스와 세 마리 곰』에서 주인공 골디락스는 너무 뜨겁지도 않고, 너무 차갑지도 않은 딱 적당한 온도의 죽을 찾아요. 너무 크지도 않고, 너무 작지도 않은 의자도 찾지요. 이에 빗대어 '골디락스'는 적절한 가운데를 표현하는 단어가 되었어요. 태양계에서 지구가 위치한 곳을 가리키는 말도 '골디락스 존'이랍니다.

골디락스 존에 위치한 지구

오직 지구에서만 물이 액체로 존재한다고요?

태양과 가까운 수성과 금성에서는 온도가 너무 높아서 물이 액체 상태로 있지 못해요. 반대로 태양과 멀리 떨어져 있는 화성은 온도가 너무 낮아서 물 대부분이 얼음 상태로 존재해요. 태양에서 아주 멀리 떨어져 있는 목성, 토성, 천왕성, 해왕성도 마찬가지예요.

반면 지구는 태양으로부터 적당한 거리에 위치해 태양 주위를 돌고 있어요. 또 지구의 대기가 지구 온도를 적당히 유지해 주지요. 지구를 둘러싼 대기가 없었다면 지구의 평균 온도는 지금보다 훨씬 낮았을 거예요. 지구와 태양 사이의 적절한 거리, 그리고 대기의 존재로 인해 지구의 물이 액체 상태로 존재할 수 있었어요. 그리고 생명체가 살기에 좋은 환경이 만들어졌지요. 만약 이 조건 중 하나라도 빠진다면 지구는 생명체가 살 수 없는 행성이 되었을 거예요.

평균 표면 온도가 460 ℃인 금성

평균 표면 온도가 −63 ℃인 화성

핵심과학용어사전

태양계 행성 태양을 중심으로 돌고 있는 여덟 개의 천체. 수성, 금성, 지구, 화성, 목성, 토성, 천왕성, 해왕성을 말한다.
골디락스 존 생명체가 살아가기 적합한 환경을 가진 우주 공간의 범위

화성의 물은 다 어디로 갔을까?

과학자들은 40억 년 전까지만 해도 화성에 바다가 있을 만큼 물이 많았을 것으로 추측한다. 하지만 오늘날 화성 표면에는 물이 흘렀던 흔적만 남아 있다. 화성의 북극과 남극에 얼음 형태로 물이 존재할 뿐이다. 과학자들은 처음에 화성의 물이 우주로 날아갔다고 예상했다. 화성이 태양과 가까워졌을 때 화성의 온도가 높아졌고, 물이 수증기가 되어 대기층에 존재했다가 우주로 날아가 버렸다는 가설이다. 하지만 오늘날 과학자들은 다양한 시뮬레이션을 거쳐 화성의 물이 우주로 빠져나간 게 아닌 광물 속에 갇힌 형태로 화성의 지각에 존재할지도 모른다고 추측한다.

과학자들은 화성 궤도선, 탐사 로버, 운석 등에서 수집한 정보와 현재 화성의 대기 성분을 분석하고 있다. 과거 화성의 환경을 자세히 알아보기 위해서이다. 또 지구에서 물이 순환하는 과정을 추적해 화성에서 어떤 일이 일어났는지 다양한 가설을 세우고 있다. 화성에서 물의 흔적을 찾아낸다면 생명체가 존재할 가능성이 높아지기 때문이다.

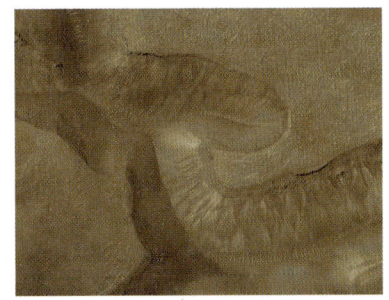

화성의 물줄기 흔적

| 과학 5-1 | 지층과 화석 | | 암석 |

돌이 태어나는 방법이 여러 가지라고요?

 **지구과학 연구원 지지리의 관찰일지**

◆ 9월 13일 ◆ 날씨: 구름 많음   ◆ 관찰 장소: 땅굴 안

돌은 지구 어디에나 있다. 아스팔트 도로 밑에도, 과수원 나무 밑에도 돌이 있다. 돌은 암석이다. 그리고 모든 암석에는 사연이 있다. 어떤 암석은 뜨거운 지구 안에서 솟아올라 만들어졌고, 어떤 암석은 오랜 시간 동안 흘러 쌓여서 만들어졌다. 또 어떤 암석은 뜨겁게 눌려 성질이 변하기도 한다. 암석의 이야기를 가만히 들으면 지구의 탄생과 변화를 엿볼 수 있다! 이렇게 대단한 암석을 종류별로 분류해 보면 그 쓰임새도 다양하다. 어떤 암석은 유용하게 쓰이고, 어떤 암석은 비싸게 팔린다. 돌에도 다양한 운명이 있구나.

우리나라에 가장 많은 암석은 뭘까요?

우리나라의 암석은 주로 중생대인 쥐라기, 백악기 시대에 만들어졌어요. 무려 2억 년 전부터 존재한 암석이 우리나라의 지질을 이루는 거예요. 이 시기에는 화산 활동이 활발하게 일어났어요. 화산 활동으로 만들어진 암석을 **화성암**이라고 불러요. 이 화성암 중 마그마가 땅속 깊은 곳에서 천천히 굳어 만들어진 돌이 바로 **화강암**이에요. 우리나라에 가장 흔한 암석 중 하나예요.

화강암은 색이 밝고 입자가 굵어요. 강원도 속초시 설악산의 울산바위가 바로 백악기 말기에 지하에서 만들어진 화강암이에요. 인천광역시의 섬 대이작도에 가면 무려 25억여 년 전에 형성된 화강암이 분포되어 있어요. 우리나라에서 가장 오래된 암석이지요. 우리나라에 쥐라기와 백악기 시기의 암석뿐만 아니라 25억여 년이 넘도록 존재한 오래된 암석도 있다니, 신기하지요?

화강암의 모습

대이작도의 화강암

우리나라에는 또 어떤 암석이 있나요?

우리나라에서 화강암만큼 흔하게 찾아볼 수 있는 또 다른 암석, 편마암은 변성암의 일종이에요. **변성암**은 열과 압력에 의해 변화된 암석을 말해요. **편마암**은 그중 흰색과 어두운 무늬가 반복되는 독특한 줄무늬를 가진 암석이에요. 암석을 이루는 광물의 성분이 변해 줄무늬가 만들어지는 거예요. 편마암은 학교나 아파트 주변의 화단을 꾸밀 때 특히 많이 사용돼요.

편마암의 모습

우리나라 중부 내륙과 서해안, 남해안 지역에서 퇴적암을 찾아볼 수 있어요. **퇴적암**은 쌓인 퇴적물이 단단하게 굳어져서 만들어진 암석이에요. 변산반도와 태안해안국립공원에서는 다양한 퇴적암 지형을 찾아볼 수 있어요. 우리나라의 퇴적암은 다양한 지질 시대에 걸쳐 형성되었기에 한반도의 지질학적 역사를 알아보는 데 중요한 단서가 되기도 해요.

퇴적암 지층인 변산반도의 채석강

핵심과학용어사전

화강암 마그마가 땅속 깊은 곳에서 천천히 식어 만들어진 화성암
변성암 열과 압력 등에 의해 형태가 변화한 암석
퇴적암 퇴적물이 쌓여 단단하게 굳어져서 만들어진 암석
풍화 암석이 자연적인 물, 바람, 얼음, 생물 활동 등에 의해 작게 분해되는 과정
침식 암석이 풍화에 의해 분해된 다음, 운반되어 다른 곳으로 이동되는 과정
용융 암석이 높은 온도와 압력에 의해 녹아 마그마가 되는 과정

계속해서 변화하는 암석의 성질

암석은 한번 만들어진 뒤 계속 그 형태가 유지되는 것이 아니다. 처음에 화성암으로 만들어졌어도 주어진 환경에 따라 퇴적암이나 변성암이 되기도 한다. 이를 '암석의 순환'이라고 한다.

마그마가 지표면 근처나 지표에서 식어 굳으면 화성암이 된다. 이 화성암이 지표면에서 오랜 시간 비와 바람을 맞고, 얼음이나 생명 활동으로 풍화되고 깎이면서 작은 입자가 만들어진다. 이 입자들이 강물, 바람, 빙하 등에 의해 침식되어 쌓이고 압축되면 퇴적암이 된다. 퇴적암이나 화성암이 지각 변동이나 열, 압력에 의해 변성되면 변성암이 된다. 이 과정에서 암석이 녹아 마그마가 되기도 한다. 암석의 순환은 화산 활동이 활발하고, 공기와 물이 있는 지구에서 매일 일어나는 일이다. 이 과정 덕분에 지구의 표면이 끊임없이 변화한다.

과학 5-1 | 지층과 화석 | 퇴적암

케이크처럼 생긴 돌이 있다고요?

지구과학 연구원 지지리의 관찰일지

• 9월 21일 • 날씨: 맑음 • 관찰 장소: 해안 절벽

바닷가에 놓여 있는 돌이나 절벽을 보면, 다양한 모습이 돋보인다. 어떤 돌은 까맣고 어떤 돌은 하얗다. 투명한 돌, 동그란 돌도 있다. 가장 멋진 돌은 무늬가 있는 돌이다. 무늬가 있는 절벽도 멋있다. 검은 무늬 사이로 층층이 흰 무늬가 돋보인다. 초코바처럼 울퉁불퉁한 무늬가 있는 돌도 있다. 누가 이렇게 멋진 돌을 만들어 냈을까? 지구가 이렇게 멋진 무늬의 돌을 만들어 낸 걸까? 어휴! 우리 박사님은 케이크를 쌓아서 지층을 만드신다더니, 계속 드시기만 하네!

지구과학 **409**

 줄무늬가 있는 돌은 어떻게 생기나요?

퇴적물이 쌓이고 굳어 만들어지는 퇴적암

줄무늬가 있는 돌은 케이크의 빵과 생크림처럼 서로 다른 재료가 교차하며 쌓이고, 이후 오랜 시간 동안 단단히 굳어서 만들어진 것이에요. 이런 돌을 퇴적암이라고 불러요. 바람, 빙하, 물에 의해 퇴적물이 쌓이고, 퇴적물이 많아지면 점점 무거워져 아래의 퇴적물이 눌리게 돼요. 이때 높은 압력으로 암석의 성분이 변하고 쌓인 퇴적물이 서로 붙는 작용이 일어나요.

퇴적암의 줄무늬는 쇄설성 퇴적암에서 잘 나타나요. **쇄설성 퇴적암**은 암석이 부서져 생긴 다양한 알갱이가 물, 빙하, 바람에 의해 낮은 곳으로 이동해 쌓이면서 만들어진 암석이에요. 이때 암석은 자갈, 모래, 실트, 점토 등 다양한 크기의 알갱이로 구성되는데, 이 알갱이의 크기에 따라 역암, 사암, 셰일 등 퇴적암의 종류가 나뉘어요. 퇴적암은 다양한 퇴적물이 시간 차이를 두고 쌓이거나, 퇴적되는 물질이 변하거나, 퇴적되는 환경이 변할 때 수평으로 겹겹이 쌓여 층을 이뤄요. 이를 **층리**라고 부르며, 이렇게 층이 쌓여 생긴 구조 전체를 **지층**이라고 해요. 지층을 탐구하면 지구의 과거 환경, 동물의 흔적, 지질 시대의 변화를 알 수 있답니다.

역암　　　　　사암　　　　　셰일

 압력과 열로도 층이 만들어진다고요?

층층이 쌓이는 방식 말고 다른 방식으로 돌의 줄무늬가 만들어지기도 해요. 이미 만들어진 암석이 높은 온도와 압력을 받으면 돌을 이루는 광물이 변하게 돼요. 이때 광물의 성질이나 배열이 바뀌면서 새로운 줄무늬가 생기기도 하지요. 어떤 광물은 납작해지거나 한쪽으로 길어지기도 해요. 이렇게 생긴 줄무늬를 **엽리**라고 불러요. 어떤 암석은 평행한 층이 발달하며 약한 부분이 만들어져 쉽게 분리되기도 해요. 줄무늬가 있는 암석을 보면, 암석이 생겨날 당시에 어떤 방향에서 힘을 받았는지도 알아낼 수 있어요.

엽리가 만들어지는 과정

핵심과학용어사전

지층 땅속에 쌓인 흙이나 모래가 오랜 시간 동안 쌓여 만들어진 층

층리 퇴적암 등의 퇴적 구조에서 보이는 평행한 줄무늬. 크기나 색이 다른 퇴적물이 가라앉았을 때의 변화로 층리가 만들어진다. 규칙적인 파도에 의해서도 층리가 만들어진다.

엽리 변성암에서 암석을 구성하는 광물이 열과 압력에 의해 녹으면서 반복되는 색깔의 층이 생기거나 입자의 크기 차이가 만들어져 줄무늬처럼 보이는 것

광물과 암석

우리가 살고 있는 지구의 지각은 여러 종류의 암석으로 이루어져 있다. 이 암석을 이루는 최소 단위를 광물이라고 한다. 광물은 자연적으로 만들어진 규칙적인 구조를 가진 물질로, 저마다 특징이 다양하다. 우리가 흔히 알고 있는 철, 흑연, 석탄, 석영 등이 모두 광물에 속한다. 이 중 빛깔과 광택이 아름다운 광물은 가공을 거쳐 희소가치가 높은 보석이 되어 비싼 가격으로 거래되는데, 다이아몬드, 사파이어, 루비 등은 모두 보석이면서 광물이다. 어떤 광물은 동식물의 껍데기나 사체가 쌓여 만들어지기도 한다. 대표적으로 방해석이 있는데, 산호나 조개껍데기처럼 칼슘이 들어 있는 물질이 바닷속에 쌓여 오랜 시간 눌리고 굳어 만들어진 광물이다. 석회암을 이루는 광물이기도 하다.

지역에 따라 많이 나오는 광물의 종류도 다르다. 우리나라에는 철, 텅스텐, 납 등의 광물이 풍부히 매장되어 있다.

투명한 육각기둥 모양의 광물, 석영

과학 5-1   지층과 화석   공룡 화석

공룡과 사람이 한 번도 만난 적 없다고요?

 **지구과학 연구원 지지리의 관찰일지**

◆ 10 월 6 일 ◆ 날씨: 비   ◆ 관찰 장소: 공룡 박물관 도서실

공룡은 엄청난 생물이다. 아주 작은 녀석부터 길이가 35 m나 되는 큰 녀석도 있다. 하지만 안타깝게도 외계인인 우리나 지구인이나 공룡을 실제로 본 적은 없다. 공룡이 살았던 시기에는 아직 인간이 나타나지 않았기 때문이다. 공룡을 본 적도 없는데 어떻게 생김새를 아냐고? 사실 지구인들이 그린 공룡은 모두 화석을 보고 추측한 모습이다. 그래서 새로운 화석이 발견됨에 따라 공룡의 모습도 계속 바뀌어 왔다. 옛날에는 꼭 도마뱀을 닮은 모습이었는데, 요즘은 깃털이 달린 모습으로 상상하기도 한다. 어떤 모습이든 지구인들은 크고, 강력하고, 무서운 공룡을 정말 좋아하는 것 같다. 역시 멋있어서인가?

공룡은 지구에 언제 가장 많이 살았나요?

티라노사우루스, 트리케라톱스, 브라키오사우루스…. 이렇게나 다양한 공룡의 생김새나 특징을 이야기할 수 있나요? 공룡을 주제로 한 영화도 많이 있을 정도로 공룡은 매력적인 존재예요. 하지만 인류는 한 번도 공룡을 직접 만난 적이 없답니다. ==공룡은 인간이 출현한 시대보다 훨씬 더 오래전에 살다가 멸종했기 때문이에요.== 인류의 시대와 공룡의 시대 사이에는 2억 년이 넘는 시간 차이가 있어요.

공룡은 약 2억 3,000만 년 전 지구에 등장했어요. 공룡이 지구 생태계에서 전성기를 누리던 시기는 중생대로, 약 2억 3,000만 년 전부터 6,600만 년 전의 시기예요. 인류는 공룡이 멸종되고도 한참 지나서 등장했어요. 현생 인류의 조상인 호모 사피엔스가 약 20만 년 전에 등장했으니, 공룡이 살았던 시간과 비교하면 아주 짧지요?

중생대 공룡인 티라노사우루스의 화석

티라노사우루스의 추정 복원도

실제로 본 적 없는 공룡을 어떻게 알 수 있나요?

중생대 공룡은 지구의 지배자였어요. 지구 전체에 퍼져 살았고 크기도 제각각이고, 다양한 환경에 맞춰 살았던 만큼 종류도 다양했어요. 그런데 우리는 만난 적도 없는 공룡을 어떻게 알고 있을까요? 바로 공룡의 화석을 통해서예요.

이전까지는 공룡이 어디서 어떻게 살았는지, 무엇을 먹었는지, 어떻게 번성하고 발전했는지 설명하기 어려웠어요. 공룡 화석이 처음 발견된 이후부터 오늘날까지 공룡에 관한 연구도 많이 이루어졌어요. 하지만 화석만으로 공룡을 분석하고 연구하는 건 한계가 있어요. 생물의 남은 모습과 흔적을 분석하고 상상할 수밖에 없지요. 그래서 오늘날에도 공룡이 체온을 어떻게 유지했는지, 어떻게 탄생했고 멸종했는지 등을 둘러싸고 과학자들의 논쟁이 끊이지 않고 있어요.

공룡의 알 화석

공룡의 배설물 화석

핵심 과학용어 사전

지질 시대 지구가 이루어진 이후부터 역사 시대 이전까지를 여러 시대로 나눈 체계. 공룡은 중생대에 살았으며, 중생대는 트라이아스기, 쥐라기, 백악기로 나뉜다. 각 시대마다 나타나는 독특한 종과 지질학적 특징을 기준으로 지질 시대를 나눈다.

화석 아주 오래전에 살았던 동물이나 식물의 몸의 일부나 생활한 흔적이 오랜 시간 동안 땅속에 묻혀 돌처럼 굳어진 것

공룡의 멸종과 생물 다양성

과학자들은 약 6,600만 년 전 커다란 소행성이 지구와 충돌하면서 공룡의 대멸종이 발생했다고 추측하며, 이 사건으로 지구 생물의 75%가 멸종했을 것으로 예상한다. 소행성이 충돌하기 전 공룡 시대의 생물 다양성은 매우 높았을 것이다. 공룡 화석 외에도 긴 지질 시대를 거친 다양한 형태의 화석이 발견되었기 때문이다. 사람들은 화석 연구로 지구의 과거 환경을 분석하고, 오늘날 생물 다양성을 지키기 위해 노력하고 있다.

물고기 화석

생물의 멸종은 어떤 종의 개체가 하나도 빠짐없이 사라지는 현상이다. 그래서 사람들은 멸종 위기종을 지정해 개체를 보호한다. 생물 다양성이 줄어들면 생태계의 균형이 깨져 인류에게도 해롭다. 공룡의 멸종으로 생물 다양성이 크게 준 것을 교훈 삼아, 인류로 인해 생물이 멸종되지 않도록 생물 다양성을 지키기 위해 더욱 노력해야 한다.

암모나이트 화석

과학 5-1　지층과 화석　　　　　　　발자국 화석

내 발자국도 언젠가 화석이 될 수 있다고요?

 **지구과학 연구원 지지리의 관찰일지**

◆ 10월 13일　◆날씨: 구름 조금　　◆관찰 장소: 해안가 습지

한반도에서는 고사리 같은 식물이나 곤충, 공룡 알과 발자국 화석까지 화석이 많이 발견된다. 그래서 다른 나라의 공룡학자들도 한반도에 관심을 가지고 화석들을 연구하고 있다. 공룡 알 화석은 공룡이 어떻게 새끼를 낳고 키우는지 짐작할 수 있게 해 주는 중요한 자료다. 발자국 화석도 마찬가지다. 공룡이 얼마나 빨리 걸었는지, 얼마나 무거웠는지, 당시에 어떤 상황이었는지를 알려 준다. 마치 탐정이 발자국을 보고 범인을 추측하는 것처럼. 우리는 공룡을 조사하는 멋있는 탐정인 셈이다.

발자국은 어떻게 화석으로 남을까요?

발자국이 화석으로 보존되려면 특정한 환경 조건을 만족해야 해요. 먼저 모래나 진흙 같은 부드러운 땅의 표면에 선명한 발자국이 형태를 유지한 채로 남아야 해요. 그리고 다른 퇴적물이 발자국을 지우지 않은 상태로 보존되어야 해요. 그렇게 발자국이 말라 굳으면, 다시 그 위로 퇴적물이 쌓이고 적절한 압력과 온도에 의해 단단하게 굳지요. 만약 발자국 주변에 다른 광물과 같이 적절한 물질이 덮인다면 선명한 발자국 화석이 될 거예요. 이 화석이 지표면 위로 드러난 게 바로 공룡 발자국 화석이에요.

군산 산북동 공룡 발자국과 익룡 발자국 화석 산지에 있는 공룡 발자국

발자국 화석으로 무엇을 알 수 있나요?

지질학자들은 발자국 화석으로 많은 정보를 얻어요. 생물이 과거 어떻게 살았는지, 발톱이 있었는지, 보폭은 어떤지를 알 수 있어요. 또 발자국이 남을 만한 흙과 지질학적 조건을 보고 과거 지질 시대의 환경도 예측해요. 발자국 주인이 얼마나 넓은 지역에서 터를 잡고 살았는지도 알 수 있어요. 심지어는 진화의 흔적과 방향도 알아볼 수 있답니다.

인류도 공룡처럼 발자국으로 정보를 남길 수 있을까요? 조건을 만족한다면 우리 발자국

고성 덕명리 공룡 발자국과 새 발자국 화석 산지

고성 삼락리 공룡 발자국과 새 발자국 화석 산지

도 화석이 될 수 있어요. 인류가 살았던 흔적마저 없어진 아주 먼 미래의 지질학자나 외계인이 우리 발자국 화석을 발견한다면, 발자국 화석으로 인류를 추측할 수도 있을 거예요. 키와 몸무게, 이족 보행 등의 단서를 발견하겠지요. 어쩌면 신발 모양을 보고 신발 모양의 발을 가진 다른 생물을 상상할 수도 있을 거예요. 우리가 공룡 발자국으로 공룡을 상상하는 것처럼 말이에요.

핵심과학용어사전

화석화 생물의 남은 부분이나 흔적이 암석 성분으로 바뀌며 단단해져 화석이 되는 과정
표준화석 지질 시대의 특정한 시간 동안에만 존재했던 생물이 남긴 화석
시상화석 특정한 환경 조건에서만 발견되는 화석

지질 시대를 상상하는 단서, 표준화석과 시상화석

우리는 화석으로 지질 시대의 모습을 상상하고 추측한다. 이때 표준화석과 시상화석이 큰 도움을 준다. '표준화석'은 지질 시대의 특정한 시간 동안에만 존재했던 생물이 남긴 화석을 말한다. 특정 시기 동안 세계 여러 지역에서 발견되는 독특한 형태의 화석이다. 표준화석을 발견하면 그 화석이 어떤 지질 시대에 만들어졌는지를 알 수 있다. 삼엽충 화석은 고생대를, 암모나이트 화석은 중생대를 가리키는 대표적인 표준화석이다.

표준화석인 고생대 삼엽충 화석

'시상화석'은 특정한 환경 조건에서만 발견되는 화석으로, 지질 시대의 환경을 상상하는 데 도움을 준다. 고사리, 산호처럼 특정 환경에서만 살 수 있는 생물의 화석이다. 만약 높은 산에서 산호의 화석이 발견된다면, 그 지역은 아마도 아주 오래전에 따뜻하고 얕은 바다였을 가능성이 크다.

시상화석인 중생대 산호 화석

과학 5-2 | 날씨와 우리 생활 | 날씨와 기후

날씨 예보는 있는데 왜 기후 예보는 없어요?

지구과학 연구원 지지리의 관찰일지

◆ 10월 17일 ◆ 날씨: 맑음 ◆ 관찰 장소: 거실 텔레비전 앞

지구인들은 지구의 상태에 관심이 많다. 예를 들면 날씨 같은 것 말이다. 지구인들은 매일 날씨를 확인한다. 비가 오는지, 눈이 오는지, 맑은지를 알아야 우산을 준비하거나 외투를 입을 수 있기 때문이다. 또 날씨보다 긴 지구의 상태인 기후도 조사한다. 기후를 알면 농사를 짓거나, 계절 옷을 준비하거나, 여행을 갈 때 유용하다. 지구인들은 지구에서 살기 위해 지구의 눈치를 참 많이 본다. 그에 반해 박사님은 눈치가 너무 없다. 자기 맘대로 날씨를 바꾸면 지구인들은 어떡해!

날씨와 기후는 어떤 점이 다른가요?

날씨와 기후는 모두 지구의 대기와 관련한 용어이지만 둘의 의미는 달라요. **날씨**는 특정한 시간과 장소에서 대기의 상태를 나타내는 말이에요. 날씨는 하루 동안에도 계속 바뀌어요. 공기의 상태, 온도, 습도, 바람의 세기 등으로 날씨를 나타내요. '날씨가 맑다'라는 말은 구름이 적어 해가 많이 비치고, 온도가 높고 습도가 낮다는 말이에요. 일기 예보 등에서는 "전국적으로 바람이 많이 불고 춥겠습니다"처럼 날씨를 설명해 주지요.

하루에도 계속 바뀌는 날씨

기후는 특정 지역에서 오랜 기간 동안 나타난 날씨의 평균 상태를 말해요. 우리나라는 평균적으로

1년 내내 온도가 높고 건조한 사막 기후

여름에 온도와 습도가 높고, 겨울에는 온도와 습도가 낮아요. 반면 사하라 사막 같은 사막 기후는 1년 내내 온도가 높고 매우 건조해요. 날씨가 계속 변화하는 대기의 상태를 말한다면, 기후는 오랫동안의 평균적인 날씨예요.

사람들은 왜 기후에 관심을 기울일까요?

기후의 특성을 알면 우리가 사는 지역의 날씨를 더 잘 이해할 수 있어요. 예를 들어, 어떤 지역이 겨울마다 눈이 많이 오고 추운 경향이 있다면, 그것은 그 지역의 기후 특징이에요. 반면 이번 주말에 눈이 많이 오고 추울 것이라는 예보는 날씨에 가깝지요. 그래서 '날씨는 우리가 무슨 옷을 입을지 알려 주고, 기후는 우리가 무슨 옷을 살지 알려 준다'는 말이 있어요.

기후 변화는 지구의 기후 패턴이 시간이 지나면서 변하는 것을 말해요. 기후 변화는 날씨의 변화도 만들고 생태계에도 영향을 미쳐요. 그래서 사람들은 기상대, 인공위성 등을 활용해 날씨와 기후를 관측하고 분석하지요. 기후는 자연스럽게 변하기도 하지만, 최근의 기후 변화는 인간 활동으로 인해 일어나고 있어요. 하루하루의 날씨 변화에 관심을 두듯, 기후가 어떻게 변하는지 관찰하는 것도 중요하답니다.

기상대의 모습

날씨와 기후 관측에 활용하는 인공위성

핵심 과학 용어 사전

날씨 주어진 시간 동안 일정한 지역의 대기 상태. 비, 구름, 바람, 기온, 습도 등으로 표현한다. 기상 현상, 일기 등으로 말하기도 한다.

기후 긴 시간 동안 기상 현상의 평균적인 상태

지구 대기의 대순환

지구의 대기는 일정한 패턴으로 움직인다. 지구는 자전하며 스스로 움직이는데, 대기의 흐름도 이 회전의 영향을 받는다. 북반구의 대기는 진행 방향을 기준으로 오른쪽, 남반구의 대기는 진행 방향을 기준으로 왼쪽으로 방향이 휜다. '코리올리 효과'라고도 부르는 이 현상은 지구의 날씨와 기후 패턴에 큰 영향을 준다.

또 대기는 열의 분포에도 영향을 받는다. 바로 대기 대순환이다. 대기는 바닷물과 함께 적도의 열을 고위도 지역으로 운반한다. 적도 주변의 공기는 뜨거워져 위로 올라가는데, 이때 대기 중의 수증기가 쉽게 응결해 비가 되어 땅으로 떨어진다. 그리고 올라간 공기가 점차 차가워지며 중위도 지역에서 지표면으로 다시 내려온다. 이를 '대기 대순환'이라고 한다. 차가운 공기가 모여 맑은 날씨가 유지되는 중위도 지역에서는 대기 중의 습기가 사라져 건조한 사막 기후가 만들어진다.

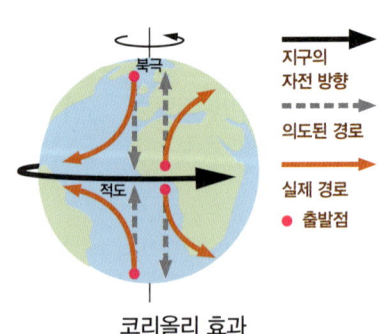
코리올리 효과

| 과학 5-2　날씨와 우리 생활 | 구름 |

안개와 구름이 사실 같다고요?

 지구과학 연구원 지지리의 관찰일지

◆ 10 월 26 일　◆ 날씨: 맑음　　◆ 관찰 장소: 고층 빌딩 위

박사님과 안개와 구름 속을 돌아다니면서 조사해 본 결과, 안개와 구름의 공통점을 많이 발견했다. 자동차를 타고 안개 속을 운전할 때는 너무 무서웠다. 비행기를 타고 구름을 통과할 때도 무서웠다! 안개와 구름은 둘 다 무섭고, 하얗고, 손에 잡히지 않는다. 차이점도 있다. 까만 먹구름은 있는데 먹안개는 없다는 점, 구름은 위에 있는데 안개는 아래에 있다는 점이다. 위에 있으면 구름, 아래에 있으면 안개라고 부를 뿐이지, 사실 같은 것 아닐까? 그런데 안개와 구름을 구분하는 지점이 어디인지를 모르겠다. 몇 층 높이부터 구름이라고 부를 수 있을까?

안개와 구름은 어떻게 구분해요?

지구의 대기는 수증기를 품고 있어요. 바닷물이 수증기로 증발해 대기 곳곳에 퍼져 있기 때문이에요. 수증기는 대기의 움직임과 온도 변화에 영향을 받아요. 온도가 낮아지면 수증기는 쉽게 물이 되거나 얼어 버려요. 이때 대기 중의 수증기가 물방울로 응결하면 **안개**와 **구름**이 된답니다.

안개와 구름은 응결된 작은 물방울이기에 눈에 보여요. 비행기가 구름 속을 지나갈 때나 새벽에 안개로 가득한 길을 걸을 때 주변 사물이 잘 보이지 않는 이유예요. 그러면 안개와 구름은 어떻게 구분할까요? 안개와 구름은 똑같이 수증기가 응결해 공기 중에 떠다니는 현상이지만, 형성되는 위치에 따라서 다르게 불러요. 안개는 지표면과 대기 중간에 위치해요. 지표면 근처에 존재하는 물방울이 안개예요. 반면 구름은 대기 상층에 만들어져 공기 중을 떠다녀요.

지표면과 대기 중간에 머무는 안개

대기 상층을 떠다니는 구름

안개는 왜 지표면 근처에 머무나요?

안개는 공기가 차가워지는 밤이나 새벽에 수증기가 응결하면서 만들어져요. 하지만 공기 중에 수증기가 없으면 아무리 온도가 내려가도 응결이 일어나지 않아요. 또 바다보다 육지가 빨리 차가워지기 때문에, 안개는 수증기가 많은 바다 근처의 육지에서 새벽에 자주 발생해요.

안개는 구름보다 물방울의 밀도가 조금 더 빽빽해요. 무거워서 땅 가까이에 가라앉아 있지요. 하지만 해가 뜨고 온도가 높아지면 쉽게 증발해 다시 수증기가 돼요. 이 수증기는 대기 중을 떠다니다가 온도가 낮아지면 다시 물방울이 되는데, 이렇게 수증기가 물방울로 변하기 시작하는 온도를 **이슬점**이라고 해요.

해가 뜨자 안개가 사라진 다리의 모습

핵심과학용어사전

구름 대기의 높은 곳에서 수증기가 식으며 아주 작은 물방울이나 얼음 알갱이로 변해 떠 있는 것
안개 땅 가까이에서 수증기가 식어 생긴 작은 물방울이 공기 중에 떠 있는 것
이슬점 공기가 식어 더 이상 수증기를 머금지 못할 때, 수증기가 물방울로 변하기 시작하는 온도

불쾌감을 느끼게 하는 원인, 습도

습도는 대기 중에 포함된 수증기의 양이다. 습도는 일반적으로 상대 습도를 가리킨다. 상대 습도는 공기가 최대한 포함할 수 있는 수증기 중에 얼마만큼을 가졌는지를 알려 준다. 만약 상대 습도가 50%라고 한다면, 그 공기가 가질 수 있는 최대 수증기 중에서 절반을 갖고 있다는 것을 말한다.

상대 습도는 온도에 따라 달라진다. 대기는 온도가 높으면 더 많은 수증기를 포함할 수 있고, 온도가 낮으면 더 적은 수증기를 포함할 수 있다. 온도가 낮아져 수증기를 더 이상 품을 수 없게 되면 응결이 일어나 안개나 구름이 생기게 된다. 우리나라는 여름에 온도와 습도가 높다. 그래서 여름철에 기온과 습도를 이용한 불쾌지수를 발표해 불쾌감을 수치로 나타낸다. 한편 습도가 너무 낮으면 산불 발생 위험이 높아진다. 건조한 봄과 가을에 산불이 자주 나는 이유이다.

습도가 높은 벽에 생긴 곰팡이   습도가 낮을 때 자주 발생하는 산불

과학 5-2 | 날씨와 우리 생활 | 기압

저기압은 기분 나쁘다는 뜻 아니에요?

지구과학 연구원 지지리의 관찰일지

◆ 11월 2일 ◆날씨: 태풍 ◆관찰 장소: 연구실 마당

오늘 아침에는 빗소리 때문에 일찍 일어났다. 태풍이 온다더니 하루 종일 비가 무시무시하게 내렸다. 바람은 또 어찌나 세게 부는지! 아인스타인 박사님만 저기압 체험을 할 좋은 기회라며 즐거워하셨다. 공기는 주변의 기압이 높은 곳에서 상대적으로 기압이 낮은 곳으로 움직인다고 한다. 그렇게 밀려 들어온 공기는 위로 올라가는데, 이때 공기 안에 있는 수증기도 함께 위로 올라가서 식으며 물방울이 되고 구름이 만들어진다고 한다. 구름이 많아지면 지금처럼 비가 내린다. 저기압은 기분 나쁠 때 쓰는 표현인 줄만 알았는데. 이제 충분히 알았으니까 그만 들어가요, 박사님!

공기의 온도에 따라 기압이 결정된다고요?

지구는 공기에 둘러싸여 있어요. 공기 입자는 끊임없이 움직이면서 공기의 압력인 **기압**을 만들어요. 압력이라는 말을 들으면 흔히 공기가 위에서 짓누르는 것을 상상하지만, 공기의 압력이 아래 방향으로만 작용하는 것은 아니에요. 공기의 움직임으로 인해 압력이 생기기 때문에 모든 방향으로 작용하지요.

공기는 차가워지면 입자들이 모여 밀도가 높아지고 무거워져요. 그래서 차가운 공기가 아래로 내려오게 되고, 기압이 높아져요. 반대로 공기가 따뜻해지면 입자들의 밀도가 낮아지고 가벼워져요. 그래서 따뜻한 공기가 위로 올라가고, 기압이 낮아져요. 공기는 기압이 높은 곳에서 기압이 낮은 곳으로 움직이는데, 이를 **바람**이라고 해요.

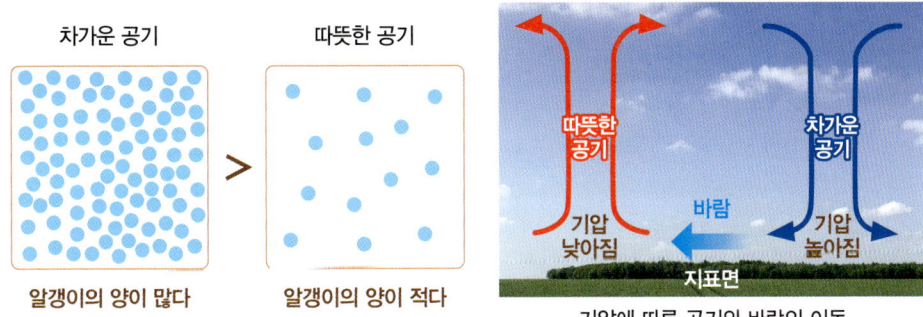

기압에 따른 공기와 바람의 이동

고기압과 저기압은 어떻게 만들어지나요?

일기 예보에 등장하는 **고기압**이라는 단어는 지표면의 기압이 주변보다 상대적으로 높다는 뜻이에요. 공기가 대기 상층에서 지표면으로 이동하면서, 지표면에 상대적으로 차가운 공기가 많아지는 거예요. 고기압일 때는 구름이 사라지고 맑은 날씨가 돼요. 반대로 공기가 지표면에서 대기 상층으로 올라가면, 지표면의 기압이 주변보다 상대적으로 낮아지는 **저기압**이 만들어져요. 공기가 올라가며 온도가 낮아지기 때문에 공기 중의 수증기가 응결해 구름이 만들어져요. 그래서 저기압일 때는 날씨가 흐릴 가능성이 커요.

이처럼 공기의 흐름은 온도 차이로 만들어져요. 지구의 어느 부분이 데워지고, 식는가

지구과학 **425**

에 따라 공기가 이리저리 움직이지요. 찬 공기와 따뜻한 공기가 어떻게 만나느냐에 따라 공기가 위아래로 움직이기도 해요. 기압의 변화는 날씨를 예측하고 이해하는 데 중요한 역할을 한답니다.

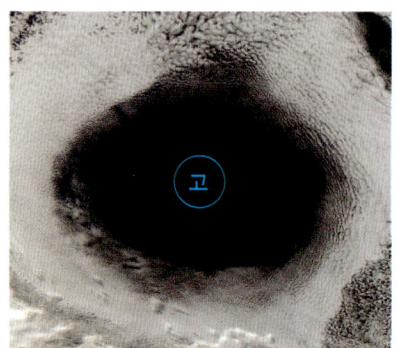

무거운 공기가 밑으로 내려오는 고기압 | 가벼운 공기가 위로 올라가는 저기압

핵심과학용어사전

바람 기압 차이에 의해 대기 중의 공기가 이동하는 현상. 공기가 많은 고기압 지역에서 공기가 상대적으로 적은 저기압 지역으로 이동한다.

기류 공기의 흐름. 바람은 수평적 흐름만을 의미하지만 기류는 수직 방향의 흐름을 포함한다.

태풍은 고기압일까? 저기압일까?

태풍은 대기 중에서 만들어지는 거대한 회오리바람이다. 주로 더운 여름을 지나며 뜨거워진 열대 지역의 바다에서 만들어진다. 뜨겁게 가열된 공기가 상승하고, 빈 곳을 채우기 위해 주변에서 바람이 불어 든다. 이때 상승 기류와 함께 불어 드는 바람으로 저기압이 만들어진다.

태풍은 강력한 저기압이다. 아주 센 상승 기류가 짙은 구름을 만들어 내고, 거센 바람과 커다란 파도, 많은 비를 불러일으킨다. 우리나라를 비롯해 태풍의 영향을 많이 받는 아시아, 태평양 지역의 14개 국가는 태풍위원회를 만들어 태풍에 이름을 붙인다. 태풍은 일주일 이상 지속될 수 있어, 같은 지역에 여러 개의 태풍이 오기도 하기 때문에 각각 이름을 붙여 구별한다. 태풍의 이름은 국가별로 10개씩 제출한 140개의 이름을 돌려 가며 사용한다.

우주에서 본 태풍의 모습

과학 5-2 | 날씨와 우리 생활　　　　　기압의 측정

우물 덕분에 날씨를 예측하게 되었다고요?

 **지구과학 연구원 지지리의 관찰일지**

◆ 11월 1일　◆ 날씨: 맑음　　◆ 관찰 장소: 우물가

공기의 힘을 알기 위해 간단한 실험을 했다. 먼저 15 m짜리 빨대를 준비한다. 공기가 새지 않도록 중간에 구멍이 나지 않은 하나의 긴 빨대를 준비해야 한다. 그리고 깊이가 15 m가 넘는 우물로 가서, 빨대를 물에 담그고 입으로 세게 빨아서 물을 마셔 보자. 아마 한참을 빨아도 물이 나오지 않을 것이다. 기압 때문이다. 박사님은 기압을 이긴 최초의 외계인이 되겠다며 몇 시간째 빨대를 물고 계신다. 흠… 가장 오래 빨대를 물고 있는 외계인은 되실 수 있겠어.

지구과학　427

우물 안의 물을 어떻게 위로 올릴까요?

상수도가 생기기 전, 사람들에게 물을 공급하는 장치는 땅을 깊게 파 물을 긷는 우물이었어요. 그런데 깊게 판 우물에서 물이 발견되어도 지상으로 길어 올리기 어려운 상황도 있었어요. 바로 펌프를 사용할 때예요.

펌프는 지하에 있는 물을 길어 올리는 긴 빨대 같은 장치예요. 오래전 이탈리아의 한 대공은 펌프의 길이 때문에 고민하고 있었어요. 펌프의 길이가 1m, 2m일 때는 쉽게 물을 길어 올릴 수 있었어요. 그런데 펌프의 길이가 길어지면 물이 나오지 않았지요. 대공은 갈릴레오 갈릴레이에게 이 문제를 풀어 달라고 요청했어요. 갈릴레이는 실험을 통해 펌프의 길이가 10m를 넘어서면 물이 나오지 않는다는 것을 알아냈어요. 펌프 속 공기를 아무리 제거해도 물이 올라오지 않았지요. 하지만 아쉽게도 갈릴레이는 펌프가 물을 길어 올리지 못하는 이유를 밝혀내지 못하고 사망했어요.

깊게 판 땅에서 나오는 물을 길어 쓰는 우물

지하수를 끌어 올리는 펌프

기압은 누가 어떻게 발견했나요?

갈릴레이의 제자인 에반젤리스타 토리첼리는 이 문제의 원인을 알아내고자 실험을 했어요. 바로 10m가 넘는 펌프를 실험실에서 재현하기로 한 것이에요. 토리첼리는 먼저 물보다 더 무거운 수은을 활용해 실험을 시작했어요. 한쪽 끝이 막힌 1m 유리관에 수은을 가득 채우고, 유리관을 거꾸로 뒤집었지요. 그러자 수은이 아래로 내려가다가 어느 지점에서 내려가기를 멈췄어요. 수은 표면에서부터 약 760mm 높이에서였어요. 반대로 수은을 위로 끌어 올리려 해도 760mm 이상으로는 올라가지 않았어요. 같은 실험을 물로 바꿔서 했더니, 물 역시 약 10 m 지점에서 멈췄어요. 갈릴레이의 실험 결과와 같았지요.

토리첼리는 이런 결과가 ==물의 무게와 공기가 물을 미는 힘이 같아서 물이 일정 높이 이상 올라오지 않는 것==이라는 사실을 밝혀냈어요. 토리첼리의 우물 실험 덕분에 기압의 존재를 발견한 것이지요.

에반젤리스타 토리첼리의 초상화

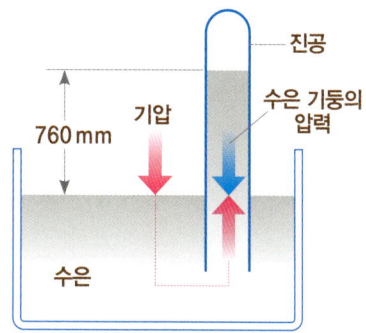
기압의 크기를 측정한 토리첼리의 실험

등산하면 숨찬 이유를 밝혀낸 수학자 파스칼

토리첼리의 실험은 현대 기상학의 기초를 마련했다. 사람들은 기압을 연구하고, 기압의 변화에 따른 기상 변화를 과학적으로 예측하기 시작했다. 토리첼리의 수은 기압계를 기초로 대기압을 측정했기에 1기압은 760수은주밀리미터(mmHg)로 표시한다. 이는 수은 기둥의 높이 760 mm와 수은의 원소 기호(Hg)를 합친 단위이다. 이후 프랑스의 수학자, 물리학자인 파스칼은 대기압이 고도에 따라 변한다는 것을 밝혀냈다. 산 위로 갖고 올라간 수은 기압계의 기둥 높이가 낮아짐을 확인한 것이다.

기압의 변화는 공기의 양이 많은 곳에서 적은 곳으로, 부족한 공기를 채우기 위해 공기가 끊임없이 움직이면서 생긴다. 기압이 낮아지면 공기가 상승해 구름이 만들어지고, 기압이 높아지면 구름이 사라지고 맑은 날씨가 된다. 기압의 변화로 날씨를 예측하게 된 것이다. 토리첼리와 파스칼의 실험은 우물에서 물을 긷는 일상적인 일에서 기압을 밝혀내고, 기압을 연구해 날씨를 알아내게 만든 역사적인 사건이었다.

블레즈 파스칼의 초상화

| 과학 5-2 | 날씨와 우리 생활 | | 온실 효과 |

지구가 온실로 뒤덮여 있다고요?

지구과학 연구원 지지리의 관찰일지

◆ 11월 15일 ◆날씨: 흐림 ◆관찰 장소: 온실 장치 실험실

지구인들은 온실을 만들어서 과일을 키운다. 온실은 심한 날씨 변화도, 뜨거운 햇빛도, 차가운 공기도 막아 준다. 누가 만들었는지는 모르겠지만, 지구도 생명을 잘 키우기 위한 온실로 덮여 있다. 생명체는 온실 속 식물과 같다. 지구가 햇빛을 적절하게 가둬 온도를 일정하게 유지하기에 지구 생명이 무럭무럭 자란다. 그런데 요즘에는 지구인들이 더 잘 살기 위해 지구 온실을 뜨겁게 만들고 있다. 온실이 너무 뜨거우면 오히려 생명이 죽을 텐데…. 우리는 지구인들처럼 욕심을 내면 안 되겠다.

온실 효과는 어떻게 일어날까요?

온실은 식물을 잘 키우기 위해 만든 공간으로, 보통 벽이나 지붕이 투명한 유리로 되어 있어요. 햇빛은 유리를 쉽게 통과해 들어오지만, 따뜻해진 온실 속 공기는 쉽게 밖으로 나가지 못하기 때문에 온실 내부가 항상 따뜻하게 유지돼요. **온실 효과**는 태양에서 지구로 들어온 열이 나가지 못하고 순환하는 현상이에요.

유리로 덮인 수목원 온실

지구를 살기 좋은 곳으로 만드는 자연 현상이지요. 지구가 만든 온실은 공기가 유리의 역할을 해요. 공기로 구성된 대기가 태양에서 지구로 들어오는 열을 통과시키고, 지구 복사 에너지의 일부를 흡수해 지구를 계속 따뜻하게 만들어 주지요. 이때 온실 효과를 일으키는 대기의 성분에는 수증기, 이산화 탄소, 이산화 질소, 메테인 등이 있어요. 모두 대기에 흔하게 존재하는 기체랍니다.

온실 효과가 없다면 어떻게 될까요?

온실 효과 덕분에 지구의 모든 생명이 살아가고 있어요. 온실 효과로 지구의 평균 온도가 유지되기 때문이에요. 만약 대기가 없어져서 온실 효과도 사라진다면, 지구는 낮에 햇빛을 그대로 받아 온도가 급격히 올라갈 거예요. 반대로 태양이 없는 밤이 되면 지구의 모든 열이 방출되어 매우 추워질 거예요. 지금 지구의 평균 기온이 15 ℃ 정도로 안정적인 것은 온실 효과 덕분이에요.

하지만 오늘날에는 온실 효과가 인간을 비롯한 여러 생물의 생명을 위협하고 있어요. 바로 **지구 온난화** 때문이에요. 지구 온난화는 온실 효과를 일으키는 이산화 탄소와 메테인 같은 기체가 너무 많아져서 지구의 평균 기온이 점차 올라가는 것을 말해요. 과거에 비해 대기 중에 온실가스가 많아져 온실 효과가 지나치게 강해진 거예요. 지구의 평균 기온이 올라가면서 북극의 빙하가 녹거나 태풍이 너무 많이 생기는 등 여러 가지 이상 현상이 발생하고 있어요.

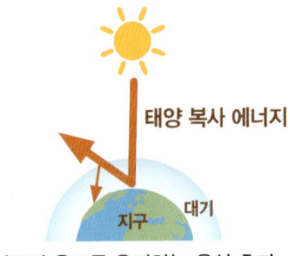
지구의 온도를 유지하는 온실 효과

온실 효과가 지나치게 강해진 지구 온난화

핵심과학용어사전

온실 효과 지구 대기의 특정 기체가 태양 에너지는 통과시키고, 지구에서 방출되는 지구 복사 에너지의 일부를 가둬 지구의 평균 기온을 유지하는 현상

지구 복사 지구가 태양으로부터 받은 에너지를 시간을 두고 우주 공간으로 방출하는 것

지구 온난화와 온실가스

지구 온난화는 인간 활동으로 인해 일어났다. 석탄, 석유, 천연가스 등 화석 연료 사용으로 이산화 탄소가 너무 많이 발생해 온실 효과가 더 강해졌다. 또 인간은 자동차와 비행기를 사용하고 공장에서 물건을 생산하며 끊임없이 이산화 탄소를 만든다. 우리 주변의 모든 것이 이산화 탄소를 발생시키는 활동이라 해도 과언이 아닐 정도이다.

이산화 탄소와 같이 지구 온난화를 일으키는 기체들을 '온실가스'라고 한다. 온실가스를 줄이기 위해서는 어떻게 해야 할까? 나무 심기는 온실가스를 줄이는 효과적인 방법이다. 나무가 이산화 탄소를 흡수해 온실가스를 줄이기 때문이다. 하지만 사람들은 숲을 베어 없애며 도시를 만들고 있다. 이산화 탄소를 줄이는 천연의 방법을 없애고 있는 셈이다. 온실 효과를 줄이고 지구 온난화를 막기 위해서는 에너지를 절약하고, 나무를 심고, 재생 에너지를 사용하는 등 다양한 방법으로 이산화 탄소를 줄여야 한다.

화석 연료인 석탄을 태워 전기를 일으키는 화력 발전소

이산화 탄소를 감소시키는 나무 심기

과학 6-1 지구의 운동　　　　　천체 관측

도시에서 별 보는 게 하늘의 별 따기라고요?

 **지구과학 연구원 지지리의 관찰일지**

◆ 11월 27일　◆ 날씨: 맑음　　　◆ 관찰 장소: 별자리 체험실

눈으로 직접 별을 보는 활동은 생각보다 쉽지 않다. 주변이 어두울 때는 별이 잘 보이지만, 지구인들이 많이 사는 도시에서는 별을 보기 어렵다. 하늘에서 보이는 빛보다 땅에서 보이는 빛이 더 잘 보이기 때문이다. 땅이 밝으면 하늘이 상대적으로 잘 안 보인다. 그래서 별을 보려면 빛이 도시보다 적은 산속이나 숲에서 보는 것이 좋다. 한편, 공기가 맑지 않거나 구름이 하늘을 가려도 별이 잘 안 보인다. 그래서 그런가? 박사님과 우리가 사는 행성에서는 별이 잘 보이지 않는다. 지구에 있는 동안 실컷 봐야지!

지구과학　433

별은 항상 같은 자리에 있나요?

우리나라의 인구 90%가 도시에 살고 있어요. 도시는 밤에 빛이 너무 밝아 별을 보기 어려워요. 빛이 밝지 않은 시골이나 숲에 가면 별을 잔뜩 볼 수 있어요.

별은 위치가 변하지 않을 것 같지만, 사실 아주 조금씩 위치가 변하고 있어요. 이를 별의 고유 운동이라고 해요. 별은 아주 조금씩 움직여서, 실제로 별의 이

별이 보이지 않는 도시의 밤하늘

동을 관측하려면 수천 년이 걸려요. 사람이 평생을 바쳐도 관측할 수 없는 시간이에요. 그렇기 때문에 사람의 눈에는 별이 움직이지 않고 늘 같은 자리에 있는 것처럼 보여요. 그래서 옛날 사람들은 별을 이어 모양을 만들고 이야기를 붙여 주었지요. 이렇게 지구에서 바라본 별의 위치를 이은 것을 **별자리**라고 해요. 별은 아주 느리게 움직이기 때문에, 오늘날에도 고대에 이름 붙인 별자리의 모습을 거의 그대로 관측할 수 있답니다.

가을에는 사자자리가 안 보인다고요?

별은 오랜 시간에 걸쳐 천천히 움직이지만 별자리는 금방 바뀌어요. 밤낮이 바뀌고 계절이 바뀔 때마다 별자리의 위치가 바뀌거든요. 봄철 초저녁에 보이는 사자자리는 가을철 밤하늘에 보이지 않아요. 여름철 저녁에 보이는 거문고자리는 겨울철 저녁에 보이지 않지요. 왜 그럴까요?

사자자리   거문고자리

이는 지구가 **자전**과 **공전**을 하고 있어서 일어나는 현상이에요. 지구는 북극과 남극을 잇는 가상의 축을 중심으로 하루에 한 바퀴 자전해요. 지구가 자전하기 때문에 낮과 밤이 생기지요. 지구는 서쪽에서 동쪽으로 자전하기 때문에, 태양과 별자리가 동쪽에서 떠서 서쪽으로 지는 것처럼 보이는 거예요. 또 지구는 태양 주위를 약 1년에 한 바퀴씩 타원으로 공전해요. 지구의 자전축이 기울어진 상태로 공전하기 때문에 태양이 비추는 각도가 달라져 계절이 생겨요. 우리가 버스를 타고 건물을 지나가면 마치 건물이 뒤로 가는 것처럼 보이는 것과 마찬가지로, 지구가 공전하기 때문에 별자리가 지구가 공전하는 방향의 반대로 움직이는 것처럼 보이는 것이지요.

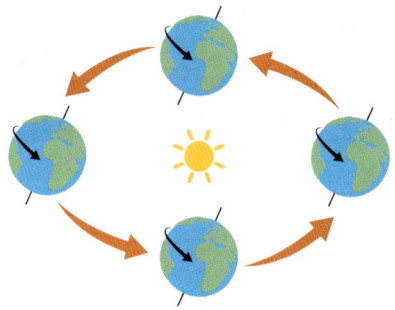

지구의 자전과 공전

핵심과학용어사전

자전 지구가 하루에 한 바퀴씩 스스로 도는 운동. 이 때문에 별들은 동쪽에서 떠서 서쪽으로 지는 것처럼 보인다.

공전 지구가 태양을 중심으로 약 365.2422일에 한 바퀴씩 도는 운동. 이 때문에 여름철에 볼 수 있는 별자리와 겨울철에 볼 수 있는 별자리가 다르다.

상상 속 거대한 돔, 천구

옛날 천문학자들은 별이 지구를 둘러싼 거대한 구의 표면 위에 놓여 있다고 생각했다. 관측자가 지구에서 하늘을 바라볼 때 하늘이 거대한 돔과 같은 모양이라고 상상해 보자. 별들이 마치 그 돔의 표면에 있는 것처럼 보일 것이다. 이러한 상상 속의 거대한 돔을 '천구'라고 한다.

별은 실제로 지구로부터 아득히 먼 거리에 있지만, 우리는 별을 천구의 표면에 있는 것처럼 관찰한다. 사람들은 천구에 별의 위치를 표시하기 위해 지구의 북극, 남극, 적도를 천구로 연장한 지점에 각각 천구의 북극, 천구의 남극, 천구의 적도를 표시해 활용하고 있다. 천구를 활용하면 특정한 별자리나 천체가 하늘 어디에 있는지를 표시할 수 있고, 망원경으로 특정한 천체를 쉽게 찾을 수 있다.

천구의 상상도

과학 6-1 | 지구의 운동 | 날짜와 시간

지구의 운동 때문에 1년과 한 달이 정해졌다고요?

지구과학 연구원 지지리의 관찰일지

◆ 5월 8일 ◆날씨: 비 ◆관찰 장소: 커다란 달력 앞

지구인은 거의 모두 아침에 일어나고 밤이 되면 잔다. 그렇다 보니 해와 달이 뜨고 지는 시간에 민감하다. 또 지구인들은 약속을 잡고 날짜에 맞춰 행동하기를 좋아한다. 그래서 규칙을 정해 날짜와 달력을 발명해 냈다. 그런데 달력을 살펴보니 각종 절기나 명절부터 누가 태어나고 죽은 날까지 다 날짜로 정해 둔 것이 아닌가! 깐깐한 지구인들! 그러지 말고 빨간색으로 된 쉬는 날이나 더 늘려 주라. 외계인도 지구인이랑 같이 쉬게!

지구의 공전 때문에 1년이 365일이 되었다고요?

1년이 365일로 정해진 이유는 지구의 공전 주기를 기준으로 삼았기 때문이에요. 지구가 태양 주위를 한 바퀴 도는 데 걸리는 시간은 사실 365일이 아니라 약 365.2422일이에요. 365일을 뺀 나머지 0.2422일은 정확히 하루로 계산하기 어려운, 남는 날이에요. 하지만 이 0.2422일을 무시하면, 매년 남는 날이 쌓여서 나중에는 날짜를 계산하기 어려워질 거예요. 이 문제를 해결하기 위해 사람들은 매년 남는 0.2422일을 모아서 4년마다 하루를 추가하고 있어요. 이렇게 4년마다 돌아오는 1년이 366일인 해를 윤년이라고 불러요.

지구의 공전 주기를 기준으로 1년의 길이를 정한다

고대 로마 공화국의 율리우스 카이사르가 기원전 46년에 만든 율리우스력은 최초로 윤년의 개념을 적용한 달력이에요. 그러나 계산에 약간 오차가 있어, 이 오차가 누적된 끝에 1582년에는 실제 날짜와 달력의 날짜가 10일이나 차이 나게 되었어요. 새로 만들어진 달력, 그레고리력은 이 오차를 바로잡기 위해 1582년을 355일로 정하는 수밖에 없었어요. 그레고리력은 율리우스력의 윤년 규칙을 더 정확하게 다듬은 달력으로, 오늘날 쓰이는 달력이 바로 그레고리력이랍니다.

10월						
일	월	화	수	목	금	토
	1	2	3	4	15	16
17	18	19	20	21	22	23
24	25	26	27	28	29	30
31						

1582년 10월 로마의 그레고리력

한 달은 왜 30일이었다가 31일이었다가 해요?

고대 이집트와 메소포타미아 문명의 사람들은 달의 주기를 기준으로 한 달을 계산했어요. 태양, 지구, 달이 이루는 각도에 따라 달의 모양이 주기적으로 변하는데, 이를 달의 위상이라고 해요. 달의 위상이 한 바퀴 돌아오는 주기는 약 29.53일이에요. 즉 둥근 보름달을 보고, 29.53일이 지나야 다시 보름달을 볼 수 있다는 뜻이에요. 옛날 사람들은 이를 보

고대 이집트의 달력

고 한 달을 30일로 정했지요.

이후 고대 로마 공화국의 율리우스력과 그레고리력에서는 1년을 약 365일로 보고, 한 달을 평균 30.4일로 계산했어요. 이때 왕을 기리거나 중요한 사건이 있는 달 등 정치적, 문화적으로 의미가 있는 달을 31일로 정해 1년의 날수를 맞춘 것이 지금까지도 사용되고 있는 거랍니다. 이렇게 보니 달력은 과학과 역사가 복잡하게 얽힌 퍼즐 같지 않나요?

> **핵심과학용어사전**
>
> **그레고리력** 오늘날 세계 대부분의 나라에서 사용하는 달력 시스템. 교황 그레고리오 13세에서 이름을 따왔다. 율리우스력의 윤년 오차를 수정해 도입했으며, 1582년 10월 4일 다음 날을 10월 15일로 조정하여 오차를 없앴다. 그래서 1582년 10월 5일부터 10월 14일은 존재하지 않는 날짜가 되었다.

하루가 24시간인 이유

지구는 스스로 하루에 한 바퀴씩 돌고 있다. 이 움직임을 자전이라고 한다. 자전 덕분에 지구에 낮과 밤이 생기는 것이다. 옛날 사람들은 이 낮과 밤을 나눠 시간을 정하려 했다. 고대 이집트 사람들은 해가 떠 있는 시간과 해가 진 뒤의 시간을 각각 12등분 해서, 하루를 24시간으로 나눴다. 이 방식이 지금까지 이어져 우리도 하루를 24시간으로 쓰고 있다. 고대 바빌로니아 사람들은 숫자를 셀 때 60을 기준으로 하는 60진법이라는 숫자 체계를 사용했는데, 이 체계가 시간 단위에 영향을 주어 1시간은 60분, 1분은 60초가 되었다. 한참이나 시간이 흘러 시계가 발명되고, 오늘날에는 시간을 더 정밀하게 측정할 수 있게 되었지만 우리는 여전히 하루를 24시간, 1시간을 60분, 1분을 60초로 나누는 시간 단위를 사용하고 있다.

| 과학 6-1 | 지구의 운동 | | 계절별 별자리 |

계절마다 밤하늘에 다른 도형이 보인다고요?

지구과학 연구원 지지리의 관찰일지

◆ 12 월 15 일 ◆ 날씨: 맑음 ◆ 관찰 장소: 공원

지구의 도시는 별자리를 자세히 살펴보기 힘든 곳이지만, 맑은 날 밤에는 별자리를 종종 찾아볼 수 있다. <u>별자리는 계절마다 다르게 보인다.</u> 지구의 공전과 자전으로 인해 우리가 바라보는 하늘의 방향이 달라지기 때문이다. 계절을 대표하는 밝은 별을 모으면 도형을 그릴 수도 있다. 이 도형만 찾으면 계절을 대표하는 별을 찾고 이름을 기억하는 것도 식은 죽 먹기다. 봄에는 대곡선, 여름과 겨울에는 삼각형, 가을에는 사각형을 찾을 수 있다. 그나저나 어젯밤 쌤들과 같이 봤던 별자리는 뭐였을까? 아임스타인 박사님을 닮은 것 같기도 한데….

지구과학 **439**

봄과 여름의 밤하늘 도형은 뭘까요?

계절마다 밤하늘에 뜨는 별도 달라져요. 그중 특히 밝게 빛나는 별을 이어 만든 도형을 **밤하늘 도형**이라고 해요. 계절별 밤하늘 도형을 알면 밤하늘의 위치를 알고 별자리를 찾을 수 있어요. '봄의 대곡선'은 봄철 밤하늘에서 보이는 밝은 별을 연결한 곡선 형태의 밤하늘 도형이에요. 북두칠성의 국자 손잡이 부분에서 시작해 목동자리의 아크투르스, 처녀자리의 가장 밝은 별 스피카까지 이어져요. 아크투르스와 스피카를 사자자리의 데네볼라와 연결해 '봄의 대삼각형'을 만들기도 해요.

'여름의 대삼각형'은 백조자리의 데네브, 독수리자리의 알타이르, 거문고자리의 베가를 연결한 삼각형이에요. 알타이르는 '견우성', 베가는 '직녀성'으로 부르기도 해요. 은하수 사이로 두 별이 떨어져 있는데, 칠석이면 견우와 직녀가 까마귀와 까치가 만든 오작교 위에서 만난다는 전설에서 따온 이름이에요. 데네브와 알타이르를 찾으면 은하수가 그 사이에 있으리라 짐작할 수 있어요.

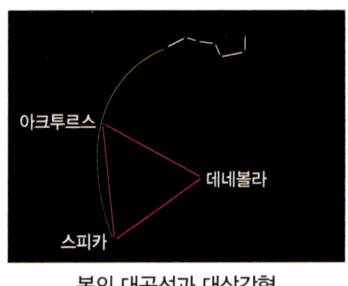
봄의 대곡선과 대삼각형

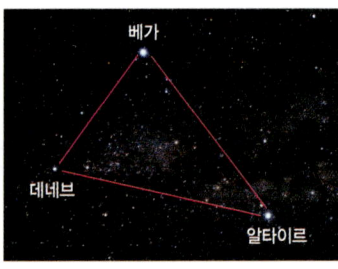
여름의 대삼각형

가을과 겨울의 밤하늘 도형은 뭘까요?

가을에는 밝은 별이 많지 않아서 자세히 봐야 별자리를 찾을 수 있어요. '가을의 대사각형'은 페가수스자리의 마르카브, 쉬트, 알게니브와 안드로메다자리의 알페라츠를 이은 사각형이에요. 가을 하늘에서 북극성을 찾을 수 있다면 아마 가을의 대사각형도 쉽게 찾을 수 있을 거예요.

겨울은 별자리를 관찰하

가을의 대사각형

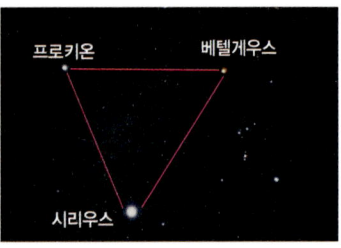
겨울의 대삼각형

기 가장 좋은 계절이에요. '겨울의 대삼각형'은 직각 삼각형에 가까운 여름의 대삼각형과 달리 정삼각형 모양이에요. 큰개자리의 시리우스, 오리온자리의 베텔게우스, 작은개자리의 프로키온을 연결하지요. 이 중 시리우스는 겉보기 등급을 기준으로 밤하늘에서 가장 밝은 별이에요. 시리우스와 함께 프로키온, 폴룩스, 카펠라, 알데바란, 리겔을 이어 '겨울의 대육각형'도 만들 수 있답니다.

> **핵심과학용어사전**
>
> **은하수** 지구에서 바라본 우리 은하의 중심부. 수많은 별과 성간 물질인 가스, 먼지 등으로 이루어져 있다. 희미한 띠 모양이나 흐릿한 구름처럼 보인다. 북반구에서는 여름철에, 남반구에서는 겨울철에 가장 잘 관측할 수 있다.

겉보기 등급과 절대 등급

별의 등급은 별의 밝기를 나타내는 척도이다. 고대 그리스의 천문학자 히파르코스가 처음 제안한 뒤 오늘날까지 사용되고 있다. 별의 등급은 겉보기 등급과 절대 등급으로 나뉜다. '겉보기 등급'은 지구에서 사람의 눈으로 봤을 때 별의 밝기이다. 등급이 낮을수록 더 밝고, 1등급마다 약 2.5배씩 밝아진다. 예를 들어 1등급 별은 2등급 별보다 약 2.5배 더 밝다. 한편, 별은 멀리 있을수록 더 어둡게 보이므로 겉보기 등급으로 별의 실제 밝기를 비교하기는 힘들다. 그래서 별이 모두 같은 거리에 있다고 생각하고 밝기를 비교하는 절대 등급도 사용하고 있다. '절대 등급'은 모든 별이 32.6광년 거리에 있다고 가정하고 밝기를 비교한다.

태양은 겉보기 등급이 −26.74로 하늘에서 제일 밝은 천체이며, 시리우스는 겉보기 등급이 −1.46으로 두 번째로 밝다. 그러나 절대 등급으로 비교하면 태양은 4.84, 시리우스는 1.4이다. 태양은 우리 가까이 있어 밝게 보이지만 실제로 시리우스보다 어두운 별인 셈이다.

별의 겉보기 등급

| 과학 6-2 | 계절의 변화 | | 태양의 고도 |

조선 시대에도 시계가 있었다고요?

 **지구과학 연구원 지지리의 관찰일지**

◆ 1월 24일 ◆ 날씨: 맑음 ◆ 관찰 장소: 운동장

시계는 왜 필요할까? 지구인들이 서로 만나고 약속하기 위해서가 아닐까? 시계가 없으면 지구인이든 외계인이든 서로 만나기가 어렵다. 시간에 맞춰 밥을 먹는 것도, 제 시간에 일어나 학교나 회사에 가는 것도 어렵다. 아무것도 제 시간에 맞춰 할 수 없는 것이다. 또 라면을 끓일 때 끓는 물에 면과 분말수프를 넣고 나서 얼마나 더 끓여야 할지도 알 수 없다. 시계로 시간을 확인하는 게 이렇게 중요한 일일 줄이야. 해시계를 만든 과거의 지구인들에게 감사해야겠는걸?

세종대왕이 만든 해시계가 있다고요?

조선 시대 사람들은 하루를 자, 축, 인, 묘, 진, 사, 오, 미, 신, 유, 술, 해의 십이지로 나눠 시간을 나타냈어요. 하나의 시는 두 시간인데, 이를 다시 한 시간씩 나눠 앞의 한 시간을 '초', 뒤의 한 시간을 '정'이라고 불렀지요. 오늘날에도 쓰이는 '자정'이라는 표현은 여기서 온 거예요.

띠	시간	띠	시간
자(子)	23~1시	오(午)	11~13시
축(丑)	1~3시	미(未)	13~15시
인(寅)	3~5시	신(申)	15~17시
묘(卯)	5~7시	유(酉)	17~19시
진(辰)	7~9시	술(戌)	19~21시
사(巳)	9~11시	해(亥)	21~23시

조선 시대의 시간 구분

1434년, 세종대왕은 이러한 시간 체계를 한눈에 볼 수 있도록 장영실을 비롯한 여러 학자와 함께 해시계인 앙부일구를 만들었어요. 지구는 자전하고 공전하기 때문에 시간에 따라 태양의 위치가 달라지고, 계절에 따라 태양의 고도가 달라져요. 앙부일구는 이러한 태양의 움직임을 이용해 시간과 절기를 알려 주는 시계였답니다.

앙부일구

시간을 알려 주는 앙부일구의 가로선과 세로선

태양의 위치가 계속 변한다고요?

해가 잘 드는 자리에 막대를 세우고, 하루 동안 그림자의 길이가 어떻게 변하는지 살펴보면 태양의 움직임을 알 수 있어요. 태양은 아침에 동쪽에서 떠오른 뒤 남쪽 하늘을 지나 서쪽으로 져요. 태양이 정확히 남쪽에 위치했을 때를 태양이 **남중**했다고 해요. 태양이 남중했을 때가 하루 중 태양의 고도가 가장 높은 순간이에요. 태양의 고도가 높아질수록 그림자 길이는 짧아지고 기온은 올라가요. 태양의 고도가 낮아질수록 그림자 길이는 길어지고 기온도 떨어지지요. 태양의 고도는 아침부터 점점 높아져 정오에 가장 높고, 다시 점점 낮아져요.

이는 지구가 자전하면서 태양이 동쪽에서 서쪽으로 움직이는 것처럼 보이기 때문이에요. 지구의 자전은 지구에 낮과 밤이 있는 이유인 동시에, 하루 동안 태양의 고도가 변화하는 원인이 돼요.

태양의 고도가 가장 높을 때

태양의 고도가 낮아졌을 때

핵심과학용어사전

십이지 동아시아의 천문학과 점성술에서 사용하는 12마리 동물. 쥐, 소, 호랑이, 토끼, 용, 뱀, 말, 양, 원숭이, 닭, 개, 돼지를 상징하는 한자로 표현된다.

해시계는 언제 어디서나 정확할까?

오늘날 우리는 전 세계 어디에서든 잘 맞는 전자시계나 스마트폰으로 시간을 확인한다. 하지만 옛날의 해시계는 장소나 날씨에 따라 사용할 수 없는 때가 많았다. 구름이 많거나 비 오는 날에는 해가 뜨지 않아 해시계를 사용하지 못했다. 또 주변의 높은 건물에 해가 가려지면 사용할 수 없었다. 이동하면서 시간을 측정하기도 힘들었고, 서울을 측정 기준으로 잡아 다른 지역에서는 시간 오차가 조금씩 있었다.

세종 때 앙부일구 외에도 여러 해시계가 만들어졌다. 천평일구라는 휴대용 해시계는 앙부일구보다 단순한 형태로, 이동하는 중에도 태양의 그림자를 이용해 시간을 알 수 있었다. 이동하면서 시간을 측정하기 힘들다는 단점을 보완한 유용한 해시계였다. 이 외에도 현주일구, 정남일구 등의 해시계도 있었지만 임진왜란 때 모두 사라져 정확한 모습을 알 수 없다.

천평일구 복원도

과학 6-2 | 계절의 변화　　　계절의 원인

지구가 기울어져서 계절이 생긴다고요?

지구과학 연구원 지지리의 관찰일지

◆ 1월 28일　◆날씨: 구름 많음　　◆관찰 장소: 모형 지구본 위

지구는 참 재미있는 곳이다. 어떤 곳은 1년 내내 덥고, 어떤 곳은 1년 내내 춥다. 또 어떤 곳은 봄, 여름, 가을, 겨울처럼 계절이 바뀐다. 이런 차이가 생기는 건 **지구가 태양 주위를 돌기 때문**이다. 나의 어마어마한 관찰력으로 볼 때 지구는 특히 약간 기울어진 채로 태양 주위를 돌고 있어서, 위치에 따라 태양 빛을 받는 양이 달라진다. 태양 빛을 많이 받는 지역은 여름이 되고, 적게 받는 지역은 겨울이 되는 것이다. 만약 지구가 똑바로 서서 태양을 돈다면 추운 지역은 항상 춥고 더운 지역은 항상 더웠을 것이다. 그러면 계절도 사라졌겠지?

지구과학　**445**

여름에는 왜 낮의 길이가 긴가요?

여름일 때와 겨울일 때 각각 해가 뜨는 모습을 본 적이 있나요? 여름에는 해가 일찍 떠서 새벽부터 눈부시고 해가 늦게 져서 오후 7시까지도 바깥이 환해요. 하지만 겨울에는 해가 늦게 떠서 아침에도 깜깜하고 해가 일찍 져서 오후 5시만 되어도 어두워요. 이렇게 여름에 낮이 길고, 겨울에 낮이 짧은 이유는 바로 지구의 자전축이 기울어졌기 때문이에요.

지구는 태양 주위를 자전하면서 공전해요. 그런데 지구가 태양 주위를 공전할 때, 지구의 자전축은 똑바르게 서 있지 않아요. 태양 주변을 도는 축을 기준으로 23.5° 정도 기울어져 있지요. ==지구가 기울어졌기 때문에 태양의 각도와 지구의 위치가 변하면서 계절이 나타나는 거예요.==

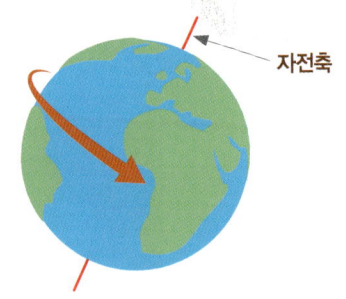

지구의 자전축이 기울어져 있어 계절이 생긴다

지구가 똑바로 서 있으면 어떻게 되나요?

가운데에 전등을 두고, 내가 그 주위를 돌고 있다고 생각해 볼까요? 전등을 중심으로 내가 똑바로 서서 돈다면, 전등 주위를 한 바퀴 도는 동안 받는 빛의 양은 일정할 거예요. 지구도 마찬가지예요. 지구의 자전축이 기울어지지 않고 똑바로 선 채로 태양 주위를 돈다면, 태양 빛이 지구에 일정하게 들어오기 때문에 큰 온도의 변화도, 계절의 변화도 일어나지 않아요. 자전축이 똑바로 서 있으면 태양이 수평으로 지구 주위를 뜨고 지는 것처럼 보일 거예요. 각 지역마다 태양의 고도도 똑같이 유지되겠지요.

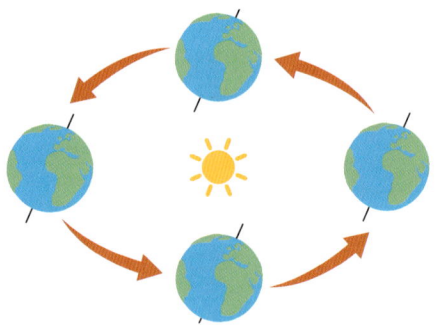

지구의 자전축과 공전에 의해 생기는 계절

하지만 지구는 약간 기울어진 채로 공전하고 있어요. 전등 주위를 돌 때 머리를 전등 쪽으로 기울인 채 돈다면 머리가 우리 몸의 다른 곳보다 빛을 더 많이 받아 밝을 거예요. 반대로 머리를 전등 반대쪽으로 기울인 채 돈다면 머리가 우리 몸의 다른 곳보다 빛을 더 적게 받아 어두울 거예요. 지구가 기울어진 채로 공전하기 때문에 햇빛은 지구 표면에 고르게 도달하지 않아요. 태양 쪽으로 기울어진 곳에는 빛이 많이 들어오고, 그렇지 않은 곳에는 빛이 적게 들어오지요. 계절마다 들어오는 빛의 양이 달라져서 여름에는 덥고, 겨울에는 추운 날씨가 나타나는 거예요.

자전축 공전하는 평면에 대해 23.5° 기울어져 있는 지구의 회전축. 공전 주기 동안 일정한 각도로 기울어져 있다.

태양의 고도 태양이 지표면에서 얼마나 높이 떠오르는지를 각도로 측정한 것. 태양의 고도는 낮에 가장 높고, 겨울보다 여름에 더 높다. 지구 자전축이 태양을 향해 기울어지는 북반구의 여름에는 태양의 고도가 높다.

다른 행성에도 계절이 있을까?

다른 행성에도 지구처럼 계절이 존재한다. 화성은 지구와 자전축의 기울기가 비슷한 행성이다. 그래서 화성의 계절도 지구와 비슷하게 변한다. 화성의 남극과 북극에 있는 빙하인 극관은 화성의 극지방이 겨울일 때 커지고, 여름일 때 줄어든다. 토성도 지구와 자전축의 기울기가 비슷하다. 그러나 지구보다 태양 주위를 더 크게 공전해서 지구보다 한 계절의 길이가 길다. 토성의 공전 주기는 29.46년이므로 한 계절이 7년 이상 지속되는 것이다. 한편 토성의 자전 속도는 지구보다 빠른 10시간 30분이라서 하루가 훨씬 짧다.

목성은 자전축의 기울기가 거의 없어 계절도 거의 없다. 천왕성은 지구와 화성보다 자전축이 훨씬 더 기울어져서 극단적인 계절이 나타난다. 이렇듯 행성의 계절은 자전축의 기울기에 따라 달라진다.

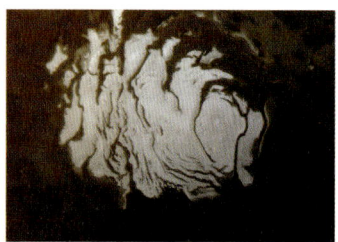

극관이 줄어든 여름철 화성의 남극

여름철 토성의 북반구에서 관측되는 폭풍

과학 6-2 | 계절의 변화 　　　　　　　　　계절 변화의 원인

크리스마스에 여름인 나라가 있다고요?

지구과학 연구원 지지리의 관찰일지

◆ 2월 3일　◆날씨: 눈　　　◆관찰 장소: 박사님의 비밀 연구실

봄, 여름, 가을, 겨울! 사계절은 이름도 다 예쁘고, 제각기 다른 매력이 있다. 봄 하면 따뜻한 바람과 예쁜 꽃이 생각나고, 여름 하면 생기 넘치는 풀밭과 매미 소리가, 가을 하면 알록달록 단풍으로 물든 산이, 겨울 하면 눈이 소복하게 쌓인 조용한 풍경과 따끈한 코코아가 떠오른다. 이렇게 계절이 생기는 이유는 지구가 기울어진 채 공전하기 때문이라고 한다. 위치에 따라 받는 태양 빛의 양이 달라져서 계절이 생기는 것이다. 그런데 어떤 나라는 크리스마스가 여름이라고 한다. 그러면 산타할아버지가 썰매를 어떻게 타지?

북반구와 남반구는 계절이 반대라고요?

지구의 북반구는 여름에 태양 빛을 직접 받아요. 그래서 태양이 더 높이 뜨는 것처럼 느껴지지요. 여름에는 북반구에서 보이는 태양의 고도가 높아지고, 태양이 오래 떠 있는 만큼 낮이 길어져요. 지구가 태양을 향해 이마를 내민 것처럼 말이에요. 반대로 겨울에는 북반구에서 보이는 태양의 고도가 낮아지고, 태양이 짧게 떠 있어 낮이 짧아져요. 이는 지구가 태양을 향해 턱을 내민 것과 비슷해요.

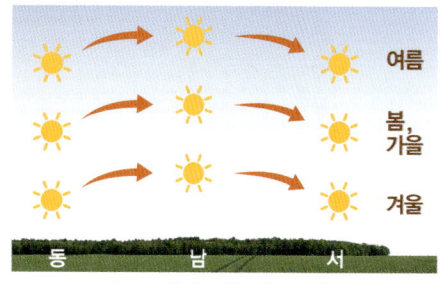

북반구 계절별 태양의 고도 변화

그런데 북반구인 우리나라가 여름을 보내는 동안 남반구는 추운 겨울을 보낸답니다. 지구가 이마를 내밀어 북반구의 낮이 길어지면, 반대로 턱 부분의 남반구는 해가 짧아지는 거예요. 북반구에 있는 우리나라가 한창 더운 여름인 8월에 남반구에 있는 호주는 겨울이랍니다. 반대로 우리나라가 겨울인 12월에 호주는 여름이지요. 그래서 호주의 크리스마스는 한여름이랍니다.

태양 빛에 따라 계절이 달라진다고요?

지구의 북쪽과 남쪽 중 한쪽이 태양 빛을 더 많이 받으면 그쪽이 여름이 돼요. 반대로 태양 빛을 덜 받는 곳은 겨울이 돼요. 그래서 북반구가 8월에 여름이라면, 남반구는 8월에 겨울이 되지요. 이는 태양과 지구 사이의 거리 때문이 아니라, 지구의 자전축이 기울어졌기 때문에 발생하는 거예요.

태양과 지구의 거리는 지구가 태양 주위를 공전하면서 변해요. 지구는 태양을 타원으로 공전하는데, 12월에 지구와 태양의 실제 거리가 가장 가까워요. 하지만 북반구는 지구가 태양과 가까워질 때 오히려 겨울이 된답니다. 기울어진 지구의 자전축이 태양과 멀리 떨어진 모습이 되기 때문이에요. 태양과의 거리가 가까워져도 남반구보다 들어오는 빛의 양이 적

지구과학 **449**

어지지요. 반대로 남반구는 들어오는 빛의 양이 많아져 여름이 된답니다.

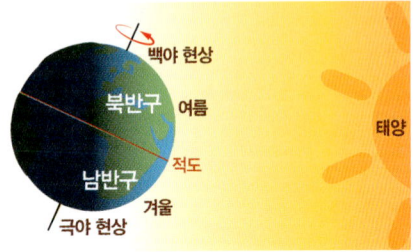

북반구와 남반구의 8월 계절

북반구와 남반구의 12월 계절

핵심과학용어사전

백야 위도 48.5° 이상인 지역에서 여름 동안 해가 지지 않아 밝아지는 현상. 태양의 최저 고도가 -18° 이상일 때 일어난다.

극야 위도 66.5° 이상의 지역에서 겨울 동안 해가 뜨지 않아 어두워지는 현상. 태양의 최고 고도가 0° 이하일 때 일어난다.

백야와 극야

　백야와 극야는 북극과 남극 같은 극지방에서 발생하는 현상이다. 지구의 자전축이 기울어져 있어서 극지방은 지구의 공전에 따라 태양을 계속 바라보거나, 태양과 반대 방향을 바라본다. 지구의 자전축이 태양과 가까운 쪽으로 향하는 여름에는 극지방에서 일정 기간 해가 지지 않는 현상이 일어난다. 해가 완전히 지지 않아 한밤중에도 초저녁처럼 밝다. 이것을 백야라고 한다.

　반대로 지구의 자전축이 태양과 먼 쪽으로 향하는 겨울에는 극지방에서 일정 기간 해가 떠오르지 않는 극야 현상이 일어난다. 해가 뜨지 않아 더 춥고, 한낮에도 어둑하다. 극지방과 가까운 나라에서도 백야와 극야를 경험할 수 있다. 사람들은 백야와 극야에서도 일상생활을 이어 가기 위해 다양한 활동을 한다. 백야에는 활동 시간을 더 늘리고 축제를 열며, 극야 기간에는 밤을 즐기는 활동을 늘리거나 휴식 시간을 늘리고 있다.

자정에도 해가 지지 않는 남극의 백야

정오에도 어두운 노르웨이의 극야

| 과학 6-2 | 계절의 변화 | 기후 변화

기후 변화 때문에
날씨가 변하고 있다고요?

 **지구과학 연구원 지지리의 관찰일지**

◆ 2월 8일 ◆날씨: 구름 조금 ◆관찰 장소: 북극해 위

요즘 지구의 날씨가 요상해지고 있다. 분명 사계절이 뚜렷한 행성이라고 배웠는데, 올해 봄은 한 달밖에 안 되는 것 같다. 그리고 여름과 겨울이 엄청나게 길다. 이쯤 되면 이름을 사계절이 아니라 이계절로 바꿔야 하는 것 아니야? 휙휙 바뀌는 날씨에 적응을 못 하는 건 외계인만은 아닌가 보다. 어제는 2월인데 벌써 꽃을 피운 나무를 보았다. 이러다 다시 날이 추워지면 꽃이 얼고 말 텐데…. 북극과 남극이 녹고 있다는 뉴스도 봤다. 안 되겠어, 가서 직접 눈으로 보고 와야지! 북극곰아, 기다려. 내가 간다~!

그것이 알고싶다

 지구 온도가 높아지면 해수면 온도도 높아진다고요?

지구의 대기와 해양 온도는 점점 높아지고 있어요. 과학자들이 지구 표면의 온도를 측정한 뒤 평균을 냈는데, 지구의 평균 온도가 점점 높아지고 있다는 결과를 얻었지요. 이러한 현상을 **지구 온난화**라고 해요. 지구 온난화로 지구가 따뜻해지면서 극지방의 얼음과 빙하도 점점 녹고 있어요. 그 영향으로 바람의 방향이 바뀌거나 강수량이 달라지는 등 날씨와 기후도 극심하게 변화하고 있어요.

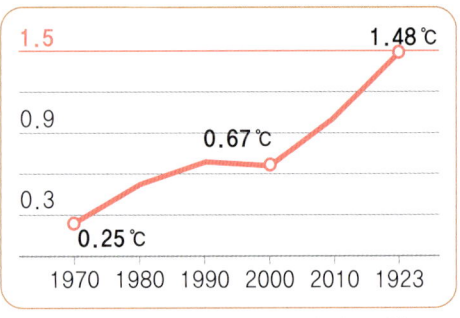

산업화 이전 대비 상승한 지구의 평균 기온

지구는 따뜻한 이불을 덮는 것과 같은 온실 효과를 누리고 있어요. 온실 효과는 지구 표면 온도를 높여 물이 존재하도록 만들고, 생명체가 살 수 있는 정도의 온도를 유지해요. 하지만 온실 효과가 심해지면 지구의 평균 기온이 올라서 생명체의 생존을 위협하게 돼요. 극지방의 얼음이 녹아 해수면이 높아지고 해안 지역과 섬이 점차 물에 잠기기도 해요. 이로 인해 동식물이 살아갈 땅도 점차 줄어들어요.

 기후가 변하면 우리의 생활도 변하나요?

기후 변화는 지구의 평균 기온이 상승하면서 강수량이 불균형해지거나 자연재해의 발생 비율이 높아지는 등 기후 패턴이 변화하는 것을 말해요. 오늘날에는 기후 변화로 가뭄이

해수면 상승으로 가라앉고 있는 투발루 푸나푸티섬

기후 변화로 일어난 파키스탄의 대홍수

나 홍수 같은 기상 재해가 더 자주 일어나고, 태풍과 대설, 폭염 등의 자연재해가 점점 증가하고 있어요.

예측할 수 없는 자연재해는 사람들에게 큰 피해를 줘요. 가뭄으로 농작물이 피해를 보거나, 홍수로 인해 사람들이 살아가는 터전이 망가지기도 해요. 인구가 밀집된 도시는 큰 피해를 입을 수도 있어요. 이렇듯 기후 변화는 점차 우리의 생활과 삶을 위협하고 있어요.

가뭄으로 낮아진 저수지의 수위

핵심과학용어사전

기후 변화 지구의 평균 기온이 상승하면서 나타나는 기후 패턴의 변화. 인간 활동과 화석 연료 사용 등의 인위적 요인과 화산 폭발, 태양 에너지 변화 등의 자연적 요인을 포함한다.

이산화 탄소 농도와 기후 변화

산업 혁명 이전에는 온실 효과를 일으키는 이산화 탄소 농도가 안정적으로 유지되었다. 화산 활동과 생물 호흡으로 나오는 이산화 탄소, 바닷속에 녹거나 대기 중에 방출되는 이산화 탄소가 균형을 이루었다. 하지만 산업 혁명 이후부터 이산화 탄소 농도가 높아지며 온실 효과가 가속되었고, 기후 변화도 심해지고 있다.

이산화 탄소 농도가 높아지면 생명체도 큰 피해를 받는다. 지구가 더워지면서 이산화 탄소가 물에 녹아 바다가 산성화된다. 이로 인해 산호초와 조개 같은 생물이 바다에서 살 수 없게 된다. 바다의 산성화로 인해 산호의 골격을 이루는 탄산 칼슘이 줄어들고, 산호는 사람의 골다공증과 같은 증상을 겪는다. 또 지구 온난화로 인한 수온의 상승으로 정상적인 산호들이 파괴되어 산호 군락이 무너진다. 산호 속에 숨어 살아가던 수많은 바다 생물이 보금자리를 잃게 되는 것이다.

공장에서 내뿜는 이산화 탄소의 모습

바다의 산성화로 하얗게 죽어 가는 산호초

과학 4-2 　 과학과 사회 　 　 지구 온난화

인간 때문에 기후 변화가 생겼다고요?

비행기로 이동하니까 얼마나 편한지 몰라~!

유후~♪

쌩~

비행기는 기차보다 이산화 탄소를 20배 넘게 배출한다는 사실, 알고 계신가요?

지구과학 연구원 지지리의 관찰일지

◆ 2월 14일　◆날씨: 맑음　　◆관찰 장소: 하늘 위

에스토니아라는 나라에서는 소 방귀에 세금을 매긴다고 한다. 바로 소 방귀의 메테인 성분 때문이다. 메테인은 이산화 탄소와 더불어 **지구 온난화의 주범인 온실가스** 중 하나다. 소 한 마리는 메테인을 하루에 약 300 L, 1년이면 85 kg을 내뿜는다. 전 세계 소가 약 10억 마리니, 방출되는 메테인의 양이 어마어마하다. 무려 지구에서 만드는 온실가스의 약 15 % 정도다. 숫자로만 봐도 심각하다. 소를 적게 키우고 소고기를 먹지 않으면 메테인도 줄어들까? 소가 방귀를 뀌지 못하게 할 수도 없고. 어쩌다 소가 이렇게 많아지게 된 거야?

이산화 탄소는 어디서 자꾸 생겨나나요?

이산화 탄소는 석탄, 석유, 천연가스 등 화석 연료를 태우는 과정에서 많이 발생해요. 산업 혁명 이후 공장에서 화석 연료를 많이 사용하면서 이산화 탄소의 농도도 급격하게 증가했어요. 공장을 돌리고 자동차와 비행기를 사용하면서 인류는 이전에는 상상하지 못했던 어마어마한 이산화 탄소를 만들어 내고 있어요. 지금도 이산화 탄소 농도는 계속 증가하고 있어요.

운송 수단의 발달로 방출되는 이산화 탄소

물론 산업 혁명이 일어나기 전 농경 시대에도 이산화 탄소를 비롯한 온실가스가 만들어졌어요. 주로 소가 내뿜는 메테인이었지요. 하지만 농경 시대의 사람들이 농사를 짓기 위해 키우던

공장식 축산으로 소를 기르는 모습

소의 수는 오늘날의 공장식 축산에서 사육하는 소의 수와는 비교도 되지 않았어요. 인류가 공장식 축산으로 어마어마한 수의 소를 사육하면서 메테인과 이산화 탄소가 더 많이 발생하게 되었지요.

도시가 늘어나면 기온도 오른다고요?

나무는 이산화 탄소를 흡수하고 산소를 배출해요. 그래서 온실가스를 줄이고 기후 변화를 완화하는 중요한 요소예요. 오늘날 삼림이 파괴되지 않았다면, 나무가 이산화 탄소를 흡수하고 저장해서 이산화 탄소 농도가 급격하게 높아지지 않았을지도 몰라요. 하지만 사람들은 삼림을 파괴하고 도시를 만들었어요. 건축 자재로 쓰기 위해 나무를 베고, 목장을 만들기 위해 숲을 파괴했지요. 숲이 사라지면서 자연적으로 감소하는 이산화 탄소의 양이 줄어들었어요.

지난 150년 동안 지구의 평균 기온은 약 1℃ 상승했어요. 얼마 오르지 않은 것처럼 보이지만, 이 1℃로 인해 산불, 홍수, 가뭄 등의 피해가 점점 커지고 있으니 앞으로는 지구의 기온이 오르지 않도록 우리 모두 노력해야겠지요?

황무지가 된 브라질의 숲

목장을 만들기 위해 숲을 벌채한 모습

핵심과학용어사전

빙하 코어 극지방의 눈이 녹지 않고 계속 쌓여 만들어진 두꺼운 얼음층. 이렇게 만들어진 얼음에는 당시의 공기가 기포 형태로 보존되어 있다. 이 얼음의 성분을 분석해 대기 환경을 알 수 있다.

이산화 탄소 농도를 측정하는 법

오늘날에는 세계 곳곳에 설치한 다양한 장비로 이산화 탄소 농도를 측정한다. 하지만 이런 장비가 없던 과거의 이산화 탄소 농도는 어떻게 알아낼까? 바로 얼음층 분석을 통해서이다. 남극과 그린란드의 얼음층은 눈과 공기가 쌓이고 눌려 얼음이 된 것이다. 층 아래로 갈수록 오래된 공기가 갇혀 있다. 이 얼음층을 수직으로 뚫어 빙하 코어를 추출하고, 이산화 탄소 농도를 분석한다. 그 결과 지난 80만 년 동안의 대기 중 이산화 탄소 농도가 오늘날보다 낮았다는 사실, 산업 혁명 이후 이산화 탄소 농도가 급격히 증가했다는 사실을 알게 되었다.

미래의 이산화 탄소 농도는 다양한 방법으로 예측할 수 있다. 대기, 해양뿐 아니라 지표에서 일어나는 기상 현상과 공기 상태를 분석해 예측한다. 인간 활동이 지금처럼 유지되면 온실가스는 갈수록 더 많아질 것으로 예측된다. 온실가스가 더 늘어나지 않도록 전 세계적인 노력이 필요하다.

남극의 두꺼운 얼음층

빙하 코어를 분석하는 과학자

| 과학 4-2 | 과학과 사회 | | 기후 위기 |

기후 변화가 아니라 기후 위기라고요?

지구과학 연구원 지지리의 관찰일지

◆ 2월 22일　◆ 날씨: 비　◆ 관찰 장소: 홍수 피해 현장

아임스타인 박사님이 심각한 얼굴로 갑자기 없던 강이 생겼다며 가 보자고 하셨다. 알고 봤더니 비가 너무 많이 와서 마을에 홍수가 난 거였다. 온 마을에 흙탕물이 넘실대고, 마을 주민들이 망연자실한 표정으로 대피소에 모여 있는 광경을 보니 마음이 절로 무거워졌다. 비가 오기 전에 미리 막을 수 없었을까? 박사님은 기후 위기 때문에 이런 일이 생기는 거라고 말씀하셨다. 비가 점점 더 많이, 세게 오니 바뀐 상황에 맞춰 대비도 새롭게 해야 한단다. 정말 큰일이다. 아무도 다치지 않았어야 할 텐데….

기후 변화를 왜 기후 위기라고 부르나요?

최근 국제 사회에서는 기후 변화의 심각성을 알리기 위해, 기후 변화 대신 '기후 위기'라는 용어를 사용해야 한다는 목소리가 커지고 있어요. '변화'라는 단어가 자연의 순리에 따라 기후가 변한다는 느낌을 주기 때문이에요. 오늘날 기후는 변화를 넘어서 위기 수준에 도달해 있어요. 그래서 사람들은 인류가 마주한 위험을 정확히 표현하고자 기후 위기라는 용어를 쓰자고 주장해요.

폭염, 홍수, 가뭄 등 갑작스러운 기상 현상은 사건, 사고를 불러일으켜요. 사람들의 생활이 무너지고, 해충이 많아지고, 새로운 바이러스가 탄생해 질병이 퍼지기도 해요. 농작물의 생산량에도 큰 영향을 미쳐요. 농작물의 생산량이 불규칙해지면서 가격에도 영향을 미치고, 생산자와 소비자 모두 타격을 입지요. 농작물을 공격하는 해충이 많아지면 이를 제거하고자 농약을 많이 쓰게 되고, 그러면 그 피해가 다시 사람들에게로 돌아오는 문제도 있어요. 또 바다 온도가 변하면서 물고기 서식지도 변해 어민들도 큰 피해를 봐요.

가뭄으로 말라 버린 논

기후 위기는 우리에게 어떤 피해를 주나요?

기후 위기가 심화되면서 태풍, 홍수, 산사태 등이 점점 더 자주 일어나 사람들이 살아가는 터전을 위협하고 있어요. 기후 변화로 살던 곳을 떠나는 '기후 난민'도 늘었어요. 기후 변화가 심각해지면 자연재해가 더 크게 일어나고, 환경 변화도 그만큼 빨라져요. 생태계가 변화하고 생물 다양성이 줄어드는 것은 물론 인류에게도 피해가 막심해요. 특히 사회적, 경제적으로 취약한 사람들이 더 큰 피해를 봐요.

기후 변화에 대응하기 위해 세계 여러 나라는 기후 변화 협약을 맺었어요. 기후 변화에 대한 계획을 세우고 대응하기 위해 만든 국제 협약이에요. 1997년 교토에서 열린 국제회의에서 맺은 협약인 '교토 의정서'에는 온실가스를 줄이기 위한 기간과 방법, 나라들끼리 배출권을 사고 팔 수 있는 제도가 포함되었어요. 2015년에는 프랑스 파리에서 '파리 협정'을 맺고 지구의 평균 기온이 1.5 ℃ 이상 오르지 않도록 모든 나라가 함께 노력하자고 약속했지요.

파리 협정을 채택하는 각국 대표들

핵심과학용어사전

기후 위기 지구 온난화와 기후 변화로 인해 온실가스가 지속적으로 배출되어 인류를 위협하는 상태

기후 변화 협약 기후 변화에 대응하기 위해 만든 국제 협약

기후 위기를 막기 위한 인간의 노력

인류는 다양한 방법으로 기후 위기를 막기 위해 노력한다. 먼저 화석 연료 사용을 줄이기 위해 태양광, 풍력, 수력 등을 이용해 얻는 재생 에너지의 비율을 점차 늘리고 있다. 동시에 건물, 교통수단, 공장 등 산업 설비의 효율을 높이는 방식으로 에너지 소비를 줄이고 있다.

늘어나는 자연재해에 의한 피해를 줄이는 방법도 찾고 있다. 재해에 대응하는 시스템을 점검하고 제방을 쌓는 등 기반을 늘리고 있다. 농업 기술도 새롭게 개선하고 있다. 기후 변화에 강한 작물을 만들고, 기존 작물을 더 튼튼하게 만들어 농작물 피해를 줄이는 것이다. 기후 위기 대응은 한 국가의 노력으로 해결되지 않는다. 우리가 아무리 화석 연료 사용을 줄여도 다른 나라에서 줄이지 않는다면 헛수고가 된다. 그렇기에 국제 사회는 협력하여 지속 가능한 미래를 만들기 위해 노력하고 있다.

태양광을 이용한 발전

에너지 소비를 줄이는 대중교통 이용

과학 4-2 과학과 사회　　　　기후 운동

기후 운동은 어른들만 할 수 있나요?

 **지구과학 연구원 지지리의 관찰일지**

◆ 2월 26일　◆날씨: 맑음　　◆관찰 장소: 기후 운동 현장

지구인들은 청소년이 미래의 꿈나무라고 말한다. 그런데 청소년은 미래일 뿐 아니라 지금도 함께 살고 행동하는 세대의 일부다. 사회 문제를 해결하는 주체가 어른이어야만 하는 것은 아니다. 스마트폰과 인터넷으로 많은 정보를 공유하면서, 세계 여러 곳에서 청소년들의 목소리가 높아지고 있다. 중요한 것은 나이가 아니라 마음이다. 그러니까 지구의 청소년들도 당당하게 자기 의견을 말하자! 우리 외계인도 지구를 위해 청소년들과 같이 목소리를 내겠어!

기후 위기에 대응하는 청소년 단체가 있다고요?

'미래를 위한 금요일'은 기후 위기에 대한 대책을 요구하는 세계 청소년들의 모임이에요. 스웨덴의 청소년인 그레타 툰베리는 2018년 8월, 매주 금요일마다 '기후를 위한 학교 파업'이라는 팻말을 들고 학교 대신 스웨덴 국회로 향했어요. 기후 문제를 알리기 위해 등교 거부 시위를 한 것이지요.

툰베리의 행동은 전 세계로 퍼져 나가 '미래를 위한 금요일'로 발전했어요. 2019년에는 호주, 독일, 스페인 등 92개국의 1,200여 단체가 각국에서 동시다발적으로 시위를 벌였어요. '미래를 위한 금요일' 말고도 청소년들이 환경 정의를 위해 활동하도록 교육하고 지원하는 단체, 청소년들이 주도해 정책을 제안하는 단체들이 생겨났어요.

환경 운동가 그레타 툰베리

독일에서 열린 '미래를 위한 금요일' 시위

우리나라에도 청소년 활동가 모임이 있다고요?

기후 변화에 관한 과학적 증거가 쌓이면서 기후 변화를 막기 위한 다양한 움직임이 활발해지고 있어요. 기후 위기 국제 보고서 등 기후와 관련한 정보를 누구나 쉽고 빠르게 살필 수 있게 되었고, 기후에 관한 지식도 많아졌기 때문이에요. 그러면서 기후 위기에 대응하기 위해서는 개인의 행동도 중요하지만, 정부의 정책이 변화하도록 해야 한다는 문제의식이 생겨났어요. 그래서 정부에 대응을 요구하는 단체도 늘었고, 청소년도 함께하고 있어요.

우리나라에도 '미래를 위한 금요일'과 연대하는 청소년 단체가 있어요. 바로 기후 운동 단체인 '청소년기후행동'이에요. 기후 위기 대응을 위해 정부의 정책 변화를 요구하고, 기후에 관한 인식 변화를 위해 기후 교육 캠페인 등을 벌이지요. 2020년에는 국회와 정부를 상대로 '기후 위기에 대응하지 않는 것은 기본권을 침해하는 행위'라며 헌법재판소에 헌법 소원을 제기하기도 했어요. 청소년들의 외침처럼, 지구의 미래를 위해서는 개인뿐 아니라 국가와 기업도 함께 노력해야겠지요?

지속 가능 발전 목표 2015년 국제 연합 총회에서 채택된, 2030년 달성을 목표로 하는 17개의 세계적 목표. 빈곤 근절, 불평등 해소, 기후 변화 대응 등 지구촌의 평화를 위한 목표로 구성되어 있다. 각 목표는 세부 목표로 나뉘며, 국제 사회의 여러 국가가 이를 달성하기 위해 노력하고 있다.

지속 가능 발전 목표와 청소년 행동

기후 변화는 단순한 환경 문제가 아니라 사회, 경제 문제와도 얽혀 있다. 자연재해와 환경 변화, 식량 감소 같은 문제가 기업과 국가에도 위기로 다가오기 때문이다. 기후 행동은 국제연합에서 정한 '지속 가능 발전 목표'의 13번 항목에도 포함되어 있다. 기후 변화 대응이 지속 가능한 발전을 위해서 꼭 필요하다고 여긴 것이다.

국제연합(UN)이 정한 지속 가능 발전 목표

청소년들은 자기 미래에 큰 영향을 끼칠 기후 변화 문제에 관심이 높다. 정보를 쉽게 접하고, 기후 교육을 받으며 기후 행동의 중심이 되고 있다. 소셜 미디어와 인터넷으로 정보를 빠르게 공유하며 전 세계적으로 협력한다. 이에 세계 여러 기업과 정부도 청소년들을 위해 지원하며 기후 행동을 지지하고 있다. 앞으로 더 많은 청소년이 기후 행동에 나서고, 지구를 지키기 위해 힘을 모을 것이다.

치지리의 반짝반짝 과학 이야기

별에서 온 작은 조각

우리의 몸은 무엇으로 만들어져 있을까요? 뼈, 피부, 근육, 피로 이루어져 있지요. 그리고 각각은 아주 작은 세포로 이루어져 있어요. 그보다 더 작게 쪼개어 보면, 결국 우리 몸은 원소로 이루어져 있어요. 산소, 탄소, 수소, 질소, 칼슘, 나트륨 등 물질을 구성하는 성분이 바로 원소예요. 그런데 이 원소들이 모두 어떤 별에서 만들어졌다는 사실을 아시나요?

아주 오래전, 우주에 존재하던 거대한 별이 폭발하면서 다양한 원소가 만들어졌어요. 그 원소들이 먼지처럼 우주 공간에 흩어졌다가, 다시 모여서 태양계가 만들어진 거예요. 지구에 생겨난 생명은 모두 태양계에 존재하던 원소들로 만들어졌어요. 어떻게 보면 우리는 모두 별의 구성 물질이 모여 만들어진 존재라고 할 수 있어요. 새로운 생명이 태어날 때마다 오래된 별의 조각이 또 하나의 생명으로 다시 태어나는 셈이에요. 우리가 숨 쉬는 공기도 원소로 구성되어 있으니 이 순간에도 우리는 우주의 역사와 연결되어 살아가고 있는 것이지요. 별은 단순히 빛나는 동그라미가 아니라, 우주에 존재하는 새로운 원소들이 태어나는 곳이에요. 모든 지구의 생명은 그 별에서 만들어진 물질로 이루어져 있으니, 우리는 별에서 온 반짝이는 작은 조각일지도 몰라요.

밤하늘의 별

바닷속에 잠든 공룡 화석

　공룡을 떠올려 보면 거대한 몸집으로 쿵쿵 소리를 내며 육지를 걷는 모습이 떠오르지요. 티라노사우루스, 브라키오사우루스, 벨로키랍토르 등 우리가 잘 아는 지질 시대의 공룡은 대부분 육지에서 살았어요. 그런데 해변에서 공룡 화석이 발견되었다는 소식을 종종 들을 수 있어요. 한편, 세상에서 가장 높은 에베레스트산이 있는 히말라야산맥의 중턱에서 바다에서 살았던 암모나이트와 조개 같은 생물의 화석이 발견되기도 해요. 만들어질 당시의 환경을 보존하고 있는 화석은 과거의 지형과 환경을 유추하는 데 큰 도움이 돼요. 히말라야산맥에서 발견된 암모나이트를 연구한 지질학자들은 과거에 히말라야산맥이 바다였다는 사실을 밝혀냈어요.

　어떻게 과거에는 바다였던 지역이 현재는 지구에서 가장 높은 산이 되었을까요? 지구의 땅과 바다는 끊임없이 움직이고 있기 때문에 수백만 년의 세월이 흐르면서 전혀 다른 지형으로 변화한 거예요. 육지와 바다는 지금도 아주 천천히 움직이고 있지만, 너무나 느리기 때문에 우리는 그 움직임을 느낄 수 없어요. 이런 움직임을 지각 변동이라고 한답니다. 히말라야산맥은 오늘날에도 해마다 2mm씩 높아지고 있다고 해요. 시간이 아주 많이 흐르고 나면, 지금 우리가 살고 있는 땅도 깊은 바다나 산맥 꼭대기가 될 수도 있어요. 미래의 학자들은 우리의 화석을 보고 무슨 생각을 할까요?

히말라야산맥의 에베레스트산

우주에서 떨어지는 돌, 운석

2024년 7월 25일, 캐나다의 조 벨라이덤은 강아지와 함께 산책을 하고 집에 돌아왔어요. 그런데 집 현관 근처에 무언가 세게 부딪친 흔적이 있었어요. 분필로 그린 것 같기도 한 그 자국의 정체가 궁금해 현관에 설치한 감시 카메라를 돌려 보았더니, '쿵' 소리와 함께 운석이 떨어지는 모습이 담겨 있었어요. 운석이 땅에 떨어져 충돌하는 순간을 최초로 담은 영상이었지요.

우주 공간에는 많은 돌덩이가 떠다니고 있어요. 어떤 돌은 지구 중력에 끌려와 대기를 뚫고 떨어지기도 해요. 땅에 떨어지기 전에 공기와의 마찰로 인해 불타 없어지면 별똥별(유성)이 되고, 다 타지 않고 땅까지 떨어지면 운석이라고 불러요. 대부분은 크기가 작아 별똥별이 되어 사라지지만, 커다란 운석이 떨어지면 큰 피해를 볼 수도 있어요. 지금까지 지구에 떨어진 운석 중 가장 큰 운석은 1920년 나미비아에 발견된 '호바'라는 이름의 운석이에요. 무려 60톤이나 되는 어마어마한 크기지요. 우리 집 베란다에 떨어질 수도 있냐고요? 얼마든지 일어날 수 있는 우연이에요. 실제로 2021년 캐나다에는 운석이 주택 지붕을 뚫고 들어와 잠자던 사람의 침대에 떨어진 적도 있답니다.

우주의 물질을 연구할 기회가 되기 때문에, 운석은 주로 연구 자료로 사용돼요. 어떤 물질로 구성되어 있는지에 따라서 운석의 가치도 달라져요.

박물관에 전시된 운석의 모습

초등 과학 사전 찾아보기

ㄱ

가볍다 32
가청 주파수 51
간조 363
감각 325
감각 기관 324
감염병 345
강산 227
갖춘꽃 339
갯벌 362
갯지렁이 372
겉씨식물 343
겹눈 259
계면 활성제 166
계통수 250
고기압 425
고막 48
고분자 236
고체 148
골디락스 존 405
공기 170
공유 결합 178
공전 435
광원 77
광학 현미경 292
광합성 286, 337
구름 422
규모 386
균류 294
균일 혼합물 205
그레고리력 438
극야 450
근육 309
기계적 소화 313
기공 337

기관 328
기관계 328
기권 172
기는줄기 333
기류 426
기압 172, 425
기체 148
기체의 용해 196
기체의 용해도 197
기후 267, 419
기후 변화 452
기후 변화 협약 459
기후 위기 459
꽃가루받이 301
꽃받침 339
꽃잎 339
끓는점 154
끓음 158

ㄴ

나침반 71
난생 280
날씨 268, 419
남중 443
노이즈 캔슬링 60
농도 193

ㄷ

단열 101
단열제 102
달 389
달의 바다 390
달의 위상 396

대류 98
대륙붕 369
대양의 컨베이어 벨트 375
덩이줄기 333
도체 116

ㄹ

렌즈 89
리블렛 259

ㅁ

마그마 381
만조 363
맥박 327
먹이 그물(먹이망) 304
먹이 사슬 304
면역 348
멸종 등급 307
명왕성 393
무겁다 32
무게 33, 170
무기산 226
무성화 340
물관 262, 333
물리 변화 146
물리적 재활용 209
물의 상태 변화 155
물질 139
물질의 성질 142
물체 139
미생물 298
밀도 170
밀물 362

ㅂ

바람 425
바이오 에너지 131
반도체 117
받침점 35

발아 283
발화점 230
밤하늘 도형 440
방광 256, 322
배설 321
배설 기관 321
배양 352
백야 450
변성암 407
별자리 399, 434
보호색 276
복사 99
볼록 렌즈 89
부도체 116
부엽 식물 265
부유 식물 265
부피 생장 261
분자 배열 164
분해자 300
불균일 혼합물 206
불완전 연소 232
불완전 탈바꿈 277
비늘줄기 333
비닐 235
비말 346
비생물 요소 300
비특이적 방어 작용 348
빗면 42
빙하 코어 456
빛의 굴절 86
빛의 반사 83
빛의 분산 87
빛의 산란 161
빛의 직진 80
뼈 309

ㅅ

산 215
산성 215
산성 물질 214
산성 식품 217

산소 기체　200
삼투　330
상　90
상태 변화　154
새활용　242
생물 군계　267
생물 요소　300
생물 정화　298
생산자　300
생장점　334
생체 모방 기술　258
생태계　300
생태계 평형　304
성군　398
성단　399
세균　288
세포 호흡　321
소리　44
소리굽쇠　45
소리의 높낮이　50
소리의 세기　47
소비자　300
소음　59
소화　229
소화　312
소화 기관　312
속력　108
속씨식물　343
쇄설성 퇴적암　410
수력 에너지　131
수생 식물　265
수술　339
수인 감염　346
수정　343
수평　35
순물질　206
순환 기관　318
스위치　114
스피커　45
시상화석　417
시속　111
신경계　324

심층 해류　374
십이지　444
쌍떡잎식물　331
썰물　362

ㅇ

안갖춘꽃　339
안개　422
안전띠　111
암술　339
암염　212
액체　148
약산　227
어는점　154
에어로졸　345
여러해살이 식물　285
연소　230
연소의 3요소　229
연잎 효과　271
열의 이동　96
열평형 상태　96
염기　215
염기성　215
염기성 물질　214
염기성 식품　217
염도　194
염류　359
염분　360
염생 식물　268
염화 나트륨　212
엽리　411
오목 렌즈　89
온도　92
온도계　92
온실 효과　431
완전 연소　232
완전 탈바꿈　277
외떡잎식물　331
용매　185
용수철저울　38
용암　381

용액 184
용융 408
용존 산소량 196
용질 185
용해 184, 187
용해도 190
용해도 곡선 191
용해될 때의 부피 변화 188
용해될 때의 질량 변화 188
우주 탐사 402
운동 104
운반 작용 377
원생생물 291
원소 151
원자 151
원핵생물 291
원핵세포 288
유기산 226
유성화 339
유연관계 249
유전 280
윤년 437
은하수 441
음속 57
응결 160
이슬점 423
인력 68

ㅈ

자기 62
자기력 62
자기력선 66
자기장 63
자석의 극 65
자연 선택 274
자전 435
자전축 447
작용점 41
재생 에너지 132
재활용 242
저기압 425

적색 목록 307
전기 회로 113
전도 98
전염병 345
전자석 122
전지의 병렬연결 119
전지의 직렬연결 119
절연 116
정수 식물 265
정제염 212
조석 현상 363
조차 363
중력 30
중화 반응 223
증류법 203
증류수 203
증발 157
증산 작용 336
지구 복사 432
지구 온난화 431, 452
지렁이 372
지레 41
지레의 원리 42
지속 가능 발전 목표 462
지시약 220
지열 에너지 131
지진 386
지진 해일 366
지질 시대 414
지층 410
진공 181
진도 387
진핵생물 291
질량 170
질소 179
질소 기체 200

ㅊ

척력 68
천문단위(AU) 393
천일염 212

체관 262, 333
체순환(온몸 순환) 318
초음파 54
초저음파 54
층리 410
침수 식물 265
침식 408
침식 작용 377

ㅋ

카이퍼 벨트 393
콩팥 322
크레이터 390

ㅌ

탄산 197
태생 280
태양 396
태양계 행성 33, 405
태양광 에너지 131
태양열 에너지 131
태양의 고도 447
퇴적 작용 377
퇴적암 407
특이적 방어 작용 348

ㅍ

파도 365
페트(PET) 239
편마암 407
폐기물 에너지 131
폐순환 318
포도당 286
포유류 279
포자문 295
표면 장력 166
표준화석 417
표층 해류 374
풍력 에너지 131

풍화 408
플라스틱 235

ㅎ

한해살이 식물 285
항성 395
항원 348
항체 348
해구 368
해령 368
해류 374
해양 에너지 131
허물 277
현무암 383
혈액(피) 318
형성층 262, 334
형질 전환 298
호흡 315
호흡 기관 315
혼합물 145, 206
화강암 407
화산 380
화석 414
화석화 417
화성암 383, 407
화학 변화 146
화학적 소화 313
화학적 재활용 209
힘 29
힘을 가한다 29
힘을 준다 29
힘점 41
힘줄 310

A~Z

N극 65
S극 65

사진 출처

이 책에 수록된 사진은 모두 저작권자의 이용 허락 조건을 준수했습니다.
크리에이티브 커먼즈 라이선스에 따라, 퍼블릭 도메인과 직접 촬영한 사진을 제외한
사진의 출처를 하단에 기재합니다.

물리 adamgn, Aney, AntanO, Boyce Duprey, Ceinturion, Dave Catchpole, Ervins Strauhmanis, Gina Clifford, Infestor, Intel in Deutschland, James Boyes, KMJ, Kritzolina, Kunal B Mehta, Landon, Leon.obermayr, Marecheth Ho'eElohuth, Marpolia, Martin Vorel, Mic JohnsonLP, MikeRun, Mitch Lazorko, Mjb1981, Mms.gov.ua, Museum für Kommunikation Frankfurt, Petar Milošević, Pineapple fez, ping lin, Rubén Rodríguez, Sam Howzit, Shyamal, Steve Knight, Thamizhpparithi Maari, Trainholic, TubeTimeUS, William Warby, Windell Oskay, 阿道, 한국수력원자력, 한국저작권위원회

화학 Alessandro e Damiano, Alex Gorzen, Alexander Mayorov, Alextredz, Amy Stephenson, APN MJM, Banjo Brown, Bluescan sv.wiki, Brian, Castpoggio, Coordinador copy, Damian B Oh, FocalPoint, Frankie Fouganthin, gloom, GollyGforce, Green tress, Hubertl, Ian Armstrong, Ian Soper, Igor Spasic, jeri leandera, jericl cat, JJ Harrison, Juan de Vojníkov, Kanesskong, Kanko, Kristina D.C. Hoeppner, Macro Household, Mario Link, Meganbeckett27, Mike Mozart, Nataliatarkh, Nino Barbieri, Octavio Ruiz Cervera, Poyraz 72, PureySmart, rancidity, Raphael Mecke, Ricardo Liberato, Scott Akerman, Sgroey, Tamaki Sono, Wilfredor, yuksing, 국립국어원, 高橋 宗史, 林阿君, 한국교육방송공사, 한국저작권위원회, 해외문화홍보원

생명과학 Amada44, Andreas Eichler, Barfooz, Basile Morin, Bias Chakraborty, Bone Clones, Brisbane City Council, Ch.Andrew, Charles J. Sharp, CSIRO, Daniel Nikitin, Douglas Goldman, Dr. Horst Neve, Max Rubner-Institut, Elias Levy, Eugeenia Wen, Filo gèn', FortBienVert, graibeard, Harald Süpfle, Helena Jacoba, Ilya Haykinson, Jacopo Prisco, John Campbell, Joost J. Bakker, Juan Emilio, Ka23 13, Kelvinsong, Kevin Guertin, Lamiot, LiCheng Shih, lienyuan lee, Manelka Jayasundara, Manvel Mamoyan, Marie Hale, Michele Dorsey Walfred, Norio Nomura, Oregon Caves, Pascal Deynat/Odontobase, Per Grunnet, Ragesoss, Ryan Adams, Sanjay Acharya, skyseeker, Thomas Quine, Tomascastelazo, Topi Pigula, USAG- Humphreys, Virginia State Parks staff, Vinayaraj, Whit Andrews, yb_woodstock, Zephyris, 고려, 김현태, 부산광역시

지구과학 Algkalv, Anders Hellberg, Bernat, Connie Ma, Dittwjfsdgkvkdjg, Ealdgyth, Gabriella Jacobi, Giles Laurent, Ibama, James St. John, Jason Auch, Kendrick15435, Lsmpascal, Mtattrain, Myrabella, NOAA, Nobu Tamura, NOIRLab, Pablo Carlos Budass, Pablox, Peer V, Qurren, Ralf Lotys, Richard Sutcliffe, Robert, Roberto Mura, sacratomato_hr, Sim1992, Sonmunsu, Tony Webster, Trainholic, UN, 유네스코한국위원회, UNclimatechange, Z22, Zeitsprünge, Zimbres, 국가유산청, 국립생물자원관, 국립중앙과학관, 김병준, 김태훈, 冥想, 서울역사아카이브, 서원수, 유주영, 유혜진, 최문석, 한국교육방송공사, 한국문화정보원, 한국저작권위원회, 한국항공우주연구원

초등 과학 사전

글 | 김원섭·김현정·서강선·윤미숙·정해련
그림 | 김석

초판 1쇄 발행일 2025년 8월 14일

발행인 | 한상준
편집 | 김민정·손지원·최정휴·김영범
디자인 | 김경희·조경규
마케팅 | 이상민·주영상
관리 | 양은진

발행처 | 비아북(ViaBook Publisher)
출판등록 | 제313-2007-218호(2007년 11월 2일)
주소 | 서울시 마포구 토정로 222 한국출판콘텐츠센터, 211호
전화 | 02-334-6123 전자우편 | crm@viabook.kr
홈페이지 | viabook.kr

ⓒ 김원섭·김현정·서강선·윤미숙·정해련, 2025
ISBN 979-11-94348-30-6 73400

- 비아에듀는 비아북의 교육 전문 브랜드입니다.
- 이 책은 저작권법에 따라 보호받는 저작물이므로 무단 전재와 복제를 금합니다.
- 이 책의 전부 혹은 일부를 이용하려면 저작권자와 비아북의 동의를 받아야 합니다.
- 잘못된 책은 구입처에서 바꿔드립니다.
- KC 마크는 이 제품이 공통안전기준에 적합하였음을 의미합니다.(제조국: 대한민국)
- 책 모서리에 찍히거나 책장에 베이지 않게 조심하세요.